PRINCÍPIOS PENAIS

IGOR LUIS PEREIRA E SILVA

Prefácio
Christiano Fragoso

PRINCÍPIOS PENAIS

2ª edição, revista, ampliada e atualizada

Belo Horizonte

2020

© 2012 Editora Juspodivm
© 2019 Editora Fórum Ltda.

É proibida a reprodução total ou parcial desta obra, por qualquer meio eletrônico, inclusive por processos xerográficos, sem autorização expressa do Editor.

Conselho Editorial

Adilson Abreu Dallari
Alécia Paolucci Nogueira Bicalho
Alexandre Coutinho Pagliarini
André Ramos Tavares
Carlos Ayres Britto
Carlos Mário da Silva Velloso
Cármen Lúcia Antunes Rocha
Cesar Augusto Guimarães Pereira
Clovis Beznos
Cristiana Fortini
Dinorá Adelaide Musetti Grotti
Diogo de Figueiredo Moreira Neto (*in memoriam*)
Egon Bockmann Moreira
Emerson Gabardo
Fabrício Motta
Fernando Rossi
Flávio Henrique Unes Pereira

Floriano de Azevedo Marques Neto
Gustavo Justino de Oliveira
Inês Virgínia Prado Soares
Jorge Ulisses Jacoby Fernandes
Juarez Freitas
Luciano Ferraz
Lúcio Delfino
Marcia Carla Pereira Ribeiro
Márcio Cammarosano
Marcos Ehrhardt Jr.
Maria Sylvia Zanella Di Pietro
Ney José de Freitas
Oswaldo Othon de Pontes Saraiva Filho
Paulo Modesto
Romeu Felipe Bacellar Filho
Sérgio Guerra
Walber de Moura Agra

CONHECIMENTO JURÍDICO

Luís Cláudio Rodrigues Ferreira
Presidente e Editor

Coordenação editorial: Leonardo Eustáquio Siqueira Araújo
Aline Sobreira de Oliveira

Av. Afonso Pena, 2770 – 15º andar – Savassi – CEP 30130-012
Belo Horizonte – Minas Gerais – Tel.: (31) 2121.4900 / 2121.4949
www.editoraforum.com.br – editoraforum@editoraforum.com.br

Técnica. Empenho. Zelo. Esses foram alguns dos cuidados aplicados na edição desta obra. No entanto, podem ocorrer erros de impressão, digitação ou mesmo restar alguma dúvida conceitual. Caso se constate algo assim, solicitamos a gentileza de nos comunicar através do *e-mail* editorial@editoraforum.com.br para que possamos esclarecer, no que couber. A sua contribuição é muito importante para mantermos a excelência editorial. A Editora Fórum agradece a sua contribuição.

Dados Internacionais de Catalogação na Publicação (CIP) de acordo com a AACR2

S586p	Silva, Igor Luis Pereira e Princípios penais/ Igor Luis Pereira e Silva. 2. ed. rev., ampl., atual.– Belo Horizonte : Fórum, 2020. 417p.; 14,5cm x 21,5cm ISBN: 978-85-450-0736-4 1. Direito Penal. 2. Direito Constitucional. I. Título. CDD: 341.5 CDU: 342

Elaborado por Daniela Lopes Duarte - CRB-6/3500

Informação bibliográfica deste livro, conforme a NBR 6023:2018 da Associação Brasileira de Normas Técnicas (ABNT):

SILVA, Igor Luis Pereira e. *Princípios penais*. 2. ed. rev., ampl., atual. Belo Horizonte: Fórum, 2020. 417p. ISBN 978-85-450-0736-4.

Dedico este livro a todos aqueles que lutam pela igualdade e pluralidade na educação brasileira.

Agradeço ao meu avô Francisco Calixto Eloy da Silva.

SUMÁRIO

PREFÁCIO
Christiano Fragoso 19

CAPÍTULO I
PRINCÍPIOS DA LEGALIDADE, DA TAXATIVIDADE E DA
EXTRA-ATIVIDADE DA LEI PENAL 21

1 Apontamentos sobre os princípios da legalidade, da taxatividade e da extra-atividade da lei penal 21
1.1 As funções do princípio da legalidade 24
1.2 O princípio da extra-atividade da lei penal 28
2 O conceito na doutrina 30
3 Os princípios da legalidade, da taxatividade e da extra-atividade da lei penal na jurisprudência do STF e do STJ 30
3.1 Anistia 30
3.2 *Abolitio criminis* e cloreto de etila 33
3.3 Dosimetria: tráfico de drogas e natureza do entorpecente ... 35
3.4 "Cola eletrônica" e legalidade 36
3.5 Prisão cautelar e prescrição 37
3.6 Tráfico de drogas e combinação de leis 38
3.7 Furto e concurso de pessoas 39
3.8 *Habeas corpus* e punições disciplinares militares 40
3.9 Indulto e crimes hediondos 41
3.10 Falta grave e recontagem do prazo para a concessão de benefícios ... 42
3.11 Estelionato 45
3.12 Ultratividade da lei penal e crimes militares 46
3.13 Estupro e casamento do agente com a vítima 47
3.14 Crime hediondo e progressão de regime 48
3.15 Medida provisória e matéria penal 50
3.16 Adulteração de sinal identificador de veículo automotor ... 51
3.17 Videoconferência 52
3.18 Embriaguez ao volante 52
3.19 Falta grave e previsão legal 53
3.20 Condução coercitiva para interrogatórios 54
3.21 Regime de cumprimento de pena e execução penal 56
3.22 Fraude na licitação para a contratação de serviços 57
3.23 Monitoramento eletrônico 57

3.24 Clonagem de cartão de crédito 58
3.25 Dano qualificado e empresa pública 59
4   Os princípios da legalidade, da taxatividade e da extra-atividade
      da lei penal em concursos públicos 60

CAPÍTULO II
PRINCÍPIO DA IGUALDADE OU ISONOMIA 65

1   Apontamentos sobre o princípio da igualdade ou isonomia 65
2   O conceito na doutrina 67
3   O princípio da igualdade ou isonomia na jurisprudência do STF
      e do STJ 68
3.1   Direitos fundamentais e estrangeiros 68
3.2   Homicídio culposo no Código de Trânsito Brasileiro 70
3.3   Prisão cautelar, capacidade econômica e contatos no exterior 71
3.4   Prisão especial para advogados 73
3.5   Prerrogativa de foro a ex-ocupantes de cargos públicos e
      ex-titulares de mandatos eletivos 74
3.6   Tráfico de drogas, progressão de regime e estrangeiro irregular 75
3.7   Imunidade absoluta do advogado e princípio da igualdade 75
3.8   Medida de segurança por prazo indeterminado 76
3.9   Reincidência 77
3.10 Conselho de Sentença e critério racial 78
4   O princípio da igualdade ou da isonomia em concursos públicos 79

CAPÍTULO III
PRINCÍPIO DA INDEPENDÊNCIA DAS INSTÂNCIAS 81

1   Apontamentos sobre o princípio da independência das instâncias 81
2   O conceito na doutrina 82
3   O princípio da independência das instâncias na jurisprudência
      do STF e do STJ 82
3.1   Independência administrativa em relação à penal 82
3.2   Independência cível em relação à penal 83
3.3   Independência eleitoral em relação à processual penal 85
3.4   Inexistência do fato, negativa da autoria, falta residual e presunção
      de culpabilidade 86
3.5   Termo de ajustamento de conduta 88
4   O princípio da independência das instâncias em concursos públicos ...89

CAPÍTULO IV
PRINCÍPIO DA ADEQUAÇÃO SOCIAL 91

1   Apontamentos sobre o princípio da adequação social 91

2   O conceito na doutrina 92
3   O princípio da adequação social na jurisprudência do STF e do STJ 93
3.1 Violação de direitos autorais 93
3.2 Os princípios da adequação social e da insignificância 94
3.3 Casa de prostituição 95
3.4 Descaminho 97
3.5 Desacato 97
3.6 Posse irregular ou porte ilegal de arma de fogo de uso permitido 99
4   O princípio da adequação social em concursos públicos 100

CAPÍTULO V
PRINCÍPIOS DA DIGNIDADE DA PESSOA HUMANA, DA
HUMANIDADE E DA PROIBIÇÃO DA PENA INDIGNA 103
1   Apontamentos sobre os princípios da dignidade da pessoa humana,
    da humanidade e da proibição da pena indigna 103
2   O conceito na doutrina 107
3   Os princípios da dignidade da pessoa humana, da humanidade
    e da proibição da pena indigna na jurisprudência do STF e do STJ 108
3.1 Duração excessiva da prisão cautelar 108
3.2 Perda de dias remidos em razão de falta grave cometida 111
3.3 Regressão de medida socioeducativa 114
3.4 Tráfico de entorpecentes e prisão preventiva 115
3.5 Suspensão do livramento condicional por prática de suposto novo
    crime durante o período de prova 120
3.6 Execução antecipada da pena 121
3.7 Preso estrangeiro 123
3.8 Redução da pessoa à condição análoga de escravo 125
3.9 Grave estado de saúde e prisão domiciliar 127
3.10 Interceptação telefônica 130
3.11 Expulsão de estrangeiro 132
3.12 Denúncias genéricas 133
3.13 Prisão ilegal em contêiner 135
3.14 Presa provisória e amamentação de filho recém-nascido 136
3.15 Extradição, prisão perpétua e pena de morte 137
3.16 Remoção de condenado de presídio 138
3.17 Excesso irrazoável no tempo da prisão preventiva 139
3.18 Relativização da coisa julgada em matéria penal 140
4   Os princípios da dignidade da pessoa humana, da humanidade
    e da proibição da pena indigna em concursos públicos 141

CAPÍTULO VI
PRINCÍPIO DA PERSONALIDADE, DA PESSOALIDADE OU DA INTRANSCENDÊNCIA DA PENA 145

1 Apontamentos sobre o princípio da personalidade, da pessoalidade ou da intranscendência da pena 145
2 O conceito na doutrina 147
3 O princípio da personalidade, da pessoalidade ou da intranscendência da pena na jurisprudência do STF e do STJ 148
3.1 Natureza da multa criminal 148
3.2 Mandados genéricos 149
3.3 Sequestro de bens de pessoa jurídica 151
3.4 Responsabilidade penal da pessoa jurídica em crimes ambientais 152
4 O princípio da personalidade, da pessoalidade ou da intranscendência da pena em concursos públicos 153

CAPÍTULO VII
PRINCÍPIO DA PROPORCIONALIDADE DA PENA 155

1 Apontamentos sobre o princípio da proporcionalidade da pena 155
2 O conceito na doutrina 160
3 O princípio da proporcionalidade da pena na jurisprudência do STF e do STJ 161
3.1 Dosimetria da pena e proporcionalidade 161
3.2 Tentativa: *iter criminis* e dosimetria 164
3.3 Furto qualificado e hibridismo penal 165
3.4 Furto de aparelho de som automotivo 167
3.5 Duração da medida de segurança 168
3.6 Pena de suspensão ou proibição de se obter a permissão ou a habilitação para dirigir veículo automotor 172
3.7 Homicídio culposo 173
3.8 O grau de pureza da droga 175
3.9 Estupro contra vulnerável 175
3.10 Reincidência 176
3.11 Princípio da homogeneidade 177
4 O princípio da proporcionalidade da pena em concursos públicos 178

CAPÍTULO VIII
PRINCÍPIO DA INDIVIDUALIZAÇÃO DA PENA 179

1 Apontamentos sobre o princípio da individualização da pena 179
2 O conceito na doutrina 183
3 O princípio da individualização da pena na jurisprudência do STF e do STJ 184

3.1 Autodefesa, devido processo legal e individualização da pena 184
3.2 Progressão de regime 185
3.3 Substituição da pena privativa de liberdade por restritivas de direitos no tráfico de drogas 188
3.4 Regime inicial fechado 194
3.5 Exame criminológico 198
3.6 Progressão de regime aos estrangeiros 199
3.7 Reincidência e vedação da dupla punição pelo mesmo fato 201
3.8 Envolvimento do réu em atividade criminosa na lei antidrogas 203
3.9 Gravidade em abstrato do crime 204
3.10 Regime de cumprimento de pena menos gravoso 205
3.11 Multirreincidência 206
3.12 Culpabilidade 207
4 O princípio da individualização da pena em concursos públicos 208

CAPÍTULO IX
PRINCÍPIOS DA LESIVIDADE, DA ALTERIDADE E DA MATERIALIZAÇÃO DO FATO 211

1 Apontamentos sobre os princípios da lesividade, da alteridade e da materialização do fato 211
1.1 O posicionamento de Luiz Flávio Gomes: os princípios da materialização do fato, da ofensividade do fato, da fragmentariedade e da necessidade 216
2 O conceito na doutrina 219
3 Os princípios da lesividade, da alteridade e da materialização do fato na jurisprudência do STF e do STJ 220
3.1 Arma e munição 220
3.2 Roubo: arma e perícia 225
3.3 Receptação simples e qualificada 230
3.4 Porte de arma e numeração raspada 232
3.5 Perícia em mercadoria ou matéria-prima imprópria para consumo 233
4 Os princípios da lesividade, da alteridade e da materialização do fato em concursos públicos 236

CAPÍTULO X
PRINCÍPIOS DA INTERVENÇÃO MÍNIMA, DA SUBSIDIARIEDADE, DA FRAGMENTARIEDADE E DA INSIGNIFICÂNCIA 237

1 Apontamentos sobre os princípios da intervenção mínima, da subsidiariedade, da fragmentariedade e da insignificância 237
1.1 O princípio da insignificância 240

2	O conceito na doutrina 242
3	Os princípios da intervenção mínima, da subsidiariedade, da fragmentariedade e da insignificância na jurisprudência do STF e do STJ 243
3.1	Contrabando 243
3.2	Crimes militares 245
3.3	Reincidência 250
3.4	Furto 253
3.5	Tráfico internacional de munições 262
3.6	Descaminho 263
3.7	Princípios da insignificância, fragmentariedade e intervenção mínima: análise conjunta 267
3.8	Rádio comunitária sem autorização legal 268
3.9	Tráfico de drogas 269
3.10	Ato infracional 271
3.11	Roubo 274
3.12	Apropriação indébita 275
3.13	Falsificação de moeda 276
3.14	Crime praticado por prefeito 277
3.15	Administração Pública 279
3.16	Valor do salário mínimo 280
4	Os princípios da intervenção mínima, da subsidiariedade, da fragmentariedade e da insignificância em concursos públicos ...281

CAPÍTULO XI
PRINCÍPIO DA EXCLUSIVA PROTEÇÃO DE BENS JURÍDICOS 285

1	Apontamentos sobre o princípio da exclusiva proteção de bens jurídicos 285
2	O conceito na doutrina 286
3	O princípio da exclusiva proteção de bens jurídicos na jurisprudência do STF e do STJ 287
3.1	Crime de dano contra o patrimônio castrense 287
3.2	Concurso aparente de normas 288
3.3	Poluição ambiental 289
4	O princípio da exclusiva proteção de bens jurídicos em concursos públicos 290

CAPÍTULO XII
PRINCÍPIO DA CULPABILIDADE 293

1	Apontamentos sobre o princípio da culpabilidade 293
2	O conceito na doutrina 295

3 O princípio da culpabilidade na jurisprudência do STF e do STJ 296
3.1 Estelionato 296
3.2 Tráfico de drogas 298
3.3 Circunstâncias judiciais e culpabilidade 299
4 O princípio da culpabilidade em concursos públicos 300

CAPÍTULO XIII
PRINCÍPIOS PENAIS CONTEMPORÂNEOS 303
1 Apontamentos sobre os princípios penais contemporâneos 303
1.1 Princípio da proibição da dupla punição 303
1.2 Princípio da boa-fé e *pro homine* 305
1.3 Princípios de proscrição da grosseira inidoneidade do poder punitivo, de proscrição da grosseira inidoneidade da criminalização e de limitação máxima da resposta contingente 306
1.4 Princípio da superioridade ética do Estado 307
1.5 Princípio do saneamento genealógico 307
1.6 Princípio do limite de último grau histórico em matéria penal 308
1.7 Princípio da confiança 312
1.8 Princípio da autorresponsabilidade 313
1.9 Princípio da autonomia 314
1.10 Princípio da desculpa 314

CAPÍTULO XIV
PRINCÍPIOS DO DEVIDO PROCESSO LEGAL, DO CONTRADITÓRIO E DA AMPLA DEFESA 315
1 Apontamentos sobre os princípios do devido processo legal, do contraditório e da ampla defesa 315
2 O conceito na doutrina 317
3 Os princípios do devido processo legal, do contraditório e da ampla defesa na jurisprudência do STF e do STJ 318
3.1 Indeferimento de oitiva de testemunha 318
3.2 Falta grave: regressão e ampla defesa 319
3.3 Recolhimento compulsório para apelar e devido processo legal 320
3.4 Morte de advogado e defesa técnica 321
3.5 Defesa preliminar em rito especial 322
3.6 Ministério Público e poder investigatório 323
3.7 Parecer do Ministério Público e manifestação da defesa 325
3.8 Disparidade de armas 326
3.9 Crimes societários e descrição das condutas 328
3.10 Falta grave: regressão e ampla defesa 329
4 Os princípios do devido processo legal, do contraditório e da ampla defesa em concursos públicos 331

CAPÍTULO XV
PRINCÍPIOS DA PRESUNÇÃO DE INOCÊNCIA E DA NÃO AUTOINCRIMINAÇÃO..................333

1 Apontamentos sobre os princípios da presunção de inocência e da não autoincriminação..................333
2 O conceito na doutrina..................336
3 Os princípios da presunção da inocência e da não autoincriminação na jurisprudência do STF e do STJ..................336
3.1 Tráfico de drogas: liberdade provisória e ausência de fundamentação..................336
3.2 Tribunal do Júri..................339
3.3 Regressão de regime..................340
3.4 Direito de recorrer em liberdade..................342
3.5 Execução provisória da pena..................343
3.6 Testemunha, direito ao silêncio e *nemo tenetur se detegere*..................346
3.7 Exame pericial..................348
3.8 Impossibilidade de regresso ao silêncio..................349
3.9 Produção deliberada de informações inverídicas em juízo..................351
3.10 Raios X..................352
3.11 Falsa identidade..................353
4 Os princípios da presunção de inocência e da não autoincriminação em concursos públicos..................355

CAPÍTULO XVI
PRINCÍPIOS DO JUIZ NATURAL E DO PROMOTOR NATURAL....357

1 Apontamentos sobre os princípios do juiz natural e do promotor natural..................357
2 O conceito na doutrina..................359
3 Os princípios do juiz natural e do promotor natural na jurisprudência do STF e do STJ..................359
3.1 Juízes convocados..................359
3.2 Especialização de vara..................361
3.3 Ministério Público, *habeas corpus* e incompetência absoluta..................362
3.4 Turmas recursais e competência em matéria criminal..................363
3.5 Princípio do promotor natural..................364
3.6 Lei Maria da Penha..................367
4 Os princípios do juiz natural e do promotor natural em concursos públicos..................368

CAPÍTULO XVII
PRINCÍPIO DA INADMISSIBILIDADE DE PRODUÇÃO DE PROVAS ILÍCITAS 373

1 Apontamentos sobre o princípio da inadmissibilidade de produção de provas ilícitas 373
2 O conceito na doutrina 375
3 O princípio da inadmissibilidade da produção de provas ilícitas na jurisprudência do STF e do STJ 376
   3.1 Denúncia embasada em provas lícitas e ilícitas 376
   3.2 Teoria dos frutos da árvore envenenada 377
   3.3 Interceptação telefônica 378
   3.4 Inviolabilidade do domicílio e ilicitude da prova 380
4 O princípio da inadmissibilidade da produção de provas ilícitas em concursos públicos 382

APÊNDICE
A DESCONSTRUÇÃO DO PRINCÍPIO DA LEGALIDADE NO TRIBUNAL DE NUREMBERG 387

1 Noções introdutórias 387
2 A crucialidade da legalidade para o Direito Penal 389
3 A legalidade no Tribunal de Nuremberg 399
4 A desconstrução da legalidade no Tribunal de Nuremberg 405
5 Conclusão 412

REFERÊNCIAS 415

PREFÁCIO

Surge, em segunda edição, o interessante livro do professor Igor Luis Pereira da Silva, doutor em Direito Penal pela UERJ, sobre os *Princípios penais*. A segunda edição foi ampliada, mas segue a mesma estrutura da edição anterior, sempre apresentando, amparado na melhor doutrina nacional e internacional, apontamentos e conceitos doutrinários sobre cada princípio, seguidos de jurisprudência atualizada e, por fim, com questões de concursos públicos quanto ao tema de cada capítulo.

Além de itens novos em vários capítulos, a nova edição traz novo capítulo, sobre "princípio da adequação social" (cap. IV). No capítulo XIII (*Princípios penais contemporâneos*), o autor aborda, com clareza e espírito de síntese, novas fronteiras da principiologia penal, pouco abordadas nos manuais de Direito Penal, a indicar que a construção de barreiras ao exercício de poder punitivo inconstitucional, ilegal e irracional é tarefa atualíssima e sempre em desenvolvimento. Também é profundamente interessante o apêndice relacionado ao princípio da legalidade no Tribunal de Nuremberg, tema muito citado, mas pouco desenvolvido, em nossos manuais.

Especialmente no que toca à jurisprudência atualizada, o autor presta utilíssimo serviço aos estudantes e estudiosos, trazendo julgados relevantes e atuais, frequentemente do Supremo Tribunal Federal e do Superior Tribunal de Justiça, sempre por ele comentados. O livro também é interessante para aqueles que pretendem seguir a árdua trilha dos concursos públicos, ao trazer questões e respectivas respostas fundamentadas, indicando, portanto, o relevo e o modo como tais conteúdos são cobrados pelas bancas examinadoras.

A pertinente preocupação do autor com o desenvolvimento e o estudo dos princípios penais se mostra invulgarmente meritória nos dias atuais, em que nossos Tribunais muitas vezes desconsideram esses filtros criados e pacientemente desenvolvidos para a racionalização e a equidade da Justiça Criminal, ou até os utilizam com sinal trocado (i.e., como argumentação contrária ao cidadão acusado), o que tem representado um lamentável retrocesso civilizatório.

Boa leitura!

Rio de Janeiro, 20 de julho de 2019.

Christiano Fragoso
Professor Adjunto de Direito Penal da UERJ.

CAPÍTULO I

PRINCÍPIOS DA LEGALIDADE, DA TAXATIVIDADE E DA EXTRA-ATIVIDADE DA LEI PENAL

1 Apontamentos sobre os princípios da legalidade, da taxatividade e da extra-atividade da lei penal

O princípio da legalidade, da forma como o conhecemos, tem as suas origens nas Constituições dos Estados de Maryland e de Virgínia (1776), na Constituição Americana (1787) e na Declaração Universal dos Direitos do Homem e do Cidadão (1789), da Revolução Francesa, quando foi formulado em termos mais precisos. O Código Penal da Bavária (1813) foi a primeira legislação penal a adotar o princípio.[1] Claus Roxin, todavia, chama a atenção para a presença do princípio no Código Penal austríaco de José II, de 1787, porém, o governo à época era absolutista, sendo assim, muitos autores consideraram que o seu objetivo não era proteger o cidadão, mas eliminar o livre arbítrio judicial.[2] Segundo Nilo Batista, a Magna Carta da Inglaterra, de 1215, não contém o princípio da legalidade no seu *sentido moderno*, pois há também na declaração a possibilidade da invocação dos costumes.[3] Entretanto Aníbal Bruno[4]

---

[1] SANTOS, Juarez Cirino dos. *Direito Penal*: parte geral. 4. ed. Florianópolis: Conceito Editorial, 2010, p. 20.
[2] ROXIN, Claus. *Derecho Penal*: parte general, t. 1. 2. ed. Madrid: Civitas, 2008, p. 142.
[3] BATISTA, Nilo. *Introdução crítica ao Direito Penal brasileiro*. 11. ed. Rio de Janeiro: Revan, 2007, p. 66.
[4] BRUNO, Aníbal. *Direito Penal*: parte geral. 3. ed. Rio de Janeiro: Forense, 1967, p. 193-194.

e Fernando Capez[5] entendem que a referida Magna Carta é um dos documentos originários do princípio da legalidade. Os pensadores iluministas, tais como Montesquieu, Rousseau e Beccaria, foram os principais responsáveis pela sua elaboração intelectual.

Pode-se encontrar na doutrina e na jurisprudência as designações princípio da legalidade estrita, princípio da reserva legal ou princípio da intervenção legalizada (Francisco Muñoz Conde). Fernando Capez, dissentindo da doutrina majoritária, entende que o princípio da legalidade é gênero, compreendendo as espécies da reserva legal e da anterioridade da lei penal.[6]

Há ainda uma vertente da doutrina penal contemporânea que desdobra o princípio da legalidade em três postulados: a) *princípio da reserva legal* – quanto às fontes das normas penais; b) *princípio da taxatividade ou da determinação taxativa*[7] – quanto ao enunciado das normas penais; c) *princípio da irretroatividade da lei penal mais gravosa* – quanto à validade das disposições penais no tempo.[8]

O princípio da legalidade é de suma importância para o Direito Penal, pois ele delimita o direito de punir[9] (*ius puniendi*) do Estado, garantindo a liberdade do ser humano e os valores democráticos, tendo sido considerado *a verdadeira pedra angular do Estado de Direito*.[10] A pena é uma sanção extremamente rigorosa, devendo apenas ser aplicada como consequência da prática de crimes. E só existirá crime se houver

---

[5] CAPEZ, Fernando. *Curso de Direito Penal*: parte geral. 8. ed. v. 1. São Paulo: Saraiva, 2005, p. 41.
[6] *Ibid.*, p. 40.
[7] Luiz Regis Prado faz uma distinção entre o princípio da taxatividade e o da determinação, considerando que o primeiro está destinado ao julgador, que deve interpretar e aplicar a norma penal nos limites estritos em que foi formulada, enquanto o segundo dirige-se ao legislador, exigindo dele que descreva minuciosamente o fato punível. Para mais informações: PRADO, Luiz Regis. *Curso de direito penal brasileiro, parte geral*: arts. 1º a 120. 8. ed. São Paulo: Revista dos Tribunais, 2008, p. 132-133.
[8] LUISI, Luiz. *Os princípios constitucionais penais*. 2. ed. Porto Alegre: Fabris Editor, 2003, p. 17.
[9] Corrente minoritária na doutrina brasileira prefere a expressão *poder punitivo*, ao invés de direito de punir. Esse viés do pensamento, que tem como expoente o professor Nilo Batista, critica a expressão *ius puniendi*, sob a justificativa de ser impossível fundamentar racionalmente o direito que o Estado tem de punir os seus cidadãos. Nilo Batista diferencia a coerção direta para evitar crimes do direito de punir, sendo aquela racional, pois tão somente visa impedir que uma violência injusta seja perpetrada contra uma pessoa, sendo dissociada da aplicação de uma pena futura (ex.: atuação moderada de populares para impedir que uma pessoa mate a outra). Para essa corrente minoritária, a coerção direta não está estritamente relacionada com o aspecto aflitivo do poder punitivo, considerado irracional. Para mais informações sobre as teorias deslegitimantes do direito penal: BATISTA, Nilo. *Introdução crítica ao Direito Penal brasileiro*.
[10] PRADO, Luiz Regis. *Curso de direito penal brasileiro*: parte geral: arts. 1º a 120, p. 130.

uma lei penal prevendo *taxativamente* que uma determinada conduta é criminosa. Não basta a existência do crime, para que alguém sofra as consequências da responsabilidade criminal, porque é preciso ainda que a lei preveja uma sanção penal. Não há crime sem pena (*Kein Verbrechen ohne Strafe*). Esse é o raciocínio extraído do brocardo jurídico *nullum crimen, nulla poena sine lege*, cuja formulação latina foi cunhada por Feuerbach,[11] estando previsto nos artigos 5º, XXXIX, da nossa atual Constituição, e 1º, do Código Penal.[12]

Nelson Hungria é enfático ao afirmar que a fonte única do direito penal é a norma legal. Nas palavras do mestre: "Não há direito penal vagando fora da lei escrita".[13] Essa assertiva demonstra a enorme importância do princípio da legalidade para a definição do próprio Direito Penal. Sendo assim, leis penais não podem ser supridas ou complementadas pela analogia, pelos costumes e pelos princípios gerais do direito, caso se dirijam contra os cidadãos. A liberdade é um direito fundamental, que tem o princípio da legalidade como um dos seus protetores.

O princípio da legalidade é crucial também para a teoria da pena, pois a consecução da *prevenção geral* só será possível se for dada a cada indivíduo a possibilidade de saber previamente que um determinado fato foi definido como crime, sendo a sua prática, então, vedada pelo Direito. Caso contrário, será impossível exigir de qualquer pessoa que aja em conformidade com uma norma que não existe. Não há intimidação sem a ameaça da pena. Se não existe fato punível e sanção estabelecida, então, não há como demover alguém da ideia de cometer um crime, pela coação psicológica engendrada pelo Direito Penal, ou ainda fortalecer a consciência de cada um em agir conforme a norma, uma vez que não há lei em que se espelhar. Diz Hungria: "Se a norma penal é uma norma de conduta, rematado despropósito será exigir-se que os indivíduos se ajustem a uma norma penal... inexistente".[14]

---

[11] HUNGRIA, Nelson. *Comentários ao Código Penal*. v. 1, t. 1. 4. ed. Rio de Janeiro: Forense, 1958, p. 37-38. Não há em Feuerbach a fórmula completa do enunciado latino, que é famosa entre nós, mas sim a articulação das fórmulas, tais como *"nulla poena sine lege"* e *"nullum crimen sine poena legali"*. Para mais informações, remetemos o leitor para a obra de BATISTA, Nilo. *Introdução crítica ao Direito Penal brasileiro*. p. 66.

[12] Art. 5º, XXXIX, da CRFB/88: "não há crime sem lei anterior que o defina, nem pena sem prévia cominação legal". Art. 1º, do Código Penal: "Não há crime sem lei anterior que o defina. Não há pena sem prévia cominação legal".

[13] HUNGRIA, Nelson. *Op. cit.*, p. 13.

[14] HUNGRIA, Nelson. *Comentários ao Código Penal*. v. 1, t. 1, p. 25.

Além de proteger o indivíduo de sofrer a incidência do poder penal do estado sem previsão legal, o princípio da legalidade também o protege da mudança na interpretação judicial da lei penal e da própria execução da pena. Sendo assim, é proibida a retroatividade de critérios mais severos de interpretação da lei penal, bem como é vedada à administração pública a aplicação de falta ou sanção disciplinar sem expressa previsão legal ou regulamentar, de acordo com o determinado pelo artigo 45 da Lei de Execução Penal. Conforme a lição de Nilo Batista: "A abrangência do princípio inclui a pena *cominada* pelo legislador, a pena *aplicada* pelo juiz e a pena *executada* pela administração".[15]

A doutrina majoritária (Fernando Capez, Juarez Cirino dos Santos, Luiz Flávio Gomes, Cezar Roberto Bitencourt, Luiz Regis Prado, João Mestieri, Nilo Batista, etc.) entende que o princípio da legalidade é aplicável às *medidas de segurança*, por possuírem caráter aflitivo e para proteger os direitos fundamentais.[16] Heleno Fragoso, minoritariamente, defende a inaplicabilidade do referido princípio às medidas de segurança,[17] já que não são espécies de pena.

1.1 As funções do princípio da legalidade

O princípio da legalidade possui quatro funções:[18]

a) *Nullum crimen nulla poena sine lege praevia* – A primeira função do princípio da legalidade é vedar a retroatividade da lei penal mais gravosa, que deve ser anterior ao fato praticado pelo agente. São proibidas as leis *ex post facto*. Está aí inscrito o *princípio da irretroatividade da lei penal mais gravosa (lex gravior)*. A lei penal retroagirá para beneficiar o Réu, a qualquer tempo, salvo nos casos de leis excepcionais ou temporárias, na forma do artigo 3º do Código Penal. Corrente minoritária (Juarez Cirino dos Santos, Nilo Batista e Zaffaroni) defende que a lei penal retroagirá mesmo nos casos de leis penais temporárias ou excepcionais, pois o artigo 3º do Código Penal não foi recepcionado pela Constituição da República de 1988, tendo em vista que o artigo 5º, inciso XL, não dispôs sobre nenhuma exceção à irretroatividade da lei penal mais gravosa.[19]

---

[15] BATISTA, Nilo. *Introdução crítica ao Direito Penal brasileiro*, p. 68, grifos do autor.
[16] Por todos, SANTOS, Juarez Cirino dos. *Direito Penal*: parte geral, p. 608-609.
[17] FRAGOSO, Heleno Cláudio. *Lições de Direito Penal*: parte geral. 16. ed. Rio de Janeiro: Forense, 2004, p. 113.
[18] BATISTA, Nilo. *Introdução crítica ao Direito Penal brasileiro*, p. 68.
[19] SANTOS, Juarez Cirino dos. *Direito Penal*: parte geral, p. 52.

b) *Nullum crimen nulla poena sine lege scripta* – É proibida a criação de crimes e penas pelo costume, em razão do princípio da legalidade. Só que o *costume* não foi completamente abolido do Direito Penal. Ele ainda possui uma *função integrativa* para a cognição de elementos do tipo penal, como, por exemplo, a definição do que é "ato obsceno" (art. 233, do CP) ou qual o significado da violação do dever objetivo de cuidado nos crimes culposos, quando a atividade que acarretou o acidente não está exaustivamente regulamentada,[20] entretanto, em hipótese alguma poderá haver o emprego de normas consuetudinárias para criar delitos e penas. O costume ainda é utilizado na teoria da adequação social, que é abordada nesta obra no Capítulo IV. A lei penal deve ser escrita observando o processo legislativo previsto na Constituição da República de 1988. Compete privativamente à União legislar sobre Direito Penal (art. 22, inciso I, da CRFB/88), sendo o Congresso Nacional a sua fonte de produção (art. 48, da CRFB/88). É preciso haver lei em sentido formal para a cominação de crimes e penas, por força da exigência da reserva absoluta de lei. Nesse sentido, há divergência doutrinária sobre a constitucionalidade das *leis penais em branco heterogêneas ou próprias*, que possuem pena determinada, mas preceito penal indeterminado, dependendo de atos normativos inferiores para definir o exato alcance do tipo penal, como, por exemplo, o tipo de omissão de notificação de doença, previsto no artigo 269 do Código Penal. A doutrina majoritária entende que as leis penais heterogêneas ou próprias respeitam o princípio da legalidade, quando o *núcleo essencial da conduta* está previsto na lei em sentido formal,[21] restando aos atos normativos inferiores apenas especificar o alcance dos elementos já contidos no próprio tipo legal. A doutrina minoritária (Juarez Cirino dos Santos, Nilo Batista e Rogério Greco) diverge desse posicionamento, entendendo que as leis penais em branco heterogêneas ou próprias transferem a competência legislativa ao Poder Executivo ou a atos inferiores do próprio poder legislativo. Assim, desrespeita a reserva absoluta de lei.[22]

---

[20] BATISTA, Nilo. *Op. cit.*, p. 70-71.
[21] GRECO, Rogério. *Curso de Direito Penal*: parte geral. 12. ed. Rio de Janeiro: Impetus, 2010, p. 24.
[22] SANTOS, Juarez Cirino dos. *Direito Penal*: parte geral, p. 50.

c) *Nullum crimen nulla poena sine lege stricta* – A terceira função do princípio da legalidade é vedar a utilização da *analogia* (*in malam partem*) para criar crimes, agravar ou fundamentar penas. A analogia é um procedimento lógico que consiste na aplicação da norma jurídica de um caso previsto a um caso não previsto, em razão da semelhança entre ambos. Ela supre uma lacuna na lei. Está prevista no artigo 4º da Lei de Introdução do Código Civil, sendo proibida no Direito Penal, para agravar a situação do réu. Esse procedimento lógico é permitido, todavia, se beneficiar a defesa. A analogia *in bonam partem* é aceita pela doutrina amplamente majoritária[23] (Heleno Fragoso, Anibal Bruno, Damásio de Jesus, Mirabete, Rogério Greco, Cezar Roberto Bitencourt, etc.), sob o argumento de que o princípio da legalidade existe para salvaguardar o ser humano em face do Estado, e não para agravar a sua situação, pondo-se como um obstáculo à liberdade. Nelson Hungria isoladamente defende a impossibilidade do emprego da analogia *in bonam partem*, pois a lei penal seria um sistema fechado, que enfrentaria um grave perigo de subversão, caso se permita ao magistrado a criação arbitrária de causas de excepcional licitude, de impunibilidade ou não culpabilidade penal.[24] Por fim, a analogia não se confunde com a interpretação analógica ou ainda com a interpretação extensiva. A primeira decorre de determinação expressa da própria lei penal, já a segunda tem como fim interpretar o sentido da norma, ampliando a sua abrangência. Ambas são permitidas pelo direito penal, em determinadas situações.

d) *Nullum crimen nulla poena sine lege certa* – O princípio da legalidade proíbe incriminações vagas e indeterminadas. A lei penal deve ser *certa*. É necessário que o tipo contenha elementos claros, que definam precisamente o que se está proibindo. Evita-se, assim, ambiguidades, incertezas, indeterminações e elementos genéricos, que deixariam em aberto o conteúdo da lei, para ser preenchido pelo intérprete ao sabor das intempéries dos sentimentos humanos e da política criminal vigente. A doutrina costuma expor a Lei de Segurança Nacional (Lei nº 7110/83) como a grande violadora da referida função do

---

[23] Por todos, BITENCOURT, Cezar Roberto. *Tratado de Direito Penal*: parte geral. 14. ed. São Paulo: Saraiva, 2009, p. 166.

[24] HUNGRIA, Nelson. *Comentários ao Código Penal*. v. 1, t. 1. p. 91-93.

princípio da legalidade no Brasil.²⁵ A lei penal deve ser taxativa. É nessa função que se dá ensejo ao *princípio da taxatividade*, como uma especificação do próprio princípio da legalidade, revelando a exigência de precisão e clareza da lei penal, para que ela seja de fácil compreensão, proporcionando segurança aos seus destinatários, cumprindo assim a sua missão constitucional de servir de baluarte do Estado Democrático de Direito. Nilo Batista enfatiza que há "um *direito* subjetivo público de conhecer o crime, correlacionando-o a um dever do Congresso Nacional de legislar em matéria criminal sem contornos semânticos difusos".²⁶ Zaffaroni²⁷ atenta para as modalidades mais frequentes de violação do princípio da taxatividade: a) ocultação do núcleo do tipo; b) emprego de elementos do tipo sem precisão semântica; c) tipificações abertas e exemplificativas.

Rogério Greco, na trilha da doutrina de Luigi Ferrajoli, diferencia a *legalidade formal* da *legalidade material*.²⁸ A primeira exige o cumprimento à risca do processo legislativo previsto na Constituição, ou seja, a obediência das formas e os procedimentos previstos para que uma lei possa ser considerada formalmente constitucional. Entretanto para que se tenha como consolidado o *princípio da estrita legalidade*, e não somente a *mera legalidade*, faz-se mandamental a observância do conteúdo da constituição, principalmente no que concerne ao estrito cumprimento dos direitos fundamentais. Uma lei cumpre os requisitos da legalidade material quando está de acordo com a substância da constituição. Ambos os princípios estão expressos no seguinte brocardo: *nulla poena, nullum crimen sine lege valida*. Para Ferrajoli, esse respeito à Constituição será alcançado, de modo a efetivamente cumprir o *princípio da sujeição substancial da lei ordinária à lei constitucional*, por meio da concretização das diferentes técnicas garantistas, cujo conjunto de postulados visam eminentemente à tutela dos direitos fundamentais.²⁹

Zaffaroni e Batista empregam o *princípio do respeito histórico ao âmbito legal do proibido* para limitar a abrangência do princípio da

---

²⁵ GRECO, Rogério. *Curso de Direito Penal*: parte geral, p. 93; BATISTA, Nilo. *Introdução crítica ao Direito Penal brasileiro*, p. 78-79.
²⁶ BATISTA, Nilo. *Introdução crítica ao Direito Penal brasileiro*, p. 80.
²⁷ *Ibid.*, p. 81-83.
²⁸ GRECO, Rogério. *Curso de Direito Penal*: parte geral, p. 93.
²⁹ FERRAJOLI, Luigi. *Derecho y razón*. 9. ed. Madrid: Trotta, 2009, p. 381.

legalidade.³⁰ Todo texto legal pressupõe um contexto cultural, que não pode ser desconsiderado na justificação da criminalização de alguma conduta. A transformação do contexto discursivo, mormente quando advém de modificações sociais, tecnológicas ou culturais, pode acarretar na perda da lesividade das condutas. Há quem utilize o princípio da legalidade para justificar a criminalização dessas condutas, mesmo diante dessas transformações históricas. Ocorre que, para os referidos doutrinadores, o princípio do respeito histórico ao âmbito legal do proibido vedaria o emprego do princípio da legalidade nesses casos, pois há que se impor uma redução histórica em situações de extensões proibitivas.

A lei define determinada conduta como criminosa, enquanto forem mantidos os contextos discursivos, sociais e culturais vigentes à época de sua promulgação. A ampliação do contexto originário do texto penal leva à expansão do espaço seletivo de criminalização, o que não pode ocorrer, tendo em vista que o princípio da legalidade é limitador do poder punitivo do Estado. Ele não pode ser utilizado para expandir a criminalização, somente para limitá-la. Segundo eles, a "criminalização primária se estabelece por ação – jamais por omissão – das agências políticas".³¹ O âmbito do punitivo não pode se expandir pela omissão das agências políticas, devendo sempre se dar com prévia cominação legal. Esse princípio é semelhante à teoria da adequação social, mas possui especificidade ao enfocar na restrição do emprego do princípio da legalidade em prol do indivíduo.

1.2 O princípio da extra-atividade da lei penal

O *princípio da extra-atividade da lei penal* determina a movimentação da lei penal no tempo, em benefício do réu. Esse fenômeno ocorrerá quando houver *sucessão de leis penais no tempo*. A matéria está positivada nos artigos 5º, inciso XL, da CRFB/88, e 2º, do Código Penal. Assim, a lei penal mais grave (*lex gravior*) não retroagirá – é a regra da *irretroatividade in pejus*. No entanto, ela retroagirá se, de alguma forma, beneficiar o réu – tem-se aqui a *retroatividade in mellius*.

A extra-atividade da lei penal é *gênero* que tem como *espécies* a ultra-atividade e a retroatividade.³² Quando a lei penal for mais benéfica

---

³⁰ ZAFFARONI, E. Raúl et al. *Direito Penal brasileiro*. v. 1. 3. ed. Rio de Janeiro: Revan, 2006, p. 211-212.
³¹ ZAFFARONI, E. Raúl et al. *Direito Penal brasileiro*. v. 1. 3. ed. Rio de Janeiro: Revan, 2006, p. 212.
³² GRECO, Rogério. *Curso de Direito Penal*: parte geral, p. 103.

para o réu, ela retroagirá no tempo, regulando fenômenos penais do passado, ainda que eles já tenham sido decididos por sentença condenatória transitada em julgado (art. 2º, parágrafo único, do Código Penal). Caso contrário, havendo sucessão de leis penais no tempo e sendo a lei penal posterior mais gravosa para o réu, então a lei penal anterior será ultra-ativa, ou seja, continuará emanando efeitos nos fatos ocorridos antes de sua vigência, mesmo estando revogada.

Em crimes permanentes ou continuados, aplica-se o Enunciado nº 711 da Súmula do Supremo Tribunal Federal: "A lei penal mais grave aplica-se ao crime continuado ou ao crime permanente, se a sua vigência é anterior à cessação da continuidade ou da permanência". Nesses casos, não haverá a ultra-atividade da *lex mitior*.

O professor Rogério Greco discorre sobre o *princípio da continuidade normativo-típica*.[33] Caso um tipo penal incriminador seja revogado expressamente, mas os seus elementos possam ser abrangidos por um tipo penal já existente ou por outro criado concomitantemente com a lei que revogou aquele tipo penal, então não haverá *abolitio criminis*, pois terá ocorrido o fenômeno da continuidade normativo-típica. A conduta continuará sendo típica, porém regulada por outro tipo penal.

Uma questão interessante levantada por Zaffaroni e Batista é a da *retroatividade da jurisprudência*.[34] Ambos os doutrinadores entendem que o agente incorre em *erro de proibição invencível* quando pratica uma ação que era considerada lícita pela jurisprudência, mas há uma mudança no critério interpretativo dos magistrados ao julgarem o fato praticado por ele, entendendo ser a sua conduta ilícita. Esse câmbio na interpretação não pode ser imputado ao agente, pois ele considerava que a sua conduta era admitida pelo Direito (art. 21, do CP[35]). Além do mais, existe a hipótese de a jurisprudência mudar em favor do agente, quando, por exemplo, entende-se ser atípica a conduta que antes era considerada típica. Nesse caso, Zaffaroni e Batista lecionam ser possível a revisão criminal (art. 621, I, CPP[36]) do fato praticado pelo condenado segundo a jurisprudência mais gravosa, por uma questão de *equidade* e pela sentença ser contrária ao *texto expresso da lei penal reinterpretada*.

---

[33] GRECO, Rogério. *Curso de Direito Penal*: parte geral, p. 107.
[34] Ibid., p. 223-224.
[35] "Art. 21 – O desconhecimento da lei é inescusável. O erro sobre a ilicitude do fato, se inevitável, isenta de pena; se evitável, poderá diminuí-la de um sexto a um terço."
[36] "Art. 621. A revisão dos processos findos será admitida: I – quando a sentença condenatória for contrária ao texto expresso da lei penal ou à evidência dos autos;"

2 O conceito na doutrina

> Pouco importa que alguém haja cometido um fato anti-social, excitante da reprovação pública, francamente lesivo do *minimum* de moral prática que o direito penal tem por função assegurar, com suas reforçadas sanções, no interêsse da ordem, da paz, da disciplina social: se êsse fato escapou à previsão do legislador, isto é, se não corresponde, precisamente, a *parte objecti* e a *parte subjetcti*, a uma das *figuras delituosas* anteriormente recortadas *in abstracto* pela lei, o agente não deve contas à justiça repressiva, por isso mesmo que não ultrapassou a esfera da ilicitude jurídico-penal.[37] (Nelson Hungria)

> O princípio da legalidade, base estrutural do próprio estado de direito, é também a pedra angular de todo direito penal que aspire à segurança jurídica, compreendida não apenas na acepção da "previsibilidade da intervenção do poder punitivo do estado", que lhe confere Roxin, mas também na perspectiva subjetiva do "sentimento da segurança jurídica" que postula Zaffaroni.[38] (Nilo Batista)

> (...) um Estado de Direito deve proteger o indivíduo não somente *por meio* do Direito Penal, mas também *do* Direito Penal. Quer-se dizer que o ordenamento jurídico não deve dispor somente de métodos e meios adequados para a prevenção do delito, mas também precisa impor limites ao emprego do poder punitivo, para que o cidadão não fique desprotegido e a mercê de uma intervenção arbitrária ou excessiva do "Estado Leviatã.[39] (Claus Roxin)

3 Os princípios da legalidade, da taxatividade e da extra-atividade da lei penal na jurisprudência do STF e do STJ

3.1 Anistia

STF, Pleno, Informativo nº 588 (ADPF nº 153/DF)

LEI N. 6.683/79, A CHAMADA "LEI DE ANISTIA". ARTIGO 5º, CAPUT, III E XXXIII DA CONSTITUIÇÃO DO BRASIL; PRINCÍPIO DEMOCRÁTICO

---

[37] HUNGRIA, Nelson. *Comentários ao Código Penal*. p. 13-14, grifos do autor, tradução livre.
[38] BATISTA, Nilo, *Introdução crítica ao Direito Penal brasileiro*, p. 67.
[39] ROXIN, Claus. *Derecho Penal*: parte general, t. 1. 2. ed. Madrid: Civitas, 2008, p. 137, grifos do autor.

E PRINCÍPIO REPUBLICANO: NÃO VIOLAÇÃO. CIRCUNSTÂNCIAS HISTÓRICAS. DIGNIDADE DA PESSOA HUMANA E TIRANIA DOS VALORES. INTERPRETAÇÃO DO DIREITO E DISTINÇÃO ENTRE TEXTO NORMATIVO E NORMA JURÍDICA. CRIMES CONEXOS DEFINIDOS PELA LEI N. 6.683/79. CARÁTER BILATERAL DA ANISTIA, AMPLA E GERAL. JURISPRUDÊNCIA DO SUPREMO TRIBUNAL FEDERAL NA SUCESSÃO DAS FREQUENTES ANISTIAS CONCEDIDAS, NO BRASIL, DESDE A REPÚBLICA. INTERPRETAÇÃO DO DIREITO E LEIS-MEDIDA. CONVENÇÃO DAS NAÇÕES UNIDAS CONTRA A TORTURA E OUTROS TRATAMENTOS OU PENAS CRUÉIS, DESUMANOS OU DEGRADANTES E LEI N. 9.455, DE 7 DE ABRIL DE 1997, QUE DEFINE O CRIME DE TORTURA. ARTIGO 5º, XLIII DA CONSTITUIÇÃO DO BRASIL. INTERPRETAÇÃO E REVISÃO DA LEI DA ANISTIA. EMENDA CONSTITUCIONAL N. 26, DE 27 DE NOVEMBRO DE 1985, PODER CONSTITUINTE E "AUTO-ANISTIA". INTEGRAÇÃO DA ANISTIA DA LEI DE 1979 NA NOVA ORDEM CONSTITUCIONAL. ACESSO A DOCUMENTOS HISTÓRICOS COMO FORMA DE EXERCÍCIO DO DIREITO FUNDAMENTAL À VERDADE. 1. Texto normativo e norma jurídica, dimensão textual e dimensão normativa do fenômeno jurídico. O intérprete produz a norma a partir dos textos e da realidade. (...). 2. O argumento descolado da dignidade da pessoa humana para afirmar a invalidade da conexão criminal que aproveitaria aos agentes políticos que praticaram crimes comuns contra opositores políticos, presos ou não, durante o regime militar, não prospera. (...) *A chamada Lei de anistia diz com uma conexão sui generis, própria ao momento histórico da transição para a democracia.* Ignora, no contexto da Lei n. 6.683/79, o sentido ou os sentidos correntes, na doutrina, da chamada conexão criminal; refere o que "se procurou", segundo a inicial, vale dizer, estender a anistia criminal de natureza política aos agentes do Estado encarregados da repressão. 4. A lei estendeu a conexão aos crimes praticados pelos agentes do Estado contra os que lutavam contra o Estado de exceção; *daí o caráter bilateral da anistia, ampla e geral, que somente não foi irrestrita porque não abrangia os já condenados* – e com sentença transitada em julgado, qual o Supremo assentou – pela prática de crimes de terrorismo, assalto, seqüestro e atentado pessoal. 5. O significado válido dos textos é variável no tempo e no espaço, histórica e culturalmente. A interpretação do direito não é mera dedução dele, mas sim processo de contínua adaptação de seus textos normativos à realidade e seus conflitos. (...). *É a realidade histórico-social da migração da ditadura para a democracia política, da transição conciliada de 1979, que há de ser ponderada para que possamos discernir o significado da expressão crimes conexos na Lei n. 6.683. É da anistia de então que estamos a cogitar, não da anistia tal e qual uns e outros hoje a concebem, senão qual foi na época conquistada.* Exatamente aquela na qual, como afirma inicial, "se procurou" [sic] estender a anistia criminal de natureza política aos agentes do Estado encarregados da repressão. A chamada Lei da anistia veicula uma decisão política assumida naquele momento – o momento da transição conciliada de 1979. *A Lei n. 6.683 é uma lei-medida, não uma regra para o futuro, dotada de abstração e generalidade.* Há de ser interpretada a partir da realidade no momento em que foi conquistada. 6. A Lei n. 6.683/79 precede a

Convenção das Nações Unidas contra a Tortura e Outros Tratamentos ou Penas Cruéis, Desumanos ou Degradantes – adotada pela Assembléia Geral em 10 de dezembro de 1984, vigorando desde 26 de junho de 1987 – e a Lei n. 9.455, de 7 de abril de 1997, que define o crime de tortura; e o preceito veiculado pelo artigo 5º, XLIII da Constituição – que declara insuscetíveis de graça e anistia a prática da tortura, entre outros crimes – não alcança, por impossibilidade lógica, anistias anteriormente a sua vigência consumadas. A Constituição não afeta leis-medida que a tenham precedido. 7. No Estado democrático de direito o Poder Judiciário não está autorizado a alterar, a dar outra redação, diversa da nele contemplada, a texto normativo. Pode, a partir dele, produzir distintas normas. Mas nem mesmo o Supremo Tribunal Federal está autorizado a rescrever leis de anistia. 8. Revisão de lei de anistia, se mudanças do tempo e da sociedade a impuserem, haverá – ou não – de ser feita pelo Poder Legislativo, não pelo Poder Judiciário. (...) *Afirmada a integração da anistia de 1979 na nova ordem constitucional, sua adequação à Constituição de 1988 resulta inquestionável.* A nova ordem compreende não apenas o texto da Constituição nova, mas também a norma-origem. No bojo dessa totalidade – totalidade que o novo sistema normativo é – tem-se que "[é] concedida, igualmente, anistia aos autores de crimes políticos ou conexos" praticados no período compreendido entre 02 de setembro de 1961 e 15 de agosto de 1979. Não se pode divisar antinomia de qualquer grandeza entre o preceito veiculado pelo §1º do artigo 4º da EC 26/85 e a Constituição de 1988. 10. *Impõe-se o desembaraço dos mecanismos que ainda dificultam o conhecimento do quanto ocorreu no Brasil durante as décadas sombrias da ditadura.*

O Pleno do STF decidiu que o conceito de anistia, uma das expressões de clemência soberana do Estado, conforme disposto pela Lei nº 6683/79, possui um *caráter bilateral*,[40] abrangendo os agentes do Estado e também aqueles que lutaram contra o Estado de Exceção, que apenas não foi irrestrito, pois não abrangeu os já condenados com sentença transitada em julgado, nos crimes de terrorismo, sequestro, assalto e atentado pessoal. Constatou-se que a lei da anistia deve ser interpretada a partir da realidade do momento em que foi conquistada. Ela é uma *lei-medida* que veicula uma decisão política assumida no momento da transição conciliada de 1979.

À época da edição da Lei nº 6.683/79, a Constituição vigente não restringia a anistia somente a crimes políticos, o que torna constitucional a extensão da anistia a quaisquer infrações penais de direito comum, nos moldes do artigo 1º, §1º, da supracitada lei, empreendendo assim

---

[40] Desse modo, não pode ser considerada uma lei de autoanistia, tornando-se então inaplicável os precedentes da Corte Interamericana de Direitos Humanos, que consideram incompatíveis com os princípios da Convenção Americana de Direitos Humanos as leis nacionais que conferem anistia exclusivamente aos agentes estatais.

uma *interpretação autêntica* do que seriam "crimes conexos". *In verbis*: "Consideram-se conexos, para efeito deste artigo, os crimes de qualquer natureza relacionados com crimes políticos ou praticados por motivação política".

A Lei nº 6.683/79 precede a Lei nº 9.455/97, que define o crime de tortura, a Convenção das Nações Unidas contra a Tortura e outros Tratamentos ou Penas Cruéis, Desumanas ou Degradantes (1984) e o artigo 5º, XLIII, da CRFB/88, que declara insuscetíveis de graça e anistia a prática de tortura. As anistias concedidas pela Lei nº 6.683/79 já estariam consumadas, logo, por impossibilidade lógica, não poderiam ser revistas por normas supervenientes, sob pena da violação do preceito constitucional disposto no artigo 5º, XL, da CRFB/88, que define a *irretroatividade da lei penal mais gravosa*. Ademais, a anistia foi reafirmada, na Emenda Constitucional nº 26/85, pelo Poder Constituinte da Constituição de 1988. A denominada "Constituição Cidadã" não suprimiu a eficácia jurídica da Lei de Anistia de 1979. As regras constitucionais supervenientes não se revestem de retroprojeção normativa, salvo em situações excepcionais expressamente definidas na Constituição.

No entanto, o STF resguardou o *direito à verdade e à memória histórica*, ao afirmar que a improcedência do pedido não impede a busca pela elucidação do que realmente ocorreu no período em que o país foi dominado pelo regime militar.

3.2 *Abolitio criminis* e cloreto de etila

STF, Segunda Turma, Informativo nº 578

Aduziu-se que o fato de a primeira versão da Resolução ANVISA RDC 104 não ter sido posteriormente referendada pelo órgão colegiado não lhe afastaria a vigência entre sua publicação no Diário Oficial da União – DOU e a realização da sessão plenária, uma vez que não se cuidaria de ato administrativo complexo, e sim de ato *simples, mas com caráter precário, decorrente da vontade de um único órgão* – Diretoria da ANVISA –, representado, excepcionalmente, por seu diretor-presidente. Salientou-se que o propósito da norma regimental do citado órgão seria assegurar ao diretor-presidente a vigência imediata do ato, nas hipóteses em que aguardar a reunião do órgão colegiado lhes pudesse fulminar a utilidade. Por conseguinte, assentou-se que, sendo formalmente válida, a resolução editada pelo diretor-presidente produziria efeitos até a republicação, com texto absolutamente diverso. (...) Assim, diante da repercussão do ato administrativo na tipicidade penal e, em homenagem ao princípio da legalidade penal, considerou-se que a manutenção do ato seria menos prejudicial ao interesse público do que a sua invalidação. Rejeitou-se, também, a ocorrência de erro material, corrigido pela nova edição da resolução, a qual significara, para efeitos do art. 12 da Lei 6.368/76, conferir novo sentido à expressão "substância entorpecente ou que determine dependência física ou psíquica, sem autorização ou em desacordo com determinação legal ou regulamentar", elemento da norma penal incriminadora. *Concluiu-se que atribuir eficácia retroativa à nova redação da Resolução ANVISA RDC 104 – que tornou a definir o cloreto de etila como substância psicotrópica – representaria flagrante violação ao art. 5º, XL, da CF. Em suma, assentou--se que, a partir de 7.12.2000 até 15.12.2000, o consumo, o porte ou o tráfico da aludida substância já não seriam alcançados pela Lei de Drogas e, tendo em conta a disposição da lei constitucional mais benéfica, que se deveria julgar extinta a punibilidade dos agentes que praticaram quaisquer daquelas condutas antes de 7.12.2000.* HC 94397/ BA, rel. Min. Cezar Peluso, 9.3.2010. (HC-94397)

O cloreto de etila, popularmente denominado de "lança-perfume", foi retirado da lista de substância psicotrópicas de uso proscrito, pela Resolução ANVISA RDC nº 104, de 07 de dezembro de 2000. Essa norma foi editada pelo Diretor-Presidente da ANVISA, *ad referendum* da Diretoria Colegiada, conforme previsto no artigo 13, inciso IV, do Decreto nº 3.029/99.

No entanto, a Diretoria Colegiada não referendou o ato e, oito dias depois, reeditou a Resolução ANVISA RDC nº 104, incluindo o cloreto de etila entre as substâncias psicotrópicas de uso proscrito.

A Segunda Turma do STF entendeu que a primeira versão da Resolução ANVISA RDC nº 104 não teve sua vigência afastada, entre a sua publicação no *DOU* e a realização da sessão plenária, por conta de não ter sido posteriormente referendada pela Diretoria Colegiada. Assim decidiu por considerar que a referida Resolução não é ato administrativo complexo, em que as manifestações de dois ou mais órgãos são necessárias para a sua formação, mas, sim, *ato simples e precário*, já que ele pode ser alterado ou revogado pelo órgão colegiado. Sendo assim, a resolução editada produziu efeitos até a sua republicação, considerando que o requisito formal de urgência, conforme determinado pelo artigo 13, inciso IV, do Decreto nº 3.029/99, foi atendido.

Entendeu-se ainda que não houve erro material (gráfico), cuja correção não altera o conteúdo da norma, na primeira Resolução, mas sim *erro substancial*, pois modificou substancialmente a norma com a sua republicação, inserindo novamente o cloreto de etila no rol das substâncias entorpecentes proibidas. Trata-se de lei nova, conforme disposto no §1º do artigo 4º da Lei de Introdução do Código Civil ("as correções de texto de lei já em vigor consideram-se lei nova").

A Segunda Turma do STF decidiu que a primeira Resolução acarretou em *abolitio criminis* do tráfico de cloreto de etila. Por força do artigo 5º, inciso XL, da Constituição Federal, que prevê a *retroatividade da lei penal mais benéfica*, deve-se entender *extinta a punibilidade* dos agentes que praticaram essa conduta antes da data 07 de dezembro de 2000, nos termos do artigo 107, inciso III, do Código Penal.

3.3 Dosimetria: tráfico de drogas e natureza do entorpecente

STF, Primeira Turma, Informativo nº 516

A Turma, por maioria, indeferiu habeas corpus em que requerida a exclusão de circunstância judicial reputada inidônea para elevar a pena-base acima do mínimo legal. No caso, o paciente fora condenado à pena de 5 anos e 4 meses de reclusão por tráfico ilícito de entorpecente (Lei 6.368/76, art. 12) e tivera sua pena redimensionada para 4 anos, em idêntico regime prisional, pelo STJ, que excluíra a circunstância de o réu utilizar-se de sua residência para comercializar drogas. Mantivera, contudo, o aumento decorrente da natureza da substância apreendida, cocaína, em razão de sua maior nocividade à saúde pública, dado o seu alto grau de dependência física e psíquica. A impetração sustentava que a natureza do entorpecente não poderia ser invocada para a majoração da pena, alegando ausência de elementos concretos aptos a legitimá-la. Inicialmente, salientou-se que, embora tipificadas por fontes heterônomas que complementam a norma penal em branco, as espécies de substâncias entorpecentes constituem elementares do tipo, e que cabe ao juiz conjugá-las a outros fatores, como a quantidade e a qualidade, ao individualizar a pena a ser aplicada. Nesse sentido, afirmou-se que a quantidade e a espécie de entorpecente traficado, quando combinadas, são circunstâncias judiciais que podem justificar a exasperação da pena-base para além do mínimo legal e que, na hipótese, a majoração não se amparara somente na circunstância de a cocaína deter maior potencial lesivo. Entendeu-se que, na espécie, houve a indicação de fatos concretos para que fosse efetuado o acréscimo da pena do paciente, enfatizando-se a apreensão de 14 g de cocaína, situação que, em tese, deveria ser diferenciada da apreensão da mesma quantidade de outras substâncias capazes de configurar o crime. Por fim, aduziu-se que não haveria que se falar em desproporcionalidade no aumento da pena-base em 1 ano de reclusão, sobretudo se levado em conta que a reprimenda cominada ao delito varia de 3 a 15 anos de reclusão. Vencido o Min. Ricardo Lewandowski que concedia a ordem para reduzir a pena-base ao patamar mínimo por considerar que a majoração da pena com fundamento na natureza da substância entorpecente ampliaria demais a discricionariedade do juiz, afetando os princípios da legalidade e da segurança jurídica. HC 94655/MS, rel. Min. Cármen Lúcia, 19.8.2008. (HC-94655)

A Primeira Turma do STF, em julgado do ano de 2008, decidiu que a pena no tráfico de drogas poderá ser majorada, *em razão da quantidade e da espécie do entorpecente, quando consideradas em conjunto*, sendo *assim circunstâncias judiciais que podem justificar a exasperação da pena-base para além do mínimo legal.*

A majoração não poderá ocorrer caso seja amparada apenas pela natureza do entorpecente, já que ela é elementar do tipo. No caso em tela, a Primeira Turma considerou que o juízo *a quo* fundamentou sua decisão também em razão da quantidade de droga apreendida, por isso a ordem de *habeas corpus* foi denegada.

O Ministro Ricardo Lewandowski foi voto vencido, considerando que o juízo *a quo* teria considerado apenas a espécie da substância entorpecente, para exasperar a pena-base para além do mínimo legal. Ele entendeu que majorar a pena apenas com base nesse critério é ampliar demais a discricionariedade do juiz, violando o *princípio da legalidade* e da segurança jurídica.

3.4 "Cola eletrônica" e legalidade

STF, Pleno, Inq nº 1145/PB

(...) Peça acusatória que descreve a suposta conduta de facilitação do uso de "cola eletrônica" em concurso vestibular (utilização de escuta eletrônica pelo qual alguns candidatos – entre outros, a filha do denunciado – teriam recebido as respostas das questões da prova do vestibular de professores contratados para tal fim). (...) 5. *A tese vencedora, sistematizada no voto do Min. Gilmar Mendes, apresentou os seguintes elementos: i) impossibilidade de enquadramento da conduta do denunciado no delito de falsidade ideológica, mesmo sob a modalidade de "inserir declaração falsa ou diversa da que devia ser escrita, com o fim de prejudicar direito, criar obrigação ou alterar a verdade sobre fato juridicamente relevante"; ii) embora seja evidente que a declaração fora obtida por meio reprovável, não há como classificar o ato declaratório como falso; iii) o tipo penal constitui importante mecanismo de garantia do acusado. Não é possível abranger como criminosas condutas que não tenham pertinência em relação à conformação estrita do enunciado penal. Não se pode pretender a aplicação da analogia para abarcar hipótese não mencionada no dispositivo legal (analogia in malam partem). Deve-se adotar o fundamento constitucional do princípio da legalidade na esfera penal.* Por mais reprovável que seja a lamentável prática da "cola eletrônica", a persecução penal não pode ser legitimamente instaurada sem o atendimento mínimo dos direitos e garantias constitucionais vigentes em nosso Estado Democrático de Direito. (...). 7. *Denúncia rejeitada, por maioria, por reconhecimento da atipicidade da conduta descrita nos autos como "cola eletrônica".*

O Pleno do STF, em decisão do ano de 2006, afirmou ser atípica a conduta de fraudar vestibular, utilizando-se de "cola eletrônica" (escuta telefônica com o fim de passar as respostas corretas das provas de concurso).

A tese vencedora sustentou ser impossível o enquadramento da conduta no crime de falsidade ideológica, pois o ato declarado não pode ser classificado como falso. O denunciado não visava inserir informações falsas, mas verdadeiras. A conduta também não pode ser considerada como estelionato, porque é preciso que se tenha vítima certa e determinada, para a consumação do artigo 171 do CP. Além de ser imprescindível a existência de prejuízo patrimonial.

Trata-se de mero ilícito civil ou administrativo. A conduta não é criminosa, apesar de ser moralmente reprovável. Não se pode utilizar a analogia em prejuízo do acusado (*analogia in malam partem*). O tipo penal é importante mecanismo para a garantia da liberdade. Ele não pode ser ampliado a ponto de abranger condutas que nele não estão estritamente previstas, sob pena de violação do *princípio reserva legal*.

Atualmente, o crime da cola eletrônica pode vir a se encaixar no artigo 311-A do Código Penal, incluído pela Lei nº 12.550, de 2011: "Utilizar ou divulgar, indevidamente, com o fim de beneficiar a si ou a outrem, ou de comprometer a credibilidade do certame, conteúdo sigiloso de: I – concurso público; II – avaliação ou exame públicos; III – processo seletivo para ingresso no ensino superior; ou IV – exame ou processo seletivo previstos em lei. A pena é de reclusão, de 1 (um) a 4 (quatro) anos, e multa".

3.5 Prisão cautelar e prescrição

STF, Primeira Turma, Informativo nº 385

O art. 113 do Código Penal tem aplicação vinculada às hipóteses de evasão do condenado ou de revogação do livramento condicional, não se referindo ao tempo de prisão cautelar para efeito do cálculo da prescrição (CP: "Art. 113 – No caso de evadir-se o condenado ou de revogar-se o livramento condicional, a prescrição é regulada pelo tempo que resta da pena"). Com base nesse entendimento, a Turma, por maioria, negou provimento a recurso ordinário em habeas corpus no qual se pretendia que a prescrição da pretensão executória fosse calculada com base no restante da pena a cumprir, descontados os dias em que o réu estivera preso provisoriamente, como resultado da detração operada com base no art. 42 do CP. No caso, o recorrente fora preso em flagrante delito e condenado a um ano de reclusão e dez dias-multa, pena substituída por restritiva de direitos e, posteriormente, convertida em privativa de liberdade, em razão do descumprimento da pena alternativa. *Considerou-se o princípio da legalidade estrita, de observância cogente em matéria penal, que impede a interpretação extensiva ou analógica das normas penais.* Vencido o Min. Marco Aurélio, que dava provimento ao recurso. Precedentes citados: HC 69865/PR (DJU de 26.11.93); HC 74071/SP (DJU de 11.4.97).

Em julgado do ano de 2005, a primeira turma do STF decidiu que o artigo 113 do CP não abrange a prisão cautelar para efeito do cálculo da prescrição, por força do *princípio da legalidade estrita*, que impede a interpretação extensiva ou analógica das normas penais. O prazo prescricional é contado da pena integral fixada pela sentença, sem descontar os dias em que o réu esteve preso cautelarmente, que será considerado apenas para produzir os efeitos da detração, nos termos do artigo 42 do CP. O artigo 113 do CP não permite que se desconte da pena *in concreto*, para fins prescricionais.

3.6 Tráfico de drogas e combinação de leis

STF, Primeira Turma, HC nº 103159/SP

PENAL. PROCESSUAL PENAL. HABEAS CORPUS. TRÁFICO ILÍCITO DE ENTORPECENTES. CRIME COMETIDO NA VIGÊNCIA DA LEI 6.368/1976. APLICAÇÃO RETROATIVA DO §4º DO ART. 33 DA LEI 11.343/2006. COMBINAÇÃO DE LEIS. INADMISSIBILIDADE. PRECEDENTES. FIXAÇÃO DE REGIME INICIAL FECHADO DE CUMPRIMENTO DA PENA. POSSIBILIDADE. EXISTÊNCIA DE CIRCUNSTÂNCIAS JUDICIAIS DESFAVORÁVEIS AO PACIENTE. ORDEM DENEGADA. I – *É inadmissível a aplicação da causa de diminuição prevista no art. 33, §4º, da Lei 11.343/06 à pena relativa à condenação por crime cometido na vigência da Lei 6.368/76*. Precedentes. II – *Não é possível a conjugação de partes mais benéficas das referidas normas, para criar-se uma terceira lei, sob pena de violação aos princípios da legalidade e da separação de poderes*. Precedentes. III – É possível a fixação de regime inicial fechado quando a pena é em patamar inferior a quatro anos, e existirem circunstâncias judiciais desfavoráveis contra o paciente ou fatos concretos a justificar a decisão. IV – Ordem denegada.

A nova Lei de Drogas (11.343/06) impôs uma pena mais severa para o crime de tráfico de drogas, conforme previsto no seu artigo 33. A Lei nº 6.386/96 estabelecia uma pena em abstrato de 3 a 15 anos de reclusão, enquanto a nova lei fixa a reprimenda de 5 a 15 anos de reclusão.

Ocorre que no §4º do artigo 33 da nova Lei de Drogas, o legislador estabeleceu uma *causa de diminuição de pena*, se o agente for primário, de bons antecedentes e não se dedicar a atividade criminosa ou integrar organização criminosa.[41]

---

[41] "§4º Nos delitos definidos no caput e no §1º deste artigo, as penas poderão ser reduzidas de um sexto a dois terços, vedada a conversão em penas restritivas de direitos, desde que o agente seja primário, de bons antecedentes, não se dedique às atividades criminosas nem integre organização criminosa."

A lei nova foi em parte mais gravosa do que a lei antiga, ao fixar uma pena abstrata mais severa, porém, estabeleceu uma nova causa de diminuição de pena, sendo nesse sentido mais branda. O que se discute nesse julgado é se é possível a *combinação de leis*, aplicando-se a causa de diminuição de pena, prevista no artigo 33, §4º, da Lei nº 11.343/06, para a reprimenda fixada com base no disposto no artigo 12, *caput*, da Lei nº 6.368/76, que previa a pena mínima de 3 anos de reclusão.

A primeira turma do STF, em julgamento do ano de 2010, entendeu *não ser possível a combinação de leis no tempo*, sob pena de se criar uma *terceira lei*. Se isso fosse permitido, os magistrados atuariam como legislador positivo, violando os *princípios da legalidade* e da *separação de poderes*.

3.7 Furto e concurso de pessoas

STF, Primeira Turma, HC nº 92399/RS

EMENTA: DIREITO PENAL. FURTO. CONCURSO DE PESSOAS. CIRCUNSTÂNCIA EXPRESSAMENTE REGULADA COMO QUALIFICADORA. IMPOSSIBILIDADE DE TRATAR-SE A PLURALIDADE DE AGENTES COMO CAUSA DE AUMENTO DE PENA. RESERVA LEGAL. AUSÊNCIA DE OMISSÃO LEGISLATIVA QUE AFASTA A INTERPRETAÇÃO ANALÓGICA. INTIMAÇÃO PESSOAL DO DEFENSOR PÚBLICO. OCORRÊNCIA. AUSÊNCIA DE NULIDADE NO JULGAMENTO DO SUPERIOR TRIBUNAL DE JUSTIÇA. ORDEM DENEGADA. 1. *O concurso de pessoas é, no delito de furto, circunstância qualificadora, nos exatos termos do inciso IV do §4º do art. 155 do Código Penal. Pelo que descabe considerar tal aspecto como causa de aumento de pena. Isso a bem da norma constitucional de que "não há crime sem lei anterior que o defina, nem pena sem prévia cominação legal" (inciso XXXIX do art. 5º da Constituição Federal), consagradora da legalidade especificamente penal.* 2. A Defensoria Pública do Estado do Rio Grande do Sul, responsável pela defesa do paciente desde a primeira instância, foi intimada da inclusão do recurso especial na pauta de julgamento do Superior Tribunal de Justiça. Intimação que atendeu a pedido expresso do órgão defensivo estadual. Donde inexistir ofensa à prerrogativa de intimação pessoal do defensor público. Até porque o art. 106 da Lei Complementar 80/94 afasta eventual tentativa de conferir à Defensoria Pública da União a exclusividade de atuação no STJ. 3. Ordem denegada.

A primeira turma do STF, em julgado do ano de 2010, assentou não ser possível a aplicação analógica da causa de aumento prevista no artigo 157, §2º, inciso II, do Código Penal,[42] nos delitos de furto, pois

---

[42] "Art. 157 – Subtrair coisa móvel alheia, para si ou para outrem, mediante grave ameaça ou violência a pessoa, ou depois de havê-la, por qualquer meio, reduzido à impossibilidade

O artigo 155 do CP é taxativo ao elencar o *concurso de pessoas* entre as *qualificadoras do furto*.[43]

Como a lei não foi omissa, regulando o concurso de pessoas como qualificadora no furto, tem-se como impossível a decisão do caso com base na analogia, sendo descabida a aplicação do artigo 4º da Lei de Introdução ao Código Civil.[44]

O Supremo Tribunal Federal entendeu ainda não ser possível a aplicação dos *princípios da isonomia* e *da proporcionalidade*, pois a definição das causas de aumento e das qualificadoras cabe ao legislador, sob pena de violação do *princípio da legalidade*, conforme previsto no artigo 5º, inciso XXXIX, da Constituição.

O Procurador-Geral da República, em seu parecer, explicou a razão da norma: "A lei prescreve pena inicial de 04 a 10 anos para o roubo exatamente porque este crime pressupõe violência contra a pessoa, merecendo, consequentemente, maior reprovabilidade. Assim, como a pena base é elevada, o aumento de um terço até a metade para os casos previstos no artigo 157, §2º, do CP, já resulta numa exasperação expressiva e proporcional".

3.8 *Habeas corpus* e punições disciplinares militares

STF, Segunda Turma, Informativo nº 317

Tendo em conta que a restrição prevista no §2º do art. 142 da CF ("Não caberá habeas corpus em relação a punições disciplinares militares") *limita-se ao exame do mérito do ato*, a Turma, considerando que, na espécie, *a punição disciplinar militar aplicada ao recorrido atendera aos pressupostos de legalidade*, deu provimento a recurso extraordinário criminal, para reformar acórdão do TRF da 4ª Região que analisara os aspectos fáticos da punição. Precedente citado: HC 70.648-RJ (DJU de 4.3.94). RE 338.840-RS, rel. Ministra Ellen Gracie, 19.8.2003. (RE-338840)

A Segunda Turma do STF, em julgado do ano de 2003, decidiu pela *possibilidade* da impetração de *habeas corpus*, questionando punições disciplinares militares, quando o *ato atacado revestir-se de ilegalidade ou*

---

de resistência: §2º – A pena aumenta-se de um terço até metade: II – se há o concurso de duas ou mais pessoas;"

[43] "Art. 155 – Subtrair, para si ou para outrem, coisa alheia móvel: §4º – A pena é de reclusão de dois a oito anos, e multa, se o crime é cometido: IV – mediante concurso de duas ou mais pessoas."

[44] "Art. 4º Quando a lei for omissa, o juiz decidirá o caso de acordo com a analogia, os costumes e os princípios gerais de direito."

constituir abuso de poder, atingindo a liberdade de locomoção do indivíduo. Não há violação do artigo 142, §2º, da CRFB/88, quando a ação impugnativa apenas discute a legalidade do ato atacado, *excluindo a apreciação de questões referentes ao mérito*. No caso concreto, o STF considerou que a punição disciplinar militar atendeu aos quatro pressupostos da legalidade, quais sejam, a hierarquia, o poder disciplinar, o ato ser ligado à função e a pena ser suscetível de aplicação disciplinar. Assim, não cabe ao Poder Judiciário analisar os aspectos fáticos da punição.

3.9 Indulto e crimes hediondos

STF, Pleno, Informativo nº 138

Não ofende o art. 5º, XLIII, da CF ("a lei considerará crimes inafiançáveis e insuscetíveis de graça ou anistia a prática da tortura, o tráfico ilícito de entorpecentes e drogas afins, o terrorismo e os definidos como crimes hediondos") *decreto presidencial que exclui do benefício do indulto os condenados por crimes definidos como hediondos*, na conformidade da Lei nº 8.072/90, *uma vez que o indulto é modalidade do poder de graça do Presidente da República*. Com esse entendimento, o Tribunal, por maioria, indeferiu habeas corpus e confirmou a constitucionalidade da expressão "e indulto" constante do art. 2º, I, da Lei 8.072/90, e, em conseqüência, reconheceu a legalidade do art. 8º, II, do Decreto 2.365/97. Vencido o Min. Marco Aurélio que – ao entendimento de que o art. 5º, XLIII, da CF não faz referência ao indulto, não podendo, assim, lei ordinária inserir restrição nele não contida –, deferia o writ, em parte, e declarava, incidenter tantum, a inconstitucionalidade da expressão mencionada da Lei 8.072/90, e reconhecia a ilegalidade do referido Decreto. Precedentes citados: HC 71.262-SP (DJU de 20.6.97); HC 73.118-RS (DJU de 10.05.96) e HC 74.132-SP (DJU de 27.9.96). HC 77.528-AP, rel. Min. Sydney Sanches, 18.2.99.

O Pleno do STF, em decisão do ano de 1999, entendeu constitucional o artigo 2º, inciso I, da Lei nº 8.072/90, na parte em que considera os crimes hediondos insuscetíveis de indulto. O decreto presidencial de indulto coletivo que beneficia os condenados por certos delitos, e não por outros, é válido, pois a escolha de quem será beneficiado cabe ao Presidente da República, segundo critérios razoáveis de *política criminal*.

O artigo 5º, inciso XLIII, da CRFB/88, afirma que os crimes hediondos são insuscetíveis de graça e anistia, sem estabelecer nenhuma restrição ao indulto. Ocorre que a Lei nº 8.072/90 proíbe o indulto aos condenados por tais crimes, sendo que a Constituição é silente. Para afirmar que tal norma é constitucional, o STF fez uma *interpretação sistemática* da constituição, harmonizando o artigo 5º, inciso XLIII, com o artigo 84, inciso XII, ambos da Magna Carta. A Constituição atribui ao presidente da república poder para conceder indulto, sendo que esse termo é utilizando *em sentido amplo*, abrangendo o *indulto coletivo e o individual* (a graça). Segundo o STF, tem que se entender incabível a concessão de indulto coletivo em crimes hediondos, se a constituição proíbe a graça (indulto individual), pois senão a racionalidade e o sentido da proibição se esvaem, pois o indivíduo, que não pode ser contemplado pela graça, ganhará o benefício do indulto coletivo. Se for proibido conceder o benefício para uma pessoa, então também é proibido conceder para todas. Extrai-se desse posicionamento que o STF considera que graça e indulto possuem a mesma natureza. A Lei nº 8.072/90 proibiu expressamente o que já estava implicitamente vedado pela Constituição. Sendo assim, o decreto presidencial que excluiu os condenados por crime hediondo do benefício do indulto está em conformidade com a Constituição e com a Lei dos Crimes Hediondos. O presidente da república apenas exerceu a sua faculdade de indultar, em conformidade com o disposto no artigo 84, inciso XII, da CRFB/88.

O Ministro Marco Aurélio foi voto vencido, entendendo que a lei ordinária não pode estabelecer restrição ao indulto, pois ele não está contido no artigo 5º, inciso XLIII, da CRFB/88. Para essa linha de raciocínio, está implicitamente previsto na Constituição a possibilidade de conceder indulto, pois o Poder Constituinte Originário apenas impôs restrições expressas à graça e à anistia. Para o Ministro Marco Aurélio, não é possível confundir graça e indulto.

3.10 Falta grave e recontagem do prazo para a concessão de benefícios

STF, Segunda Turma, HC nº 101915/RS

DIREITO PENAL. HABEAS CORPUS. EXECUÇÃO DA PENA. FUGA DO ESTABELECIMENTO PRISIONAL. FALTA GRAVE. RECONTAGEM DO PRAZO PARA CONCESSÃO DE BENEFÍCIOS PREVISTOS NA LEI DE EXECUÇÕES PENAIS. POSSIBILIDADE. DENEGAÇÃO. 1. O tema em debate neste habeas corpus se relaciona à possibilidade de recontagem do requisito temporal para obtenção de benefícios previstos na LEP, quando houver a prática de falta grave pelo apenado. 2. *Orientação predominante no Supremo Tribunal Federal no sentido de que o cometimento de falta grave, durante a execução da pena privativa de liberdade, implica a regressão de regime e a necessidade de reinício da contagem do prazo para obtenção da progressão no regime de cumprimento da pena* (RHC 85.605, rel. Min. Gilmar Mendes, DJ 14.10.2005). 3. Em tese, se o réu que cumpre pena privativa de liberdade em regime menos severo, ao praticar falta grave, pode ser transferido para regime prisional mais gravoso (regressão prisional), logicamente é do sistema jurídico que o réu que cumpre pena corporal em regime fechado (o mais gravoso) deve ter reiniciada a contagem do prazo de 1/6, levando-se em conta o tempo ainda remanescente de cumprimento da pena. 4. O cômputo do novo período aquisitivo do direito à progressão de regime, considerando-se o lapso temporal remanescente de pena, terá início na data do cometimento da última falta grave pelo apenado ou, no caso de fuga do estabelecimento prisional, de sua recaptura. 5. *A recontagem e o novo termo inicial da contagem do prazo para a concessão de benefícios, tal como na progressão de regime, decorrem de interpretação sistemática das regras legais existentes, não havendo violação ao princípio da legalidade.* Precedente. 6. Habeas corpus denegado.

A Segunda Turma do STF,[45] em julgado do ano de 2010, afirmou que não viola o *princípio da legalidade* a recontagem e o novo termo inicial da contagem do prazo para a concessão de benefícios, como a progressão de regime, em caso do cometimento de falta grave pelo apenado, durante a execução da pena privativa de liberdade. Para essa recontagem, adota-se como paradigma o *quantum* restante da pena.

Considerou-se que tal entendimento decorre da *interpretação sistemática das regras legais existentes*, pois se não ocorresse a recontagem do prazo, então o apenado que cometesse falta grave em regime fechado não sofreria nenhuma sanção, já que seria impossível a regressão de regime e o reinício da contagem do prazo de 1/6, enquanto que o apenado que cometesse a mesma falta em regime menos gravoso sofreria a regressão prisional.

O cômputo do novo período aquisitivo para a progressão de regime terá início na data do cometimento da última falta grave pelo apenado ou, no caso de fuga do estabelecimento prisional, de sua recaptura, tendo como balizamento o lapso temporal restante da pena.

A defesa alegou que não existe previsão legal para a recontagem do prazo para a concessão dos benefícios.

STJ, Sexta Turma, AgRg no HC nº 173822/SP

AGRAVO REGIMENTAL. HABEAS CORPUS. ARTS. 557, CAPUT, DO CPC; E 3º, DO CPP. DECISÃO MONOCRÁTICA. LEGALIDADE. EXECUÇÃO PENAL. ARTS. 118; 127 E 128, TODOS DA LEP. INTERRUPÇÃO DO LAPSO DE CUMPRIMENTO DE PENA, PARA FINS DE CONCESSÃO DE BENEFÍCIOS, PELO COMETIMENTO DE FALTA DISCIPLINAR DE NATUREZA GRAVE. CONSTRANGIMENTO ILEGAL.

---

[45] A Primeira Turma do STJ também se posicionou no mesmo sentido, no HC nº 101757/SP.

1. O julgamento monocrático firmado em precedentes deste Tribunal obsta suposta violação ao ordenamento jurídico pátrio (arts. 3º, do CPP; e 557, §1º, do CPC).
2. O cometimento de falta disciplinar de natureza grave tem como conseqüências somente a regressão de regime prisional e a perda dos dias remidos (arts. 118; 127 e 128, todos da LEP).
3. A determinação de nova data-base, para fins de concessão de benefícios, a partir do cometimento da falta disciplinar caracteriza coação ilegal.
4. Ordem concedida para declarar que o cometimento de falta disciplinar de natureza grave não acarreta a interrupção do prazo de cumprimento de pena, para fins de concessão de benefícios, devendo o juízo da execução analisar se o paciente preenche os demais requisitos para o atendimento de sua pretensão.
5. Agravo regimental a que se nega provimento.

A Sexta Turma do STJ, em julgado de 2010, decidiu que fere o *princípio da legalidade* a interrupção do lapso temporal para a progressão de regime e a concessão de outros benefícios, em razão do cometimento de falta grave, diante da ausência de previsão legal.

As consequências da falta grave são tão somente a regressão prisional e a perda dos dias remidos, de acordo com o disposto nos artigos 118, 127 e 128, da LEP.

STF, Primeira Turma, HC nº 94163/RS

HABEAS CORPUS. EXECUÇÃO PENAL. PROVIMENTO MONOCRÁTICO DE RECURSO ESPECIAL DO MINISTÉRIO PÚBLICO. OFENSA AO PRINCÍPIO DA COLEGIALIDADE. LIVRAMENTO CONDICIONAL. FALTA GRAVE (FUGA). DATA-BASE DE RECONTAGEM DO PRAZO PARA NOVO LIVRAMENTO CONDICIONAL. ORDEM CONCEDIDA. 1. Além de revelar o fim socialmente regenerador do cumprimento da pena, o art. 1º da Lei de Execução Penal alberga um critério de interpretação das suas demais disposições. É falar: a Lei 7.210/84 institui a lógica da prevalência de mecanismos de reinclusão social (e não de exclusão do sujeito apenado) no exame dos direitos e deveres dos sentenciados. Isto para favorecer, sempre que possível, a redução das distâncias entre a população intramuros penitenciários e a comunidade extramuros. (...) 3. O livramento condicional, para maior respeito à finalidade reeducativa da pena, constitui a última etapa da execução penal, timbrada, esta, pela idéia-força da liberdade responsável do condenado, de modo a lhe permitir melhores condições de reinserção social. 4. *O requisito temporal do livramento condicional é aferido a partir da quantidade de pena já efetivamente cumprida. Quantidade, essa, que não sofre nenhuma alteração com eventual prática de falta grave, pelo singelo mas robusto fundamento de que a ninguém é dado desconsiderar tempo de pena já cumprido. Pois o fato é que pena cumprida é pena extinta.* É claro que, no caso de fuga (como é a situação destes autos), o lapso temporal em que o paciente esteve foragido não será computado como tempo de castigo cumprido. Óbvio! Todavia, a fuga não "zera" ou faz desaparecer a pena até então cumprida. 5. Ofende o princípio da legalidade a decisão que fixa a data da fuga do paciente como nova data-base para o cálculo do requisito temporal do livramento condicional. 6. Ordem concedida.

STJ, Sexta Turma, HC nº 167609/SP

EXECUÇÃO PENAL. FALTA DISCIPLINAR DE NATUREZA GRAVE. INTERRUPÇÃO DO LAPSO TEMPORAL PARA LIVRAMENTO CONDICIONAL. IMPOSSIBILIDADE. AUSÊNCIA DE PREVISÃO LEGAL. CONSTRANGIMENTO ILEGAL. SÚMULA 441/STJ. ORDEM PARCIALMENTE CONCEDIDA.
1. Fere o princípio da legalidade a interrupção do lapso temporal para livramento condicional no curso da execução penal em razão do cometimento de falta disciplinar de natureza grave, diante da ausência de previsão legal para tanto. Aplicação da súmula 441/STJ.
2. Ordem concedida em parte, tão somente para afastar a interrupção da contagem do lapso temporal para o livramento condicional, em razão da falta grave, cabendo ao Juízo da Execução a análise dos demais requisitos objetivos e subjetivos, nos termos do disposto no art. 83 do CP.

A Primeira Turma do STF, em julgado de 2008, salientou que não se deve confundir o requisito temporal do livramento condicional com os casos de reinício do prazo temporal de 1/6 para a concessão da progressão de regime.

Entendeu-se que no caso do livramento condicional, o que se analisa é a *quantidade da pena efetivamente cumprida*, nos termos do artigo 83 do CP, que não sofre nenhuma alteração com a prática da falta grave, pois *pena cumprida é pena extinta*.

Sendo assim, viola o *princípio da legalidade* a fixação da data da fuga como nova data-base para o cálculo do requisito temporal do livramento condicional, o qual não se confunde com uma progressão de regime. Não se pode criar uma nova forma de punição de falta grave, a pretexto de assegurar a disciplina carcerária.

O Superior Tribunal de Justiça sumulou a questão: "Súmula 441 – A falta grave não interrompe o prazo para obtenção de livramento condicional".

3.11 Estelionato

STF, Primeira Turma, HC nº 94777/RS

Habeas corpus. Penal e processual penal. Crime de estelionato. Impossibilidade de aplicação analógica do art. 34 da Lei nº 9.249/95 e da Súmula nº 554 do STF.
1. *Inviável a pretendida aplicação analógica do art. 34 da Lei 9.249/95, obstada pelos princípios da legalidade e da especialidade, sendo certo que a analogia pressupõe uma*

lacuna involuntária. 2. A Súmula nº 554 do Supremo Tribunal Federal não se aplica ao crime de estelionato na sua forma fundamental: "Tratando-se de crime de estelionato, previsto no art. 171, 'caput', não tem aplicação a Súmula 554-STF" (HC nº 72.944/SP, Relator o Ministro Carlos Velloso, DJ 8/3/96). A orientação contida na Súmula nº 554 é restrita ao estelionato na modalidade de emissão de cheques sem suficiente provisão de fundo, prevista no art. 171, §2º, inc. VI, do Código Penal (Informativo nº 53 do STF). 3. A reparação do dano antes da denúncia é tão-somente uma causa de redução da pena, nos termos do art. 16 do Código Penal, e não uma causa de excludente de culpabilidade. 4. Não cabe acolher a prescrição da pena de multa considerando que mesmo no estelionato privilegiado (art. 171, §1º, do CP) possível é a aplicação de pena de detenção em substituição à de reclusão ou a diminuição de um a dois terços (art. 155, §2º, do CP). Entendendo o Juiz de aplicar a pena de multa, então, poderá no mesmo ato conhecer a prescrição. 5. Habeas corpus denegado. Ordem concedida de ofício para que o Juízo aprecie a impetração com base no art. 171, §1º, do Código Penal.

A Primeira Turma do STF, em julgado do ano de 2008, decidiu não ser possível a aplicação do Enunciado nº 554[46] da Súmula do STF, nos crimes de estelionato em sua forma fundamental (171, *caput*, do CP). A aplicação desse enunciado é restrita ao estelionato na modalidade de emissão de cheques sem fundos, conforme previsto no artigo 171, §2º, inciso VI, do CP.

Entendeu-se ainda não ser possível a aplicação do artigo 34 da Lei nº 9.249/95,[47] no estelionato, quando o agente reparar o dano antes do recebimento da denúncia, pois *a analogia pressupõe uma lacuna involuntária da lei*. Entendimento contrário violaria o *princípio da legalidade e da especialidade*, já que o referido artigo se ateve especificamente aos crimes definidos nas Leis nºs 8.137/90 e 4.729/65. Não se referiu a nenhum crime definido no Código Penal. A lei expressamente restringiu a extinção da punibilidade aos crimes previstos nas leis supracitadas.

3.12 Ultratividade da lei penal e crimes militares

STF, Primeira Turma, RHC nº 8.0907/SP

DIREITO CONSTITUCIONAL, PENAL E PROCESSUAL PENAL MILITAR. CRIME MILITAR (ART. 254 DO CÓDIGO PENAL MILITAR). SUSPENSÃO CONDICIONAL DO PROCESSO: LEI Nº 9.099/95, ART. 89: CABIMENTO.

---

[46] Enunciado nº 554: O pagamento de cheque emitido sem provisão de fundos, após o recebimento da denúncia, não obsta ao prosseguimento da ação penal.

[47] "Art. 34. Extingue-se a punibilidade dos crimes definidos na Lei nº 8.137, de 27 de dezembro de 1990, e na Lei nº 4.729, de 14 de julho de 1965, quando o agente promover o pagamento do tributo ou contribuição social, inclusive acessórios, antes do recebimento da denúncia."

INAPLICABILIDADE, AO CASO, DA LEI N 9.839, DE 27.9.1999: ULTRATIVIDADE DA LEI PENAL MAIS BENÉFICA. 1. *Durante a vigência da Lei n 9.099/95, a jurisprudência do Supremo Tribunal Federal considerou-a aplicável, também, aos processos criminais da competência de Justiça Militar.* 2. *A Lei n 9.839, de 27.9.1999, que acrescentou o art. 90-A à Lei n 9.099/95 – estabelecendo que as disposições desta última não se aplicam no âmbito da Justiça Militar – não é de ser observada, quanto aos crimes ocorridos antes de sua vigência, pois, embora se trate de inovação processual, seus efeitos são de direito material e prejudicam o réu* (art. 5, XI, da Constituição Federal). Precedente: "H.C." n 79.390. 3. No caso, o paciente está sendo processado pela prática do delito previsto no art. 254 do C.P.Militar (receptação), ocorrido a 09 de junho de 1999, antes da vigência da Lei nº 9.839, de 27.09.1999, quando em vigor, ainda, a Lei mais benigna (nº 9.099/95). 4. Recurso ordinário provido para se deferir o "Habeas Corpus", ou seja, para que se observem no processo instaurado contra o paciente, ora recorrente, as normas da Lei nº 9.099/95, inclusive as do art. 89.

A Primeira Turma do STF, em julgamento do ano de 2001, fixou o seu posicionamento no sentido de considerar irretroativo o artigo 90-A,[48] acrescentado na Lei nº 9.099/95 pela Lei nº 9.839/99. Considerou-se que a Lei nº 9.099/95 era originariamente mais benigna ao Réu, pois não afastava os crimes militares da competência dos Juizados Especiais Criminais. A *inovação processual* inserida pela Lei nº 9.839/99 produziu *efeitos próprios de direito material*, afetando diretamente o *jus libertatis* do réu. Assim, por força do *princípio da ultratividade da lei penal mais benéfica*, deve-se aplicar a Lei nº 9.099/95 aos crimes do âmbito da Justiça Militar ocorridos antes da vigência da Lei nº 9.839/95.

3.13 Estupro e casamento do agente com a vítima

STF, Segunda Turma, HC nº 90140/GO

(...) *O sistema constitucional brasileiro impede que se apliquem leis penais supervenientes mais gravosas, como aquelas que afastam a incidência de causas extintivas da punibilidade sobre fatos delituosos cometidos em momento anterior ao da edição da "lex gravior". A eficácia ultrativa da norma penal mais benéfica – sob cuja égide foi praticado o fato delituoso – deve prevalecer por efeito do que prescreve o art. 5º, XL, da Constituição, sempre que, ocorrendo sucessão de leis penais no tempo, constatar-se que o diploma legislativo anterior qualificava-se como estatuto legal mais favorável ao agente.* Doutrina. Precedentes do Supremo Tribunal Federal. – A derrogação do inciso VII do art. 107 do Código Penal não tem – nem pode ter – o efeito de prejudicar, em tema de extinção da punibilidade, aqueles

---

[48] "Art. 90-A. As disposições desta Lei não se aplicam no âmbito da Justiça Militar."

a quem se atribuiu a prática de crime cometido no período abrangido pela norma penal benéfica. *A cláusula de extinção da punibilidade, por afetar a pretensão punitiva do Estado, qualifica-se como norma penal de caráter material, aplicando-se, em conseqüência, quando mais favorável, aos delitos cometidos sob o domínio de sua vigência temporal, ainda que já tenha sido revogada pela superveniente edição de uma "lex gravior"*, a Lei nº 11.106/2005, no caso.

A Segunda Turma do STF, em julgamento do ano de 2008, entendeu ser aplicável ao delito de estupro presumido a *causa extintiva de punibilidade,* prevista no artigo 107, inciso VII, do CP, se o crime ocorreu antes da vigência da Lei nº 11.106/05, que foi considerada uma *novatio legis in pejus,* pois revogou a referida causa extintiva de punibilidade.

O Pretório Excelso considerou que a causa de extinção de punibilidade é *norma penal de caráter material,* por afetar a pretensão punitiva do Estado, tendo assim *força normativa residual,* aplicando-se aos casos anteriores a lei que a revogou. Intelecção do artigo 5º, inciso XL, da CRFB/88, que prevê a *ultratividade da lei penal mais benéfica.*

3.14 Crime hediondo e progressão de regime

STF, Pleno, HC nº 82959/SP

PENA – REGIME DE CUMPRIMENTO – PROGRESSÃO – RAZÃO DE SER. A progressão no regime de cumprimento da pena, nas espécies fechado, semi-aberto e aberto, tem como razão maior a *ressocialização do preso* que, mais dia ou menos dia, voltará ao convívio social. PENA – CRIMES HEDIONDOS – REGIME DE CUMPRIMENTO – PROGRESSÃO – ÓBICE – ARTIGO 2º, §1º, DA LEI Nº 8.072/90 – INCONSTITUCIONALIDADE – EVOLUÇÃO JURISPRUDENCIAL. *Conflita com a garantia da individualização da pena – artigo 5º, inciso XLVI, da Constituição Federal – a imposição, mediante norma, do cumprimento da pena em regime integralmente fechado.* Nova inteligência do princípio da individualização da pena, em evolução jurisprudencial, assentada a *inconstitucionalidade do artigo 2º, §1º, da Lei nº 8.072/90.*

STF, Primeira Turma, HC nº 92410/MS

(...) *A declaração de inconstitucionalidade da redação original do artigo 2º, §1º, da Lei nº 8.072/90, havida no julgamento do HC nº 82.959/SP* (Tribunal Pleno, Relator o Ministro Marco Aurélio, DJ de 1º/9/06), *impede que, mesmo em um plano abstrato, ele seja tomado como parâmetro de comparação quando se investiga se a Lei nº 11.464/07 é mais benéfica ou mais gravosa para o réu. 3. Com relação aos crimes hediondos cometidos antes da vigência da Lei nº 11.464/07, a progressão de regime carcerário deve observar o requisito temporal previsto nos artigos 33 do Código Penal e 112 da Lei de Execuções Penais* (HC nº 91.631/SP, Primeira Turma, Relatora a Ministra Carmen Lúcia, julgado em 16/10/07), aplicando-se, *portanto, a lei mais benéfica*. 4. Considerando que a sentença condenatória restabelecida pela decisão impugnada do Superior Tribunal de Justiça impunha o cumprimento da pena em regime integralmente fechado, concede-se a ordem, de ofício, para que o Juízo responsável pela execução da pena aprecie o pedido de progressão, observado, quanto ao requisito temporal, o cumprimento de 1/6 da pena.

STJ, Sexta Turma, AgRg no HC nº 87926/MS
AGRAVO REGIMENTAL. HABEAS CORPUS. PROGRESSÃO DE REGIME. CRIME HEDIONDO. LEI Nº 11.464/2007. ALTERAÇÃO DO REQUISITO OBJETIVO. IRRETROATIVIDADE AOS CRIMES COMETIDOS EM DATA ANTERIOR. OBSERVÂNCIA DO ART. 112 DA LEI DE EXECUÇÃO PENAL.
1. Desde 23/2/2006, quando o Supremo Tribunal Federal, ao conceder o HC nº 82.959, declarou, incidenter tantum, a inconstitucionalidade do §1º do art. 2º da Lei nº 8.072/90, esta Corte passou a adotar o entendimento de que, mesmo nos casos de crimes hediondos ou equiparados, admite-se a progressão de regime no cumprimento das respectivas sanções corporais.
2. A Lei nº 11.464/2007, alterando o referido art. 2º da Lei nº 8.072/90, expressamente permitiu a progressão, mas aumentou o prazo de cumprimento exigido, tornando mais gravoso, assim, o requisito objetivo necessário ao deferimento do benefício.
3. *A aludida Lei nº 11.464/2007 não pode ser aplicada, no ponto prejudicial, àqueles delitos cometidos anteriormente à sua vigência, em razão da irretroatividade da lei penal mais gravosa, sendo de rigor a observância do art. 112 da Lei de Execução Penal.*
4. Agravo regimental a que se nega provimento.

O artigo 2º, §1º, da Lei nº 8.072/90 previa o cumprimento da pena em regime integralmente fechado para os crimes hediondos. O STF, no julgamento do HC nº 82.959/SP, declarou *incidenter tantum* a inconstitucionalidade de tal dispositivo, por violar o *princípio da individualização da pena*.

A Lei nº 11.464/07 alterou o referido artigo 2º da Lei nº 8.072/90, permitindo a progressão do regime nos crimes hediondos, todavia estendeu o interregno para a sua ocorrência.[49] Essa alteração, apesar de aparentemente benéfica, foi mais gravosa, pois o regime integralmente fechado da Lei de Crimes Hediondos foi considerado inconstitucional pelo STF. Não obstante a decisão ter sido tomada em controle difuso,

---
[49] "§2º A progressão de regime, no caso dos condenados aos crimes previstos neste artigo, dar-se-á após o cumprimento de 2/5 (dois quintos) da pena, se o apenado for primário, e de 3/5 (três quintos), se reincidente."

o Pretório Excelso considerou que o artigo 2º, §1º, da Lei nº 8.072/90, não pode servir de parâmetro de comparação com a Lei nº 11.464/07, *mesmo no plano abstrato*.

Nessa trilha, em relação aos crimes hediondos cometidos antes da vigência da Lei nº 11.464/07, a progressão de regime deve ocorrer de acordo com o requisito temporal previsto nos artigos 33, do Código Penal, e 112, da Lei de Execução Penal, que tem como cerne a exigência do *cumprimento de 1/6 da pena* no regime anterior. Aplica-se, assim, a lei mais benéfica, em razão da *irretroatividade da lei penal mais gravosa*.

3.15 Medida provisória e matéria penal

STF, Pleno, HC nº 254818/PR

I. *Medida provisória: sua inadmissibilidade em matéria penal – extraída pela doutrina consensual – da interpretação sistemática da Constituição –, não compreende a de normas penais benéficas, assim, as que abolem crimes ou lhes restringem o alcance, extingam ou abrandem penas ou ampliam os casos de isenção de pena ou de extinção de punibilidade.* II. Medida provisória: conversão em lei após sucessivas reedições, com cláusula de "convalidação" dos efeitos produzidos anteriormente: alcance por esta de normas não reproduzidas a partir de uma das sucessivas reedições. III. MPr 1571-6/97, art. 7º, §7º, reiterado na reedição subseqüente (MPr 1571-7, art. 7º, §6º), mas não reproduzido a partir da reedição seguinte (MPr 1571-8/97): sua aplicação aos fatos ocorridos na vigência das edições que o continham, por força da cláusula de "convalidação" inserida na lei de conversão, com eficácia de decreto-legislativo.

O Pleno do STF, em julgamento do ano de 2001, decidiu ser constitucional a medida provisória que contenha *norma penal benéfica ao indivíduo*. A vedação de edição de medida provisória sobre matéria relativa ao direito penal, conforme prevista no artigo 62, inciso I, alínea "b", da CRFB/88,[50] abrange apenas as normas penais incriminadoras ou que de alguma forma agravem a situação do indivíduo, em relação ao poder punitivo do Estado.

A *reserva absoluta de Lei* (artigo 5º, inciso XXXIX, da CRFB/88) para a definição de crimes e cominação de penas configura uma garantia individual da liberdade, que não pode ser utilizada contra o indivíduo para afastar a incidência de dispositivos penais que lhe beneficiam

---

[50] "§1º É vedada a edição de medidas provisórias sobre matéria: I – relativa a: b) direito penal, processual penal e processual civil;"

previstos em medida provisória. As normas penais proibidas de serem editadas por medida provisória são aquelas que beneficiem a pretensão punitiva do Estado em detrimento da liberdade.

3.16 Adulteração de sinal identificador de veículo automotor

STJ, Quinta Turma, Informativo nº 449

A Turma concedeu a ordem de habeas corpus a paciente denunciado pela suposta prática do delito tipificado no art. 311, caput, do CP (adulteração de sinal identificador de veículo automotor) ante o reconhecimento da atipicidade da conduta. In casu, o réu foi acusado de ter substituído a placa original do reboque com o qual trafegava em rodovia federal. Entretanto, de acordo com o Min. Relator, a classificação estabelecida pelo art. 96 da Lei n. 9.503/1997 (Código de Trânsito Brasileiro) situa os veículos automotores e os veículos de reboque ou semirreboque em categorias distintas, diferença também evidenciada pelo conceito que lhes é atribuído pelo Manual Básico de Segurança no Trânsito, elaborado pela Associação Nacional dos Fabricantes de Veículos Automotores (Anfavea). Asseverou, ademais, que o legislador, ao criminalizar a prática descrita no art. 311 do CP, assim o fez por razões de política criminal, para coibir a crescente comercialização clandestina de uma classe específica de veículos e resguardar a fé pública. Concluiu, portanto, estar ausente o elemento normativo do tipo – categoria de veículo automotor –, ressaltando que a interpretação extensiva do aludido dispositivo ao veículo de reboque caracterizaria analogia in malam partem, o que ofenderia o princípio da legalidade estrita. HC 134.794-RS, Rel. Min. Jorge Mussi, julgado em 28/9/2010.

O artigo 96 da Lei nº 9.503/97 *diferencia os veículos automotores dos de reboque*, situando-os em categorias distintas. Essa diferença ainda é reforçada pelo *Manual Básico de Segurança no Trânsito*. Há atipicidade da conduta no caso concreto, por ausência do elemento normativo do tipo – veículo automotor –, conforme previsto no artigo 311 do CP.[51]

A Quinta Turma do STJ, em julgado do ano de 2010, decidiu não ser possível a *interpretação extensiva* do artigo 311 do CP para abranger também os veículos de reboque, pois tal exegese violaria o *princípio da legalidade estrita*, pelo uso da analogia *in malam partem*.

---

[51] "Art. 311 – Adulterar ou remarcar número de chassi ou qualquer sinal identificador de veículo automotor, de seu componente ou equipamento:"

3.17 Videoconferência

STJ, Sexta Turma, HC nº 92795/SP

PROCESSO PENAL. HABEAS CORPUS. ROUBO CIRCUNSTANCIADO. (1) AUDIÊNCIA DE INSTRUÇÃO. VIDEOCONFERÊNCIA. AMPARO EM LEI ESTADUAL JULGADA INCONSTITUCIONAL. CONSTRANGIMENTO. OCORRÊNCIA. (2) DOSIMETRIA. VÍCIOS. EXAME PREJUDICADO.

1. *É ilegal audiência de instrução realizada – por meio de videoconferência – com amparo em lei estadual julgada inconstitucional* (STF, HC nº 90.900/SP, DJe de 13.2.09). *Tem-se a violação dos princípios da legalidade e da igualdade. Em relação ao primeiro, a eiva se dá em razão da inexistência de lei federal, imprescindível para se cuidar de matéria processual.* No tocante ao segundo, a irregularidade decorre da iníqua distinção existente entre réus presos e soltos, pertinente ao exercício da ampla defesa, na vertente do direito à presença. Com o advento da Lei 11.343/08, é de se facultar à Defesa requerer a realização de novo interrogatório.

2. Com a anulação do processo a partir da instrução, resta prejudicada análise da regularidade da dosimetria da pena.

3. Ordem concedida para anular a instrução da ação penal de controle n. 755/05, da 11.ª Vara Criminal Central da Capital de São Paulo, que deverá ser renovada, com a realização de novo interrogatório.

A Sexta Turma do STJ, em julgado do ano de 2010, decidiu ser nula a audiência de instrução por meio de videoconferência, com base em lei estadual. Um dos argumentos utilizados pelo Tribunal foi a violação do *princípio da legalidade*, pois a Constituição exige lei federal para tratar de matéria processual, que só veio a existir posteriormente, com o advento da Lei nº 11.343/08.

3.18 Embriaguez ao volante

STJ, Sexta Turma, HC nº 166377/SP

HABEAS CORPUS. TRANCAMENTO DA AÇÃO PENAL. EMBRIAGUEZ AO VOLANTE. AUSÊNCIA DE EXAME DE ALCOOLEMIA. AFERIÇÃO DA DOSAGEM QUE DEVE SER SUPERIOR A 6 (SEIS) DECIGRAMAS. NECESSIDADE. ELEMENTAR DO TIPO.

1. Antes da edição da Lei nº 11.705/08 bastava, para a configuração do delito de embriaguez ao volante, que o agente, sob a influência de álcool, expusesse a dano potencial a incolumidade de outrem.

2. Entretanto, com o advento da referida Lei, inseriu-se a quantidade mínima exigível e excluiu-se a necessidade de exposição de dano potencial, delimitando-se o meio de prova admissível, ou seja, *a figura típica só se perfaz com a quantificação objetiva da concentração de álcool no sangue o que não se pode*

presumir. A dosagem etílica, portanto, passou a integrar o tipo penal que exige seja comprovadamente superior a 6 (seis) decigramas.

3. Essa comprovação, conforme o Decreto nº 6.488 de 19.6.08 pode ser feita por duas maneiras: exame de sangue ou teste em aparelho de ar alveolar pulmonar (etilômetro), este último também conhecido como bafômetro.

4. Cometeu-se um equívoco na edição da Lei. Isso não pode, por certo, ensejar do magistrado a correção das falhas estruturais com o objetivo de conferir-lhe efetividade. O Direito Penal rege-se, antes de tudo, pela estrita legalidade e tipicidade.

5. Assim, para comprovar a embriaguez, objetivamente delimitada pelo art. 306 do Código de Trânsito Brasileiro, é indispensável a prova técnica consubstanciada no teste do bafômetro ou no exame de sangue.

6. Ordem concedida.

A Lei nº 11.705/08 modificou o artigo 306 do Código de Trânsito Brasileiro,[52] inserindo como elementar objetiva do tipo a concentração de álcool por litro de sangue igual ou superior a 6 (seis) decigramas.

Assim, o legislador *delimitou a grandeza da concentração de álcool no sangue*, para a configuração do delito de embriaguez ao volante. A dosagem etílica passou a integrar o tipo penal e *não pode ser presumida*. Essa comprovação, com fulcro no Decreto nº 6.488/08, se dá com o exame de sangue ou teste em aparelho de ar alveolar pulmonar (etilômetro), que é cotidianamente conhecido como "bafômetro".

A ausência dessa comprovação técnica inviabiliza a adequação típica. A Sexta Turma do STJ entendeu que o magistrado não pode corrigir as falhas estruturais do referido tipo penal, com o objetivo de dotá-lo de efetividade, presumindo a dosagem etílica, sob pena de violação do *princípio da legalidade estrita*.

3.19 Falta grave e previsão legal

STJ, Sexta Turma, HC nº 14.1127/SP

HABEAS CORPUS. EXECUÇÃO PENAL. FALTA GRAVE. CONDUTA NÃO PREVISTA NA LEI DE EXECUÇÃO PENAL. COAÇÃO ILEGAL. ORDEM CONCEDIDA.

a) *Se a conduta praticada pelo agente não está prevista na Lei de Execução Penal, não pode ele ser punido por prática de falta disciplinar grave, sob pena de afronta ao princípio da legalidade.*

---

[52] "Art. 306. Conduzir veículo automotor, na via pública, estando com concentração de álcool por litro de sangue igual ou superior a 6 (seis) decigramas, ou sob a influência de qualquer outra substância psicoativa que determine dependência:"

b) O executado é advogado e exerce essa função, pelo que sua ida a outra comarca, para atender a um detento, não configura falta grave.

c) Ordem concedida, para cancelar a anotação de falta grave no prontuário do paciente, com restabelecimento dos benefícios do regime prisional semiaberto, dias remidos e autorização de trabalho externo.

A Sexta Turma do STJ, em julgamento do ano de 2010, decidiu que não pode haver punição por prática de falta disciplinar grave não prevista em lei, em razão do *princípio da legalidade*. Aliás, o artigo 45 da LEP[53] proíbe expressamente a existência de falta ou sanção disciplinar sem expressa previsão legal. O intérprete deve adotar interpretação restritiva ao definir o que seja falta grave, nos termos do *rol taxativo* do artigo 50 da LEP.

3.20 Condução coercitiva para interrogatórios

STF, Pleno, Informativo nº 906

O Plenário, por maioria, julgou procedente o pedido formulado em arguições de descumprimento de preceito fundamental para declarar a não recepção da expressão "para o interrogatório" constante do art. 260 (1) do CPP, e *a incompatibilidade com a Constituição Federal da condução coercitiva de investigados ou de réus para interrogatório, sob pena de responsabilidade disciplinar, civil e penal do agente ou da autoridade e de ilicitude das provas obtidas, sem prejuízo da responsabilidade civil do Estado* (Informativo 905). O Tribunal destacou que a decisão não desconstitui interrogatórios realizados até a data desse julgamento, ainda que os interrogados tenham sido coercitivamente conduzidos para o referido ato processual. (...) a condução coercitiva no curso da ação penal tornou-se obsoleta. Isso porque, a partir da Constituição Federal de 1988, foi consagrado *o direito do réu de deixar de responder às perguntas, sem ser prejudicado (direito ao silêncio)*. A condução coercitiva para o interrogatório foi substituída pelo simples prosseguimento da marcha processual, à revelia do acusado [CPP, art. 367 (2)]. (...) *as conduções coercitivas tornaram-se um novo capítulo na espetacularização da investigação, inseridas em um contexto de violação a direitos fundamentais por meio da exposição de pessoas que gozam da presunção de inocência como se culpados fossem*. Quanto à presunção de não culpabilidade (CF, art. 5º, LVII), seu aspecto relevante ao caso é a vedação de tratar pessoas não condenadas como culpadas. A condução coercitiva consiste em capturar o investigado ou acusado e levá-lo, sob custódia policial, à presença da autoridade, para ser submetido a interrogatório. *A restrição temporária da liberdade mediante condução sob custódia por forças policiais em vias*

---

[53] "Art. 45. Não haverá falta nem sanção disciplinar sem expressa e anterior previsão legal ou regulamentar."

públicas não é tratamento que possa normalmente ser aplicado a pessoas inocentes. Assim, o conduzido é claramente tratado como culpado. Por outro lado, a dignidade da pessoa humana (CF, art. 1º, III), prevista entre os princípios fundamentais do estado democrático de direito, orienta seus efeitos a todo o sistema normativo, constituindo, inclusive, princípio de aplicação subsidiária às garantias constitucionais atinentes aos processos judiciais. No contexto da condução coercitiva para interrogatório, faz-se evidente que o investigado ou réu é conduzido, eminentemente, para demonstrar sua submissão à força. Não há finalidade instrutória clara, na medida em que o arguido não é obrigado a declarar, ou mesmo a se fazer presente ao interrogatório. Desse modo, a condução coercitiva desrespeita a dignidade da pessoa humana. (...) em relação à manutenção dos interrogatórios realizados até a data desse julgamento, mesmo que o interrogado tenha sido coercitivamente conduzido para o ato, o relator consignou ser necessário reconhecer a inadequação do tratamento dado ao imputado, não do interrogatório em si. Argumentos internos ao processo, como a violação ao direito ao silêncio, devem ser refutados. (...) a ausência de colaboração do indiciado ou réu com as autoridades públicas e o exercício da prerrogativa constitucional contra a autoincriminação não podem erigir-se em fatores subordinantes da decretação de prisão cautelar ou da adoção de medidas que restrinjam ou afetem a esfera de liberdade jurídica do réu. Por fim, afirmou que não haveria como concluir que a condução coercitiva do indiciado ou do réu para interrogatório, independentemente de prévia e regular intimação, justificar-se-ia em face do poder geral de cautela do magistrado penal. *Isso porque, diante do postulado constitucional da legalidade estrita em matéria processual penal, inexiste, no processo penal, o poder geral de cautela dos juízes.* ADPF 395/DF, rel. Min. Gilmar Mendes, julgamento em 13 e 14.6.2018. (ADPF-395) ADPF 444/DF, rel. Min. Gilmar Mendes, julgamento em 13 e 14.6.2018. (ADPF-444)

Esta decisão do Supremo Tribunal Federal abrange a aplicação de três princípios constitucionais penais: o da legalidade, o da presunção da inocência e o da dignidade da pessoa humana.

A combinação deles leva à conclusão de que é impossível a condução coercitiva de suspeitos ou investigados para interrogatórios. É claro: o interrogatório é um meio de defesa do ser humano e a sua submissão à força viola o princípio da dignidade. Afinal, não se pode obrigar alguém a se submeter ao Poder do Estado, para fazer valer um direito que é da pessoa, pois subverte o interrogatório como meio de defesa, tornando-o funcional ao poder penal.

Ademais, o interrogando está protegido pelo princípio da presunção da inocência, portanto, ele não pode ser tratado como se fosse culpado, sendo conduzido à força, à presença do Estado, para exercer um direito que é seu. É sua faculdade.

O *princípio da legalidade estrita* protege as pessoas do poder de cautela dos juízes criminais. Assim, não existe, para o Supremo Tribunal Federal, um poder geral de cautela em matéria processual penal.

O juiz não pode evocar tal poder para criar uma condução coercitiva em interrogatório, desnaturalizando o sentido desse instituto jurídico.

3.21 Regime de cumprimento de pena e execução penal

STF, Pleno, Informativo nº 825 (RE nº 641320/RS)

O Plenário, em conclusão de julgamento e por maioria, deu parcial provimento a recurso extraordinário em que se discutia a possibilidade de cumprimento de pena em regime menos gravoso, diante da impossibilidade de o Estado fornecer vagas para o cumprimento no regime originalmente estabelecido em condenação penal (...) a possibilidade de manutenção de condenado em regime mais gravoso, na hipótese de inexistir vaga em estabelecimento adequado ao seu regime, seria uma questão ligada a duas garantias constitucionais em matéria penal da mais alta relevância: a *individualização da pena* (CF, art. 5º, XLVI) e a *legalidade* (CF, art. 5º, XXXIX). O sistema brasileiro teria sido formatado tendo o regime de cumprimento da pena como ferramenta central da individualização da sanção, importante na fase de aplicação (fixação do regime inicial) e capital na fase de execução (progressão de regime). *Assim, a inobservância do direito à progressão de regime, mediante manutenção do condenado em regime mais gravoso, ofenderia o direito à individualização da pena. A violação ao princípio da legalidade seria ainda mais evidente. Conforme art. 5º, XXXIX, da CF, as penas devem ser previamente cominadas em lei.* A legislação brasileira prevê o sistema progressivo de cumprimento de penas. Logo, assistiria ao condenado o direito a ser inserido em um regime inicial compatível com o título condenatório e a progredir de regime de acordo com seus méritos. (...). Por mais grave que fosse o crime, a condenação não retiraria a humanidade da pessoa condenada. Ainda que privados de liberdade e dos direitos políticos, os condenados não se tornariam simples objetos de direito (CF, art. 5º, XLIX). (...) O fundamental seria afastar o excesso da execução – manutenção do sentenciado em regime mais gravoso – e dar aos juízes das execuções penais a oportunidade de desenvolver soluções que minimizassem a insuficiência da execução, como se daria com o cumprimento da sentença em prisão domiciliar ou outra modalidade sem o rigor necessário. (...) RE 641320/RS, rel. Min. Gilmar Mendes, 11.5.2016. (RE-641320)

O Estado restringe a liberdade de expressão do preso, de acordo com a Constituição, a Legislação Penal e os dispositivos da sentença. Além disso é arbítrio. O Estado não pode executar a pena de modo mais grave do que a Lei de Execução Penal prevê, com base nos limites da Administração Pública. A sua falta de recursos não é desculpa para praticar atos desumanos.

Assim, o Pleno do Supremo Tribunal Federal, no ano de 2016, determinou que fere o *princípio da legalidade e da individualização da pena* executar a pena em regime fechado, sob a alegação de que não há vagas nos regimes mais brandos. O Estado é responsável por observar a lei e não pode violá-la sob o argumento de que não tem condições de cumpri-la.

3.22 Fraude na licitação para a contratação de serviços

STJ, Sexta Turma, Informativo nº 592 (REsp nº 1.571.527-RS)

Cingiu-se a controvérsia a saber se a conduta de contratar serviços de forma fraudulenta está abrangida ou não pelo tipo penal previsto no art. 96, I e V, da Lei n. 8.666/1993. Da leitura da referida normal legal, percebe-se que nela se pune aquele que frauda licitação instaurada para a aquisição de bens ou mercadorias, ou o contrato dela decorrente, elevando arbitrariamente os preços ou tornando, por qualquer modo, injustamente mais onerosa a proposta ou a execução do contrato. Entende-se que, no caso, o art. 96 da Lei n. 8.666/1993 apresenta hipóteses estreitas de penalidade, entre as quais não se encontra a fraude na licitação para fins de contratação de serviços. *Ocorre que o tipo penal deveria prever expressamente a conduta de contratação de serviços fraudulentos para que fosse possível a condenação do réu, uma vez que o Direito Penal deve obediência ao princípio da taxatividade, não podendo haver interpretação extensiva em prejuízo do réu.* REsp 1.571.527-RS, Rel. Min. Sebastião Reis, por unanimidade, julgado em 16/10/2016, DJe 25/10/2016.

O artigo 96 da Lei nº 8.666/93 não prevê a conduta de fraude na licitação para a contratação de serviços. O *caput* do tipo penal afirma que o crime ocorre quando há fraude na licitação instaurada para compra ou venda de bens ou mercadorias. Não há menção à palavra "serviços". Sendo assim, não pode ocorrer analogia *in malam partem*, sob pena de violação do princípio da legalidade, em seu aspecto de taxatividade.

3.23 Monitoramento eletrônico

STJ, Sexta Turma, Informativo nº 595 (REsp nº 1.519.802-SP)

Cingiu-se a discussão a verificar se a conduta do apenado, de estar fora da área de inclusão de rastreamento da tornozeleira eletrônica configura, em tese, possível falta disciplinar de natureza grave – apta à instauração de sindicância administrativa. Inicialmente, cabe destacar que *resta incontroverso na doutrina e na jurisprudência que é taxativo o rol do artigo 50 da Lei de Execuções Penais, que prevê as condutas que configuram falta grave.* (...) Todavia, tal conduta não está prevista no rol supracitado – o que veda o seu reconhecimento, mesmo em tese, como falta disciplinar de natureza grave, sob pena de ofensa ao *princípio da legalidade.* Trata-se, sim, de descumprimento de condição obrigatória que autoriza sanção disciplinar diversa, podendo ser aplicada, a critério do juiz da execução, a regressão do regime, a revogação da saída temporária, da prisão domiciliar ou a advertência por escrito, nos termos do artigo 146-C, parágrafo único da Lei de Execuções Penais, incluído pela Lei n. 12.258, de 2010, bem como a revogação do próprio benefício de monitoração, por descumprimento do disposto no art. 146-D do referido diploma legal. (...) REsp 1.519.802-SP, Rel. Min. Maria Thereza de Assis Moura, por unanimidade, julgado em 10/11/2016, DJe 24/11/2016.

A Lei deve prever as condutas que são falta grave, pois elas afetam à liberdade do apenado. Por força do princípio da legalidade, não se pode imputar como falta grave conduta que não está prevista em lei. Portanto, a conduta do apenado de estar fora da área de inclusão de rastreamento da tornozeleira eletrônica não configura falta grave, pois não está expressa no rol do artigo 50 da Lei de Execuções Penais.

Em 2016, a Sexta Turma do STJ considerou que a infração de ultrapassar a área da tornozeleira eletrônica não é uma falta grave, mas sim um descumprimento de condição obrigatória, que autoriza sanção disciplinar diversa. O juízo da execução aplicará a sanção, que pode ser a regressão de regime, advertência, revogação de saída temporária ou até mesmo a revogação do monitoramento eletrônico, nos termos do artigo 146-C e 146-D da LEP.

No entanto, a Sexta Turma do STJ considera falta grave, se o condenado rompe ou quebra a tornozeleira eletrônica, pois seria o equivalente a uma vaga. Esta hipótese é diferente do caso concreto, pois o condenado apenas ultrapassou a área de rastreamento, sem destruir ou retirar a tornozeleira.

3.24 Clonagem de cartão de crédito

STJ, Sexta Turma, Informativo nº 591 (REsp nº 1.578.479-SC)

DIREITO PENAL. CLONAGEM DE CARTÃO DE CRÉDITO OU DÉBITO ANTES DA ENTRADA EM VIGOR DA LEI N. 12.737/2012. Ainda que praticada antes da entrada em vigor da Lei n. 12.737/2012, é típica (art. 298 do CP) a conduta de falsificar, no todo ou em parte, cartão de crédito ou débito. De fato, o caput do art. 298 do CP ("Falsificar, no todo ou em parte, documento particular ou alterar documento particular verdadeiro") descreve o elemento normativo: "documento". Segundo doutrina, "os elementos normativos são aqueles para cuja compreensão é insuficiente desenvolver uma atividade meramente cognitiva, devendo-se realizar uma atividade valorativa." (...) A presença do elemento normativo "documento" possibilitou ao aplicador da lei compreender que o cartão de crédito ou bancário enquadrar-se-ia no conceito de documento particular, para fins de tipificação da conduta, principalmente porque dele constam dados pessoais do titular e da própria instituição financeira (inclusive na tarja magnética) e que são passíveis de falsificação (...) *Acrescenta-se, ainda, não prosperar o argumento de que é sempre inviável a retroatividade de uma lei penal interpretativa (se não favorável ao réu), esta compreendida como norma que não altera o conteúdo ou o elemento da norma interpretada, mas, apenas, traduz o seu significado.* Esse raciocínio, se considerado isoladamente, conduziria à ideia de que a previsão contida no parágrafo único do art. 298 do CP não poderia retroagir e, por esse ângulo, surgiria um imbróglio, na medida em que a jurisprudência nunca oscilou quanto ao reconhecimento de que cartão de crédito é documento para fins do caput do referido artigo (...) REsp 1.578.479-SC, Rel. Min. Maria 236 Thereza de Assis Moura, Rel. para acórdão Min. Rogerio Schietti Cruz, julgado em 2/8/2016, DJe 3/10/2016

Essa jurisprudência do STJ de 2016 versa sobre a hipótese de clonagem de cartão de crédito e trata do crime do artigo 298 do CP: "Falsificar, no todo ou em parte, documento particular ou alterar documento particular verdadeiro".

O infrator falsifica o cartão de crédito ou débito, que é, segundo a jurisprudência consolidada, um documento particular. O que a Lei nº 12.737/2012 fez foi inserir um parágrafo único no artigo 298 do CP, para equiparar expressamente o cartão de crédito ou débito ao documento particular. Mas a jurisprudência já o considerava um documento particular. Assim, a lei não forçou uma mudança na jurisprudência; o legislador fez apenas uma interpretação legal sobre a natureza do cartão de crédito ou débito no direito penal. Interpretação essa consentânea com a jurisprudência.

Este é um caso interessante para compreender a extensão do princípio da legalidade estrita em matéria penal. O intérprete não deve aplicar uma lei penal mais grave contra o réu. Só que essa regra não se aplica ao caso concreto, pois a Lei nº 12.727/2012 não traz uma norma penal mais grave nesse ponto, mas sim uma norma interpretativa, que está de acordo com a jurisprudência estabelecida sobre o tema.

3.25 Dano qualificado e empresa pública

STJ, Quinta Turma, Informativo nº 567 (RHC nº 57.544-SP)

DIREITO PENAL. CRIME DE DANO PRATICADO CONTRA A CEF. (...) *o Direito Penal é regido pelo princípio da legalidade, não havendo crime sem lei anterior que o defina, nem pena sem prévia cominação legal, nos termos do art. 5º, XXXIX, da CF e do art. 2º do CP. Em observância ao mencionado postulado, não se admite analogia em matéria penal quando utilizada de modo a prejudicar o réu. Desse modo, ainda* que o legislador tenha pretendido proteger o patrimônio público de forma geral por via da previsão da forma qualificada do dano e, além disso, mesmo que a destruição ou a inutilização de bens de empresas públicas seja tão prejudicial quanto as cometidas em face das demais pessoas jurídicas mencionadas na norma penal em exame, o certo é que, não é possível incluir a CEF (empresa pública) no rol constante do dispositivo em apreço. Precedente citado: AgRg no REsp 1.469.224-DF, Sexta Turma, DJe 20/2/2015. RHC 57.544-SP, Rel. Min. Leopoldo de Arruda Raposo (Desembargador convocado do TJ-PE), julgado em 6/8/2015, DJe 18/8/2015

  A Caixa Econômica Federal é uma empresa pública. O Código Penal não prevê dano qualificado contra o patrimônio das empresas públicas, apenas contra o da União, Estado, Município, empresa concessionária de serviços públicos e sociedade de economia mista. Portanto, por força do princípio da legalidade, se alguém praticar um dano contra o patrimônio de uma empresa pública, o crime de dano será simples, e não qualificado.

4 Os princípios da legalidade, da taxatividade e da extra-atividade da lei penal em concursos públicos

1. O STJ firmou o entendimento de que a *abolitio criminis* temporária, prevista no novo Estatuto do Desarmamento, deve retroagir para beneficiar o réu que cometeu o crime de porte ilegal de arma na vigência da lei anterior. (CESPE/TRF1/2009)

Gabarito: **Errado**. Informativo nº 281, STJ (Quinta Turma): "Cuida-se de denunciado como incurso nas sanções do art. 14 da Lei n. 10.826/2004 (Estatuto de Desarmamento) porque portava uma arma de fogo de uso permitido sem autorização para tanto e contra a legislação em vigor. Ressaltou a Min Relatora que não se pode confundir a posse de arma de fogo com o porte de arma de fogo. Segundo o citado Estatuto de Desarmamento: a posse consiste em manter a arma no interior de residência ou dependência dessa ou no local de trabalho, enquanto o porte pressupõe que a arma esteja fora da residência ou do local de trabalho ou portada para entrega à Polícia Federal. No caso, o recorrente foi denunciado pelo porte ilegal de arma, assim a hipótese de *abolitio criminis* temporária ocorreu exclusivamente em relação à posse da arma (arts. 30 e 32 da citada lei) e não alcança a conduta praticada". Informativo nº 259, STJ (Sexta Turma): "Este Superior Tribunal vem entendendo que, diante da literalidade dos artigos relativos ao prazo legal para regularização do registro da arma (artigos 30, 31 e 32 da Lei nº 10.826/2003), observa-se a descriminalização temporária exclusivamente em relação às condutas delituosas relativas à posse de arma de fogo permitido, tal como descrito no artigo 12 da referida lei. Afastado o argumento segundo o qual teria ocorrido a *abolitio criminis temporalis* da conduta de portar ilegalmente arma de fogo imputada ao paciente e praticada sob a égide da Lei n. 10.826/2003, torna-se inviável o pretendido trancamento da ação penal instaurada".

2. "A" foi denunciado como incurso nas sanções do artigo 12, §2º, inciso I, da Lei nº 6.368/76 (antiga Lei de Drogas), pois teria dolosamente auxiliado um colega a usar entorpecente, dando-lhe carona para que ele adquirisse droga para uso próprio. Anulado o processo a partir do recebimento da denúncia, por inobservância do rito processual próprio, com o advento da Lei nº 11.343/06 (nova Lei de Drogas), do ponto de vista penal, quanto à conduta de "A", ocorreu:
A) *Reformatio in mellius.*
B) *Novatio legis in pejus.*
C) *Abolitio criminis.*
D) *Novatio legis in mellius.*
E) *Reformatio in pejus.*
(Fundação Carlos Chagas/DPE-SP/2010)

Gabarito: **Letra D**. O artigo 12, §2º, I, da Lei nº 6368/76, punia o auxílio ao uso de substância entorpecente com a mesma pena do tráfico, qual seja, reclusão de 3 a 15 anos e multa. Ocorre que a Lei nº 11.343/06, no §2º do seu artigo 33, cominou a pena de detenção de 1 a 3 anos e multa, para quem praticar a mesma conduta. Sendo assim, não houve *abolitio criminis*, mas sim *novatio legis in mellius*, já que a lei posterior estabeleceu uma pena mais branda para o auxílio ao uso indevido de drogas.

3. Ernani foi condenado pela prática do delito de uso de entorpecente, ainda sob a égide da Lei nº 6.368/1976, antiga Lei de Tóxicos. Após o cumprimento de metade da pena à qual fora condenado, superveio a Lei nº 11.343/2006. Nessa situação, a lei nova não se aplica ao fato praticado por Ernani, visto que ela contém expressa disposição nesse sentido. (CESPE/TRF5/2006)

Gabarito: **Errado**. Não existe expressa disposição acerca da irretroatividade da Lei nº 11.343/06. Trata-se de *lex mitior* em relação ao crime de uso de drogas, retroagindo, assim, para beneficiar o apenado.

4. Princípios de Direito Penal. *Legalidade* e *irretroatividade*. (a) Legalidade: (a.1) legalidade formal; (a.2) a função da jurisprudência e dos usos e costumes na delimitação concreta da tipicidade penal; (a.3) legalidade formal e normas penais em branco; (a.4) princípio da máxima taxatividade legal e interpretativa. (b) Irretroatividade: (b.1) a irretroatividade da lei penal como consequência da legalidade; (b.2) retroatividade benigna; (b.3) normas penais alcançadas pela expressão *lei penal mais benigna*; (b.4) determinação da lei penal mais benéfica e articulação ou combinação de leis; (b.5) leis temporárias e excepcionais e normas penais em branco em face da retroatividade benigna. (MPF/2006)

Indicações: Consultar item 1, deste capítulo.

5. Por ter força de lei, não viola o princípio da legalidade a medida provisória que define crimes e comina sanções penais. (CESPE/DPF/2001)

Gabarito: **Errado**. Vide artigo 62, §1º, I, "b", da CRFB/88.

6. Consoante entendimento do STF, em face ao princípio da legalidade, é inadmissível medida provisória em matéria penal, mesmo tratando-se de normas penais benéficas que visem abolir crimes ou lhes restringir o alcance, extinguir ou abrandar pena ou, ainda, ampliar os casos de isenção de pena ou extinção de punibilidade. (CESPE/AGU/2006)

Gabarito: **Errado**. Vide item 3.15, deste capítulo.

7. Antônio, quando ainda em vigor o inciso VII do art. 107 do Código Penal, que contemplava como causa extintiva da punibilidade o casamento da ofendida com o agente, posteriormente revogado pela Lei nº 11.106, publicada no dia 29 de março de 2005, estuprou Maria, com a qual veio a casar em 30 de setembro de 2005. O juiz, ao proferir a sentença, julgou extinta a punibilidade de Antônio, em razão do casamento com Maria, fundamentando tal decisão no dispositivo revogado (art. 107, VII, do Código Penal). Assinale, entre os princípios adiante mencionados, em qual deles fundamentou-se tal decisão.
    A) Princípio da isonomia.
    B) Princípio da proporcionalidade.
    C) Princípio da retroatividade da lei penal benéfica.
    D) Princípio da ultratividade da lei penal benéfica.
    E) Princípio da legalidade.
(VUNESP/TJ-SP/2011)

Gabarito: **Letra D**. A Lei nº 11.106/05 é mais gravosa para o réu, no que tange ao artigo 107, VII, do CP, pois revogou essa causa extintiva de punibilidade do casamento da ofendida com o agente. Como o crime foi cometido anteriormente à *lex gravior*, aplica-se a lei anterior mais benéfica, que será, portanto, ultra-ativa.

8. O princípio da legalidade, que é desdobrado nos princípios da reserva legal e da anterioridade, não se aplica às medidas de segurança, que não possuem natureza de pena, pois a parte geral do Código Penal apenas se refere aos crimes e contravenções penais. (Advogado da União, AGU, 2009)

Gabarito: **Errado**. A doutrina majoritária entende que o princípio da legalidade é aplicável às medidas de segurança, por possuírem caráter aflitivo e para proteger os direitos fundamentais.

9. A lei processual penal não se submete ao princípio da retroatividade *in mellius*, devendo ter incidência imediata sobre todos os processos em andamento, independentemente de o crime haver sido cometido antes ou depois de sua vigência ou de a inovação ser mais benéfica ou prejudicial. (CESPE/AGU/2009)

Gabarito: **Certo**. Vide artigo 2º do CPP.

10. A regra que veda a interpretação extensiva das normas penais incriminadoras decorre do princípio constitucional da
    A) culpabilidade.
    B) igualdade.
    C) legalidade.
    D) subsidiariedade.
    E) proporcionalidade.
(Auditor Fiscal Tributário Municipal/Prefeitura-SP/2006)

Gabarito: **Letra C**. Vide item 1.1, deste capítulo.

CAPÍTULO II

PRINCÍPIO DA IGUALDADE OU ISONOMIA

1 Apontamentos sobre o princípio da igualdade ou isonomia

O princípio da igualdade é mencionado expressamente no *caput* do artigo 5º da Constituição da República Federativa do Brasil de 1988: "Todos são iguais perante a lei, sem distinção de qualquer natureza, garantindo-se aos brasileiros e aos estrangeiros residentes no País a inviolabilidade do direito à vida, à liberdade, à igualdade, à segurança e à propriedade (...)". Os estrangeiros não residentes no Brasil também têm seus direitos fundamentais protegidos pela Constituição, que não faz distinção entre as pessoas, em razão do caráter universal dos direitos humanos. Segundo o Ministro Celso de Mello, a expressão residentes no Brasil deve ser interpretada no sentido de que a Carta Magna apenas pode assegurar a validade e o gozo dos direitos fundamentais dentro do território brasileiro.

O princípio da igualdade é abordado sob a perspectiva formal e material. A *igualdade formal* refere-se à igualdade perante a lei. Nesse sentido, a lei trata todos os indivíduos igualmente, sem estabelecer discriminações. Dá-se a toda pessoa a mesma regra. Entretanto, o princípio da igualdade não se restringe ao seu aspecto formal, pois há diferenças reais entre pessoas em posições sociais desiguais. Nem todo mundo possui as mesmas oportunidades na sociedade.

Um direito que busca sinceramente a justiça considera também a *igualdade material*. O intérprete e o legislador devem considerar as diferenças dos grupos sociais e as individualidades, estando atentos para as distorções econômicas na sociedade e as demandas das minorias.

Assim, trata-se igualmente os iguais e desigualmente os desiguais, na medida das suas desigualdades, levando em conta as exigências da justiça social.

Ao invés de falar em igualdade material e formal, o criminalista Luiz Flávio Gomes adota as concepções de *igualdade paritária e valorativa*. A primeira refere-se ao dever de se ter uma lei genérica, impessoal e sem distinções, enquanto a segunda abre espaço para a possibilidade de distinções no plano descritivo, se houver justificação para a diferença de tratamento.[54] Assim, o tratamento diferencial deve ter uma justificativa amparada na razoabilidade. Luiz Flávio Gomes discorre sobre dois exemplos de aplicação desse princípio no mundo jurídico:[55]

a) O princípio da igualdade foi utilizado para afirmar que a Lei nº 10.259/01, criadora dos juizados especiais no âmbito federal, deveria ser estendida aos juizados no âmbito estadual, no que tange à definição das infrações de menor potencial ofensivo, como aquelas cuja pena máxima cominada seja igual ou inferior a dois anos. À época, a Lei nº 9.099/95, que tratava dos juizados especiais criminais estaduais, definia os crimes de menor potencial ofensivo como sendo aqueles cuja pena máxima cominada era igual ou inferior a um ano. Assim, *não se pode tratar de modo desigual crimes idênticos,* apenas por uma questão de competência. Com a vigência da Lei nº 11.313/06, que alterou o artigo 61 da Lei nº 9.099/95, a questão restou pacificada, pois foi estabelecido expressamente o limite de dois anos para as infrações de menor potencial ofensivo no âmbito estadual;

b) A remição de pena pelo trabalho concedida a um corréu militar pelo juízo das execuções criminais da justiça militar também deve ser estendida ao outro corréu, que se encontra nas mesmas condições. Deve-se dar o mesmo tratamento a corréus que possuem *a mesma situação jurídico-processual.*[56]

O constitucionalista José Afonso da Silva discorre sobre *a seletividade do Direito Penal,* como um indicador de um sistema desigual.

---

[54] BIANCHINI, Alice; GOMES, Luiz Flávio; MOLINA, Antonio García-Pablos de. *Direito penal*: introdução e princípios fundamentais. 2. ed. São Paulo: Editora Revista dos Tribunais, 2009, p. 382.

[55] BIANCHINI, Alice; GOMES, Luiz Flávio; MOLINA, Antonio García-Pablos de. *Direito penal*: introdução e princípios fundamentais, p. 382-383.

[56] Esse entendimento foi adotado pelo STF no HC nº 85940/SP.

Segundo o autor, "os menos afortunados ficam muito mais sujeitos aos rigores da justiça penal que os mais aquinhoados de bens materiais".[57] Os delitos e as penas devem ser aplicados a todos que pratiquem o fato típico. Se o Direito Penal for direcionado apenas à parte mais pobre do povo brasileiro, então o princípio da igualdade restará violado.

2 O conceito na doutrina

No Direito Penal, importa em dizer que as pessoas em igual situação devem receber idêntico tratamento jurídico, e aquelas que se encontram em posições diferentes merecem um enquadramento diverso, tanto por parte do legislador como também pelo juiz. Exemplificativamente, um traficante de drogas, primário e com o qual foi apreendida a quantidade de dez gramas de cocaína, deve ser apenado mais suavemente do que outro traficante reincidente e preso em flagrante pelo depósito de uma tonelada da mesma droga.[58] (Cleber Masson)

(...) para que se tenha presente o seu relevo nos regimes democráticos, vale lembrar, com Forsthoff, que o Tribunal Constitucional da Alemanha, repetidas vezes, afirmou que o princípio da igualdade, como regra jurídica, tem um caráter suprapositivo, anterior ao Estado, e que mesmo se não constasse do texto constitucional, ainda assim teria de ser respeitado.[59] (Inocêncio Mártires Coelho)

O princípio da igualdade consagrado pela constituição opera em dois planos distintos. De uma parte, frente ao legislador ou ao próprio executivo, na edição, respectivamente, de leis, atos normativos e medidas provisórias, impedindo que possam criar tratamentos abusivamente diferenciados a pessoas que encontram-se em situações idênticas. Em outro plano, na obrigatoriedade ao intérprete, basicamente, a autoridade pública, de aplicar a lei e atos normativos de maneira igualitária, sem estabelecimento de diferenciações em razão de sexo, religião, convicções filosóficas ou políticas, raça, classe social.[60] (Alexandre de Moraes)

---

[57] SILVA, José Afonso da. *Curso de Direito Constitucional Positivo*. 23. ed. São Paulo: Malheiros, 2004, p. 222.
[58] MASSON, Cleber. *Direito penal esquematizado*: parte geral. Rio de Janeiro: Forense; São Paulo: Método, 2008, p. 41.
[59] BRANCO, Paulo Gustavo Gonet; COELHO, Inocêncio Mártires; MENDES, Gilmar Ferreira. *Curso de Direito Constitucional*. 4. ed. São Paulo: Saraiva, 2009, p. 180.
[60] MORAES, Alexandre de. *Direito Constitucional*. 17. ed. São Paulo: Atlas, 2005, p. 32.

3 O princípio da igualdade ou isonomia na jurisprudência do STF e do STJ

3.1 Direitos fundamentais e estrangeiros

STF, Segunda Turma, HC nº 74.051/SC

DIREITOS E GARANTIAS FUNDAMENTAIS – ESTRANGEIROS – *A teor do disposto na cabeça do artigo 5º da Constituição Federal, os estrangeiros residentes no País têm jus aos direitos e garantias fundamentais.* PRISÃO PREVENTIVA – EXCESSO DE PRAZO – Uma vez configurado o excesso de prazo, cumpre, em prol da intangibilidade da ordem jurídica constitucional, afastar a custódia preventiva. Idas e vindas do processo, mediante declarações de nulidade, não justificam a manutenção da custódia do Estado. O mesmo acontece se o acusado é estrangeiro. Evasão do território nacional corre à conta do poder de polícia, presumindo-se esteja o Estado aparelhado para coibi-la. PRISÃO – RECURSO DA DEFESA – INVIABILIDADE – Exsurge conflitante com a proibição legal de chegar-se à reforma prejudicial ao recorrente decretar-se prisão, na oportunidade do julgamento do recurso da defesa, ainda que isso ocorra via provimento judicial no sentido da nulidade do processo no qual imposta, inicialmente, a custódia – Precedente: habeas-corpus nº 70.308-ES, relatado pelo Ministro Sepúlveda Pertence perante a Primeira Turma, cujo acórdão restou publicado na Revista Trimestral de Jurisprudência nº 152/170.

STF, Segunda Turma, HC nº 94.404/SP

(...) O súdito estrangeiro, mesmo o não domiciliado no Brasil, tem plena legitimidade para impetrar o remédio constitucional do "habeas corpus", em ordem a tornar efetivo, nas hipóteses de persecução penal, o direito subjetivo, de que também é titular, à observância e ao integral respeito, por parte do Estado, das prerrogativas que compõem e dão significado à cláusula do devido processo legal. – A condição jurídica de não-nacional do Brasil e a circunstância de o réu estrangeiro não possuir domicílio em nosso país não legitimam a adoção, contra tal acusado, de qualquer tratamento arbitrário ou discriminatório. Precedentes. – Impõe-se, ao Judiciário, o dever de assegurar, mesmo ao réu estrangeiro sem domicílio no Brasil, os direitos básicos que resultam do postulado do devido processo legal, notadamente as prerrogativas inerentes à garantia da ampla defesa, à garantia do contraditório, à igualdade entre as partes perante o juiz natural e à garantia de imparcialidade do magistrado processante. (...) A vedação apriorística de concessão de liberdade provisória é repelida pela jurisprudência do Supremo Tribunal Federal, que a considera incompatível com a presunção de inocência e com a garantia do "due process", dentre outros princípios consagrados na Constituição da República, independentemente da gravidade objetiva do delito. Precedente: ADI 3.112/DF. – A interdição legal "in abstracto", vedatória da concessão de liberdade provisória, incide na mesma censura que o Plenário do Supremo Tribunal Federal estendeu ao art. 21 do Estatuto do Desarmamento (ADI 3.112/DF), considerados

os postulados da presunção de inocência, do "due process of law", da dignidade da pessoa humana e da proporcionalidade, analisado este na perspectiva da proibição do excesso. – (...) A PRISÃO PREVENTIVA CONSTITUI MEDIDA CAUTELAR DE NATUREZA EXCEPCIONAL. (...) A PRISÃO PREVENTIVA – ENQUANTO MEDIDA DE NATUREZA CAUTELAR – NÃO PODE SER UTILIZADA COMO INSTRUMENTO DE PUNIÇÃO ANTECIPADA DO INDICIADO OU DO RÉU. (...) A GRAVIDADE EM ABSTRATO DO CRIME NÃO CONSTITUI FATOR DE LEGITIMAÇÃO DA PRIVAÇÃO CAUTELAR DA LIBERDADE. (...) A PRESERVAÇÃO DA CREDIBILIDADE DAS INSTITUIÇÕES E DA ORDEM PÚBLICA NÃO SE QUALIFICA, SÓ POR SI, COMO FUNDAMENTO AUTORIZADOR DA PRISÃO CAUTELAR. (...) A PRISÃO CAUTELAR NÃO PODE APOIAR-SE EM JUÍZOS MERAMENTE CONJECTURAIS. (...) O CLAMOR PÚBLICO NÃO BASTA PARA JUSTIFICAR A DECRETAÇÃO DA PRISÃO CAUTELAR. (...) O POSTULADO CONSTITUCIONAL DA PRESUNÇÃO DE INOCÊNCIA IMPEDE QUE O ESTADO TRATE, COMO SE CULPADO FOSSE, AQUELE QUE AINDA NÃO SOFREU CONDENAÇÃO PENAL IRRECORRÍVEL. – A prerrogativa jurídica da liberdade – que possui extração constitucional (CF, art. 5º, LXI e LXV) – não pode ser ofendida por interpretações doutrinárias ou jurisprudenciais, que, fundadas em preocupante discurso de conteúdo autoritário, culminam por consagrar, paradoxalmente, em detrimento de direitos e garantias fundamentais proclamados pela Constituição da República, a ideologia da lei e da ordem. Mesmo que se trate de pessoa acusada da suposta prática de crime hediondo, e até que sobrevenha sentença penal condenatória irrecorrível, não se revela possível – por efeito de insuperável vedação constitucional (CF, art. 5º, LVII) – presumir-lhe a culpabilidade. Ninguém pode ser tratado como culpado, qualquer que seja a natureza do ilícito penal cuja prática lhe tenha sido atribuída, sem que exista, a esse respeito, decisão judicial condenatória transitada em julgado. O princípio constitucional da presunção de inocência, em nosso sistema jurídico, consagra, além de outras relevantes conseqüências, uma regra de tratamento que impede o Poder Público de agir e de se comportar, em relação ao suspeito, ao indiciado, ao denunciado ou ao réu, como se estes já houvessem sido condenados, definitivamente, por sentença do Poder Judiciário. Precedentes.

Na fundamentação da decisão referente ao HC nº 74.051/SC, do ano de 1996, a Segunda Turma do STF citou o enfoque dado pelo Ministro Celso de Mello, na obra *Constituição Federal Anotada*, sobre o gozo de direitos por estrangeiros, que, por sua importância, merece citação integral:

> A garantia de inviolabilidade dos direitos fundamentais, salvo as exceções de ordem constitucional, *se estende também aos estrangeiros não residentes ou domiciliados no Brasil*. O caráter universal dos direitos do homem não se compatibiliza com estatutos que os ignorem. A expressão residentes no Brasil deve ser interpretada no sentido de que a Carta

Federal só pode assegurar a validade e o gozo dos direitos fundamentais dentro do território brasileiro.

No HC nº 94.404/SP, julgado em 2008, a Segunda Turma do STF reafirmou esse posicionamento, ao decidir que os estrangeiros não domiciliados no Brasil possuem plena legitimidade para impetrar a ação impugnativa autônoma do *habeas corpus*, com o fim de resguardar as suas prerrogativas que compõem e dão significado à cláusula do devido processo legal. O Pretório Excelso ainda disse ser inadmissível a invocação da Convenção de Palermo, no que tange à vedação legal apriorística da liberdade provisória, que é incompatível com o nosso sistema principiológico e as garantias processuais penais.

3.2 Homicídio culposo no Código de Trânsito Brasileiro

STF, Segunda Turma, Informativo nº 524

A Turma, ao declarar a constitucionalidade do art. 302, parágrafo único, da Lei 9.503/97 – Código de Trânsito Brasileiro, manteve acórdão que condenara o recorrente e o co-réu pelo crime de homicídio culposo em decorrência de acidente de trânsito. Alegava-se, na espécie, que, em razão de a pena-base variável cominada no dispositivo mencionado ser de 2 a 4 anos de detenção e, no art. 121, §3º, do CP, ser apenas de 1 a 3 anos, o tratamento diferenciado seria inconstitucional por violar o princípio da igualdade (CF, art. 5º, caput). *Considerou-se que o princípio da isonomia não impede o tratamento diversificado das situações quando houver um elemento de discrímen razoável, pois inegável a existência de maior risco objetivo em decorrência da condução de veículos nas vias públicas. Enfatizou-se que a maior freqüência de acidentes de trânsito, acidentes graves, com vítimas fatais, ensejou a aprovação de tal projeto de lei, inclusive com o tratamento mais rigoroso contido no art. 302, parágrafo único, do CTB.* Destarte, a majoração das margens penais – comparativamente ao tratamento dado pelo art. 121, §3º, do CP – demonstra o *enfoque maior no desvalor do resultado*, notadamente em razão da realidade brasileira, envolvendo os homicídios culposos, provocados por indivíduos na direção de veículos automotores (CTB: "Art. 302. Praticar homicídio culposo na direção de veículo automotor: Penas – detenção, de dois a quatro anos, e suspensão ou proibição de se obter a permissão ou a habilitação para dirigir veículo automotor. Parágrafo único. No homicídio culposo cometido na direção de veículo automotor, a pena é aumentada de um terço à metade, se o agente:..."). RE 428864/SP, rel. Min. Ellen Gracie, 14.10.2008. (RE-428864)

A Segunda Turma do STF, em julgado do ano de 2008, decidiu que o artigo 302, parágrafo único, da Lei nº 9.503/97, que deu tratamento mais rigoroso ao homicídio culposo na direção de veículo automotor, não viola o *princípio da isonomia*, sendo, portanto, constitucional.

O homicídio culposo, na Lei nº 9.503/97, não pode ser equiparado para fins de sanção ao artigo 121, §3º, do Código Penal. O legislador teve a intenção de tornar as punições penais mais rigorosas no Código de Trânsito Brasileiro, em razão do número elevado de crimes cometidos na direção de veículo automotor.

O princípio da igualdade permite tratamento diferenciado de condutas semelhantes, quando houver elemento de *discrímen* razoável. No caso, há maior risco objetivo na condução de veículos automotores. A sanção é mais grave em decorrência do *desvalor do resultado*, que é maior nos homicídios culposos de trânsito.

3.3 Prisão cautelar, capacidade econômica e contatos no exterior

STF, Pleno, HC nº 95.009/SP

(...) *GARANTIA DA APLICAÇÃO DA LEI PENAL FUNDADA NA SITUAÇÃO ECONÔMICA DO PACIENTE. PRESERVAÇÃO DA ORDEM ECONÔMICA. QUEBRA DA IGUALDADE (ARTIGO 5º, CAPUT E INCISO I DA CONSTITUIÇÃO DO BRASIL).* (...) O habeas corpus preventivo diz com o futuro. Respeita ao temor de futura violação do direito de ir e vir. Temor que, no caso, decorrendo do conhecimento de notícia veiculada em jornal de grande circulação, veio a ser concretizado. Justifica-se a conversão do habeas corpus preventivo em liberatório em razão da amplitude do pedido inicial e porque abrange a proteção mediata e imediata do direito de ir e vir. SÚMULA 691. EXCEÇÃO. DECISÃO FUNDAMENTADA NA NECESSIDADE, NO CASO CONCRETO, DE PRONTA ATUAÇÃO DESTA CORTE. Esta Corte tem abrandado o rigor da Súmula 691/STF nos casos em que (i) seja premente a necessidade de concessão do provimento cautelar e (ii) a negativa de liminar pelo tribunal superior importe na caracterização ou manutenção de situações manifestamente contrárias ao entendimento do Supremo Tribunal Federal. (...) *Tendo o Juiz da causa autorizado a quebra de sigilos telefônicos e determinado a realização de inúmeras buscas e apreensões, com o intuito de viabilizar a eventual instauração da ação penal, torna-se desnecessária a prisão preventiva do paciente por conveniência da instrução penal.* Medidas que lograram êxito, cumpriram seu desígnio. Daí que a prisão por esse fundamento somente seria possível se o magistrado tivesse explicitado, justificadamente, o prejuízo decorrente da liberdade do paciente. A não ser assim ter-se-á prisão arbitrária e, por conseqüência, temerária, autêntica antecipação da pena. O propalado "suborno" de autoridade policial, a fim de que esta se abstivesse de investigar determinadas pessoas, à primeira vista se confunde com os elementos constitutivos do tipo descrito no art. 333

do Código Penal (corrupção ativa). II) GARANTIA DA APLICAÇÃO DA LEI PENAL, FUNDADA NA SITUAÇÃO ECONÔMICA DO PACIENTE. *A prisão cautelar, tendo em conta a capacidade econômica do paciente e contatos seus no exterior não encontra ressonância na jurisprudência do Supremo Tribunal Federal, pena de estabelecer-se, mediante quebra da igualdade (artigo 5º, caput e inciso I da Constituição do Brasil) distinção entre ricos e pobres, para o bem e para o mal. Precedentes.* III) GARANTIA DA ORDEM PÚBLICA, COM ESTEIO EM SUPOSIÇÕES. *Mera suposição – vocábulo abundantemente utilizado no decreto prisional – de que o paciente obstruirá as investigações ou continuará delinqüindo não autorizam a medida excepcional de constrição prematura da liberdade de locomoção.* Indispensável, também aí, a indicação de elementos concretos que demonstrassem, cabalmente, a necessidade da prisão. IV) PRESERVAÇÃO DA ORDEM ECONÔMICA. *No decreto prisional nada se vê a justificar a prisão cautelar do paciente, que não há de suportar esse gravame por encontrar-se em situação econômica privilegiada. As conquistas das classes subalternas, não se as produz no plano processual penal; outras são as arenas nas quais devem ser imputadas responsabilidades aos que acumulam riquezas.* PRISÃO PREVENTIVA COMO ANTECIPAÇÃO DA PENA. INCONSTITUCIONALIDADE. *A prisão preventiva em situações que vigorosamente não a justifiquem equivale a antecipação da pena, sanção a ser no futuro eventualmente imposta, a quem a mereça, mediante sentença transitada em julgado. A afronta ao princípio da presunção de não culpabilidade, contemplado no plano constitucional (artigo 5º, LVII da Constituição do Brasil), é, desde essa perspectiva, evidente. Antes do trânsito em julgado da sentença condenatória a regra é a liberdade; a prisão, a exceção.* Aquela cede a esta em casos excepcionais. É necessária a demonstração de situações efetivas que justifiquem o sacrifício da liberdade individual em prol da viabilidade do processo. (...) COMBATE À CRIMINALIDADE NO ESTADO DE DIREITO. O que caracteriza a sociedade moderna, permitindo o aparecimento do Estado moderno, é por um lado a divisão do trabalho; por outro a monopolização da tributação e da violência física. Em nenhuma sociedade na qual a desordem tenha sido superada admite-se que todos cumpram as mesmas funções. O combate à criminalidade é missão típica e privativa da Administração (não do Judiciário), através da polícia, como se lê nos incisos do artigo 144 da Constituição, e do Ministério Público, a quem compete, privativamente, promover a ação penal pública (...) Ordem concedida.

O Pleno do STF, em julgamento do ano de 2008,[61] decidiu que é inidônea a fundamentação da prisão preventiva, como garantia da aplicação da lei penal, fundada na *situação econômica da pessoa* ou no fato de ela possuir contatos no exterior (mobilidade de trânsito nos territórios nacionais e internacionais), pois tais argumentos violam o *princípio da igualdade,* estabelecendo uma distinção entre ricos e pobres sem justificativa razoável.

---

[61] No mesmo sentido, o HC nº 86758/PR (STF).

3.4 Prisão especial para advogados

STF, Segunda Turma, HC nº 93.391/RJ

1. PRISÃO PREVENTIVA. Cumprimento. Definição do local. Transferência determinada para estabelecimento mais curial. Competência do juízo da causa. Aplicação de Regime Disciplinar Diferenciado – RDD. Audiência prévia do Ministério Público e da defesa. Desnecessidade. Ilegalidade não caracterizada. Inteligência da Res. nº 557 do Conselho da Justiça Federal e do art. 86, §3º, da LEP. É da competência do juízo da causa penal definir o estabelecimento penitenciário mais curial ao cumprimento de prisão preventiva. 2. PRISÃO ESPECIAL. Advogado. Prisão preventiva. Cumprimento. Estabelecimento com cela individual, higiene regular e condições de impedir contato com presos comuns. Suficiência. Falta, ademais, de contestação do paciente. *Interpretação do art. 7º, V, da Lei nº 8.906/94 – Estatuto da Advocacia, à luz do princípio da igualdade.* Constrangimento ilegal não caracterizado. HC denegado. Precedentes. Atende à prerrogativa profissional do advogado ser recolhido preso, antes de sentença transitada em julgado, em cela individual, dotada de condições regulares de higiene, com instalações sanitárias satisfatórias, sem possibilidade de contato com presos comuns.

A prisão especial para advogados está prevista no artigo 7º, inciso V, da Lei nº 8.906/94.[62] A Segunda Turma do STF, em julgado do ano de 2008, reafirmou a constitucionalidade desse artigo, mas disse que ele deve ser interpretado de acordo com o *princípio da isonomia*. Tal prerrogativa dos advogados não pode *desnaturar a essência do instituto*, de modo a impedir mecanismos de reforço da cautelaridade na prisão preventiva, tais como o Regime Disciplinar Diferenciado ou a transferência para penitenciárias federais.

Se o entendimento fosse diferente, então os advogados estariam imunes a tais medidas cautelares, mesmo quando as circunstâncias do fato se justificassem, o que os colocaria em posição superior a todas as outras pessoas, violando o princípio da isonomia.

O que se deve buscar com a prerrogativa da prisão especial é que os advogados fiquem separados dos demais presos e em condições regulares de higiene, com instalações sanitárias satisfatórias, quando forem necessários mecanismos de reforço da cautelaridade da prisão preventiva.

---

[62] "Art. 7º São direitos do advogado: V – não ser recolhido preso, antes de sentença transitada em julgado, senão em sala de Estado Maior, com instalações e comodidades condignas, assim reconhecidas pela OAB, e, na sua falta, em prisão domiciliar; (Vide ADIN 1.127-8)"

3.5 Prerrogativa de foro a ex-ocupantes de cargos públicos e ex-titulares de mandatos eletivos

STF, Pleno, Inq nº 1376 AgR/MG

PRERROGATIVA DE FORO – EXCEPCIONALIDADE – MATÉRIA DE ÍNDOLE CONSTITUCIONAL – INAPLICABILIDADE A EX-OCUPANTES DE CARGOS PÚBLICOS E A EX-TITULARES DE MANDATOS ELETIVOS – *CANCELAMENTO DA SÚMULA 394/STF*[63] (...) – O postulado republicano – que repele privilégios e não tolera discriminações – impede que prevaleça a prerrogativa de foro, perante o Supremo Tribunal Federal, nas infrações penais comuns, mesmo que a prática delituosa tenha ocorrido durante o período de atividade funcional, se sobrevier a cessação da investidura do indiciado, denunciado ou réu no cargo, função ou mandato cuja titularidade (desde que subsistente) qualifica-se como o único fator de legitimação constitucional apto a fazer instaurar a competência penal originária da Suprema Corte (CF, art. 102, I, "b" e "c"). Cancelamento da Súmula 394/STF (RTJ 179/912-913). – Nada pode autorizar o desequilíbrio entre os cidadãos da República. *O reconhecimento da prerrogativa de foro, perante o Supremo Tribunal Federal, nos ilícitos penais comuns, em favor de ex-ocupantes de cargos públicos ou de ex-titulares de mandatos eletivos transgride valor fundamental à própria configuração da idéia republicana, que se orienta pelo vetor axiológico da igualdade.* – A prerrogativa de foro é outorgada, constitucionalmente, "ratione muneris", a significar, portanto, que é deferida em razão de cargo ou de mandato ainda titularizado por aquele que sofre persecução penal instaurada pelo Estado, sob pena de tal prerrogativa – descaracterizando-se em sua essência mesma – degradar-se à condição de inaceitável privilégio de caráter pessoal. Precedentes.

O Pleno do STF fixou a sua jurisprudência no sentido de afastar a prerrogativa de foro aos ex-ocupantes de cargos públicos e ex-titulares de mandatos eletivos. A prerrogativa de foro é outorgada em razão do cargo ocupado ou do mandato titularizado, sob pena de se degradar o inaceitável privilégio de caráter pessoal, maculando o *princípio da igualdade*.

Assim sendo, queda-se impossível a prevalência da prerrogativa de foro, perante o STF, aos ex-ocupantes de cargos públicos e ex-titulares de mandatos eletivos, nas infrações penais comuns, mesmo que o delito tenha ocorrido durante o período de atividade funcional.

---

[63] STF Súmula nº 394 (CANCELADA "EX NUNC") – Cometido o crime durante o exercício funcional, prevalece a competência especial por prerrogativa de função, ainda que o inquérito ou a ação penal sejam iniciados após a cessação daquele exercício.

3.6 Tráfico de drogas, progressão de regime e estrangeiro irregular

STJ, Quinta Turma, Informativo nº 405

É cediço que este Superior Tribunal tem admitido ao estrangeiro condenado em situação irregular a progressão ao regime semiaberto. Justificam-se tais decisões porque o art. 114 da Lei de Execução Penal somente exige que o condenado esteja trabalhando ou possa trabalhar para a inserção no regime aberto, além de que o princípio constitucional da igualdade estabelece que os estrangeiros gozam dos mesmos direitos individuais que os brasileiros, entre os quais, do direito de individualização da pena. Sucede que, nesse caso, a Turma concedeu a ordem de *habeas corpus*, mas, devido à condição de estrangeiro irregular, comunicou o Ministério da Justiça para que seja promovida a sua expulsão. Vencido em parte o Min. Napoleão Nunes Maia Filho, que concedia a ordem de *habeas corpus*, mas votava pela comunicação antes da progressão de regime. HC 122.662-SP, Rel. Min. Arnaldo Esteves Lima, julgado em 3/9/2009.

A Quinta Turma do STJ, em julgamento do ano de 2009, entendeu que não há impedimento aos estrangeiros em situação irregular que progridam de regime, pois o *princípio constitucional da igualdade* determina que eles tenham os mesmos direitos individuais que os brasileiros, incluindo a individualização da pena.

3.7 Imunidade absoluta do advogado e princípio da igualdade

STJ, Sexta Turma, Informativo nº 335

Atribui-se à paciente a prática do crime previsto no art. 90 da Lei de Licitações porque, na qualidade de procuradora, teria emitido pareceres jurídicos considerando lícitos os aditamentos contratuais tidos como ilegais pelo Ministério Público. Pesa contra ela a colaboração efetiva e relevante no suposto esquema engendrado para fraudar os procedimentos licitatórios realizados pela prefeitura municipal. O tema central diz respeito à afirmação por parte da impetrante de que a conduta da paciente revestia-se de legalidade e se encobria pelo estrito cumprimento do dever profissional. A Turma conheceu, em parte, da impetração, mas, nessa parte, denegou a ordem por entender que, embora seja reconhecida a imunidade do advogado no exercício da profissão, o ordenamento jurídico não lhe confere absoluta liberdade para praticar atos contrários à lei, sendo-lhe, ao revés, exigida a mesma obediência aos padrões normais de comportamento e de respeito à ordem legal. *A defesa voltada especialmente à consagração da imunidade absoluta do advogado esbarra em evidente dificuldade de aceitação, na medida em que altera a sustentabilidade da ordem jurídica: a igualdade perante a lei*. Ademais, a tão-só figuração de advogado como parecerista nos autos de procedimento de licitação, por si só, não retira da sua atuação a possibilidade de prática de ilícito penal, porquanto, mesmo que as formalidades legais tenham sido atendidas no seu ato, havendo favorecimento nos meios empregados, é possível o comprometimento ilegal do agir. HC 78.553-SP, Rel. Min. Maria Thereza de Assis Moura, julgado em 9/10/2007.

A Sexta Turma do STJ, em julgado do ano de 2007, decidiu que a imunidade dos advogados no exercício de sua profissão não pode ser entendida como absoluta, a ponto de permitir o cometimento de atividades ilícitas. O advogado tem o dever de obedecer aos padrões normais de comportamento e de respeito à ordem legal. Sua imunidade não pode servir como instrumento de absoluta liberdade para a prática de atos ilegais, sob pena de se alterar a sustentabilidade da ordem jurídica, maculando a *igualdade de todos perante a lei*.

3.8 Medida de segurança por prazo indeterminado

STJ, Sexta Turma, Informativo nº 416

Trata a *quaestio juris* sobre a duração máxima da medida de segurança, a fim de fixar restrição à intervenção estatal em relação ao inimputável na esfera penal. A Turma entendeu que fere o princípio da isonomia o fato de a lei fixar o período máximo de cumprimento da pena para o inimputável (art. 97, §1º, do CP), pela prática de um crime, determinando que este cumpra medida de segurança por prazo indeterminado, condicionando seu término à cessação de periculosidade. *Em razão da incerteza da duração máxima de medida de segurança, está-se tratando de forma mais gravosa o infrator inimputável quando comparado ao imputável, para o qual a lei limita o poder de atuação do Estado. Assim, o tempo de duração máximo da medida de segurança não deve ultrapassar o limite máximo de pena cominada abstratamente ao delito praticado, em respeito aos princípios da isonomia e da proporcionalidade*. HC 125.342-RS, Rel. Min. Maria Thereza de Assis Moura, julgado em 19/11/2009.

A Sexta Turma do STJ, em julgado do ano de 2009, entendeu que o artigo 97, §1º, do CP,[64] fere o *princípio da isonomia*, já que prevê o cumprimento de medida de segurança por tempo indeterminado, perdurando enquanto não cessada a periculosidade. Desse modo, trata-se o inimputável de forma mais gravosa, quando comparado ao

---

[64] "Art. 97, §1º – A internação, ou tratamento ambulatorial, será por tempo indeterminado, perdurando enquanto não for averiguada, mediante perícia médica, a cessação de periculosidade. O prazo mínimo deverá ser de 1 (um) a 3 (três) anos."

imputável. Este possui limites ao direito de punir do Estado, enquanto aquele estaria fadado à indeterminação penal.

Outro argumento utilizado pelo STJ foi a invocação da *vedação constitucional das penas perpétuas*, prevista no artigo 5º, inciso XLVII, da CRFB/88.[65] Assim sendo, a medida de segurança é uma *espécie do gênero sanção penal*, devendo a sua duração ser limitada ou adquirirá caráter equivalente ao da perpetuidade, o que é vedado pela Magna Carta.

O tempo de duração da medida de segurança não deve ultrapassar o limite máximo da pena abstratamente cominada ao crime praticado, em respeito aos *princípios da isonomia e da proporcionalidade*.

3.9 Reincidência

STJ, Quinta Turma, Informativo nº 358

A Turma conheceu do recurso e deu-lhe provimento para cassar o acórdão recorrido e reconhecer a aplicação da agravante do art. 61, I, do CP no caso e restabelecer a sentença condenatória proferida nesse ponto, por entender que, *restando comprovada a reincidência, a sanção corporal deverá ser sempre agravada nos termos do mencionado artigo, que se encontra plenamente em vigor, importando sua exclusão em flagrante ofensa à lei federal e aos princípios da isonomia e da individualização da pena, constitucionalmente garantidos*. O fato de o reincidente ser punido mais gravemente do que o primário não viola a Constituição Federal nem a garantia do *ne bis in idem*, isto é, ninguém pode ser punido duplamente pelos mesmos fatos, pois visa tão-somente reconhecer maior reprovabilidade na conduta daquele que é contumaz violador da lei penal. REsp 984.578-RS, Rel. Min. Jorge Mussi, julgado em 5/6/2008.

Como o artigo 61, inciso I, do Código Penal,[66] estabelece a reincidência como *circunstância agravante*, a Quinta Turma do STJ, em julgamento do ano de 2008, decidiu que ela não pode ser afastada com o argumento do "fracasso teológico do Estado" em evitar a reiteração criminosa.

A pena deve ser sempre agravada quando presente a reincidência. Deixar de aplicar a reincidência é negar vigência à norma penal em vigor, além de ser uma ofensa aos *princípios da isonomia e da individualização da pena*. O criminoso reincidente não pode receber o mesmo tratamento penal que o primário.

---

[65] Artigo 5º, XLVII – "não haverá penas: b) de caráter perpétuo".
[66] "Art. 61 – São circunstâncias que sempre agravam a pena, quando não constituem ou qualificam o crime: I – a reincidência;"

Afirmou-se ainda que a reincidência não viola o *princípio do ne bis in idem*, pois visa tão somente estabelecer maior censurabilidade à conduta de quem reitera a prática infracional penal.

3.10 Conselho de Sentença e critério racial

STJ, Quinta Turma, HC nº 121813/SC

PROCESSUAL PENAL. HABEAS CORPUS. HOMICÍDIO QUALIFICADO. COMPOSIÇÃO DO CONSELHO DE SENTENÇA. PRETENDIDO CRITÉRIO RACIAL. PLEITO DESTITUÍDO DE RAZOABILIDADE JURÍDICA. ORDEM DENEGADA.

I – Não encontra amparo jurídico a pretensão formulada em prol do paciente consistente na tese de que em sendo ele negro, o Conselho de Sentença competente para o julgamento do homicídio por ele praticado deveria ser exclusivamente formado por pessoas da mesma raça. Tal discriminação, por ele proposta, mostra-se desarrazoada, conflitante com o princípio da isonomia.

II – *Como bem enfatizado pelo Parquet: a pretensão em que o réu seja julgado por quem pertença à sua cor ou raça, ou contrário de atender ao postulado da igualdade material, contraria o princípio da isonomia assegurado no artigo 5º da CF, já que parte de uma premissa apriorística, a parcialidade do "outro", fundada na raça ou cor; ademais, não se ajusta ao objetivo preconizado no art. 3º, I, da CF, de se construir uma "sociedade solidária"; finalmente, vai de encontro aos expressos termos do §1º do art. 436 do CPP (na redação dada pela Lei nº 11.689/08): 'Nenhum cidadão poderá ser excluído dos trabalhos do júri ou deixar de ser alistado em razão de cor ou etnia, raça, credo, sexo, profissão, classe social ou econômica, origem ou grau de instrução'".*

III – Ademais, o crime praticado não possui qualquer conotação racial, capaz de sustentar a dúvida levantada, no sentido de que a decisão dos jurados teria sido tomada em decorrência de concepções preconceituosas em desfavor da raça negra. Trata-se, ao que parece, de crime passional comum.

IV – Impende assinalar, ainda, não ter o impetrante demonstrado ser aberrante o veredicto popular, de forma a poder evidenciar que a decisão não encontrou qualquer respaldo no caderno processual.

Ordem denegada.

A Quinta Turma do STJ, em julgamento do ano de 2010, entendeu ser *desarrazoada* a pretensão que visa estabelecer um Conselho de Sentença formado apenas por pessoas da raça negra.

Um Conselho de Sentença propositalmente restringido e formado apenas por pessoas da mesma raça viola o *princípio da isonomia*, por pressupor a "parcialidade" do outro fundada na raça ou na cor, impedindo, assim, as pessoas de outras raças de participarem do Conselho de Sentença.

Aduziu-se ainda que tal pretensão conflita com os auspícios constitucionais por uma *sociedade solidária*, conforme estabelecido no artigo 3º, inciso I, da CRFB/88.[67] Ademais, viola norma expressa do Código de Processo Penal. A saber:

> Art. 436. O serviço do júri é obrigatório. O alistamento compreenderá os cidadãos maiores de 18 (dezoito) anos de notória idoneidade. §1º *Nenhum cidadão poderá ser excluído dos trabalhos do júri ou deixar de ser alistado em razão de cor ou etnia, raça, credo, sexo, profissão, classe social ou econômica, origem ou grau de instrução.*

4 O princípio da igualdade ou da isonomia em concursos públicos

1. A questão da *actio libera in causa* é um tema, ainda hoje, de grande repercussão dogmática, e cujo tratamento e solução relacionam-se modernamente com os princípios:
A) Da coincidência e da igualdade.
B) Da lesividade e culpabilidade.
C) Da insignificância e ofensividade.
D) Da culpabilidade e da insignificância.
E) Da efetividade e subsidiariedade
(MPE-BA/2010)

Gabarito: **Letra A**.

---

[67] "Art. 3º Constituem objetivos fundamentais da República Federativa do Brasil: I – construir uma sociedade livre, justa e solidária;"

CAPÍTULO III

PRINCÍPIO DA INDEPENDÊNCIA DAS INSTÂNCIAS

1 Apontamentos sobre o princípio da independência das instâncias

Uma determinada conduta pode caracterizar um ilícito civil, administrativo e penal ao mesmo tempo. Nesse caso, não há violação do princípio do *ne bis in idem*, que estabelece que ninguém poderá ser responsabilizado mais de uma vez pela prática de um determinado crime, pois as instâncias são, em princípio, *independentes*.

Quer-se dizer que as pessoas podem vir a ser responsabilizadas em dimensões diversas ao atuar no mundo, pois as relações jurídicas são extremamente complexas, exigindo de cada ser humano que aja conforme o direito em sua vida pública e privada, de modo a se eximir das múltiplas responsabilidades que o ordenamento jurídico pode lhe impor em decorrência de um agir defeituoso, desconectado dos valores queridos pelas normas jurídicas.

A lei prevê, todavia, casos excepcionais em que as instâncias estarão vinculadas. São os casos em que há *absolvição penal por inexistência do fato ou negativa de autoria*, nos termos do artigo 386, incisos I e IV, do Código de Processo Penal.[68] A explicação para a vinculação nesse caso é que o juízo criminal, acerca da instrução e prova, é mais exigente do que a instância civil e a administrativa.

---

[68] "Art. 386. O juiz absolverá o réu, mencionando a causa na parte dispositiva, desde que reconheça: I – estar provada a inexistência do fato; IV – estar provado que o réu não concorreu para a infração penal;"

2 O conceito na doutrina

Como ramo do ordenamento jurídico, o Direito Penal se distingue precisamente pelo meio de coação e tutela com que atua e que é a pena criminal. Os demais ramos do direito interno distinguem-se não pela natureza da sanção, que é a mesma para todos, mas pela natureza dos preceitos e relações jurídicas que estabelecem.[69] (Heleno Fragoso)

É em função dêsses dois conceitos – interêsse individual e interêsse público – que se traça a distinção entre o ilícito civil e o ilícito penal. Nos primórdios da marcha evolutiva do Direito Penal, havia confusão entre as duas qualidades de interêsses, distinguindo-se imperfeitamente o individual do público. Paulatinamente, foi-se estabelecendo a diferenciação, que teorias modernas procuram acentuar e explicar, sem desprezar o característico de que o Direito Penal preserva *ex accidente* o cidadão, ao colimar a sua finalidade essencial de assegurar a ordem coletiva.[70] (Basileu Garcia)

Numerosas são as figuras delituosas que visam preservar a boa ordem da administração pública. Nessas modalidades, aparece muitas vêzes como sujeito ativo o funcionário público. E existe, na legislação administrativa, um Direito Penal disciplinar. O seu papel é traçar normas tendentes à regularidade dos serviços públicos, estabelecendo punições disciplinares para os servidores do Estado que, *mesmo sem infringir os preceitos do Direito Penal comum*, se transviam do dever funcional.[71] (Basileu Garcia)

3 O princípio da independência das instâncias na jurisprudência do STF e do STJ

3.1 Independência administrativa em relação à penal

STF, Pleno, Informativo nº 250 (MS nº 23.625-DF)

A rejeição de denúncia por insuficiência de provas não impede a responsabilização pelos mesmos fatos *em instância administrativa,* uma vez que as instâncias penal e

---

[69] FRAGOSO, Heleno Cláudio. *Lições de direito penal: pare geral*. Rio de Janeiro: Forense, 2004, p. 3.
[70] GARCIA, Basileu. *Instituições de Direito Penal*. 4. ed. v. 1, t. 1. São Paulo: Max Limonad, 1972, p. 17-18.
[71] GARCIA, Basileu. *Instituições de Direito Penal*. v. 1, t. 1, p. 22-23. Deve-se atentar para o fato que Basileu Garcia não equipara o Direito Penal Comum ao que ele chama de Direito Penal Disciplinar, que seria a responsabilidade administrativa dos servidores públicos. O que o consagrado penalista faz é chamar a atenção para o teor punitivo na responsabilidade administrativa.

administrativa são independentes. Com esse entendimento, o Tribunal indeferiu mandado de segurança impetrado por ex-prefeito, que teve rejeitada a denúncia contra ele apresentada por crime de peculato, mediante o qual se pretendia o arquivamento da tomada de contas especial do TCU sobre os mesmos fatos. Precedente citado: MS 21.708-DF (DJU de 18.5.2001). MS 23.625-DF, rel. Min. Maurício Corrêa, 8.11.2001. (MS-23625)

O Pleno do STF decidiu que, em havendo insuficiência de provas na esfera penal, tal ocorrência não inviabiliza a instauração de processo administrativo que vise a responsabilização dos mesmos fatos que deram causa à rejeição penal.

Isso porque entendem os Srs. Ministros que há e deve haver sempre a aplicação do princípio da independência das instâncias consoante ao não prejuízo dos operadores do Direito. Independência esta a qual permite que as esferas atuem juntas, sem, contudo, afetarem-se de modo que prejudique a punição daquele que, supostamente, mereça sanção por ato ilícito, sendo penal ou administrativo.

3.2 Independência cível em relação à penal

STF, Pleno, Informativo nº 404 (HC nº 86.047/SP)

Tendo em conta o *princípio da independência das instâncias civil e penal*, a Turma, por maioria, indeferiu *habeas corpus* em que se pretendia o trancamento de inquérito penal instaurado para apurar a suposta prática do crime de desobediência, em face do descumprimento de decisão judicial que, ao conceder tutela antecipada, determinara a apreensão e entrega de veículo adquirido pelo paciente. No caso, o mandado de intimação, expedido para levar a efeito a referida decisão, determinara que o paciente entregasse imediatamente o veículo, "sob pena de não fazendo, estar incidindo em crime de desobediência à ordem judicial, instaurando-se a ação penal competente, além de arcar com a multa diária já fixada.". Sustentava-se, na espécie, falta de justa causa, sob o argumento de que a imposição de multa diária afasta o crime de desobediência. Entendeu-se que a *aplicação de multa diária constitui modalidade de sanção civil*, que não se dirige a um fato específico, ao contrário, funde-se em disposição relativamente aberta que, antes de excluir a sanção penal por desobediência à ordem judicial, busca compelir ao cumprimento desta, por motivos que, a depender da situação concreta, somente a referida cumulação poderá tornar eficaz. Vencido o Min. Marco Aurélio que concedia o *writ* para trancar a ação penal por entender que não configurado o tipo penal. HC 86047/SP, rel. Min. Sepúlveda Pertence, 4.10.2005. (HC-86047)

Nesse mesmo sentido, reiteradas são as decisões da Corte Suprema ao utilizarem do princípio em questão nas incidências de lides das áreas cíveis, penais e administrativas, atribuindo *independência* a cada uma delas.

No presente informativo, o Pleno do STF, em decisão do ano de 2005, entendeu que o fato de ser suscitada uma problemática de competência cível, não incorre no trancamento da ação Penal, e o inverso deve ser observado que a sentença criminal somente afastará a punição administrativa se reconhecer a não ocorrência do fato ou a negativa de autoria, conclui-se que a cada uma delas é garantida independência, o que permite a discussão do apontamento levantado na área cível em paralelo à penal, sem prejuízo de ambas.

STF, Primeira Turma, HC nº 98.898/SP
HABEAS CORPUS. PEDIDO DE TRANCAMENTO OU DE SUSPENSÃO DE AÇÃO PENAL. ALEGAÇÃO DE INÉPCIA DA INICIAL ACUSATÓRIA: SUPRESSÃO DE INSTÂNCIA. ALEGAÇÃO DE FALTA DE JUSTA CAUSA: INVIABILIDADE DA PRESENTE AÇÃO. *INDEPENDÊNCIA ENTRE AS INSTÂNCIAS CÍVEL E PENAL.* HABEAS CORPUS PARCIALMENTE CONHECIDO E, NESTA PARTE, DENEGADO. 1. Se a alegação da eventual inépcia da queixa-crime não foi submetida ao Tribunal de Justiça paulista, não cabe ao Supremo Tribunal dela conhecer originariamente, sob pena de supressão de instância. 2. A jurisprudência deste Supremo Tribunal afirma prejudicada a alegação de falta de justa causa para o oferecimento da denúncia com a superveniência da sentença condenatória. Precedentes. 3. *É firme a jurisprudência deste Supremo Tribunal no sentido da plena independência entre as instâncias cível e penal, o que garante a persistência da ação penal se paralela a uma ação cível de ressarcimento, e não o contrário.* 4. Habeas corpus parcialmente conhecido e, nesta parte, denegado. (HC 97725, Relator: Min. CARMEN LÚCIA, Primeira Turma, julgado em 09/03/2010, DJe-055 DIVULG 25-03-2010 PUBLIC 26-03-2010 EMENT 02395-03 PP-00710)

Em julgamento recente, a Primeira Turma da Suprema Corte, firmou o entendimento que outrora já havia se estabelecido entre as cortes brasileiras, isto é, a *independência entre as instâncias é um princípio garantidor que possibilita a perseverança da ação penal em relação à ação cível de ressarcimento.*

O entendimento extraído dos artigos 66 e 67, inciso III, do Código de Processo Penal, permite a propositura da ação civil quando não tiver sido reconhecida a inexistência material do fato e que não será impeditiva a sentença absolutória que decidir que o fato imputado não constitui crime.

Note-se, pois, que a absolvição no Processo Penal em que houver provado a negativa de autoria ou ainda a inexistência do fato, não há de se confundir com a insuficiência de provas. Outro ponto a ser lembrado e apontado é que caso o tipo penal exija dolo e o fato em questão pautar em culpa, e não o contrário, pode haver condenação na instância civil. Esse vem sendo o entendimento das cortes.

3.3 Independência eleitoral em relação à processual penal

STF, Primeira Turma, HC nº 98.898/SP

DIREITO PROCESSUAL PENAL. RECURSO EM HABEAS CORPUS. MATÉRIA ELEITORAL. ALEGAÇÃO DE AUSÊNCIA DE JUSTA CAUSA. INDEPENDÊNCIA DAS INSTÂNCIAS. AÇÃO DE IMPUGNAÇÃO DE MANDATO ELETIVO E AÇÃO PENAL. IMPROVIMENTO. (...) *O tema envolve a relativa independência das instâncias (civil e criminal), não sendo matéria desconhecida no Direito brasileiro. De acordo com o sistema jurídico brasileiro, é possível que de um mesmo fato (aí incluída a conduta humana) possa decorrer efeitos jurídicos diversos, inclusive em setores distintos do universo jurídico. Logo, um comportamento pode ser, simultaneamente, considerado ilícito civil, penal e administrativo, mas também pode repercutir em apenas uma das instâncias, daí a relativa independência.* 4. No caso concreto, houve propositura de ação de impugnação de mandato eletivo em face do paciente e de outras pessoas, sendo que o Tribunal Regional Eleitoral de São Paulo considerou o acervo probatório insuficiente para demonstração inequívoca dos fatos afirmados. 5. *Somente haveria impossibilidade de questionamento em outra instância caso o juízo criminal houvesse deliberado categoricamente a respeito da inexistência do fato ou acerca da negativa de autoria (ou participação), o que evidencia a relativa independência das instâncias (Código Civil, art. 935)*. No caso em tela, a improcedência do pedido deduzido na ação de impugnação de mandato eletivo se relaciona à responsabilidade administrativo-eleitoral e, conseqüentemente, se equipara à idéia de responsabilidade civil, a demonstrar a incorreção da tese levantada no habeas corpus impetrado (...) Recurso ordinário improvido. (HC 91110, Relator: Min. ELLEN GRACIE, Segunda Turma, julgado em 05/08/2008, DJe-157 DIVULG 21/08/2008 PUBLIC 22/08/2008 EMENT VOL-02329-02 PP-00356).

Em recente decisão do STF, no *Habeas Corpus* nº 91110, relatou a Ministra Ellen Gracie o reiterado posicionamento do Supremo, que entende que *um mesmo fato pode dar margem a diversas formas de repercussões* e, ainda, que *cada uma dessas pode incidir numa determinada instância*. A segurança e garantia aos cumpridores do nosso ordenamento vêm determinadas pelo princípio da independência das instâncias.

A impossibilidade de questionamento em outra instância se daria, somente, caso a sentença da ação penal houvesse deliberado acerca da inexistência do fato ou acerca da negativa de autoria.

3.4 Inexistência do fato, negativa da autoria, falta residual e presunção de culpabilidade

STJ, Terceira Seção, Informativo nº 260 (MS nº 9.772/DF)

Aplicam-se às infrações disciplinares capituladas também como crime os prazos prescricionais previstos na lei transcurso de 140 dias (prazo máximo para a conclusão do processo, art. 152, *caput*, c/c o art. 169, §2º, ambos da Lei n. 8.112/1990). Assim, tendo sido expedida a portaria demissionária da impetrante em 19/5/2004, constata-se a não-ocorrência da prescrição da pretensão punitiva da Administração. Ademais, tendo em vista a independência das instâncias *administrativa e penal, a sentença criminal somente afastará a punição administrativa se reconhecer a não-ocorrência do fato ou a negativa de autoria, o que não existiu na espécie.* (MS 9.772/DF, Rel. Min. Laurita Vaz, julgado em 14/9/2005)

Notório o entendimento unânime e reiterado das cortes em afirmarem as ações penais, cíveis e administrativas como independentes, mas é necessária a observância do reconhecimento de inexistência do fato ou negativa de autoria na ação penal para que, na instância administrativa, não haja punição. Trata-se das exceções ao princípio da independência das instâncias.

Logo, *a responsabilização administrativa fica afastada quando ficar comprovada a inexistência do fato ou a não autoria imputada ao funcionário.*

STJ, Segunda Turma, REsp nº 1199083/SP

(...) O Tribunal de origem constatou a existência de falta residual não englobada inteiramente pela absolvição penal superveniente, razão pela qual considerou a data em que foi publicado o ato demissório como o termo *a quo* para a contagem do lapso prescricional, e não a data em que publicada a sentença absolutória, para fins de reintegração do militar. 3. *Prevalece no direito brasileiro a regra da independência das instâncias penal, civil e disciplinar, ressalvadas algumas exceções, v.g, em que a decisão proferida no juízo penal fará coisa julgada na seara cível e administrativa.* 4. Neste sentido, *a responsabilidade administrativa do servidor será afastada no caso de absolvição criminal que negue a existência do fato ou sua autoria,* nos termos do art. 126 da Lei nº 8.112/90, exceto se verificada falta disciplinar residual, não englobada pela sentença penal absolutória. Inteligência da Súmula 18/STF. 5. O termo *a quo* da prescrição deve corresponder ao momento em que nasce a pretensão, ou seja, ao instante em que é violado o direito, segundo a

Teoria da *actio nata* e o disposto no art. 189 do Código Civil. 6. Neste sentido, tendo em vista que *ficou apurada falta residual* desde o procedimento disciplinar em que se determinou a demissão do militar *e que tal conduta* remanescente não foi englobada pela ação penal superveniente, segundo registrado pelo Tribunal de origem, de maneira insindicável nesta via recursal (Súmula 07/STJ), *há de se concluir que a pretensão reintegratória deveria ter sido exercida no prazo de 05 (cinco) anos*, a contar da publicação do ato demissório. Precedentes. 7. Recurso especial parcialmente conhecido e, nesta parte, não provido. (REsp 1199083/SP, 2010/0108718-1, Relator: Min. CASTRO MEIRA, Segunda Turma, julgado em 24/08/2010, DJe 08/09/2010).

Nesse mesmo sentido é o caso deste Recurso Especial que retoma a prevalência das instâncias no ordenamento brasileiro e acrescenta que a responsabilidade administrativa do servidor será afastada no caso de absolvição criminal que negue a existência do fato ou sua autoria.

Tal como outrora vem sendo observado nos tribunais e cortes brasileiras, o Ministro Castro Meira relata que a responsabilidade administrativa do servidor público será afastada nas condições exigíveis do *princípio da independência das instâncias, exceto* se a sentença penal superveniente deixar de citar *falta residual*, que vem a ser o aspecto remanescente da conduta do servidor público que contraria seu dever de lealdade e que possibilita a punição administrativa.

Por fim, por entenderem que houve a incidência da referida exceção, isto é, a observância do resíduo administrativo na conduta do servidor e que não fora englobada pela sentença penal e ainda a prescrição do prazo para reintegração do servidor, o Recurso Especial foi parcialmente reconhecido.

STJ, Segunda Turma, RMS nº 29596/AC

RECURSO ORDINÁRIO EM MANDADO DE SEGURANÇA. CONCURSO PÚBLICO. AGENTE PENITENCIÁRIO. CANDIDATO. ELIMINAÇÃO. INVESTIGAÇÃO SOCIAL. SENTENÇA PENAL ABSOLUTÓRIA. ART. 5º, LVII, DA CF/88. PRINCÍPIO DA PRESUNÇÃO DE INOCÊNCIA. VIOLAÇÃO. PRECEDENTES DO C. STF E DESTE C. STJ. RESSALVA DO ENTENDIMENTO PESSOAL DO RELATOR. I – O e. Supremo Tribunal Federal fixou entendimento no sentido de que viola o princípio constitucional da presunção de inocência a exclusão de candidato em concurso público, que responde a inquérito ou ação penal sem trânsito em julgado da sentença condenatória. Precedente: AgRg no AI 769.433/CE, 2ª Turma, Rel. Min. Eros Grau, DJ de 12/2/2010. Ressalva pessoal do entendimento do relator. II – In casu, ademais, quando da publicação do edital do certame, em novembro de 2007, já havia sido exarada sentença do processo criminal, proferida em novembro de 2004, no sentido da absolvição do ora recorrente. *III – Em decorrência da independência entre as instâncias, ainda assim seria possível a apuração administrativa do fato objeto da ação penal e, por conseqüência, a adoção das medidas correspondentes – medida, porém, não observada na espécie. Precedente do c. STJ. IV – No caso dos autos, fundando-se a eliminação do candidato exclusivamente na existência da ação penal contra ele instaurada, na qual sobreveio sentença absolutória, o ato de exclusão do certame há de ser anulado. Recurso ordinário provido.* (RMS 29596/AC, 2009/0097932-3, Relator: Min. FELIX FISCHER, Quinta Turma, julgado em 19/08/2010, DJe 20/09/2010).

Pela leitura do presente Recurso Ordinário, dois pontos devem ser analisados: o primeiro vem a ser a questão da presunção de culpabilidade por ação penal sem trânsito em julgado. Vem sendo frequente o entendimento das cortes que ações penais sem trânsito não dão permissibilidade de *presunção de culpabilidade do réu*.

O segundo ponto a ser observado é que em razão da *independência das instâncias* será possível que se verifique, paralelamente, na seara administrativa o fato que servira à ação penal.

Entretanto, a exclusão do recorrente do concurso público foi fundada apenas na existência da ação penal. Não há registro nos autos da existência de processo administrativo para apurar as imputações versadas na ação criminal e, portanto, eliminação do candidato não pode se efetivar. Nas palavras do Ministro relator Felix Fischer, "o ato de exclusão do certame há de ser anulado".

3.5 Termo de ajustamento de conduta

STJ, Corte Especial, Informativo nº 625

As Turmas especializadas em matéria penal do STJ adotam a orientação de que, em razão da independência das instâncias penal e administrativa, *a celebração de termo de ajustamento de conduta é incapaz de impedir a persecução penal, repercutindo apenas, em hipótese de condenação, na dosimetria da pena.* (...) Desse modo, a assinatura do termo de ajustamento de conduta, firmado entre denunciado e o Estado, representado pela Secretaria de Estado do Meio Ambiente, não impede a instauração da ação penal, pois não elide a tipicidade formal das condutas imputadas ao acusado. APn 888-DF, Rel. Min. Nancy Andrighi, por unanimidade, julgado em 02/05/2018, DJe 10/05/2018.

O termo de ajustamento de conduta é um acordo que o Ministério Público realiza com o infrator de um direito coletivo, para que ele pare de violá-lo, reparando o dano e evitando a judicialização.

Segundo a Corte Especial do STJ, em decisão do ano de 2018, esse termo na esfera administrativa não impede a persecução penal e eventual condenação pelo mesmo fato, uma vez que *as instâncias penal e administrativa são independentes*.

4 O princípio da independência das instâncias em concursos públicos

1. Maria, servidora pública aposentada há 15 anos, teve suspenso o pagamento de seus proventos por decisão da administração pública, que não a notificou previamente para se defender. A servidora, por meio de seu advogado, requereu, administrativamente, o pagamento de seus proventos, tendo em vista a ilegalidade da suspensão, ante a evidente ausência de contraditório e ampla defesa. A administração pública negou o pedido e manteve a suspensão do pagamento da aposentadoria de Maria, que, então, ajuizou uma ação com pedido liminar perante o Poder Judiciário, pleiteando a anulação do ato administrativo e o restabelecimento do seu direito. No Poder Judiciário, a liminar requerida pela servidora foi negada, e o processo judicial teve seguimento normal. Antes que o processo judicial chegasse a seu término, e antes mesmo de proferida a sentença final, a administração anulou o ato administrativo que suspendera o pagamento dos proventos a Maria, restabelecendo-o. Com base nessa situação hipotética, assinale a opção correta.

   A) O ato de anulação praticado pela administração pública foi inadequado, pois cabível seria a revogação do ato de suspensão dos proventos de Maria.

   B) A possibilidade de apreciação judicial do ato denota a perda do poder de autotutela da administração pública.

   C) A conduta da administração pública não afronta o princípio da separação dos poderes, pois, mesmo diante da não-concessão da liminar – o que trazia à administração pública uma situação processual favorável –, é possível a ela rever seus próprios atos quando eivados de vícios, ainda que estejam sendo discutidos judicialmente.

   D) Ainda que houvesse decisão, transitada em julgado, declarando a legalidade do ato de suspensão do pagamento dos proventos de Maria, poderia a administração pública, de acordo com o princípio da independência das instâncias, anular ou revogar o ato administrativo que suspendera o pagamento da aposentadoria da servidora.

(OAB-SP/2009)

Gabarito: **Letra C**. A letra D está errada, pois o princípio da independência das instâncias não tem o condão de afastar os efeitos da coisa julgada, o que ele indica é a existência de responsabilidades – civil, penal e administrativa –, que, em regra, são independentes no mundo jurídico.

2. De acordo com a jurisprudência simulada do Supremo Tribunal Federal, admite-se a responsabilidade do servidor na esfera administrativa quando já absolvido na esfera penal
   A) havendo remanescente administrativo.
   B) pela repercussão obrigatória da decisão penal.
   C) por negativa de autoria.
   D) por ficar comprovado que não houve o fato imputado ao acusado.
   E) pela teoria da comunicabilidade das instâncias.
(Instituto Cidades/DPE-GO/2010)

Gabarito: **Letra A**. Vide item 3.4, deste capítulo.

CAPÍTULO IV

PRINCÍPIO DA ADEQUAÇÃO SOCIAL

1 Apontamentos sobre o princípio da adequação social

Esta teoria foi inserida na dogmática penal por Hans Welzel. Esse célebre jurista alemão já entendeu a adequação social como causa justificante, entretanto modificou posteriormente o seu entendimento, para considerá-la como *causa de exclusão da tipicidade*. O motivo da mudança foi a constatação de que as causas de justificação são permissões especiais para a realização de ações típicas, sendo assim, socialmente inadequadas.[72] Nilo Batista afirma que Welzel compreende a adequação social como "princípio de interpretação que reinsere os tipos penais numa sociedade historicamente determinada".[73] No mesmo sentido, Claus Roxin compreende esse princípio como um auxiliar interpretativo para restringir o teor literal que acolhe formas de condutas socialmente admissíveis.[74]

Ações socialmente adequadas são aquelas que estão de acordo com o contexto social vigente. Elas estão no âmbito do exercício normal da liberdade de cada ser humano na ordem social, portanto, jamais podem ser consideradas materialmente típicas.

---

[72] WELZEL, Hans. *O novo sistema jurídico-penal*: uma introdução à doutrina da ação finalista. São Paulo: Revista dos Tribunais, 2. ed. 2009, p. 67.
[73] BATISTA, Nilo. *Introdução crítica ao Direito Penal brasileiro*, p. 71.
[74] ROXIN, Claus. *Política criminal y sistema del derecho penal*. 2. ed. Buenos Aires: Hammurabi, 2006, p. 73: "Para ello hacen falta principios como el introducido por Welzel, de la adecuación social, que no es una característica del tipo, pero si un auxiliar interpretativo para restringir el tenor literal que acoge también formas de conductas socialmente admisibles."

Esse princípio possui dupla função:⁷⁵ a) limitar a abrangência da lei penal, considerando atípicas ações socialmente adequadas; b) impedir o legislador de incriminar ações socialmente adequadas, bem como norteá-lo para a descriminalização de condutas atualmente consideradas em conformidade com o contexto social histórico da vida.

A teoria da adequação social é criticada por parte da doutrina, que afirma ser extremamente difícil delinear critérios precisos para a sua aplicação. Luís Greco constata a sua imprecisão, ao expor que ela é cada vez mais recusada ou reduzida a um critério de interpretação, entendendo serem mais seguros os critérios desenvolvidos pela teoria da imputação objetiva.⁷⁶

Por fim, algumas informações cruciais sobre o princípio da adequação social: a) está relacionado ao direito penal mínimo; b) pequenas lesões corporais nas práticas de esporte não possuem tipicidade material, em razão da sua adequação social; c) as condutas de colocar um *piercing*, furar a orelha ou tatuar o corpo de outrem não são típicas, por força da sua adequação social; d) a adequação social é majoritariamente entendida como uma causa supralegal de exclusão da tipicidade.

2 O conceito na doutrina

> A teoria da *adequação social*, formulada por WELZEL, exprime o pensamento de que ações realizadas *no contexto da ordem social histórica da vida* são ações socialmente adequadas – e, portanto, atípicas, ainda que correspondam à descrição do tipo legal.⁷⁷ (Juarez Cirino dos Santos)

> As condutas socialmente adequadas não são necessariamente exemplares, mas apenas condutas que se mantêm dentro dos limites da liberdade da atuação social. A determinação desses limites não é tarefa fácil.⁷⁸ (Hans Welzel)

> Segundo Welzel, o Direito Penal tipifica somente condutas que tenham uma certa *relevância social*; caso contrário, não poderiam ser delitos.

---

⁷⁵ GRECO, Rogério. *Curso de Direito Penal*: parte geral, p. 54.
⁷⁶ GRECO, Luís. Um *panorama da teoria da imputação objetiva*. 2. ed. Rio de Janeiro: Lumen Juris, 2007, p. 78 e 79.
⁷⁷ SANTOS, Juarez Cirino dos. *Direito Penal*: parte geral. 4. ed. Florianópolis: Conceito Editorial, 2010, p. 104, grifo do autor.
⁷⁸ WELZEL, Hans. O *novo sistema jurídico-penal*: uma introdução à doutrina da ação finalista. p. 66.

Deduz-se, conseqüentemente, que há condutas que por sua "adequação social" não podem ser consideradas criminosas.[79] (Cezar Roberto Bitencourt)

3 O princípio da adequação social na jurisprudência do STF e do STJ

3.1 Violação de direitos autorais

STF, Primeira Turma, HC nº 98.898/SP

PENAL E PROCESSUAL PENAL. HABEAS CORPUS. CRIME DE VIOLAÇÃO DE DIREITO AUTORAL. VENDA DE CD'S "PIRATAS". ALEGAÇÃO DE ATIPICIDADE DA CONDUTA POR FORÇA DO PRINCÍPIO DA ADEQUAÇÃO SOCIAL. IMPROCEDÊNCIA. NORMA INCRIMINADORA EM PLENA VIGÊNCIA. ORDEM DENEGADA. I – A conduta do paciente amolda-se perfeitamente ao tipo penal previsto no art. 184, §2º, do Código Penal. II – *Não ilide a incidência da norma incriminadora a circunstância de que a sociedade alegadamente aceita e até estimula a prática do delito ao adquirir os produtos objeto originados de contrafação.* III – Não se pode considerar socialmente tolerável uma conduta que causa enormes prejuízos ao Fisco pela burla do pagamento de impostos, à indústria fonográfica nacional e aos comerciantes regularmente estabelecidos. IV – Ordem denegada. (HC 98898, Relator: Min. RICARDO LEWANDOWSKI, Primeira Turma, julgado em 20/04/2010, DJe-091 DIVULG 20-05-2010 PUBLIC 21-05-2010 EMENT VOL-02402-04 PP-00778 RSJADV jun., 2010, p. 47-50)

A primeira turma do STF repeliu a tese da atipicidade da conduta de venda de CDs "piratas" (cópias não autorizadas para a comercialização)[80], por considerar que a existência de prejuízos para o Estado Fiscal e para determinados segmentos da sociedade, como a indústria fonográfica nacional e os comerciantes regularmente estabelecidos, afasta a aplicação do princípio da adequação social.

Pode-se extrair dessa decisão que o fato de boa parte da sociedade aceitar e até estimular a prática de determinada conduta não é suficiente para a aplicação desse princípio, pois a existência de segmentos sociais relevantes contrários a ela demonstra certa inconformidade na ordem social, comprovando a sua inadequação.

---

[79] BITENCOURT, Cezar Roberto. *Tratado de Direito Penal*: parte geral, p. 19, grifo do autor.
[80] O STJ tem historicamente adotado o mesmo posicionamento. Nesse sentido, os HC nº 143308/DF e HC nº 113938/MG.

Acolheu-se ainda expressamente o posicionamento de que tipos penais incriminadores não podem ser revogados tão somente pelo princípio da adequação social, pois uma lei permanece em vigor até ser modificada ou revogada por outra, nos termos do artigo 2º da Lei de Introdução do Código Civil. O desuso, a tolerância e a omissão são incapazes de revogar a lei.

3.2 Os princípios da adequação social e da insignificância

STJ, Sexta Turma, HC nº 147388/MS

Patrimônio público (dano). Coisa destruída (pequeno valor). Princípio da insignificância (adoção). 1. A melhor das compreensões penais recomenda não seja mesmo o ordenamento jurídico penal destinado a questões pequenas – coisas quase sem préstimo ou valor. 2. *Antes, falou-se, a propósito, do princípio da adequação social; hoje, fala-se, a propósito, do princípio da insignificância.* Já foi escrito: "Onde bastem os meios do direito civil ou do direito público, o direito penal deve retirar-se." 3. É insignificante, dúvida não há, a destruição e inutilização de fios de sensores do alarme de cadeia pública. 4. A insignificância, é claro, mexe com a tipicidade, donde a conclusão de que fatos dessa natureza evidentemente não constituem crime. 5. Ordem concedida. (HC 147.388/MS, Rel. Ministro NILSON NAVES, SEXTA TURMA, julgado em 02/02/2010, DJe 14/06/2010)

A sexta turma do STJ, pela relatoria do ministro Nilson Naves, tem reiteradamente aproximado o princípio da adequação social ao princípio da insignificância.[81]

Essa aproximação se dá pelo fato da aplicação de ambos os princípios acarretarem a exclusão da tipicidade material da conduta perpetrada e por rejeitarem danos de pouca monta em matéria penal. A sexta turma do STJ tem entendido que ambos os princípios podem atuar em conjunto, com o fim de engendrar uma interpretação restritiva dos tipos penais. Entretanto o Tribunal enseja uma importância secundária ao princípio da adequação social na fundamentação dos seus acórdãos, preferindo dar ênfase ao princípio da insignificância.

É importante salientar que, no REsp nº 470978/MG, o Ministro Relator Felix Fischer, na quinta turma, citou o posicionamento de Claus Roxin de que uma interpretação restritiva do bem jurídico protegido

---

[81] No mesmo sentido, os seguintes processos: HC nº 119274/RS, AgRg no REsp nº 680274/SC, HC nº 120972/MS, AgRg no REsp nº 819043/RS, REsp nº 966077/GO e REsp nº 798378/MG.

é preferível ao emprego da adequação social, por evitar o perigo da imprecisão desse conceito. Luís Greco defende expressamente que se utilize o princípio da insignificância em vez do princípio da adequação social.[82]

3.3 Casa de prostituição

STF, Primeira Turma, HC nº 104467/RS

EMENTA: HABEAS CORPUS. CONSTITUCIONAL. PROCESSUAL PENAL. CASA DE PROSTITUIÇÃO. APLICAÇÃO DOS PRINCÍPIOS DA FRAGMENTARIEDADE E DA ADEQUAÇÃO SOCIAL: IMPOSSIBILIDADE. CONDUTA TÍPICA. CONSTRANGIMENTO NÃO CONFIGURADO. 1. No crime de manter casa de prostituição, imputado aos Pacientes, os bens jurídicos protegidos são a moralidade sexual e os bons costumes, valores de elevada importância social a serem resguardados pelo Direito Penal, não havendo que se falar em aplicação do princípio da fragmentariedade. 2. Quanto à aplicação do princípio da adequação social, esse, por si só, não tem o condão de revogar tipos penais. Nos termos do art. 2º da Lei de Introdução às Normas do Direito Brasileiro (com alteração da Lei n. 12.376/2010), "não se destinando à vigência temporária, a lei terá vigor até que outra a modifique ou revogue". 3. Mesmo que a conduta imputada aos Pacientes fizesse parte dos costumes ou fosse socialmente aceita, isso não seria suficiente para revogar a lei penal em vigor. 4. Habeas corpus denegado. (HC 104467, Relator(a): Min. CÁRMEN LÚCIA, Primeira Turma, julgado em 08/02/2011, DJe-044 DIVULG 04-03-2011 PUBLIC 09-03-2011 EMENT VOL-02477-01 PP-00057)

Em fevereiro de 2011, a Primeira Turma do STF rejeitou a alegação de atipicidade material da conduta de manutenção de casa de prostituição, conforme prevista no artigo 229 do Código Penal.[83] A defesa alegou que os princípios da fragmentariedade e da adequação social obstaculizam a incidência do Direito Penal no caso.

O caráter fragmentário do Direito Penal é assim explicado pela Ministra Relatora Cármen Lúcia: "O caráter fragmentário do Direito Penal significa que, para esse ramo da ciência jurídica, interessa tutelar tão somente aqueles bens mais importantes e necessários ao convívio em sociedade. Todos os demais bens deverão ser protegidos pelos outros ramos do ordenamento jurídico, tais como o Direito Civil e o Direito Administrativo".

---

[82] GRECO, Luís. Um panorama da teoria da imputação objetiva. p. 79.
[83] "Art. 229. Manter, por conta própria ou de terceiro, estabelecimento em que ocorra exploração sexual, haja, ou não, intuito de lucro ou mediação direta do proprietário ou gerente; Pena – reclusão, de dois a cinco anos, e multa."

Destarte, a referida Ministra inferiu que a moralidade sexual e os bons costumes são bens jurídicos penais. Portanto, são valores de importância social, que justificam a incidência do Direito Penal para protegê-los. A criminalização da conduta descrita no artigo 299 do CP não ofende o princípio da proporcionalidade. Aduziu-se que o legislador recentemente optou pela proibição penal dessa conduta, ao mantê-la vedada na alteração legislativa perpetrada pela Lei nº 12.015/09.

Em relação ao *princípio da adequação social*, a sua aplicabilidade foi afastada, por força do artigo 2º, da Lei de Introdução às Normas do Direito Brasileiro.[84] Assim, a lei continuará em vigor, até que outra a modifique ou revogue. O costume não tem força para excluí-la do ordenamento jurídico, cabendo ao legislador a opção pela criminalização.

STJ, Quinta Turma, REsp nº 820406/RS

RECURSO ESPECIAL. PENAL. CASA DE PROSTITUIÇÃO. TIPICIDADE. EVENTUAL LENIÊNCIA SOCIAL OU MESMO DAS AUTORIDADES PÚBLICAS E POLICIAIS NÃO DESCRIMINALIZA A CONDUTA DELITUOSA LEGALMENTE PREVISTA. PARECER DO MPF PELO PROVIMENTO DO RECURSO. RECURSO PROVIDO PARA, RECONHECENDO COMO TÍPICA A CONDUTA PRATICADA PELOS RECORRIDOS, DETERMINAR O RETORNO DOS AUTOS AO JUIZ DE PRIMEIRO GRAU PARA QUE ANALISE A ACUSAÇÃO, COMO ENTENDER DE DIREITO. 1. *O art. 229 do CPB tipifica a conduta do recorrido, ora submetida a julgamento, como sendo penalmente ilícita e a eventual leniência social ou mesmo das autoridades públicas e policiais não descriminaliza a conduta delituosa.* 2. A Lei Penal só perde sua força sancionadora pelo advento de outra Lei Penal que a revogue; a indiferença social não é excludente da ilicitude ou mesmo da culpabilidade, razão pela qual não pode ela elidir a disposição legal. 3. O MPF manifestou-se pelo provimento do recurso. 4. Recurso provido para, reconhecendo como típica a conduta praticada pelos recorridos, determinar o retorno dos autos ao Juiz de primeiro grau para que analise a acusação, como entender de direito. (REsp 820.406/RS, Rel. Ministro ARNALDO ESTEVES LIMA, Rel. p/Acórdão Ministro NAPOLEÃO NUNES MAIA FILHO, QUINTA TURMA, julgado em 05/03/2009, DJe 20/04/2009)

A quinta turma do STJ rejeitou a aplicação do princípio da adequação social ao crime de casa de prostituição, considerando que uma lei penal só pode ser revogada por outra, na trilha do artigo 2º da Lei de Introdução às Normas do Direito Brasileiro. Houve voto vencido do

---

[84] "Art. 2º Não se destinando à vigência temporária, a lei terá vigor até que outra a modifique ou revogue."

Ministro Arnaldo Esteves Lima, aplicando o princípio da adequação social, por entender não haver crime quando a conduta é tolerada pela sociedade.

3.4 Descaminho

STJ, Sexta Turma, REsp nº 45.153/SC

DIREITO PENAL. HABEAS CORPUS. DESCAMINHO. (1). LEI 10.522/02. TRIBUTO DEVIDO INFERIOR AO MÍNIMO LEGAL PARA A COBRANÇA FISCAL. REITERAÇÃO DELITIVA. INSIGNIFICÂNCIA. AUSÊNCIA. (2) ADEQUAÇÃO SOCIAL. ATIVIDADE DE CAMELÔ. REGULAMENTAÇÃO LEGAL. ACEITAÇÃO SOCIAL DO DESCAMINHO. INOCORRÊNCIA. 1. A despeito de o crédito devido no descaminho ser inferior ao mínimo legal para a cobrança fiscal, a teor do art. 20 da Lei n. 10.522/02, não se reconhece a insignificância penal, ante a existência de outros processos penais a indicarem, globalmente, expressiva violação ao bem jurídico. 2. *A existência de lei regulamentando a atividade dos camelôs não conduz ao reconhecimento de que o descaminho é socialmente aceitável*. 3. Ordem denegada. (HC 45.153/SC, Rel. Ministra MARIA THEREZA DE ASSIS MOURA, SEXTA TURMA, julgado em 30/10/2007, DJ 26/11/2007 p. 248)

A sexta turma do STJ não aplicou o princípio da adequação social ao crime de descaminho,[85] mesmo havendo lei regulamentando a atividade dos camelôs, pois afirmou inexistir aceitação pública de quem burla a fiscalização aduaneira. O fato de a população comprar produtos nos camelôs, aceitando tal atividade, não pode ser relacionado à sonegação de tributos.

3.5 Desacato

STJ, Segunda Turma, Informativo nº 894

A 2ª Turma, por maioria, denegou a ordem de "habeas corpus" impetrado em favor de civil, condenado pela prática do crime descrito no art. 299 do CPM (*desacato*). (...) A Turma assinalou que o delito de desacato, quer conforme tipificado na legislação penal comum, quer na militar, tem por sujeito passivo secundário o funcionário público (civil ou militar), figurando o Estado como sujeito passivo principal. *O bem jurídico tutelado é a Administração Pública, levando-se em conta seu interesse patrimonial e moral. A tutela penal está no interesse em se*

---

[85] No mesmo sentido, o HC nº 30480/RS.

assegurar o normal funcionamento do Estado, protegendo-se o prestígio do exercício da função pública. (...) O desacato é crime comum, podendo ser praticado por qualquer pessoa. *É essencial para a configuração do delito que o funcionário público esteja no exercício da função, ou, estando fora, que a ofensa seja empregada em razão dela.* Deve, pois, haver o chamado nexo funcional. *A crítica ou a censura sem excessos, por sua vez, não constituem desacato, ainda que veementes.* No que se refere à suposta incompatibilidade desse delito com a liberdade de expressão e de pensamento, garantidos pelo Pacto de São José da Costa Rica e pela Constituição, sabe-se que os tratados de direitos humanos podem ser: a) equivalentes às emendas constitucionais, se aprovados após a EC 45/2004; ou b) supralegais, se aprovados antes da referida emenda. De toda forma, estando acima das normas infraconstitucionais, são também paradigma de controle da produção normativa. Nesse sentido, não se infere, da leitura do aludido tratado, afronta na tipificação do crime de desacato. Não houve revogação da norma penal, mas recepção pela regra supralegal. O texto dispõe que o exercício do direito à liberdade de pensamento e de expressão, embora não sujeito a censura prévia, deve assumir responsabilidades ulteriores, expressamente fixadas em lei, para assegurar o respeito aos direitos ou à reputação das demais pessoas. Portanto, não se está diante de descriminalização ou de "abolitio criminis". *A liberdade de expressão prevista no Pacto de São José da Costa Rica não difere do tratamento conferido pela Constituição ao tema, sendo que esse direito não possui caráter absoluto. A Constituição, ao tutelar a honra, a intimidade e a dignidade da pessoa humana, recepcionou a norma do desacato prevista na legislação penal.* O direito à liberdade de expressão deve harmonizar-se com os demais direitos envolvidos, não eliminá-los. Incide o princípio da concordância prática, pelo qual o intérprete deve buscar a conciliação entre normas constitucionais. (...) A investidura em função pública não constitui renúncia à honra e à dignidade. Nesse aspecto, a Corte Interamericana de Direitos Humanos, órgão responsável pelo julgamento de situações concretas de abusos e violações de direitos humanos, reiteradamente tem decidido contrariamente ao entendimento da Comissão de Direitos Humanos, estabelecendo que o direito penal pode punir condutas excessivas no exercício da liberdade de expressão. Por conseguinte, a figura penal do desacato não tolhe o direito à liberdade de expressão, não retirando da cidadania o direito à livre manifestação, desde que exercida nos limites de marcos civilizatórios bem definidos, punindo-se os excessos. A Constituição impõe à Administração a observância dos princípios da legalidade, impessoalidade, moralidade, publicidade e eficiência, podendo-se dessumir daí a compatibilidade entre a defesa da honra e intimidade do funcionário público e a liberdade de expressão. *Não parece ainda o caso de se invocar a teoria da adequação social como causa supralegal de exclusão da tipicidade, pela qual se preconiza que determinadas condutas, consensualmente aceitas pela sociedade, não mais se ajustam a um modelo legal incriminador. A evolução dos costumes seria fator decisivo para a verificação da excludente de tipicidade, circunstância ainda não passível de aferição, mas é preciso que o legislador atualize a legislação para punir eficazmente desvios e abusos de agentes do Estado.* Havendo lei, ainda que deficitária, punindo o abuso de autoridade, pode-se afirmar que a criminalização do desacato se mostra compatível com o

Estado democrático. Vencido o ministro Edson Fachin, que concedeu a ordem. HC 141949/DF, rel. Min. Gilmar Mendes, julgamento em 13.3.2018. (HC-141949)

A Segunda Turma do Supremo Tribunal Federal entendeu que o princípio da adequação social é uma causa supralegal de exclusão de tipicidade, aplicável às condutas consensualmente aceitas pela sociedade e que não se ajustam mais à criminalização. Porém, afirmou que essa evolução dos costumes não ocorreu na hipótese do desacato.

3.6 Posse irregular ou porte ilegal de arma de fogo de uso permitido

STJ, Sexta Turma, Informativo nº 597 (RHC nº 70.141-RJ)

Trata-se de recurso em habeas corpus em que se pretende ver reconhecida a atipicidade da conduta imputada a delegado de polícia civil consistente na suposta prática dos delitos de posse irregular e porte ilegal de arma de fogo de uso permitido (arts. 12 e 14 c/c o 20, todos da Lei n. 10.826/2003). (...) A mens legis do denominado Estatuto do Desarmamento foi proteger a incolumidade pública, por meio de tipos penais e de outros dispositivos destinados ao maior controle de armas de fogo pelo governo. (...) não é possível a aplicação, à hipótese concreta, do princípio da adequação social, formulado por Hans Welzel, vetor geral de hermenêutica, segundo o qual, dada a natureza subsidiária e fragmentária do direito penal, não se pode reputar como criminosa uma ação ou omissão aceita ou tolerada pela sociedade, ainda que formalmente subsumida a um tipo legal incriminador. Sem embargo de opiniões contrárias, mesmo na condição de Delegado de Polícia, possuir armas de fogo e munições, de uso permitido, sem registro no órgão competente e que somente são descobertas após cumprimento de mandado judicial de busca e apreensão não é uma conduta socialmente tolerável e adequada no plano normativo penal. Por fim, sob a ótica do princípio da lesividade, tem-se, aqui, o perigo à incolumidade pública representado pelo agente que possui arma de fogo ou somente munições sem certificado. (...) RHC 70.141-RJ, Rel. Min. Rogério Schietti Cruz, por unanimidade, julgado em 7/2/2017, DJe 16/2/2017.

Mais uma vez, a jurisprudência do Superior Tribunal de Justiça de Justiça é conservadora em relação ao princípio da adequação social. Na verdade, é difícil comprovar pragmaticamente que uma conduta é aceita pela sociedade. Em tempo de polarização, em que há uma divisão visível de valores, não se consegue verificar o que a sociedade aceita. O máximo que se consegue fazer é identificar o que grupos sociais aceitam, tornando a aplicação desse princípio dificílima pelos juízes.

4 O princípio da adequação social em concursos públicos

1. Um profissional faz numa pessoa furo na orelha, ou coloca um *piercing* em parte de seu corpo, ou, ainda, faz-lhe uma tatuagem. Tais práticas, em tese, caracterizam lesão corporal, mas não são puníveis. Assinale a alternativa correta pela qual assim são consideradas.
   A) Por força do princípio da insignificância.
   B) Pelo princípio da disponibilidade do direito à integridade física.
   C) Pelo princípio da adequação social.
   D) Por razão de política criminal.
(VUNESP/TJ-SP/2007)

Gabarito: **Letra C**. A questão não se refere a lesões insignificantes, mas sim a práticas corporais consideravelmente invasivas, que podem inclusive causar danos à saúde, como o processo de criação de uma tatuagem. Ocorre que segmentos da sociedade aceitam ou toleram essas lesões, sendo adequadas à comunidade. Portanto, a tipicidade é excluída pelo princípio da adequação social.

2. Em relação ao tipo penal previsto no artigo 229 do Código Penal (Casa de prostituição) é correto afirmar:
   A) Foi revogado, com base no princípio da adequação social, pela Lei nº 12.015/09.
   B) Não se exige o intuito de lucro como elemento subjetivo do tipo.
   C) A prostituta que exerce habitualmente tal atividade na sua casa realiza a conduta típica.
   D) Os locais destinados a encontros libidinosos de namorados, como os motéis, podem, em princípio, ser considerados casas de prostituição.
(MPE-GO/2010)

Gabarito: **Letra B**. Em relação ao princípio da adequação social, indica-se o item 3.3, deste capítulo.

3. Algumas práticas profissionais como a do tatuador e a do aplicador de *piercing* são consideradas, em tese, sujeitas à imputação ao crime de lesão corporal. Acontece que tais condutas, por si só, não são puníveis devido à aplicação do princípio da:
   A) insignificância.
   B) disponibilidade do direito à integridade física.
   C) adequação social.

D) fragmentariedade.
E) irretroatividade.
(Procurador Jurídico/Prefeitura-PB/2010)

Gabarito: **Letra C**. Vide gabarito da questão 1, deste capítulo.

4. Considere as seguintes proposições:
   I – O princípio da intervenção mínima estabelece que o direito penal só deve atuar na defesa dos bens jurídicos imprescindíveis à coexistência pacífica dos homens.
   II – Pelo princípio da adequação social tem-se que, apesar de uma conduta se subsumir formalmente ao modelo legal, não será considerada típica se for socialmente adequada ou reconhecida.
   III – O princípio do *ne bis in idem* veda a incidência de mais de uma punição individual pelo mesmo fato (tríplice identidade entre sujeito, fato e fundamento).
   IV – Segundo o princípio da fragmentariedade, só devem ser tidas como atípicas as ações ou omissões que afetem infimamente um bem jurídico-penal.
   A) Apenas uma proposição está correta.
   B) Apenas duas proposições estão corretas.
   C) Apenas três proposições estão corretas.
   D) As quatro proposições estão corretas.
(MPE-GO/2009)

Gabarito: **Letra C**. O princípio da fragmentariedade determina que tão somente os ataques intoleráveis aos bens jurídicos poderão ser criminalizados.

CAPÍTULO V

PRINCÍPIOS DA DIGNIDADE DA PESSOA HUMANA, DA HUMANIDADE E DA PROIBIÇÃO DA PENA INDIGNA

1 Apontamentos sobre os princípios da dignidade da pessoa humana, da humanidade e da proibição da pena indigna

O *princípio da humanidade* exige que a pena tenha *racionalidade* e *proporcionalidade*. Segundo Nilo Batista, a "racionalidade da pena implica tenha ela um sentido compatível com o humano e suas cambiantes aspirações".[86] Para atender aos postulados da proporcionalidade, a pena deve ser adequada aos seus fins constitucionais, ser a menos onerosa possível para o apenado e somente ser imposta em casos estritamente necessários, devendo o Estado refletir sempre sobre os ganhos e as perdas em sua cominação, aplicação e execução.

Esse princípio constitui o núcleo limitador por excelência do modo de ser da pena, tendo fortes influências das *conquistas iluministas* do Direito Penal do século XVIII, que postulavam a existência de direitos intrínsecos à natureza humana. Aliás, a ideia de humanizar as penas está intrinsecamente ligada à evolução do Direito Penal. As penas são humanizadas e suavizadas no decorrer da história. Diz Luiz Regis Prado que das "penas de morte e corporais, passa-se, de modo progressivo, às penas privativas de liberdade e destas às penas

---

[86] BATISTA, Nilo. *Introdução crítica ao Direito Penal brasileiro*, p. 100.

alternativas".[87] No plano internacional, a Convenção Americana sobre Direitos Humanos, o Pacto Internacional de Direitos Civis e Políticos e a Declaração Universal dos Direitos Humanos preveem o princípio da humanidade como um direito fundamental.

A dignidade da pessoa humana, prevista no artigo 1º, inciso III, da Carta Magna, é um dos *fundamentos* da República Federativa do Brasil, sendo ainda um dos seus princípios regentes nas relações internacionais (art. 4º, II, da CRFB/88[88]). Isso significa que não há Estado Democrático de Direito sem respeito à dignidade do ser humano. Daí a humanidade da pena ser um elemento constitutivo do próprio Direito Penal, já que sem ela este carece de racionalidade limitadora e se transforma em mera vingança pública.

A Constituição, em seu artigo 5º, inciso XLIX,[89] preserva a integridade física e moral dos presos. A tortura também é vedada, assim como todo tratamento desumano ou degradante, na trilha do inciso III do mesmo artigo 5º da CRFB/88.[90] A pena privativa de liberdade, por ser estigmatizante e extremamente aflitiva, deve ser imposta como *ultima ratio* do sistema penal, dando-se preferência às penas menos dolorosas. Caso seja necessária a aplicação da pena privativa de liberdade, a sua execução deve ocorrer de forma a assegurar aos presos todos os direitos não atingidos pela sentença ou pela lei, sem resultar em qualquer distinção de natureza racial, social, religiosa ou política (artigo 3º, *caput* e parágrafo único, da Lei de Execução Penal[91]). Todas as discriminações atentatórias a esses direitos fundamentais deverão ser reprimidas pelo Estado (artigo 5º, XLI, da CRFB/88[92]).

É ainda em razão do princípio da humanidade que existe *a escusa absolutória no homicídio culposo* (art. 121, §5º, do CP[93]), porque a pena é

---

[87] PRADO, Luiz Regis. *Curso de direito penal brasileiro, parte geral*: arts. 1º a 120. 2. ed. São Paulo: Revista dos Tribunais, 1999, p. 85.

[88] "Art. 4º A República Federativa do Brasil rege-se nas suas relações internacionais pelos seguintes princípios: II – prevalência dos direitos humanos;"

[89] "Art. 5º, XLIX – é assegurado aos presos o respeito à integridade física e moral;"

[90] "Art. 5º, III – ninguém será submetido a tortura nem a tratamento desumano ou degradante;"

[91] "Art. 3º Ao condenado e ao internado serão assegurados todos os direitos não atingidos pela sentença ou pela lei. Parágrafo único. Não haverá qualquer distinção de natureza racial, social, religiosa ou política."

[92] "Art. 5º, XLI – a lei punirá qualquer discriminação atentatória dos direitos e liberdades fundamentais;"

[93] "§5º – Na hipótese de homicídio culposo, o juiz poderá deixar de aplicar a pena, se as conseqüências da infração atingirem o próprio agente de forma tão grave que a sanção penal se torne desnecessária."

concretamente cruel se aplicada às pessoas que já sofreram um castigo natural pelas consequências do crime.[94] Uma mãe que mata culposamente um filho já foi castigada pela vida e a absolvição é a humanidade da sociedade que lhe escusa do mal perpetrado.

O criminalista Fernando Capez entende que do princípio da humanidade decorre o *princípio da personalidade ou da intranscendência da pena*,[95] que determina a impossibilidade de a pena passar da pessoa do condenado, salvo em relação a alguns efeitos extrapenais, como a responsabilidade civil diante do dano cometido, na linha do artigo 5º, XLV, da CRFB/88.[96]

O Direito Penal não pode jamais retirar a humanidade dos apenados. É vital que as penas sejam dignas, racionais e providas de alguma utilidade para o condenado, para a sociedade e para o Estado Democrático de Direito. De acordo com o ensinamento de Luiz Flávio Gomes, o *princípio da dignidade da pessoa humana* é o valor-síntese desse modelo de Estado, que reconhece em cada ser humano "uma série de direitos e garantias fundamentais, que não só permitem o desenvolvimento da sua personalidade, senão também a própria convivência com a autoridade do Estado".[97] Nilo Batista e Raúl Zaffaroni adotam a vinculação dos princípios da humanidade ou de *proscrição da crueldade* ao *princípio da racionalidade republicana*,[98] cujo teor normativo não permite que a razão democrática do Estado conviva com sanções sangrentas, com uma economia punitiva irracional focada na eliminação e na aflição.

É dessa dignidade inerente à legitimidade do sistema penal que se extrai o *princípio da proibição da pena indigna*, que vem em defesa da conservação dos valores adquiridos do humanismo penal, que verificou um viés histórico cruel na cominação, aplicação e execução das penas. Como diz Ferrajoli, "A história das penas é sem dúvida mais horrenda e infamante para a humanidade do que a própria história dos delitos".[99] O legislador não pode cominar essas penas aflitivas, cruéis e vexatórias, assim como ao Poder Judiciário é defeso aplicá-las. São exemplos de penas indignas as galés, a castração, as intervenções neurológicas e o

---

[94] ZAFFARONI, E. Raúl et al. Direito Penal brasileiro. v. 1, p. 234.
[95] CAPEZ, Fernando. Curso de Direito Penal: parte geral. 8. ed. São Paulo: Saraiva, 2005, p. 24.
[96] "Art. 5º, XLV – nenhuma pena passará da pessoa do condenado, podendo a obrigação de reparar o dano e a decretação do perdimento de bens ser, nos termos da lei, estendidas aos sucessores e contra eles executadas, até o limite do valor do patrimônio transferido;"
[97] BIANCHINI, Alice; GOMES, Luiz Flávio; MOLINA, Antonio García-Pablos de. *Direito penal*: introdução e princípios fundamentais, p. 387.
[98] ZAFFARONI, E. Raúl et al. Direito Penal brasileiro. v. 1, p. 233.
[99] FERRAJOLI, Luigi. Derecho y razón, p. 385.

apedrejamento. A Constituição as elenca, vedando as penas de morte[100] – salvo na hipótese de guerra declarada[101] –, de caráter perpétuo, de trabalhos forçados, de banimento e cruéis, na forma do seu artigo 5º, inciso XLVII.[102] Para evitar as violências sexuais, resguardar os direitos de gênero e precaver os mais jovens e os condenados por delitos menos graves de saírem da cadeia pior do que entraram – pelo fenômeno da "escola do crime" no interior do cárcere –, a Constituição, no art. 5º, inciso XLVIII, determina que a pena seja cumprida em estabelecimentos distintos, de acordo com a natureza do delito, a idade e o sexo do apenado.[103]

Em relação às penas de trabalho forçado, Rogério Greco sustenta que o que a Constituição quis proibir foi o labor humilhante, sendo a execução do trabalho um dever do condenado, conforme estabelecido pelo artigo 39, inciso V, da Lei de Execução Penal.[104] Certamente, o condenado não poderá ser obrigado a trabalhar, porém, se decidir não laborar, deixará de conquistar diversos benefícios, como a remição da pena, prevista no artigo 126, da LEP.[105]

A vedação às penas indignas e o arcabouço normativo-constitucional que a sustenta constituem *cláusulas pétreas*, por força do artigo 60, inciso IV, da CRFB/88,[106] portanto não é possível reformar a Constituição para suprimir algumas dessas garantias ou para incluir alguma pena indigna no ordenamento jurídico brasileiro, como, por exemplo, a pena de morte. Raúl Zaffaroni e Nilo Batista defendem a impossibilidade de se aumentar o tempo máximo de 30 anos de cumprimento das penas privativas de liberdade (art. 75, do CP), pois tal arrefecimento na legislação acarretaria em vício de inconstitucionalidade, em decorrência

---

[100] O Pacto de San José da Costa Rica, cujo Brasil é signatário, prevê, no artigo 4º, nº 3, a proibição do restabelecimento da pena de morte nos países que a aboliram.

[101] No caso de guerra declarada, a pena de morte será por fuzilamento, nos exatos termos do artigo 56 do Código Penal Militar.

[102] "Art. 5º, XLVII – não haverá penas: a) de morte, salvo em caso de guerra declarada, nos termos do art. 84, XIX; b) de caráter perpétuo; c) de trabalhos forçados; d) de banimento; e) cruéis;"

[103] "Art. 5º, XLVIII – a pena será cumprida em estabelecimentos distintos, de acordo com a natureza do delito, a idade e o sexo do apenado;"

[104] GRECO, Rogério. *Curso de Direito Penal*: parte geral, p. 82.

[105] "Art. 126. O condenado que cumpre a pena em regime fechado ou semi-aberto poderá remir, pelo trabalho, parte do tempo de execução da pena."

[106] "Art. 60. A Constituição poderá ser emendada mediante proposta: §4º – Não será *objeto de deliberação* a proposta de emenda tendente a abolir: IV – os direitos e garantias individuais." (grifos nossos)

da violação da proibição do estabelecimento de penas perpétuas.[107] Os professores sustentam que aumentar esse patamar máximo da pena seria deixar o condenado preso a praticamente o tempo de expectativa média de vida do brasileiro, o que equivaleria a uma pena perpétua.

O professor Cezar Roberto Bitencourt defende a inconstitucionalidade do Regime Disciplinar Diferenciado (RDD), criado pela Lei nº 10.792/03, por concluir ser uma punição cruel e desumana, posto que a sua aplicação culmina na destruição moral, física e psicológica do condenado, ao levar a cabo um isolamento celular de 360 dias, prorrogável por igual período, violando o objetivo ressocializador da pena.[108]

O Código de Processo Penal prevê a prisão humanitária, conforme previsto no artigo 318, por exemplo, permitindo que o juiz substitua a prisão preventiva pela domiciliar nos casos em que o agente estiver extremamente debilitado por motivo de doença greve. O Supremo Tribunal Federal já julgou um caso desses, veiculado no Informativo nº 895. O paciente foi operado de tumor maligno e não tinha tratamento pós-operatório adequado no cárcere. O STF, então, assegurou a ele a prisão domiciliar humanitária, devido ao alto risco de saúde, à impossibilidade de tratamento médico na prisão ou em estabelecimento prisional, e à possibilidade de desenvolver infecções no cárcere. Todos os incisos do artigo 318 do CPP possuem um caráter humanitário e se fundam na dignidade. Por exemplo, a Sexta Turma do STJ já determinou a substituição da prisão preventiva por prisão domiciliar, para que o preso cuidasse de pessoa com menos de 6 anos de idade (HC nº 291.439-SP).

2 O conceito na doutrina

O princípio da humanidade do Direito Penal é o maior entrave para a adoção da pena capital e da prisão perpétua. Esse princípio sustenta que o poder punitivo estatal não pode aplicar sanções que atinjam a dignidade da pessoa humana ou que lesionem a constituição físico-psíquica dos condenados. A proscrição de penas cruéis e infamantes, a proibição de tortura e maus-tratos nos interrogatórios policiais e a obrigação imposta

---

[107] ZAFFARONI, E. Raúl et al. Direito Penal brasileiro. v. 1. p. 233.
[108] BITENCOURT, Cezar Roberto. Tratado de Direito Penal: parte geral. 15. ed. São Paulo: Saraiva, 2010, p. 48. O eminente jurisconsulto entende que, para ser constitucional, a execução da pena precisa coadunar os seus dois objetivos legais: o castigo e a reintegração social.

ao Estado de dotar sua infraestrutura carcerária de meios e recursos que impeçam a degradação e a *dessocialização* dos condenados são corolários do princípio de humanidade.[109] (Cezar Roberto Bitencourt)

(...) o *princípio da humanidade* não se limita a proibir a abstrata cominação e aplicação de *penas cruéis* ao cidadão livre, mas proíbe também a concreta *execução cruel* de penas legais ao cidadão condenado, por exemplo: a) as condições *desumanas* e *indignas*, em geral, de execução das penas na maioria absoluta das penitenciárias e cadeias públicas brasileiras; b) as condições *desumanas* e *indignas*, em especial, do execrável Regime Disciplinar Diferenciado – cuja inconstitucionalidade deve ser declarada por argüição de inconstitucionalidade da norma legal no caso concreto (controle difuso, por Juízes e Tribunais), ou por ação direta de inconstitucionalidade (controle concentrado, pelo Supremo Tribunal Federal).[110] (Juarez Cirino dos Santos)

Faz-se em suma uma perspectiva histórica e estratégica: da mesma maneira que no começo da época moderna a privação carcerária foi sobretudo uma medida de prevenção extrapenal e disciplinar (para os ociosos, os vagabundos, etc.) e se converteu em pena principal graças ao projeto de humanização das penas do século XVIII, também hoje, dentro de um novo projeto de humanização e racionalização penal, algumas das atuais medidas alternativas e de prevenção (...) parecem destinadas a serem as futuras penas principais.[111] (Luigi Ferrajoli)

3 Os princípios da dignidade da pessoa humana, da humanidade e da proibição da pena indigna na jurisprudência do STF e do STJ

3.1 Duração excessiva da prisão cautelar

STF, Pleno, Informativo nº 570

(...) O excesso de prazo, mesmo tratando-se de delito hediondo (ou a este equiparado), não pode ser tolerado, impondo-se, ao Poder Judiciário, em obséquio aos princípios consagrados na Constituição da República, a imediata revogação da prisão cautelar do indiciado ou do réu. – *A duração prolongada, abusiva e irrazoável da prisão cautelar de alguém ofende, de modo frontal, o postulado da dignidade da pessoa humana, que representa – considerada a centralidade desse princípio essencial*

---

[109] Ibid., p. 47.
[110] SANTOS, Juarez Cirino dos. *Direito Penal*: parte geral, p. 31, grifos do autor.
[111] FERRAJOLI, Luigi. *Derecho y razón*, p. 419.

(CF, art. 1º, III) – significativo vetor interpretativo, verdadeiro valor-fonte que conforma e inspira todo o ordenamento constitucional vigente em nosso País e que traduz, de modo expressivo, um dos fundamentos em que se assenta, entre nós, a ordem republicana e democrática consagrada pelo sistema de direito constitucional positivo. Constituição Federal (Art. 5º, incisos LIV e LXXVIII). EC 45/2004. Convenção Americana sobre Direitos Humanos (Art. 7º, ns. 5 e 6). Doutrina. Jurisprudência. DECISÃO: Trata-se de "habeas corpus", com pedido de medida liminar, impetrado contra decisão emanada da Quinta Turma do E. Superior Tribunal de Justiça (...) Os ora impetrantes informam que o paciente está preso, cautelarmente, há mais de quatro (04) anos, não havendo sido sequer decidida a causa penal contra ele instaurada (Processo-crime nº 4325/2005), eis que ainda aguarda a realização de seu julgamento pelo Conselho de Sentença da comarca de Barueri/SP. O exame dos elementos trazidos aos autos, considerada a seqüência cronológica dos dados juridicamente relevantes, permite reconhecer a efetiva ocorrência, na espécie, de superação irrazoável dos prazos processuais, pois o ora paciente – consoante informação existente nestes autos, emanada da ilustre magistrada processante – está preso, cautelarmente, há mais de quatro (04) anos, datando, essa prisão, de 08/02/2006 (fls. 63 e 87). Em conseqüência de tal situação (que é abusiva e inaceitável), o ora paciente permanece, na prisão, sem julgamento de seu processo, por período superior àquele que a jurisprudência dos Tribunais tolera, dando ensejo, assim, à situação de injusto constrangimento a que alude o ordenamento positivo (CPP, art. 648, II). É sempre importante relembrar, neste ponto, que ninguém pode permanecer preso – especialmente quando sequer proferida sentença penal condenatória (...) – por lapso temporal que supere, de modo excessivo, os padrões de razoabilidade acolhidos pela jurisprudência que o Supremo Tribunal Federal firmou na matéria ora em exame (...)- O excesso de prazo, quando exclusivamente imputável ao aparelho judiciário – não derivando, portanto, de qualquer fato procrastinatório causalmente atribuível ao réu – *traduz situação anômala que compromete a efetividade do processo, pois, além de tornar evidente o desprezo estatal pela liberdade do cidadão, frustra um direito básico que assiste a qualquer pessoa: o direito à resolução do litígio, sem dilações indevidas (CF, art. 5º, LXXVIII) e com todas as garantias reconhecidas pelo ordenamento constitucional, inclusive a de não sofrer o arbítrio da coerção estatal representado pela privação cautelar da liberdade por tempo irrazoável ou superior àquele estabelecido em lei. – A duração prolongada, abusiva e irrazoável da prisão cautelar de alguém ofende, de modo frontal, o postulado da dignidade da pessoa humana, que representa – considerada a centralidade desse princípio essencial (CF, art. 1º, III)* – significativo vetor interpretativo, verdadeiro valor-fonte que conforma e inspira todo o ordenamento constitucional vigente em nosso País e que traduz, de modo expressivo, um dos fundamentos em que se assenta, entre nós, a ordem republicana e democrática consagrada pelo sistema de direito constitucional positivo. (...) Cabe assinalar, finalmente, que o Supremo Tribunal Federal – revelando extrema sensibilidade a propósito de situações anômalas derivadas da superação abusiva e irrazoável do prazo de duração de prisões meramente cautelares – tem conhecido do pedido de "habeas corpus", até mesmo quando não examinada essa específica questão pelo Tribunal de jurisdição inferior (...) Sendo assim, e em face das razões

expostas, defiro o pedido de medida liminar, em ordem a determinar a imediata soltura do ora paciente, se por al não estiver preso, relativamente ao Processo nº 4325/2005, em tramitação perante o Juízo de Direito da 2ª Vara da comarca de Barueri/SP. (....) Publique-se. Brasília, 16 de março de 2010. Ministro CELSO DE MELLO Relator * decisão publicada no DJE de 22.3.2010

O Direito Processual Penal é um conjunto de normas infraconstitucionais que deve estar sempre submetido aos fundamentos valorativos constantes na Constituição. Foi por essa linha que o STF entendeu que a duração irrazoável do processo, de forma injustificável, ainda que se trate de crime hediondo, ou equiparado a este, não pode perdurar, pois constitui afronta direta ao *princípio da dignidade da pessoa humana*.

In casu, temos um réu que se mantém preso por mais de 04 (quatro) anos sem sequer ter sido decidida a causa penal contra ele instalada. Nas palavras do Ministro relator "constitui uma situação anômala", pois o que deve subsistir é o direito do réu, que nunca deixou de ser um cidadão pela mera condição que se encontra. Os seus direitos constitucionais devem ser respeitados, inclusive *a duração razoável do processo*, conforme previsto no artigo 5º, inciso LXXIII, da CRFB/88.[112]

Os julgados nesse sentido são muitos, mas o posicionamento perdura, isto é, o réu não pode sofrer pela tardança dos atos do Poder Judiciário. Tal desídia é insustentável.

STJ, Quinta Turma, HC nº 154265/SP

(...) 1. O Paciente, pronunciado por homicídio qualificado e por cárcere privado, está preso cautelarmente por mandado cumprido na Comarca de Paulistana/PI, em 16/10/2001 – ou seja, há quase nove anos. 2. A despeito de terem sido envidados esforços pelo Juízo Processante (5.ª Vara do Tribunal do Júri da Comarca de São Paulo/SP) para que o Estado do Piauí procedesse ao recambiamento do Paciente, nada foi feito para a efetivação da solicitação. E, requeridas informações sobre o cumprimento da diligência, limitou-se a Presidência da 2.ª Câmara Especializada Criminal do Tribunal de Justiça do Estado do Piauí, em sua resposta, a esclarecer que o writ originário tramitou em São Paulo. *Há evidente demora desmotivada na transferência do Paciente, atribuível unicamente ao Poder Estatal. Não existe qualquer razão plausível para justificar o atraso, que não pode ser atribuído à sua Defesa, nem ser tolerado pelo Judiciário.* 3. Não se aplica o que expresso na Súmula nº 21 desta Corte ("pronunciado o réu, fica superada a alegação do constrangimento ilegal da prisão por excesso de prazo na instrução"), mitigada, no caso, pelo princípio da razoabilidade: não pode o réu permanecer

---

[112] "Art. 5, LXXVIII – a todos, no âmbito judicial e administrativo, são assegurados a razoável duração do processo e os meios que garantam a celeridade de sua tramitação."

preso cautelarmente por prazo indeterminado, mormente no caso, em que o Paciente foi pronunciado 28/11/2003. 4. *Resta evidenciado, assim, constrangimento ilegal, à vista do excesso de prazo no julgamento do Paciente, ferindo, pois, o princípio da razoabilidade, bem assim os basilares inerentes à dignidade da pessoa humana.* 5. Ordem concedida, expedindo-se alvará de soltura em favor do Paciente. (HC 154265, Relator: Min. LAURITA VAZ, Quinta Turma, julgado em 03/08/2010, DJe-23/08/2010).

Não diverge do entendimento do STF o posicionamento também reiterado da Quinta Turma do Superior Tribunal de Justiça, de forma que notamos pelo presente *Habeas Corpus* a declaração de indignação da Corte por se tratar de um caso em que o réu aguarda 9 (nove) anos em prisão cautelar.

Com uma *"demora desmotivada"*, pondera-se que não haja motivos para que o réu permaneça encarcerado; elenca-se ainda que tal demora se deu unicamente por relapsos do Poder Judiciário e que o réu não deve, nem poderia, suportar tamanha violação ao princípio da dignidade da pessoa humana.

3.2 Perda de dias remidos em razão de falta grave cometida

STJ, Pleno, Informativo nº 519

Em conclusão de julgamento, a Turma **indeferiu** habeas corpus impetrado pela Defensoria Pública do Estado de São Paulo em favor de condenado que, *ante a prática de falta grave (fuga), perdera a integralidade dos dias remidos.* Pretendia-se, na espécie, o estabelecimento de limitação à perda dos dias remidos em, no máximo, 30 dias, conforme o parâmetro do art. 58 da Lei de Execução Penal – LEP ["o isolamento, a suspensão e a restrição de direitos não poderão exceder a 30 (trinta) dias."], sob a alegação de que a decretação automática da perda de todo o tempo remido violaria os princípios da isonomia, da individualização da pena e da dignidade da pessoa humana. Inicialmente, asseverou-se que *a jurisprudência da Corte é no sentido de que a falta grave cometida durante o cumprimento da pena implica a perda dos dias remidos (LEP, art. 127), sem que isso signifique ofensa ao direito adquirido.* No tocante à remição, cujos efeitos estão ligados ao comportamento carcerário do condenado, entendeu-se incabível a incidência do aludido art. 58 da LEP para restringir a perda por 30 dias, porquanto esse dispositivo refere-se exclusivamente ao isolamento, à suspensão e à restrição de direitos, incumbindo à autoridade disciplinar do estabelecimento prisional aplicá-lo, o que não ocorre com aquele instituto, de competência do juízo da execução. Assim, concluiu-se não haver pertinência entre o referido artigo e o objeto deste habeas corpus. Por fim, reputou-se dispensável o pedido de limitação temporal referente aos dias remidos até a prática da falta grave, uma vez que o sentenciado tornará a adquirir eventual benefício a partir da data da infração disciplinar. HC 91085/SP, rel. Min. Cármen Lúcia, 9.9.2008.

A perda de todos os dias remidos pelo cometimento de falta grave, no entendimento das Cortes – que nesse sentido são unânimes – não constitui afronta ao princípio da dignidade da pessoa humana.

Foi sob essa luz que a Ministra Cármen Lúcia relatou que tal ato é, na verdade, ligado ao comportamento carcerário do condenado, de forma que nos leva a entender que, pelo seu comportamento inadequado lhe é imposta uma sanção, a fim de evitar que a prática se repita, retirando-lhe o benefício dos dias remidos.

Os Ministros não concordaram com a aplicação do artigo 58 da Lei de Execução Penal, o qual determina que o isolamento, a suspensão e a restrição de direitos não poderão exceder a trinta dias, para limitar a quantidade de dias remidos perdidos pela falta grave cometida.

STF, Segunda Turma, HC nº 100953/RS

(...) 1. *O tema em debate neste habeas corpus se relaciona à possibilidade de regressão de regime, de recontagem do requisito temporal para obtenção de benefícios previstos na LEP e de perda dos dias remidos, quando houver a prática de falta grave pelo apenado. 2. Orientação predominante no Supremo Tribunal Federal no sentido de que o cometimento de falta grave, durante a execução da pena privativa de liberdade, implica a regressão de regime e a necessidade de reinício da contagem do prazo para obtenção da progressão no regime de cumprimento da pena (RHC 85.605, rel. Min. Gilmar Mendes, DJ 14.10.2005). 3. Em tese, se o réu que cumpre pena privativa de liberdade em regime menos severo, ao praticar falta grave, pode ser transferida para regime prisional mais gravoso (regressão prisional), logicamente é do sistema jurídico que o réu que cumpre pena corporal em regime fechado (o mais gravoso) deve ter reiniciada a contagem do prazo de 1/6, levando em conta o tempo ainda remanescente de cumprimento da pena. 4. O cômputo do novo período aquisitivo do direito à progressão de regime, considerando-se o lapso temporal remanescente de pena, terá início na data do cometimento da última falta grave pelo apenado ou, no caso de fuga do estabelecimento prisional, de sua recaptura. 5. Quanto à perda dos dias remidos, registro que o tema já foi objeto de consolidação da orientação desta Corte através da edição do enunciado da Súmula Vinculante 9 – "O disposto no art. 127 da Lei nº 7.210/1984 (Lei de Execução Penal) foi recebido pela ordem constitucional vigente, e não se lhe aplica o limite temporal previsto no caput do art. 58". 6. O cometimento de falta grave, durante a execução da pena privativa de liberdade, implica a perda dos dias remidos pelo trabalho, inexistindo motivo para se cogitar de eventual violação a direito adquirido (HC 89.784/RS, rel. Min. Cármen Lúcia, DJ 02.02.2007). 7. A perda do direito ao benefício da remição dos dias trabalhados em decorrência de falta grave não atenta contra o princípio da individualização da pena* (AI-ED 601.909/RS, rel. Min. Ricardo Lewandowski, DJ 06.10.2006), *bem como não viola os princípios da isonomia e da dignidade da pessoa humana* (AI-AgR 580.543/RS, rel. Min. Gilmar Mendes, DJ 01.06.2007). 8. Habeas corpus denegado. (HC 100953, Relator: Min. ELLEN GRACIE, Segunda Turma, julgado em 16/03/2010, DJe-062 DIVULG 08/04/2010 PUBLIC 09/04/2010 EMENT VOL-02396-02 PP-00311).

O presente julgado do ano de 2010 versa sobre a possibilidade de haver a regressão de regime, a recontagem do requisito temporal para obtenção de benefícios previstos na LEP e a perda dos dias remidos, quando houver a prática de falta grave pelo apenado.

Normalmente, sustenta-se a violação do *princípio da dignidade da pessoa humana, da individualização da pena e da isonomia* em defesa do condenado que venha a cometer falta grave.

Entendimento que não se consolida na Segunda Turma do STF, que tem firmado o posicionamento de a regressão ser absolutamente aceitável. De forma que será possível a regressão nos regimes abertos e semiabertos e, nos casos de regime fechado, pune-se a falta com a abertura de nova contagem para a obtenção da progressão de regime, além da perda dos dias remidos.

Dessa feita, como já sustentado em julgados anteriores e nas palavras do Ministro Ricardo Lewandowski: "A perda do direito ao benefício da remição dos dias trabalhados em decorrência de falta grave não atenta contra o princípio da individualização da pena bem como não viola os princípios da isonomia e da dignidade da pessoa humana".

STJ, Quinta Turma, HC nº 109145/SP

(...) 1. A posse de substância entorpecente no interior do estabelecimento prisional, ainda que para uso próprio, constitui falta grave (art. 52 da LEP). *A conduta prevista no art. 28 da nova de Lei de Drogas é crime, tendo havido, tão somente, sua despenalização, com a exclusão de penas privativas de liberdade como sanção principal ou substitutiva da infração penal.* 2. O cometimento de falta grave pelo sentenciado no curso da execução da pena, nos termos do art. 127 da Lei 7.210/84, *implica a perda integral dos dias remidos pelo trabalho, além de nova fixação da data-base para concessão de benefícios relativos à execução da pena.* 3. Referido entendimento não traduz ofensa aos princípios do direito adquirido, da coisa julgada, da individualização da pena ou a dignidade da pessoa humana. Precedentes do STF e do STJ. 4. Ordem denegada, em consonância com o parecer ministerial. (HC 109145/SP, Relator: Min. NAPOLEÃO NUNES MAIA FILHO, Quinta Turma, julgado em 19/11/2009, DJe 22/02/2009).

Da mesma forma se pronunciou a Quinta Turma do STJ, em julgamento de 2009, ou seja, no sentido de que não há violação do direito adquirido e dos princípios da dignidade da pessoa humana, da coisa julgada e da individualização da pena, quando, em razão do cometimento de falta grave, o preso sofre a perda dos dias remidos e a recontagem do prazo para superveniência de benefícios relativos à execução da pena.

Assim, não há que se falar em afronta ao *princípio da dignidade da pessoa humana*, caso a falta grave cometida seja punida de tal forma. O Ministro Napoleão Nunes, em seu relatório, faz-se muito claro ao afirmar que o referido "entendimento não traduz ofensa aos princípios do direito adquirido, da coisa julgada, da individualização da pena ou a dignidade da pessoa humana" e, assim, indeferiu o *Habeas Corpus* em questão.

Cabe relembrar que a Sexta Turma do STJ adota posicionamento diverso, entendendo que fere o *princípio da legalidade* a interrupção do lapso temporal para a progressão de regime e a concessão de outros benefícios, em razão do cometimento de falta grave.

3.3 Regressão de medida socioeducativa

STJ, Sexta Turma, HC nº 21236/SP

PROCESSUAL PENAL. HABEAS-CORPUS. ESTATUTO DA CRIANÇA E DO ADOLESCENTE. MEDIDA SÓCIO-EDUCATIVA. REGRESSÃO. PRÉVIA AUDIÊNCIA DO MENOR. – É certo que a regressão a medida sócio-educativa mais rigorosa tem previsão legal, justificando-se nos casos em que o menor não se mostra adaptado ao regime de semiliberdade, sobretudo em virtude da prática reiterada de atos infracionais de natureza grave. – Todavia, *as medidas sócio-educativas impostas ao menor infrator devem ser concebidas em consonância com os elevados objetivos da sua reeducação, sendo relevantes para a obtenção desse resultado o respeito à sua dignidade como pessoa humana e a adoção de posturas demonstrativas de justiça.* Nessa linha de visão, impõe-se que no procedimento impositivo de sanções seja observado o princípio da ampla defesa, sendo, portanto, de rigor a prévia audiência do menor na hipótese de regressão a medida mais rigorosa. – Habeas-Corpus concedido em parte (HC 21236/SP, Relator: Min. VICENTE LEAL, Sexta Turma, julgado em 04/06/2003, DJ 01/07/2002 p. 409 RT vol. 805 p. 547).

Um ponto que deve ser levado em consideração é a regressão de medida socioeducativa, isto é, a regressão de regime quando se tratar de falta grave cometida por menor infrator.

Primeiramente, o Ministro Vicente Leal nos elenca a *mens legis*, ao dizer que o valor a ser preconizado é de que o menor deve ser reeducado, e não punido em seu sentido perverso.

Em razão de as medidas socioeducativas serem aplicadas para a *reeducação* do adolescente infrator, sendo cruciais para a obtenção desse resultado o *respeito à dignidade do menor e as posturas demonstrativas de justiça*, deve-se permitir que o menor seja ouvido em audiência prévia, antes de se declarar qualquer tipo de regressão.

Partindo desse posicionamento, o *habeas corpus* foi concedido em parte, até o dia da audiência prévia, a fim de instruir e poder ouvir o menor.

3.4 Tráfico de entorpecentes e prisão preventiva

STJ, Pleno, Informativo nº 571

Trata-se de "habeas corpus", com pedido de medida cautelar, impetrado contra decisão emanada de eminente Ministro de Tribunal Superior da União, que, em sede de outra ação de "habeas corpus" ainda em curso no Superior Tribunal de Justiça (HC 147.579/TO), denegou medida liminar que lhe havia sido requerida em favor do ora paciente. (...) Presente esse contexto, cabe verificar se os fundamentos subjacentes à decisão ora questionada ajustam-se, ou não, ao magistério jurisprudencial firmado pelo Supremo Tribunal Federal no exame do instituto da prisão cautelar. As razões que fundamentam o decreto judicial que manteve a prisão cautelar (fls. 59/60) podem ser assim resumidas: (a) gravidade do crime e (b) possibilidade de o paciente voltar a delinqüir. Tenho para mim que a decisão em causa, ao denegar a liberdade provisória ao ora paciente, apoiou-se em elementos insuficientes, destituídos de base empírica idônea, revelando-se, por isso mesmo, desprovida de necessária fundamentação substancial. Todos sabemos que a *privação cautelar da liberdade individual é sempre qualificada pela nota da excepcionalidade* (HC 96.219-MC/SP, Rel. Min. CELSO DE MELLO, v.g.), eis que *a supressão meramente processual do "jus libertatis" não pode ocorrer em um contexto caracterizado por julgamentos sem defesa ou por condenações sem processo* (HC 93.883/SP, Rel. Min. CELSO DE MELLO). É por isso que esta Suprema Corte tem censurado decisões que fundamentam a privação cautelar da liberdade no reconhecimento de fatos que se subsumem à própria descrição abstrata dos elementos que compõem a estrutura jurídica do tipo penal: "(...) *O processo penal, enquanto corre, destina-se a apurar uma responsabilidade penal; jamais a antecipar-lhe as conseqüências. Por tudo isso, é incontornável a exigência de que a fundamentação da prisão processual seja adequada à demonstração da sua necessidade, enquanto medida cautelar, o que* (...) *não pode reduzir-se ao mero apelo à gravidade objetiva do fato* (...)." (RTJ 137/287, 295, Rel. Min. SEPÚLVEDA PERTENCE – grifei) Impende assinalar, por isso mesmo, que *a gravidade em abstrato do crime não basta para justificar, só por si, a privação cautelar da liberdade individual do paciente.* O Supremo Tribunal Federal tem advertido que a natureza da infração penal não se revela circunstância apta, só por si, para justificar a privação cautelar do "status libertatis" daquele que sofre a persecução criminal instaurada pelo Estado. (...) – A prerrogativa jurídica da liberdade – que possui extração constitucional (CF, art. 5º, LXI e LXV) – *não pode ser ofendida por atos arbitrários do Poder Público, mesmo que se trate de pessoa acusada da suposta prática de crime hediondo, eis que, até que sobrevenha sentença condenatória irrecorrível* (CF, art. 5º, LVII), não se revela possível presumir a culpabilidade do réu, qualquer que seja a natureza da infração penal que lhe tenha sido imputada." (RTJ 187/933-934, Rel. Min. CELSO DE MELLO) Por sua vez, a alegação – *fundada em juízo meramente conjectural (sem qualquer referência a situações concretas) – de que o paciente deve ser mantido preso porque poderia voltar "a traficar" (fls. 59), constitui, quando destituída de base empírica, presunção arbitrária que não pode legitimar a privação cautelar da liberdade individual* (...) A PRISÃO PREVENTIVA – ENQUANTO MEDIDA DE NATUREZA CAUTELAR – NÃO PODE SER UTILIZADA COMO INSTRUMENTO DE PUNIÇÃO ANTECIPADA DO INDICIADO OU DO RÉU (...) A GRAVIDADE EM ABSTRATO DO CRIME NÃO CONSTITUI FATOR DE LEGITIMAÇÃO DA PRIVAÇÃO CAUTELAR DA LIBERDADE. (...) A PRISÃO CAUTELAR NÃO PODE APOIAR-SE EM JUÍZOS MERAMENTE CONJECTURAIS (...) AUSÊNCIA DE DEMONSTRAÇÃO, NO CASO, DA NECESSIDADE CONCRETA DE DECRETAR-SE A PRISÃO PREVENTIVA DO PACIENTE. – Sem que se caracterize situação de real necessidade, não se legitima a privação cautelar da liberdade individual do indiciado ou do réu. *Ausentes razões de necessidade, revela-se incabível, ante a sua excepcionalidade, a decretação ou a subsistência da prisão preventiva.* O POSTULADO CONSTITUCIONAL DA PRESUNÇÃO DE INOCÊNCIA IMPEDE QUE O ESTADO TRATE, COMO SE CULPADO FOSSE, AQUELE QUE AINDA NÃO SOFREU CONDENAÇÃO PENAL IRRECORRÍVEL. (...) *A mera suposição desacompanhada de indicação de fatos concretos – de que o ora paciente, em liberdade, poderia delinqüir ou frustrar, ilicitamente, a regular instrução processual – revela-se insuficiente para fundamentar o decreto (ou a manutenção) de prisão cautelar* (...) Cabe ter presente, neste ponto, na linha da orientação jurisprudencial que o Supremo Tribunal Federal firmou na matéria, que a legalidade da decisão que decreta a prisão cautelar ou que denega liberdade provisória deverá ser aferida em função dos fundamentos que lhe dão suporte, e não em face de eventual reforço advindo dos julgamentos emanados das instâncias judiciárias superiores (HC 90.313/PR, Rel. Min. CELSO DE MELLO, HC 96.715-MC/SP, Rel. Min. CELSO DE MELLO, HC 97.976-MC/MG, Rel. Min. CELSO DE MELLO, v.g.): "(...) Às instâncias subseqüentes não é dado suprir o decreto de prisão cautelar, de modo que não pode ser considerada a assertiva de que a fuga do paciente constitui fundamento bastante para enclausurá-lo preventivamente (...)." (RTJ 194/947-948, Rel. p/o acórdão Min. EROS GRAU – grifei) *A motivação, portanto, há de ser própria, inerente e contemporânea à decisão que decreta (ou mantém) o ato excepcional de privação cautelar da liberdade, pois – insista-se – a ausência ou a deficiência de fundamentação não podem ser supridas "a posteriori"* (...) Cabe assinalar que eminentes penalistas, examinando o art. 44 da Lei nº 11.343/2006, sustentam a inconstitucionalidade da vedação legal à concessão de liberdade provisória prevista em mencionado dispositivo legal (...) Cumpre observar, ainda, por necessário, que regra legal, de conteúdo material virtualmente idêntico ao do preceito em exame, consubstanciada no art. 21 da Lei nº 10.826/2003, foi declarada inconstitucional por esta Suprema Corte. (...) Vale mencionar, quanto à possível inconstitucionalidade do art. 44 da Lei de Drogas, recentíssima decisão proferida pelo eminente Ministro EROS GRAU, Relator do HC 100.872-MC/MG: "A vedação da liberdade provisória ao preso em flagrante por tráfico de entorpecentes, veiculada pelo art. 44 da Lei n. 11.343/06, é expressiva de afronta aos princípios da presunção de inocência, do devido processo legal e da dignidade da pessoa humana (arts. 1º, III, e 5º, LIV e LVII da Constituição do Brasil). (...). O Supremo Tribunal Federal, de outro lado, tem advertido que a natureza da infração penal não se revela circunstância apta a justificar, só por si, a privação cautelar do "status libertatis" daquele que sofre a persecução criminal instaurada pelo Estado. Essa orientação vem sendo observada em sucessivos julgamentos proferidos no âmbito desta Corte, mesmo que se trate de réu processado por suposta prática de crimes hediondos ou de delitos a estes equiparados (...) Tenho por inadequada, desse modo, por tratar-se de fundamento insuficiente à manutenção da prisão cautelar do ora paciente, a mera invocação do art. 44 da Lei nº 11.343/2006 ou do art. 2º, inciso II, da Lei nº 8.072/90, especialmente depois de editada a Lei nº 11.464/2007, que excluiu, da vedação legal de concessão de liberdade provisória, todos os crimes hediondos e os delitos a eles equiparados, como o tráfico ilícito de entorpecentes e drogas afins. Em suma: *a análise dos fundamentos invocados pela parte ora impetrante leva-me a entender que a decisão judicial de primeira instância não observou os critérios que a jurisprudência do Supremo Tribunal Federal firmou em tema de prisão cautelar. Sendo assim, tendo presentes as razões expostas, defiro o pedido de medida liminar, para, até final julgamento desta ação de "habeas corpus", garantir, cautelarmente, ao ora paciente, a liberdade provisória que lhe foi negada* (...) Publique-se. Brasília, 08 de outubro de 2009. Ministro CELSO DE MELLO Relator * decisão publicada no DJE de 15.10.2009

 Estamos diante de um caso em que o réu fora pego em flagrante portando substâncias entorpecentes, as quais, supostamente, apresentaram indícios que levaram a Sra. MM ª Juíza a crer que se tratava de produto obtido com interesse em revenda.

 A eminente juíza alegou que fundamentou a denegação da liberdade provisória no resguardo da ordem pública e na garantia da aplicação da lei penal. Em análise à decisão, o Ministro relator, do ora *Habeas Corpus*, questiona se houve de fato a valoração dos elementos que ensejam a proibição da liberdade provisória.

 Em sequencial análise, o Sr. Ministro Celso de Mello afirma que o posicionamento da Corte não é de não punir, mas, sim, de não punir aquele que, num contexto meramente processual, *sequer teve sua chance de defesa pleiteada*, de forma a violar direta e indubitavelmente os *princípios da ampla defesa e dignidade da pessoa humana*.

Prossegue, ao dizer que a Corte apreende ser insubstituível que a prisão cautelar, para que se dê, *aponte uma rigorosa fundamentação, não se respaldando unicamente na gravidade abstrata do tipo penal a ser julgado*, ainda que o tipo seja classificado como hediondo, na linha de raciocínio que interpõe a não possibilidade de presunção arbitrária do Poder Judiciário.

Como retromencionado, na decisão de fundamentação de denegação da liberdade provisória sustentada pela Juíza de primeira instância, cita-se o trecho: "No entanto, o traficante, basta colocar os pés fora da prisão e na primeira oportunidade volta a traficar", referência esta de extrema repulsa da Corte, pois, como relatado: "a alegação fundada *em juízo meramente conjectural* (sem qualquer referência a situações concretas) – de que o paciente deve ser mantido preso porque poderia voltar 'a traficar', constitui, quando destituída de base empírica, *presunção arbitrária* que não pode legitimar a privação cautelar da liberdade individual".

Um segundo apontamento relatado no *habeas corpus* é acerca da vedação da liberdade provisória na Lei Antidrogas. O Pretório Excelso entende que a vedação apriorística de concessão de liberdade provisória, expressa no art. 44 da Lei nº 11.343/06, não pode ser admitida, pois é manifestamente incompatível com o princípio da presunção da inocência e a garantia do *due process*. A gravidade objetiva do delito não pode sustentar uma proibição apriorística da liberdade provisória, que necessita ser concretamente fundamentada, de acordo com o disposto no artigo 312 do CPP.[113]

Nesse sentido, tem-se sustentado que a "vedação da liberdade provisória ao preso em flagrante por tráfico de entorpecentes, veiculada pelo art. 44 da Lei nº 11.343/06, é expressiva de afronta aos princípios da presunção de inocência, do devido processo legal e da *dignidade da pessoa humana*".

E, elencando todos esses elementos que se unem e coadunam entre si, decidiram – os Ministros – pelo deferimento do pedido de medida liminar, para garantir, cautelarmente, a liberdade provisória.

---

[113] "Art. 312. A prisão preventiva poderá ser decretada como garantia da ordem pública, da ordem econômica, por conveniência da instrução criminal, ou para assegurar a aplicação da lei penal, quando houver prova da existência do crime e indício suficiente de autoria."

STF, Segunda Turma, HC nº 100872/MG

HABEAS CORPUS. PROCESSUAL PENAL. TRÁFICO DE ENTORPECENTES. PRISÃO PREVENTIVA. PRISÃO EM FLAGRANTE. GRAVIDADE DO CRIME. REFERÊNCIA HIPOTÉTICA À POSSIBILIDADE DE REITERAÇÃO DE INFRAÇÕES PENAIS. FUNDAMENTOS INIDÔNIOS PARA A CUSTÓDIA CAUTELAR. VEDAÇÃO DA CONCESSÃO DE LIBERDADE PROVISÓRIA AO PRESO EM FLAGRANTE POR TRÁFICO DE ENTORPECENTES [ART. 44 DA LEI N. 11.343/06]. INCONSTITUCIONALIDADE. *VIOLAÇÃO DOS PRINCÍPIOS DA PRESUNÇÃO DA INOCÊNCIA, DO DEVIDO PROCESSO LEGAL E DA DIGNIDADE DA PESSOA HUMANA*. ARTS. 1º, III, E 5º, LIV E LVII, DA CB/88. 1. A jurisprudência desta Corte está sedimentada no sentido de que a gravidade do crime não justifica, por si só, a necessidade da prisão preventiva. Precedentes. 2. *A referência hipotética à mera possibilidade de reiteração de infrações penais, sem nenhum dado concreto que lhe dê amparo, não pode servir de supedâneo à prisão preventiva.* Precedente. 3. *A vedação da concessão de liberdade provisória ao preso em flagrante por tráfico de entorpecentes, veiculada pelo artigo 44 da lei n. 11.343/06, consubstancia afronta escancarada aos princípios da presunção da inocência, do devido processo legal e da dignidade da pessoa humana* [arts. 1º, III, e 5º, LIV e LVII, da CB/88]. Daí a necessidade de adequação desses princípios à norma veiculada no artigo 5º, inciso XLII, da CB/88. 4. A inafiançabilidade, por si só, não pode e não deve constituir-se em causa impeditiva da liberdade provisória. 5. Não há antinomia na Constituição do Brasil. Se a regra nela estabelecida, bem assim na legislação infraconstitucional, é a liberdade, sendo a prisão a exceção, existiria conflito de normas se o artigo 5º, inciso XLII estabelecesse expressamente, além das restrições nele contidas, vedação à liberdade provisória. Nessa hipótese, o conflito dar-se-ia, sem dúvida, com os princípios da dignidade da pessoa humana, da presunção de inocência, da ampla e do devido processo legal. 6. É inadmissível, ante tais garantias constitucionais, possa alguém ser compelido a cumprir pena sem decisão transitada em julgado, além do mais impossibilitado de usufruir benefícios da execução penal. *A inconstitucionalidade do preceito legal é inquestionável.* Ordem concedida a fim de que a paciente aguarde em liberdade o trânsito em julgado da sentença condenatória. (HC 100872, Relator: Min. EROS GRAU, Segunda Turma, julgado em 09/03/2010, DJe-076 DIVULG 20/04/2010 PUBLIC 30/04/2010 EMENT VOL-02399-05 PP-01097).

Sob essa égide, esse *habeas corpus* se estrutura de modo que o entendimento da Corte se consolida no sentido de a vedação da concessão de liberdade provisória ao preso em flagrante por tráfico de entorpecentes, veiculada pelo artigo 44 da Lei nº 11.343/06, ser encarada como afronta aos *princípios da presunção da inocência, do devido processo legal e da dignidade da pessoa humana.*

Isso posto, não se configura também a possibilidade de proibição da liberdade provisória àquele que cometera crime classificado, pela

Constituição (art. 5º, inciso XLIII, da CRFB/88[114]), como sendo inafiançável, pois o que há de elencado como axioma *master* é, exatamente, a liberdade. O que a Constituição proíbe é a fiança, que não se confunde com a liberdade provisória.

Sem maiores conflitos, o HC foi deferido, solidificando o posicionamento do STF perante o caso.

3.5 Suspensão do livramento condicional por prática de suposto novo crime durante o período de prova

STF, Primeira Turma, HC nº 99652/RS

HABEAS CORPUS. EXECUÇÃO PENAL. LIVRAMENTO CONDICIONAL. SUSPENSÃO. PRÁTICA DE NOVO CRIME DURANTE O PERÍODO DE PROVA. ABSOLVIÇÃO TRANSITADA EM JULGADO. RESTABELECIMENTO DA LIBERDADE CONDICIONAL. 1. Para maior respeito à finalidade reeducativa da pena, o livramento condicional constitui a última etapa da execução penal, timbrada, esta, pela ideia central da liberdade responsável do condenado, de modo a permitir-lhe melhores condições de reinserção social. 2. *A Lei de Execução Penal é de ser interpretada com os olhos postos em seu art. 1º. Artigo que institui a lógica da prevalência de mecanismos de reinclusão social (e não de exclusão do sujeito apenado) no exame dos direitos e deveres dos sentenciados. Isso para favorecer, sempre que possível, a redução de distância entre a população intramuros penitenciários e a comunidade extramuros.* 3. *Essa particular forma de parametrar a interpretação da lei (no caso, a LEP) é a que mais se aproxima da Constituição Federal, que faz da cidadania e da dignidade da pessoa humana dois de seus fundamentos* (incisos II e III do art. 1º). A reintegração social dos apenados é, justamente, pontual densificação de ambos os fundamentos constitucionais. 4. No caso, o livramento condicional do paciente foi suspenso, sob o fundamento da acusação de prática de crime doloso no curso do período de prova. Increpação da qual o paciente foi absolvido por sentença transitada em julgado. 5. Ordem concedida para restabelecer o livramento condicional. (HC 99652/RS, Relator: Min. CARLOS BRITTO, Primeira Turma, julgado em 03/11/2009, DJe-228 DIVULG 03/12/2009 PUBLIC 04/12/2009 EMENT VOL-02385-02 PP-00812).

Respaldada na compreensão e interpretação de que a Lei de Execução Penal há de ser com seus esforços voltados à conexão das leis constitucionais, depreende-se a necessidade de valorar mecanismos

---

[114] "Art. 5, XLIII – a lei considerará crimes inafiançáveis e insuscetíveis de graça ou anistia a prática da tortura, o tráfico ilícito de entorpecentes e drogas afins, o terrorismo e os definidos como crimes hediondos, por eles respondendo os mandantes, os executores e os que, podendo evitá-los, se omitirem;"

de reinclusão social, a fim de restabelecer a ordem social de forma humana e digna.

Com o relatório do Sr. Ministro Carlos Britto, é clara a intenção acima descrita, que se perfaz nas linhas: "A Lei de Execução Penal é de ser interpretada com os olhos postos em seu art. 1º. Artigo que institui a lógica da prevalência de mecanismos de reinclusão social".

Acusava-se o réu de suposta nova prática delituosa no período de provas do livramento condicional, contudo, houve posterior sentença penal absolutória, o que permitiu ao Supremo, ao analisar o caso, ponderar e destacar como valor elementar à sanção penal a incidência da reinclusão.

O agente foi absolvido da prática do crime que deu ensejo à suspensão do livramento condicional, que deve ser restabelecido por força da sua inocência, cumprindo-se, assim, o auspício de reinserção social desejado pela LEP, reduzindo a distância entre a população intramuros e extramuros, com o fim de consolidar o *princípio da dignidade da pessoa humana*.

3.6 Execução antecipada da pena

STF, Segunda Turma, HC nº 98212/RJ

(...) A Lei de Execução Penal condicionou a execução da pena privativa de liberdade ao trânsito em julgado da sentença condenatória. A Constituição do Brasil de 1988 definiu, em seu art. 5º, inciso LVII, que "ninguém será considerado culpado até o trânsito em julgado de sentença penal condenatória". 2. Daí que os preceitos veiculados pela Lei n. 7.210/84, além de adequados à ordem constitucional vigente, sobrepõem-se, temporal e materialmente, ao disposto no art. 637 do CPP. 3. *A prisão antes do trânsito em julgado da condenação somente pode ser decretada a título cautelar.* 4. *A ampla defesa, não se a pode visualizar de modo restrito. Engloba todas as fases processuais, inclusive as recursais de natureza extraordinária. Por isso a execução da sentença após o julgamento do recurso de apelação significa, também, restrição do direito de defesa, caracterizando desequilíbrio entre a pretensão estatal de aplicar a pena e o direito, do acusado, de elidir essa pretensão.* 5. Prisão temporária, restrição dos efeitos da interposição de recursos em matéria penal e punição exemplar, sem qualquer contemplação, nos "crimes hediondos" exprimem muito bem o sentimento que EVANDRO LINS sintetizou na seguinte assertiva: *"Na realidade, quem está desejando punir demais, no fundo, no fundo, está querendo fazer o mal, se equipara um pouco ao próprio delinquente".* 6. A antecipação da execução penal, ademais de incompatível com o texto da Constituição, apenas poderia ser justificada em nome da conveniência dos magistrados – não do processo penal. A prestigiar-se o princípio constitucional, dizem, os tribunais [leia-se STJ e STF] serão inundados por recursos especiais e extraordinários e subseqüentes agravos e embargos, além do que "ninguém mais será preso". Eis o que poderia ser apontado como incitação à "jurisprudência defensiva", que, no extremo, reduz a amplitude ou mesmo amputa garantias constitucionais. A comodidade, a melhor operacionalidade de funcionamento do STF não pode ser lograda a esse preço. 7. No RE 482.006, relator o Ministro Lewandowski, quando foi debatida a constitucionalidade de preceito de lei estadual mineira que impõe a redução de vencimentos de servidores públicos afastados de suas funções por responderem a processo penal em razão da suposta prática de crime funcional [art. 2º da Lei n. 2.364/61, que deu nova redação à Lei n. 869/52], o STF afirmou, por unanimidade, que o preceito implica flagrante violação do disposto no inciso LVII do art. 5º da Constituição do Brasil. Isso porque – disse o relator – "admitir a redução da remuneração dos servidores em tais hipóteses, estar-se-ia validando verdadeira antecipação de pena, sem que esta tenha sido precedida do devido processo legal, e antes mesmo de qualquer condenação, nada importando que haja previsão de devolução das diferenças, em caso de absolvição". Daí porque *a Corte decidiu, por unanimidade, sonoramente, no sentido do não recebimento do preceito da lei estadual pela Constituição de 1.988, afirmando de modo unânime a impossibilidade de antecipação de qualquer efeito afeto à propriedade anteriormente ao seu trânsito em julgado*. A Corte que vigorosamente prestigia o disposto no preceito constitucional em nome da garantia da propriedade não a deve negar quando se trate da garantia da liberdade, mesmo porque a propriedade tem mais a ver com as elites; a ameaça às liberdades alcança de modo efetivo as classes subalternas. 8. *Nas democracias mesmo os criminosos são sujeitos de direitos. Não perdem essa qualidade, para se transformarem em objetos processuais. São pessoas, inseridas entre aquelas beneficiadas pela afirmação constitucional da sua dignidade* (art. 1º, III, da Constituição do Brasil). É inadmissível a sua exclusão social, sem que sejam consideradas, em quaisquer circunstâncias, as singularidades de cada infração penal, o que somente se pode apurar plenamente quando transitada em julgado a condenação de cada qual. 9. O não conhecimento da impetração no Superior Tribunal de Justiça inviabiliza o conhecimento deste habeas corpus. Há, contudo, evidente constrangimento ilegal, a ensejar imediata atuação desta Corte. Habeas corpus não conhecido; ordem concedida, de ofício. (HC 98212 Relator: Min. EROS GRAU, Segunda Turma, julgado em 03/11/2009, DJe-030 DIVULG 18/02/2010 PUBLIC 19/02/2010 EMENT VOL-02390-02 PP-00305).

Trata-se de crime do qual o paciente foi preso em flagrante pela prática dos crimes tipificados nos artigos 242 e 305 do Código Penal Militar (concussão e roubo), tal como se percebe pela leitura do relatório do *Habeas Corpus* em questão.

Pronunciaram-se os Ministros no sentido de que *a antecipação da pena é inconstitucional* e que o criminoso, ainda que por esta característica, não deixa de ser uma pessoa e que, portanto, *qualquer meio de antecipação de pena é uma ferida direta aos princípios de sua dignidade da pessoa humana e da presunção da inocência.* "A prisão antes do trânsito em julgado da condenação somente pode ser decretada a título cautelar". Entendeu-se ainda que o *princípio da ampla defesa* abrange todas as fases recursais, inclusive as extraordinárias. Sendo assim, há prejuízo para a defesa na execução da sentença condenatória, mesmo após o julgamento do recurso de apelação, estando pendentes os recursos de natureza extraordinária.

Cabe ainda notória relevância ao voto do Ministro Eros Grau, que diz: "Corre-se o risco de o paciente cumprir a pena em sua totalidade antes do trânsito em julgado da sentença" e, dessa feita, concedeu a ordem de ofício para que o réu aguardasse em liberdade até a sentença penal transitar em julgado.

3.7 Preso estrangeiro

STF, Segunda Turma, HC nº 94494/SP

(...) *O SÚDITO ESTRANGEIRO, MESMO AQUELE SEM DOMICÍLIO NO BRASIL, TEM DIREITO A TODAS AS PRERROGATIVAS BÁSICAS QUE LHE ASSEGUREM A PRESERVAÇÃO DO "STATUS LIBERTATIS" E A OBSERVÂNCIA, PELO PODER PÚBLICO, DA CLÁUSULA CONSTITUCIONAL DO "DUE PROCESS".* – (...) – A condição jurídica de não-nacional do Brasil e a circunstância de o réu estrangeiro não possuir domicílio em nosso país não legitimam a adoção, contra tal acusado, de qualquer tratamento arbitrário ou discriminatório. (...) Cláusulas inscritas nos textos de tratados internacionais que imponham a compulsória adoção, por autoridades judiciárias nacionais, de medidas de privação cautelar da liberdade individual, ou que vedem, em caráter imperativo, a concessão de liberdade provisória, não podem prevalecer em nosso sistema de direito positivo, sob pena de ofensa à presunção de inocência, dentre outros princípios constitucionais que informam e compõem o estatuto jurídico daqueles que sofrem perseguição penal instaurada pelo Estado. – A vedação apriorística de concessão de liberdade provisória é repelida pela jurisprudência do Supremo Tribunal Federal, que a considera incompatível com a presunção de inocência e com a garantia do "due process", dentre outros princípios consagrados na Constituição da República, independentemente da gravidade objetiva do delito. Precedente: ADI 3.112/DF. – *A interdição legal "in abstracto", vedatória da concessão de liberdade provisória, incide na mesma censura que o Plenário do Supremo Tribunal Federal estendeu ao art. 21 do Estatuto do Desarmamento (ADI 3.112/DF), considerados os postulados da presunção de inocência, do "due process of law", da dignidade da pessoa humana e da proporcionalidade, analisado este na perspectiva da proibição do excesso.* – O legislador não pode substituir-se ao juiz na aferição da existência de situação de real necessidade capaz de viabilizar a utilização, em cada situação ocorrente, do instrumento de tutela cautelar penal. (..) – *A decisão que ordena a privação cautelar da liberdade não se legitima quando desacompanhada de fatos concretos que lhe justifiquem a necessidade, não podendo apoiar-se, por isso mesmo, na avaliação puramente subjetiva do magistrado de que a pessoa investigada ou processada, se em liberdade, poderá delinqüir, ou interferir na instrução probatória, ou evadir-se do distrito da culpa, ou, então, prevalecer-se de sua particular condição social, funcional ou econômico-financeira.* – Presunções arbitrárias, construídas a partir de juízos meramente conjecturais, porque formuladas à margem do sistema jurídico, não podem prevalecer sobre o princípio da liberdade, cuja precedência constitucional lhe confere posição eminente no domínio do processo penal. *O CLAMOR PÚBLICO NÃO BASTA PARA JUSTIFICAR A DECRETAÇÃO DA PRISÃO CAUTELAR.* – O estado de comoção social e de eventual indignação popular, motivado pela repercussão da prática da infração penal, não pode justificar, só por si, a decretação da prisão cautelar do suposto autor do comportamento delituoso, sob pena de completa e grave aniquilação do postulado fundamental da liberdade. – O clamor público – precisamente por não constituir causa legal de justificação da prisão processual (CPP, art. 312) – não se qualifica como fator de legitimação da privação cautelar da liberdade do indiciado ou do réu. Precedentes. (...) O POSTULADO CONSTITUCIONAL DA PRESUNÇÃO DE INOCÊNCIA IMPEDE QUE O ESTADO TRATE, COMO SE CULPADO FOSSE, AQUELE QUE AINDA NÃO SOFREU CONDENAÇÃO PENAL IRRECORRÍVEL. – (...) (HC 94404, Relator: Min. CELSO DE MELLO, Segunda Turma, julgado em 18/11/2008, DJe-110 DIVULG 17/06/2010 PUBLIC 18/06/2010 EMENT VOL-02406-02 PP-00364).

Pela amplitude das possibilidades de aplicação do princípio da dignidade, vemos no presente um *habeas corpus* proposto a fim de promover a liberdade de estrangeiro não residente no Brasil.

Entenderam os Ministros que o *writ* poderia ser proposto, ainda que o réu não fosse domiciliado no Brasil, pois o que se elenca na verdade é a possibilidade de se efetivar a busca pela justiça com as devidas aplicações dos *princípios da ampla defesa e da dignidade da pessoa humana.*

Relatou-se muito bem o Ministro Celso de Mello ao dizer que: "A condição jurídica de não-nacional do Brasil e a circunstância de o réu estrangeiro não possuir domicílio em nosso país não legitimam a adoção, contra tal acusado, de qualquer tratamento arbitrário ou discriminatório", e percebemos que tal posicionamento se coaduna em todas as cortes e, assim, consequentemente aos tribunais, preconizando o *valor humanitário da ordem social.*

Há ainda um ponto a ser destacado, que é o fato de que, caso o Brasil venha a ratificar um tratado que em seu conteúdo possua quaisquer cláusulas que determinem a possibilidade de atitudes arbitrárias ao Poder Judiciário, há de fazer reserva sobre tal, por confrontar princípios constitucionais por nós seguidos.

E, por fim, em relação à prisão cautelar, sustentou-se o posicionamento já adotado pela Corte, isto é, o de que esta medida não serve, nem poderia, a antecipar a pena, mas deve ser utilizada apenas como via excepcional nos casos em que a pessoa investigada ou processada, se em liberdade, poderá delinquir ou interferir na instrução probatória, ou evadir-se do distrito da culpa, ou, então, prevalecer-se de sua particular condição social, funcional ou econômico-financeira.

3.8 Redução da pessoa à condição análoga de escravo

STF, Pleno, Informativo nº 573

O Tribunal iniciou julgamento de recurso extraordinário, afetado ao Pleno pela 2ª Turma, interposto contra acórdão da 3ª Turma do TRF da 1ª Região que declarara ser da competência da Justiça Estadual processar e julgar ação penal por crime de "reduzir alguém a condição análoga à de escravo" (CP, art. 149) (...) Ressaltou, ademais, *não discordar que o cerne desse julgamento estaria em que o princípio da dignidade humana seria indissociável dos princípios que regem a organização do trabalho. Ponderou, contudo, que, embora o princípio da dignidade humana seja a fonte última de todos os outros valores e direitos fundamentais, isso não autorizaria concluir que a violação daquele implique violação de todos estes. Aduziu que, no caso, a norma penal estaria a proteger não a organização do trabalho, não obstante tenha a dignidade humana como um de seus princípios informadores. Enfatizou que o tipo penal da conduta de redução a condição análoga à de escravo não seria tutelar a organização do trabalho como sistema ou ordem, mas evitar que a pessoa humana fosse rebaixada à condição de mercadoria. Nesse sentido, o foco da tutela normativa seria o ser humano considerado em si mesmo, na sua liberdade imanente de sujeito de direito, cuja dignidade não tolera seja reduzido a objeto,* e não o interesse estatal no resguardo da organização do trabalho, dentro da qual o ser humano é visto apenas como protagonista de relações que daí se irradiam. Por essa razão, concluiu não ser possível incluir o delito tipificado no art. 149 do CP na categoria dos crimes contra a organização do trabalho, a qual seria uma noção sistêmica cuja autonomia conceitual, apesar de refletir a preocupação da ordem jurídica com a pessoa do trabalhador, constituiria a objetividade jurídica primeira da norma. RE 459510/MT, rel. Min. Cezar Peluso, 4.2.2010.

Iniciado o julgamento no Pleno com a discussão acerca da competência do caso, atentemo-nos ao relatório do Ministro Cezar Peluso, que aduz ser o cerne da discussão exatamente o *princípio da dignidade da pessoa humana*, como indissociável dos princípios que regem a organização do trabalho.

Asseverou-se que, ainda que o princípio da dignidade sobrevenha e consolide-se como sendo fonte primeira, a sua violação não significa necessariamente o desrespeito aos demais valores e direitos fundamentais.

Um dos apontamentos mais importantes do informativo é: "o tipo penal da conduta de redução a condição análoga à de escravo não seria tutelar a organização do trabalho como sistema ou ordem, mas evitar que a pessoa humana fosse rebaixada à condição de mercadoria".

Nesses termos, o Ministro Cezar Peluso entendeu que a conduta do artigo 149 do CP[115] não é por si só suficiente para deslocar a competência da Justiça Estadual para a Federal, pois o referido crime não busca tutelar diretamente a organização do trabalho, mas o princípio da dignidade da pessoa humana, evitando que a pessoa seja reduzida à condição análoga de escravo. A competência somente será da Justiça Federal, quando for o caso de se aplicar o artigo 109, incisos IV e VI, da CRFB/88.[116]

No sentido contrário, o Ministro Dias Toffoli deu provimento ao recurso. O Ministro Joaquim Barbosa pediu vista dos autos.

STF, Segunda Turma, RE nº 541627

(...) O acórdão recorrido manteve a decisão do juiz federal que declarou a incompetência da justiça federal para processar e julgar o crime de redução à condição análoga à de escravo, o crime de frustração de direito assegurado por lei trabalhista, o crime de omissão de dados da Carteira de Trabalho e Previdência Social e o crime de exposição da vida e saúde de trabalhadores a perigo. No caso, entendeu-se que não se trata de crimes contra a organização do trabalho, mas contra determinados trabalhadores, o que não atrai a competência da Justiça federal. 5. *O Plenário do Supremo Tribunal Federal, no julgamento do RE 398.041 (rel. Min. Joaquim Barbosa, sessão de 30.11.2006), fixou a competência da Justiça federal para julgar os crimes de redução à condição análoga à de escravo, por entender "que quaisquer condutas que violem não só o sistema de órgãos e instituições que preservam, coletivamente, os direitos e deveres dos trabalhadores, mas também o homem trabalhador, atingindo-o nas esferas em que a Constituição lhe confere proteção máxima, enquadram-se na categoria dos crimes contra a organização do trabalho, se praticadas no contexto de relações de trabalho"* (Informativo número 450). 6. *As condutas atribuídas aos recorridos, em tese, violam bens jurídicos que extrapolam os limites da liberdade individual e da saúde dos trabalhadores reduzidos à condição análoga*

---

[115] "Art. 149. Reduzir alguém a condição análoga à de escravo, quer submetendo-o a trabalhos forçados ou a jornada exaustiva, quer sujeitando-o a condições degradantes de trabalho, quer restringindo, por qualquer meio, sua locomoção em razão de dívida contraída com o empregador ou preposto:"

[116] "Art. 109. Aos juízes federais compete processar e julgar: IV – os crimes políticos e as infrações penais praticadas em detrimento de bens, serviços ou interesse da União ou de suas entidades autárquicas ou empresas públicas, excluídas as contravenções e ressalvada a competência da Justiça Militar e da Justiça Eleitoral; VI – os crimes contra a organização do trabalho e, nos casos determinados por lei, contra o sistema financeiro e a ordem econômico-financeira;"

à de escravos, malferindo o princípio da dignidade da pessoa humana e da liberdade do trabalho. Entre os precedentes nesse sentido, refiro-me ao RE 480.138/RR, rel. Min. Gilmar Mendes, DJ 24.04.2008; RE 508.717/PA, rel. Min. Cármen Lúcia, DJ 11.04.2007. 7. Recurso extraordinário parcialmente conhecido e, nessa parte, provido (RE 541627, Relator: Min. ELLEN GRACIE, Segunda Turma, julgado em 14/10/2008, DJe-222 DIVULG 20/11/2008 PUBLIC 21/11/2008 EMENT VOL-02342-02 PP-02386).

A Segunda Turma do STF, em decisão de 2008, julgou o Recurso Extraordinário, alegando que o Plenário da corte já havia se pronunciado anteriormente julgando caso de assemelhada situação, e atribuindo à Justiça Federal a competência para processar e julgar os casos em que o indivíduo é posto sob a condição análoga à de escravo.

Por esse pleito, é possível verificar que tal determinação se deve ao fato de que o prejuízo à ordem não se dá unicamente na esfera jurídica de determinados trabalhadores, mas principalmente nos *valores sociais do trabalho* e na esfera da *dignidade da pessoa humana*. Nesse sentido, o parecer do Ministério Público Federal:

> Não há como negar que as infrações imputadas aos recorridos atingem valores jurídicos que vão além da liberdade individual dos trabalhadores reduzidos à condição análoga de escravos, porquanto atentam, também, contra o primado da garantia da dignidade da pessoa humana e da liberdade de trabalho, tornando inconteste a competência da Justiça Federal para processar e julgar o caso sub judice, conforme inciso VI do art. 109 da Constituição Federal.

Assim, os Ministros da Segunda Turma do STF seguiram o mesmo posicionamento, entendendo ser a Justiça Federal competente para processar e julgar o crime do art. 149 do CP, dentre outros, por concluírem que tal conduta viola não somente a liberdade individual dos trabalhadores, mas os valores sociais do trabalho e o princípio da dignidade da pessoa humana.

3.9 Grave estado de saúde e prisão domiciliar

STF, Pleno, Informativo nº 550

Ante a excepcionalidade do caso, a Turma deferiu, em parte, habeas corpus no qual se discutia se paciente preso preventivamente pela prática do delito de homicídio qualificado, cujo grave estado de saúde se encontrava demonstrado por diversos documentos, teria direito, ou não, à prisão domiciliar, nos termos do art. 117 da Lei de Execução Penal – LEP ["*Somente se admitirá o recolhimento do beneficiário de regime aberto em residência particular quando se tratar de: I – condenado maior de 70 (setenta) anos; II – condenado acometido de doença grave; III – condenada com filho menor ou deficiente físico ou mental; IV – condenada gestante.*"]. Preliminarmente, afastou-se a incidência do Enunciado 691 da Súmula do STF. Em seguida, *enfatizou-se que a situação do paciente não estaria entre aquelas listadas nas alíneas do art. 117 da LEP, mas a demonstração cabal de que o Estado não teria condições de prestar-lhe a assistência médica de que necessita, para não falecer no cárcere, justificaria a concessão de prisão domiciliar, tendo em conta o princípio da dignidade da pessoa humana*. HC deferido, parcialmente, para que o paciente permaneça em prisão domiciliar, sem direito de ausentar-se de sua residência. Decisão estendida ao co-réu, também doente. HC 98675/ES, rel. Min. Eros Grau, 9.6.2009.

O artigo 117 da Lei de Execução Penal não prevê a possibilidade da prisão domiciliar para o agente que sofre graves problemas de saúde, preso preventivamente, pela prática do crime de homicídio qualificado.

Contudo, em caráter excepcional e por verificarem que o Estado não teria condições de prestar a devida assistência ao encarcerado, os Ministros concederam parcialmente o *writ*, em respeito ao *princípio da dignidade da pessoa humana*, a fim de que o réu pudesse se recolher em casa, onde possivelmente familiares o auxiliariam na recuperação, sem o deixar desamparado.

STF, Segunda Turma, HC nº 98675/ES

EMENTA: HABEAS CORPUS. CONSTITUCIONAL E PROCESSUAL PENAL. PRISÃO PREVENTIVA. PACIENTE ACOMETIDO DE ENFERMIDADES GRAVES. RECONHECIMENTO, PELO ESTABELECIMENTO PRISIONAL, DE QUE NÃO TEM CONDIÇÕES DE PRESTAR ASSISTÊNCIA MÉDICA ADEQUADA. PRISÃO DOMICILIAR. HIPÓTESE NÃO ENQUADRADA NO ARTIGO 117 DA LEI DE EXECUÇÃO PENAL. EXCEPCIONALIDADE DO CASO. ARTIGO 1º, INCISO III DA CONSTITUIÇAO DO BRASIL [PRINCÍPIO DA DIGNIDADE DA PESSOA HUMANA]. 1. Autos instruídos com documentos comprobatórios do debilitado estado de saúde do paciente, que provavelmente definhará na prisão sem a assistência médica de que necessita, o estabelecimento prisional reconhecendo não ter condições de prestá-la. 2. *O artigo 117 da Lei de Execução Penal determina, nas hipóteses mencionadas em seus incisos, o recolhimento do apenado, que se encontre no regime aberto, em residência particular. Em que pese a situação do paciente não se enquadrar nas hipóteses legais, a excepcionalidade do caso enseja o afastamento da Súmula 691-STF e impõe seja a prisão domiciliar deferida, pena de violação do princípio da dignidade da pessoa humana* [artigo 1º, inciso III da Constituição do Brasil]. Ordem concedida (HC 98675, Relator: Min. EROS GRAU, Segunda Turma, julgado em 09/06/2009, DJe-157 DIVULG 20/08/2009 PUBLIC 21/08/2009 EMENT VOL-02370-05 PP-00483).

Nesse mesmo juízo, a Segunda Turma sustentou em julgamento relatado pelo Ministro Eros Grau a excepcionalidade em permitir ao réu que se recolhesse em regime domiciliar, ainda que ausentes as causas previstas no artigo 117 da Lei de Execução Penal, em face à desídia do Estado em prestação de serviços de saúde ao encarcerado.

Dessa forma, aferiu-se a excepcionalidade do caso, afastando-se, primeiramente, a Súmula nº 691 do STF e também o retromencionado artigo, reconhecendo o grave estado de saúde, por laudos comprobatórios, e a incapacidade do estabelecimento prisional em acolher devidamente o preso, para conceder ao paciente a prisão domiciliar.

Estimando o *princípio da dignidade da pessoa humana*, a Corte decidiu pela concessão do *habeas corpus* ao paciente.

STJ, Sexta Turma, RHC nº 22537/RJ

(...) 1. Mostra-se inviável a manutenção da custódia cautelar do agente pela conveniência da instrução criminal fundada unicamente em conjecturas abstratas de que, em liberdade, ele poderia investir contra testemunhas. Precedentes. 2. Mostra-se necessária a manutenção da custódia provisória do agente caso sua periculosidade, demonstrada pelo modus operandi com o qual teria agido, revele a inviabilidade de sua soltura, notadamente levando-se em consideração que há notícias segundo as quais ele responde por outras ações penais pela suposta prática de outros crimes da mesma natureza. Precedentes. 3. Caso persistam os motivos que ensejaram a determinação da prisão preventiva do agente no momento da prolação da decisão de pronúncia, mostra-se desnecessária nova fundamentação, mormente quando inexistem fatos novos capazes de promover a soltura do acusado. Precedentes. 4. *Ainda que não satisfeitos os requisitos específicos do artigo 117 da Lei de Execução Penal, a prisão domiciliar também pode ser concedida a preso provisório cujo estado de saúde esteja débil a ponto de não resistir ao cárcere, em respeito à dignidade da pessoa humana*. Precedentes. 5. Nessa hipótese, o benefício deve perdurar apenas enquanto a saúde do agente assim o exigir, cabendo ao Juízo de 1º Grau a fiscalização periódica dessa circunstância, o mesmo podendo ocorrer na hipótese de os hospitais credenciados ao sistema penal virem a oferecer os serviços de saúde dos quais necessitam o agente. 6. Recurso parcialmente provido. (RHC 22537/RJ, Relator: Min. JANE SILVA, Sexta Turma, julgado em 15/04/2008, DJe 12/05/2008).

Não difere de posicionamento o STJ, advertindo que *o benefício deve perdurar até quando o estado de saúde do agente assim o exigir*, em que a verificação do estado do réu deverá ser analisada pelo Juízo de primeiro grau.

No tocante à concordância ao posicionamento sustentado também pelo STF, relatam que mesmo "não satisfeitos os requisitos específicos do artigo 117 da Lei de Execução Penal, a prisão domiciliar também pode ser concedida a preso provisório cujo estado de saúde esteja débil a ponto de não resistir ao cárcere, em respeito à dignidade da pessoa humana".

3.10 Interceptação telefônica

STJ, Quinta Turma, Informativo nº 411

O habeas corpus buscava desentranhar dos autos de inquérito gravações interceptadas do telefone pertencente ao paciente. Nesse contexto, apesar de ainda não haver ação penal instaurada em seu desfavor, o que afastaria a suposta ameaça à sua liberdade de locomoção, a Turma, por maioria, entendeu conhecer do writ e, por unanimidade, conceder a ordem, determinando o desentranhamento requerido. Isso porque o STJ entende que a eventual declinação de competência não tem o condão de invalidar a prova até então colhida. Assim, o fato de os autos serem encaminhados ao STF em razão da prerrogativa de foro de alguns dos denunciados não retira a competência do juiz de decretar a quebra do sigilo telefônico do paciente, que não detinha tal prerrogativa. É certo que a competência jurisdicional, em regra, deve ser firmada no local dos fatos tidos por delituosos (art. 69, I, do CPP), contudo essa regra cai por terra diante da fixação da competência mediante prevenção, tal como na hipótese (art. 83 do mesmo código). Já quanto à garantia de sigilo prevista no art. 5º, XII, da CF/1988, seu afastamento deve pressupor o cumprimento cumulativo das seguintes exigências: existirem indícios razoáveis da autoria ou participação na infração penal (art. 2º, I, da Lei n. 9.296/1996), haver decisão judicial fundamentada (art. 5º da mesma legislação), renovável pelo prazo de quinze dias, e infração não punida com detenção, além de não ser possível realizar a prova por outros meios. O fato de a investigação ser sigilosa em nada interfere na necessidade de a autoridade policial ter que demonstrar ao juiz a existência dos referidos indícios. *Assim, por violar os princípios da razoabilidade, proporcionalidade e dignidade da pessoa humana, é inadmissível, no caso, manter a prova colhida na interceptação, porque oriunda de injustificada quebra do sigilo telefônico, que sequer qualificou o agente ou mesmo trouxe indícios razoáveis de que seria o autor ou teria participado da infração penal (art. 2º, parágrafo único, da Lei n. 9.296/1996), afora o constatado período excessivo durante o qual perdurou a quebra* (660 dias). Precedentes citados do STF: HC 81.260- ES, DJ 19/4/2002; do STJ: HC 56.222-SP, DJ 7/2/2008, e RHC 19.789-RS, DJ 5/2/2007. HC 88.825-GO, Rel. Min. Arnaldo Esteves Lima, julgado em 15/10/2009.

A prova colhida de forma ilícita é uma afronta direta aos princípios constitucionais e que desfavorecem, consequentemente, a dignidade da pessoa humana.

O sigilo das comunicações telefônicas é a regra; havendo apenas a exceção prevista no artigo 5º, inciso XII, da Constituição Federal.[117] O seu afastamento deve pressupor o cumprimento cumulativo das seguintes condições, previstas na Lei nº 9.296/96: a) a existência de indícios razoáveis de autoria ou participação na infração penal; b) haver decisão judicial fundamentada, renovável pelo prazo de 15 (quinze) dias; c) infração penal não punida com detenção; d) não ser possível realizar a prova por outros meios.

O Pretório Excelso considerou que essas condições não foram cumpridas, havendo excesso no prazo de interceptação telefônica e a inexistência de indícios de que o agente teria algum envolvimento na infração penal.

É inadmissível, portanto, a colheita de prova ilícita no Processo Penal, resultante de injustificada quebra de sigilo das comunicações telefônicas, em respeito aos *princípios da razoabilidade, da proporcionalidade e da dignidade da pessoa humana*. Nesse sentido que, nas palavras do Ministro Arnaldo Esteves de Lima: "oriunda de injustificada quebra do sigilo telefônico, que sequer qualificou o agente ou mesmo trouxe indícios razoáveis de que seria o autor ou teria participado da infração penal, afora o constatado período excessivo durante o qual perdurou a quebra", a Corte concedeu a ordem e designou o desentranhamento da interceptação.

STJ, Sexta Turma, RHC nº 12266/SP

RECURSO ORDINÁRIO EM HABEAS CORPUS. PROCESSUAL PENAL. CONSTITUCIONAL. ESTELIONATO. GRAVAÇÃO TELEFÔNICA PELA VÍTIMA DE CRIME. PROVA ILÍCITA. INCARACTERIZAÇÃO. 1. *"As liberdades públicas não podem ser utilizadas como um verdadeiro escudo protetivo da prática de atividades ilícitas, tampouco como argumento para afastamento ou diminuição da responsabilidade civil ou penal por atos criminosos, sob pena de total consagração ao desrespeito a um verdadeiro Estado de Direito. Dessa forma, aqueles que, ao praticarem atos ilícitos, inobservarem as liberdades públicas de terceiras pessoas e da própria sociedade, desrespeitando a própria dignidade da pessoa humana, não poderão invocar, posteriormente, a ilicitude de determinadas provas para afastar suas responsabilidades civil e criminal perante o Estado (...)"* (Alexandre de Moraes, in Constituição do Brasil Interpretada e Legislação Constitucional, 2ª Edição, 2003, São Paulo,

---

[117] "Art. 5º, XII – é inviolável o sigilo da correspondência e das comunicações telegráficas, de dados e das comunicações telefônicas, salvo, no último caso, por ordem judicial, nas hipóteses e na forma que a lei estabelecer para fins de investigação criminal ou instrução processual penal;"

Editora Atlas, páginas 382/383). 2. Não há falar em ilicitude da prova que se consubstancia na gravação de conversação telefônica por um dos interlocutores, vítima, sem o conhecimento do outro, agente do crime. 3. Recurso improvido (RHC 12266/SP, Relator: Min. HAMILTON CARVALHIDO, Sexta Turma, julgado em 09/09/2003, DJ 20/10/2003).

Onde no caso anterior tínhamos uma efetiva prova ilícita, neste temos uma gravação telefônica pela vítima, sem o conhecimento do agente do crime, que não pode ser considerada ilícita, pois as liberdades públicas não podem ser utilizadas como escudo protetor de práticas ilícitas, motivo que deu ensejo à Sexta Turma do STJ a denegar o recurso.

Nessa decisão, do ano de 2003, considerou-se que o agente do crime, por violar a *dignidade da vítima*, não pode dela exigir que não grave a comunicação telefônica da prática criminosa. Entendimento contrário seria a consagração do desrespeito ao Estado de Direito. A gravação telefônica não se confunde com a interceptação telefônica. Apenas esta está sujeita à reserva de jurisdição.

3.11 Expulsão de estrangeiro

STJ, Primeira Seção, Informativo nº 214

Foi decretada a expulsão do paciente, cidadão chinês, do território nacional, devido à sua condenação pelo crime de extorsão. Alega agora, dentre outros, que gerou, de mãe chinesa, filho menor nascido no território brasileiro (concebido na prisão, em data anterior ao trânsito em julgado da sentença penal condenatória). A Seção, por maioria, concedeu a ordem para, tão-somente, evitar a expulsão, ao entendimento de que a família, atualmente, está assentada na paternidade sócio-afetiva, o que torna indiferente, para a manutenção do pai alienígena junto ao filho, a eventual dependência econômica, e de que a CF/1988 *a tutela sob o pálio da dignidade da pessoa humana*. Precedente citado: HC 22.446-RJ, DJ 31/3/2003. HC 32.756-DF, Rel. Min. LUIZ FUX, julgado em 23/6/2004.

A fim de evitar a destruição de lares e eventuais tentativas de se alegar que devido à distância resultante da expulsão não se perfaz possível a mantença de alimentos ao menor é que neste caso o Ministro relator, Luiz Fux, concedeu a ordem a fim de evitar a expulsão e, desse modo, deixar que a ordem familiar prevaleça.

STJ, Primeira Seção, HC nº 32756/DF

(...) 1. *A Constituição de 1988, de natureza pós-positivista e principiológica, tutela a família, a infância e a adolescência, tudo sob o pálio da dignidade da pessoa humana, fundamento jus-político da República*. 2. Deveras, entrevendo a importância dos laços sócio-afetivos incorporou a família estável, fruto de união espontânea. 3. Sob esse enfoque, inegável que a família hoje está assentada na paternidade sócio-afetiva por isso que, absolutamente indiferente para a manutenção do filho junto ao pai alienígena, a eventual dependência econômica; posto se sobrepor a dependência moral-afetiva. 4. Sob esse ângulo, escorreito o entendimento desta Corte de que: *"A vedação a que se expulse estrangeiro que tem filho brasileiro atende, não apenas o imperativo de manter a convivência entre pai e filho, mas um outro de maior relevo, qual seja, do de manter o pai ao alcance da cobrança de alimentos. Retirar o pai do território brasileiro é dificultar extremamente eventual cobrança de alimentos, pelo filho.*" (HC 22446/RJ, 1ª Seção, Min. Humberto Gomes de Barros, DJ de 31.03.2003). 5. Essa deve ser a leitura principiológica da Súmula nº 01 do E. STF e da Lei nº 6.815/80, exsurgente em ambiente ideologicamente diverso daquele que norteou a Carta Magna de 1988. 6. Deveras, na ponderação dos interesses em tensão, há sempre de prevalecer a hodierna doutrina do *best interest of the child*. 7. A pretensão relativa à progressão do regime escapa à competência *ratione materiae* desta Seção. 8. Ordem parcialmente concedida para os fins de impedir a expulsão do estrangeiro. Agravo Regimental prejudicado. (HC 32756/DF, Relator: Min. LUIZ FUX, Primeira Seção, julgado em 23/04/2010, 22/05/2006).

Consolidando o posicionamento precedente da Corte, mister se faz dizer que a vedação da expulsão perfaz um liame íntimo com o *princípio da dignidade da pessoa humana*, na exata medida que preconiza a família, a infância e a adolescência.

A Primeira Seção do STJ entendeu ainda que atualmente a família está fundada na paternidade socioafetiva, sendo indiferente para a manutenção do pai estrangeiro no país a existência de eventual dependência econômica.

A decisão que proíbe a expulsão encontra suas defesas estruturais na possibilidade de manter a convivência entre pai e filho e ainda manter o pai ao alcance da cobrança de alimentos.

3.12 Denúncias genéricas

STF, Segunda Turma, HC nº 84768/PE

HABEAS CORPUS. SUPERIOR TRIBUNAL DE JUSTIÇA. RECEBIMENTO DE DENÚNCIA. CONSTRANGIMENTO ILEGAL. ALEGAÇÃO DE INÉPCIA DA DENÚNCIA QUANTO AO CRIME DE ROUBO. 1 – A técnica da denúncia (art. 41 do Código de Processo Penal) tem merecido reflexão no plano da dogmática constitucional, associada especialmente ao direito de defesa. Precedentes. 2 – *Denúncias genéricas, que não descrevem os fatos na sua devida conformação, não se coadunam com os postulados básicos do Estado de Direito*. Violação também do *princípio da dignidade da pessoa humana*. 3 – A denúncia sob exame utiliza-se de um silogismo de feição fortemente artificial para indicar o paciente como autor intelectual do roubo. A decisão Superior Tribunal de Justiça pelo recebimento da denúncia nada acrescentou em relação ao crime de roubo. 4 – Deferimento da ordem para anular a denúncia quanto à atribuição ao paciente da conduta prevista no art. 157 do Código Penal, ressalvados os votos vencidos da Min. Ellen Gracie e do Min. Joaquim Barbosa. (HC 84768, Relator: Min. ELLEN GRACIE, Segunda Turma, julgado em 08/03/2005, DJ-27/05/2005 DIVULG 21/08/2008 EMENT VOL-02193-01 PP-00030).

A ideia de permitir que uma ação penal possa se desenvolver com base numa denúncia genérica é, desde pronto, afastada quando se busca estruturar a justiça como máxima fundamental da ordem social.

Assim, bem considerou o Ministro Gilmar Mendes ao dizer: "Denúncias genéricas, que não descrevem os fatos na sua devida conformação, não se coadunam com os postulados básicos do Estado de Direito". Ao se empreender imputações vagas, dando ensejo à persecução criminal injusta, viola-se o *princípio da dignidade da pessoa humana* (art. 1º, inciso III, da CRFB/88). Para Gilmar Mendes, esse princípio "proíbe a utilização ou transformação do homem em objeto dos processos e ações estatais". Submeter um homem à degradação em um processo judicial indefinido e sua diminuição como objeto do processo estatal viola ainda o *princípio da proteção judicial efetiva*.

A denúncia não apresenta dogmaticamente os requisitos técnicos exigidos pelo artigo 41 do Código de Processo Penal.[118] É necessário rigor e prudência por parte daqueles que têm o poder de iniciativa das ações penais e daqueles que podem decidir sobre o seu curso, para que não haja denúncias genéricas, evitando, assim, os danos que a mera existência de uma ação penal pode causar a um indivíduo.

STJ, Sexta turma, HC nº 157264/PI

HABEAS CORPUS. ROUBO CIRCUNSTANCIADO E FORMAÇÃO DE QUADRILHA. PEDIDO DE REVOGAÇÃO DA PRISÃO PREVENTIVA. INÉPCIA FORMAL DA DENÚNCIA. FALTA DE INDIVIDUALIZAÇÃO DA CONDUTA DO PACIENTE. CONSTRANGIMENTO ILEGAL A SER SANADO DE OFÍCIO. TRANCAMENTO DA AÇÃO. 1. *A denúncia*, que imputa ao paciente os crimes de roubo circunstanciado e formação de quadrilha qualificada, *é vazia*, porquanto

---

[118] "Art. 41. A denúncia ou queixa conterá a exposição do fato criminoso, com todas as suas circunstâncias, a qualificação do acusado ou esclarecimentos pelos quais se possa identificá-lo, a classificação do crime e, quando necessário, o rol das testemunhas."

não narra sequer o cometimento de conduta típica, limitando-se à afirmação de que o paciente estava na posse de um celular subtraído da vítima. Não satisfaz, por conseguinte, as exigências do art. 41 do Código de Processo Penal, pois não descreve, ao menos de forma concisa, a prática de conduta delituosa. 2. No Estado Democrático de Direito, o processo penal tem suas raízes fundadas nos princípios da dignidade da pessoa humana, do contraditório, da ampla defesa e do devido processo legal, este último em suas acepções formal e material. 3. Nesse sentido, é a partir da denúncia, ato propulsor da ação penal pública, que o acusado tomará ciência do fato penalmente típico que lhe é atribuído e exercerá a sua defesa. Também é por meio da denúncia que o juiz tomará conhecimento do objeto da lide. É a partir da denúncia que o Parquet delimitará a persecução penal em juízo, sem prejuízo do conhecimento de fatos novos penalmente relevantes. 4. Habeas corpus concedido de ofício para trancar, por inépcia formal, a ação penal em relação ao paciente, que deverá ser posto em liberdade. (HC 157264/PI, Relator: Min. OG FERNANDES, Sexta Turma, julgado em 30/06/2010, DJe-16/08/2010).

Na mesma linha de juízo, o STJ analisou um caso em que fora imputado ao paciente fatos narrados de forma que os Ministros entenderam como "vazias". Não satisfazendo, portanto, os requisitos formais e indispensáveis previstos no artigo 41 do Código de Processo Penal.

Se a denúncia vazia fosse plausível, ferir-se-iam as raízes do Estado Democrático de Direito, de modo que os *princípios da dignidade da pessoa humana, do contraditório, da ampla defesa e do devido processo legal* estariam também em prejuízo iminente.

Foi com base nesse entendimento que a Sexta Turma concedeu de ofício o *Habeas Corpus*, a fim de trancar a ação penal respaldada em denúncia inepta.

3.13 Prisão ilegal em contêiner

STJ, Sexta Turma, HC nº 142513/ES

PRISÃO (PREVENTIVA). CUMPRIMENTO (EM CONTÊINER). ILEGALIDADE (MANIFESTA). PRINCÍPIOS E NORMAS (CONSTITUCIONAIS E INFRACONSTITUCIONAIS). 1. Se se usa contêiner como cela, trata-se de uso inadequado, inadequado e ilegítimo, inadequado e ilegal. Caso de manifesta ilegalidade. 2. Não se admitem, entre outras penas, penas cruéis – a prisão cautelar mais não é do que a execução antecipada de pena (Cód. Penal, art. 42). 3. Entre as normas e os princípios do ordenamento jurídico brasileiro, estão: dignidade da pessoa humana, prisão somente com previsão legal, respeito à integridade física e moral dos presos, presunção de inocência, relaxamento de prisão ilegal, execução visando à harmônica integração social do condenado e do internado. 4. Caso, pois, de prisão inadequada e desonrante; desumana também.

5. Não se combate a violência do crime com a violência da prisão. 6. Habeas corpus deferido, substituindo-se a prisão em contêiner por prisão domiciliar, com extensão a tantos quantos homens e mulheres estejam presos nas mesmas condições. (HC 142513, Relator: Min. NILSON NAVES, Sexta Turma, julgado em 23/03/2010, DJe 10/05/2010).

O absurdo do relato de presos em contêineres levou a Sexta Turma do STJ a se pronunciar com extrema indignação perante o caso. Entre outros adjetivos, relatou o Sr. Ministro Nilson Naves, que tal prisão é "inadequada, ilegítima e ilegal". Designou que, ao prender um criminoso, deve-se a ele respeito à sua integridade física e moral e à sua dignidade como pessoa.

Não se contentou em relatar somente essa indignação, como acrescentou ainda o adjetivo de "desumana", de modo que a prisão é meio de punir o criminoso por ato delituoso e violento à ordem e, assim, não se gera resultado algum punindo com violência a violência geradora da punição.

Por fim, cumpriu deferir o *Habeas Corpus*, que se estendeu a todos que estivessem presos nas mesmas condições, ou seja, em contêineres, substituindo-as pela prisão domiciliar.

3.14 Presa provisória e amamentação de filho recém-nascido

STJ, Sexta Turma, HC n° 115941/PE

EXECUÇÃO PENAL. HABEAS CORPUS. 1. PRESA PROVISÓRIA. NECESSIDADE DE AMAMENTAÇÃO DE FILHO RECÉM-NASCIDO. DETENÇÃO EM COMARCA DIVERSA DE ONDE RESIDE E ONDE SE ENCONTRA A CRIANÇA. DIREITO CONSTITUCIONAL. RECONHECIMENTO. 2. APLICAÇÃO ANALÓGICA DO ART. 117 DA LEP. POSSIBILIDADE. *MEDIDA EM NOME DA DIGNIDADE DA PESSOA HUMANA E PROPORCIONAL NO CASO CONCRETO*. 3. ORDEM CONCEDIDA. 1. *Mesmo às presas provisórias devem ser garantidas condições de permanecer com o filho no período de amamentação (artigo 5º, L, CR)*. Não é razoável que a paciente fique presa em comarca diversa da que residia com a criança, ainda mais se já se encontra condenada em primeiro grau e não mais subsiste qualquer interesse probatório na sua proximidade física com o local dos fatos. 2. *É possível a aplicação analógica do artigo 117 da Lei 7.210/84, ao caso ora sob exame, mostrando-se proporcional e razoável que a paciente fique em regime domiciliar para dar maior assistência a seu filho*, já que não há estabelecimento adequado para estas circunstâncias na Comarca de Juazeiro. 3. Ordem concedida para que a paciente seja colocada em prisão domiciliar até o trânsito em julgado da ação penal, devendo o juízo de primeiro grau estipular as suas condições. (HC 115941/PE, Relator: Min. MARIA THEREZA DE ASSIS MOURA, Sexta Turma, julgado em 02/04/2009, DJe 03/08/2009 REVFOR vol 404 p. 493).

Em defesa da aplicação analógica do artigo 117 da LEP, em que outrora já comentamos ser cabível para a proteção ao prisioneiro enfermo preso preventivamente pela prática de homicídio qualificado, vemos pelo presente a mesma aplicação hermenêutica, quando se trata de mãe amamentante com filho recém-nascido, que está presa preventivamente em comarca diversa de onde reside e se encontra a criança.

A medida tomada pautou-se no *princípio da dignidade da pessoa humana*, a fim de arrazoar os prejuízos que o recém-nascido sofreria em virtude da distância da mãe. Notou-se, inclusive, que o estabelecimento prisional não possuía suporte adequado e que, portanto, necessário seria que a mãe cumprisse em caráter excepcional um regime diferenciado.

Concluíram os Ministros da Sexta Turma do STJ, concedendo o *Habeas Corpus* para que a paciente respondesse em regime domiciliar, até a sobreposição de sentença penal transitada em julgado.

3.15 Extradição, prisão perpétua e pena de morte

STF, Pleno, Ext nº 1104/UK

EXTRADIÇÃO. Passiva. Pena. Prisão perpétua. Inadmissibilidade. Necessidade de comutação para pena privativa de liberdade por prazo não superior a 30 (trinta) anos. Concessão com essa ressalva. *Interpretação do art. 5º, XLVII, "b", da CF. Precedentes. Só se defere pedido de extradição para cumprimento de pena de prisão perpétua, se o Estado requerente se comprometa a comutar essa pena por privativa de liberdade, por prazo ou tempo não superior a 30 (trinta) anos.*

STF, Pleno, Ext nº 984/EU

EXTRADIÇÃO. HOMICÍDIO DOLOSO. ALEGAÇÃO DE QUE A ACUSAÇÃO É IMPRECISA. PERSEGUIÇÃO POLÍTICA. NÃO-COMPROVAÇÃO. EXISTÊNCIA DE FILHO BRASILEIRO DEPENDENTE DA ECONOMIA PATERNA. FATOR NÃO-IMPEDITIVO DO PROCESSO EXTRADICIONAL. PEDIDO DE EXTRADIÇÃO DEFERIDO. I – Ao contrário do que sustenta a defesa do extraditando, o pedido está suficientemente instruído, pois dele figuram a descrição precisa do fato criminoso, suas circunstâncias, data, local e natureza. II – Inexistência de elementos, nos autos, que permitam a conclusão de que o extraditando é vítima de perseguição política pelo governo do Estado requerente. III – A existência de filho brasileiro, ainda que dependente da economia paterna, não impede a concessão da extradição. Precedentes.

IV – *Pedido extradicional deferido sob a condição de que o Estado requerente assuma, em caráter formal, o compromisso de comutar eventual pena de morte ou de prisão perpétua em pena de prisão com prazo máximo de 30 anos.* Precedente: Ext. 855, Rel. Min. Celso de Mello.

O STF assentou a sua jurisprudência no sentido de somente deferir o pedido de extradição caso o Estado requerente se comprometa com o governo brasileiro a *comutar a pena de prisão perpétua por privativa de liberdade,* respeitando o prazo não superior a 30 anos, conforme previsto no artigo 75 do Código Penal.[119] Tal decisão foi fundamentada no artigo 5º, inciso XLVII, "b", da CRFB/88, que veda as sanções de caráter perpétuo.

Há previsão legal no caso da pena de morte. O artigo 91, inciso III, da Lei nº 6.815/80[120] (Estatuto do Estrangeiro), prevê que o deferimento do pedido de extradição está condicionado ao comprometimento do Estado requerente de comutar em pena privativa de liberdade a pena capital, salvo nos casos em que a lei brasileira permitir a sua aplicação.

3.16 Remoção de condenado de presídio

STJ, Quinta Turma, Informativo nº 410

Trata-se de habeas corpus em favor de paciente condenado a 25 anos e 10 meses por infração dos arts. 12, 13, 14 e 18, I e III, todos da Lei n. 6.368/1976; arts. 289, §1º, e 334, ambos do CP; e art. 10 da Lei n. 9.437/1997, no qual *pleiteia a transferência de presídio para ficar próximo à companheira e parentes, alegando o princípio da humanidade.* Tal pretensão foi-lhe negada pelo TJ. Anotou o juiz que os sentenciados em geral não têm direito de escolher o local onde cumprirão a pena restritiva de liberdade, pois se respeita o local onde os crimes foram cometidos, além de subordinar-se aos interesses da segurança pública. Também constou do aresto combatido que nem em termos de ideal penitenciário poderia ser atendida a pretensão, pois parecer do MP estadual noticia que o paciente não conseguiu demonstrar a residência nem o vínculo com familiares. No mesmo sentido foi o parecer do MPF. Diante do exposto, a Turma, ao prosseguir o julgamento, denegou a ordem de habeas corpus. HC 116.610-SP, Rel. Min. Napoleão Nunes Maia Filho, julgado em 6/10/2009.

---

[119] "Art. 75 – O tempo de cumprimento das penas privativas de liberdade não pode ser superior a 30 (trinta) anos."
[120] "Art. 91. Não será efetivada a entrega sem que o Estado requerente assuma o compromisso: III – de comutar em pena privativa de liberdade a pena corporal ou de morte, ressalvados, quanto à última, os casos em que a lei brasileira permitir a sua aplicação;"

A Quinta Turma do STJ entendeu que não há violação ao princípio da humanidade, na negativa de transferência de preso para presídio próximo de seus amigos e familiares, pois os condenados não possuem o direito de escolher o local de cumprimento da pena, que é uma questão de segurança pública e administração penitenciária. Assim, deve-se observar o local em que o crime foi cometido.

3.17 Excesso irrazóavel no tempo da prisão preventiva

STF, Segunda Turma, Informativo 868

(...) *A Turma afirmou que nada justifica a permanência de uma pessoa na prisão, sem culpa formada, quando configurado excesso irrazoável no tempo de sua segregação cautelar*. Ressaltou que, em nosso sistema jurídico, a prisão meramente processual do indiciado ou do réu reveste-se de caráter excepcional, mesmo que se trate de crime hediondo ou de delito a este equiparado. Pontuou que o excesso de prazo, quando exclusivamente imputável ao aparelho judiciário – não derivando, portanto, de qualquer fato procrastinatório causalmente atribuível ao réu –, traduz situação anômala que compromete a efetividade do processo. Além de tornar evidente o desprezo estatal pela liberdade do cidadão, frustra uma prerrogativa básica que assiste a qualquer pessoa: o direito à resolução do litígio sem dilações indevidas [Constituição Federal, art. 5º, LXXVIII (2)]. Ademais, salientou que *a duração prolongada, abusiva e irrazoável da prisão cautelar ofende, de modo frontal, o postulado da dignidade da pessoa humana, que representa significativo vetor interpretativo, verdadeiro valor-fonte que conforma e inspira todo o ordenamento constitucional*. (...). HC 142177/RS, rel. Min. Celso de Mello, julgamento em 6.6.2017.

A Segunda Turma do STF, em julgamento do ano de 2018, considerou que manter uma pessoa presa preventivamente por período abusivo viola a dignidade da pessoa humana. No caso concreto, a prisão cautelar durou mais de sete anos.

A prisão preventiva é uma prisão processual: visa garantir a efetividade do processo. O objetivo dela não é aplicar a pena. Manter uma pessoa por mais de sete anos presa preventivamente demonstra a inefetividade do processo. Viola a dignidade humana, porque concretamente é como se antecipasse a prisão-pena. E se ao final de sete anos o juiz julgar absolver a pessoa? O dano é irreparável.

3.18 Relativização da coisa julgada em matéria penal

STJ, Quinta Turma, Informativo nº 562

Quinta Turma DIREITO PROCESSUAL PENAL. HIPÓTESE DE RELATIVIZAÇÃO DA COISA JULGADA. Constatado o trânsito em julgado de duas decisões condenando o agente pela prática de um único crime – a primeira proferida por juízo estadual absolutamente incompetente e a segunda proferida pelo juízo federal constitucionalmente competente –, *a condenação anterior deve ser anulada caso se verifique que nela fora imposta pena maior do que a fixada posteriormente.* (...) Com efeito, *sopesando a garantia do juiz natural em face do princípio do ne bis in idem, deve preponderar este último como decorrência do princípio fundamental da dignidade da pessoa humana,* princípio basilar do Estado Democrático de Direito, consoante explicita o inciso III do art. 1º da CF. Cabe ressaltar, a propósito, que esse entendimento foi consolidado para, dando efetividade ao princípio do favor rei, impedir o início ou a continuidade de outro processo que tenha por objetivo discutir os mesmos fatos que já foram objeto de decisão anterior. A situação em análise, entretanto, é peculiar. Existem duas condenações transitadas em julgado, sendo que a primeira foi proferida por juízo estadual absolutamente incompetente e a segunda pelo juízo constitucionalmente competente, tendo este estabelecido, inclusive, quantum de pena inferior ao 342 definido anteriormente. Dessa forma, nessa hipótese, *considerando a situação mais favorável ao réu, bem como a existência de trânsito em julgado perante a justiça competente para análise do feito, deve ser relativizada a coisa julgada, de modo a tornar possível a prevalência do princípio fundamental da dignidade da pessoa humana.* HC 297.482-CE, Rel. Min. Felix Fischer, julgado em 12/5/2015, DJe 21/5/2015.

Em maio de 2015, a Quinta Turma do Superior Tribunal de Justiça relativizou a coisa julgada em matéria penal, com base no princípio da dignidade da pessoa humana.

O réu foi julgado duas vezes pelo mesmo fato. Logicamente, só cumprirá uma pena, por força do princípio do *ne bis in idem*. Mas qual pena ele deverá cumprir? A proferida primeiramente, por juízo absolutamente incompetente, ou a proferida depois (a segunda decisão), por juízo absolutamente competente?

A Quinta Turma do STJ entendeu que a segunda condenação deve prevalecer, se a pena aplicada favorecer o réu. Então, por força do princípio da dignidade da pessoa humana, deve-se considerar a situação mais favorável ao réu, bem como o fato de existir trânsito em julgado no juízo absolutamente competente (aquele que aplicou a pena mais branda).

4 Os princípios da dignidade da pessoa humana, da humanidade e da proibição da pena indigna em concursos públicos

1. Em ação penal ajuizada contra um cidadão, um promotor de justiça fez uma narração genérica dos atos que, a seu ver, haviam importado na configuração de um crime. O processo foi bastante demorado e transcorreram-se mais de 6 anos sem que sequer a sentença do juízo do primeiro grau de jurisdição tivesse sido prolatada. Um segundo promotor, que veio a substituir o primeiro, observou que o fato imputado ao cidadão na verdade não configurava crime e pediu ao juiz, em alegações finais, que reconhecesse a atipicidade da conduta, ou seja, que a conduta do cidadão não configurava qualquer delito.
Tendo por base a situação hipotética descrita, julgue o item que se segue.
A ação penal, quando demasiadamente genérica, impossibilita ao cidadão o exercício do direito de defesa – um postulado básico do estado de direito – e pode atingir a própria dignidade humana. (CESPE/Técnico Judiciário/STF/2008)

Gabarito: **Certo**. A inviabilização do direito à defesa, por meio de denúncias genéricas, que não especificam detalhadamente a conduta do acusado, aumenta demasiadamente a probabilidade de um processo penal longo, acarretando diversos transtornos e sofrimentos para o ser humano.

2. Segundo definição de Günter Jakobs e Manuel Cancio Meliá sobre o direito penal do inimigo, quem não presta uma segurança cognitiva suficiente de um comportamento pessoal, não só não pode esperar ser tratado ainda como pessoa, mas o Estado não deve tratá-lo como pessoa, já que, do contrário, vulneraria o direito à segurança das demais pessoas. Como já se tem indicado, Kant exige a separação deles, cujo significado é de que deve haver proteção frente aos inimigos. (*in*: *Direito Penal do Inimigo*: noções e críticas. Organização e tradução de André Luis Callegari e Nereu José Giacomolli. Porto Alegre: Livraria do Advogado, 2005). A partir da noção de direito penal do inimigo, marque a alternativa correta:
   A) A instituição do regime disciplinar diferenciado foi baseada no direito penal do inimigo, perfeitamente admissível no Brasil, já que não ofende a dignidade da pessoa humana.

B) A noção de inimigo dada por Jakobs e Cancio Meliá não pode servir de fundamento para a edição de lei penal que viole o princípio da dignidade da pessoa humana, já que o Brasil o previu no artigo 1º da Constituição da República de 1988.
C) Para a defesa social (Estado Social) é possível restringir-se a dignidade de alguns indivíduos que não possuem o *status* de pessoa humana, daí não se poder falar em ofensa ao princípio da dignidade da pessoa humana.
D) O direito penal do inimigo não ofende o paradigma do Estado Democrático de Direito.
(MPE-GO/2010)

Gabarito: **Letra B**. Trata-se de questão de cunho preponderantemente ideológico. Defende-se aqui a incompatibilidade do direito penal do inimigo com os valores consagrados na Constituição brasileira. Opção que me parece adequada.

3. Quanto às excludentes de ilicitude e de culpabilidade, assinale a opção correta.
   A) Considerando que A, para defender-se de injusta agressão armada de B, desfira tiros em relação ao agressor, mas, por erro, atinja letalmente C, terceiro inocente, nessa situação, a legítima defesa desnaturar-se-á, devendo A responder pelo delito de homicídio culposo pela morte de C.
   B) No ordenamento jurídico brasileiro, não se admite a hipótese de legítima defesa da honra, uma vez que o princípio da dignidade da pessoa humana sobrepõe-se ao sentimento de vingança por parte do agressor.
   C) Para que haja estrito cumprimento do dever legal, a obrigação deve decorrer diretamente de lei *stricto sensu*, não se reconhecendo essa excludente de ilicitude quando a obrigação estiver prevista em decreto, regulamento ou qualquer ato administrativo infralegal.
   D) A coação física, quando elimina totalmente a vontade do agente, exclui a conduta; na hipótese de coação moral irresistível, há fato típico e ilícito, mas a culpabilidade do agente é excluída; a coação moral resistível atua como circunstância atenuante genérica.
   E) Verifica-se a situação de obediência hierárquica tanto nas relações de direito público quanto nas de direito privado, uma vez que, nas duas hipóteses, é possível se identificar o nexo entre o subordinado e o seu superior.
(CESPE/MPE-RN/2009)

Gabarito: **Letra D**. A letra D está correta, pois explica corretamente a doutrina majoritária sobre a teoria do crime. A letra B está equivocada, porque não há consenso acerca do princípio da dignidade da pessoa humana como obstáculo à legítima defesa da honra. Vide Informativo nº 106, STF: "Prosseguindo quanto ao julgamento do mérito, o Tribunal julgou improcedente a ação penal privada intentada por deputado federal contra Ministro de Estado, uma vez que este agira em legítima defesa da honra, não tendo a intenção de agredir, mas de rebater as ofensas feitas anteriormente pelo parlamentar em discurso proferido no Plenário da Câmara dos Deputados. Considerou-se, ainda, que não era exigível conduta diversa do querelado em face da inviolabilidade dos deputados por suas opiniões". No entanto, é evidente que a legítima defesa da honra não pode acobertar homicídios. Assim, Informativo nº 92, STJ, Sexta Turma: "JÚRI. LEGÍTIMA DEFESA DA HONRA. Prosseguindo o julgamento, a Turma, por maioria, conheceu do recurso e lhe deu provimento, determinando que seja o agente submetido a novo julgamento pelo júri, porque o adultério não coloca o marido ofendido em legítima defesa, pela sua incompatibilidade com os requisitos do art. 25 do Código Penal".

CAPÍTULO VI

PRINCÍPIO DA PERSONALIDADE, DA PESSOALIDADE OU DA INTRANSCENDÊNCIA DA PENA

1 Apontamentos sobre o princípio da personalidade, da pessoalidade ou da intranscendência da pena

A pena não tem como fim reparar economicamente um dano. Ela está voltada primordialmente para a justiça distributiva.[121] É uma atribuição de responsabilidade ao criminoso por ter ferido os valores mais caros de uma determinada sociedade. A pena não pode passar da pessoa do condenado, atingindo terceiros que não foram responsáveis pelo crime cometido, segundo os preceitos da dogmática penal.

Trata-se do *princípio da personalidade* (da pessoalidade ou da intranscendência) *da pena*,[122] que determina a impossibilidade de se responsabilizar qualquer pessoa por crimes cometidos por outra, conforme dispõe o artigo 5º, inciso XLV, da CRFB/88.[123] Caso o condenado faleça, então estará extinta a punibilidade do crime pela morte do agente, de acordo com o artigo 107, inciso I, do CP,[124] tendo em vista que a pena não poderá ser cumprida por outra pessoa, pois é de sua natureza ser *personalíssima*.

---

[121] BITENCOURT, Cezar Roberto. *Tratado de Direito Penal*: parte geral, p. 47.

[122] Rogerio Greco utiliza a denominação princípio da responsabilidade pessoal. GRECO, Rogério. *Curso de Direito Penal*: parte geral, p. 75.

[123] "Art. 5º, XLV – nenhuma pena passará da pessoa do condenado, podendo a obrigação de reparar o dano e a decretação do perdimento de bens ser, nos termos da lei, estendidas aos sucessores e contra eles executadas, até o limite do valor do patrimônio transferido;"

[124] "Art. 107 – Extingue-se a punibilidade: I – pela morte do agente;"

Isso não significa que a pena não cause nenhum malefício para terceiros. A sua execução com frequência leva a sofrimentos *indiretos*, principalmente para os familiares do condenado, que muitas vezes ficam desamparados afetivamente e economicamente, sendo privados do convívio e do suporte financeiro do apenado. Seguindo essa linha de raciocínio, os professores Nilo Batista e Raúl Zaffaroni sustentam que a transcendência do poder punitivo em direção de terceiros é inafastável, intitulando esse fenômeno de *princípio da transcendência mínima*, que, inclusive, pode atingir os interesses da própria vítima, ao tornar o processo penal e a execução da pena nefastos e alheios a ela.[125]

Há previsões normativas para tentar abrandar os efeitos negativos da pena para terceiros. O artigo 23, inciso VII, da LEP,[126] trata da incumbência do serviço de assistência social de orientar e amparar a família do preso e do internado. Tem-se também o benefício do auxílio-reclusão, na forma do artigo 80 da Lei nº 8213/91.[127] A LEP, no artigo 29, §1º, alínea "b",[128] ainda determina que o produto da arrecadação do trabalho do preso deve servir também para amparar a sua família.

A responsabilidade civil e a administrativa não se confundem com a penal, pelo *princípio da independência das instâncias*, logo, a obrigação de reparar o dano pode ser estendida aos sucessores e contra eles executadas, no limite do valor do patrimônio transferido. O mesmo ocorre com a decretação de perdimento, já que essa sanção recai sobre o próprio bem. Faz-se mister lembrar, porém, que se o bem foi alienado para terceiro de boa-fé antes do trânsito em julgado da sentença que estabelece a pena de perdimento, então o Estado não poderá obter o bem para si.[129] Na verdade, a segunda parte do artigo 5º, inciso XLV, da CRFB/88 não é uma exceção ao princípio da personalidade da pena, mas sim a previsão de efeitos civis em decorrência da sanção penal.

O professor Rogerio Greco entende que o valor concernente à pena de multa não pode ser cobrado dos herdeiros do condenado,

---

[125] ZAFFARONI, E. Raúl *et al*. *Direito Penal brasileiro*. v. 1. p. 232.
[126] "Art. 23. Incumbe ao serviço de assistência social: VII – orientar e amparar, quando necessário, a família do preso, do internado e da vítima."
[127] "Art. 80. O auxílio-reclusão será devido, nas mesmas condições da pensão por morte, aos dependentes do segurado recolhido à prisão, que não receber remuneração da empresa nem estiver em gozo de auxílio-doença, de aposentadoria ou de abono de permanência em serviço."
[128] "Art. 29. O trabalho do preso será remunerado, mediante prévia tabela, não podendo ser inferior a três quartos do salário mínimo. §1º O produto da remuneração pelo trabalho deverá atender: b) à assistência à família;"
[129] Para mais informações: AgRg no REsp nº 952222/RS.

mesmo sendo essa sanção considerada dívida de valor (art. 51, do CP[130]), pois tal cobrança vai de encontro ao *princípio da responsabilidade pessoal* (personalidade da pena), já que a multa é uma das três modalidades de penas[131] (art. 32, do CP[132]). Além do mais, afirma o autor que a morte do agente é causa de extinção da punibilidade, sendo descabida a cobrança da multa quando o apenado tiver falecido.

2 O conceito na doutrina

> No estado de direito a responsabilidade penal deve ser individual e não pode transcender a pessoa do delinqüente. Daí o fato de nossa Constituição prescrever que 'nenhuma pena passará da pessoa do condenado' (art. 5º, XLV CR). Entretanto, essa transcendência do poder punitivo na direção de terceiros é, de fato, inevitável: a comunicação, o conhecimento, a estigmatização, a queda dos rendimentos etc., são todos efeitos que inevitavelmente alcançam a família do simples acusado e mesmo outras pessoas.[133] (E. Raúl Zaffaroni, Nilo Batista, Alejandro Alagia e Alejandro Slokar)

> Quanto à ressalva constitucional de que a obrigação de reparar o dano e a decretação de perdimento de bens poderá se estender aos sucessores do condenado até o limite do valor do patrimônio transferido, não há aí, como supunha *Mirabete*, afronta ao princípio, uma vez que o que se estende aos sucessores do condenado não é a pena, mas só os efeitos civis da sentença, exclusivamente em relação aos bens adquiridos com o produto do crime e 'até o limite do patrimônio transferido', possibilidade há muito permitida.[134] (Paulo Queiroz)

> O princípio da responsabilidade pessoal (também conhecido como da personalidade da pena) hoje parece óbvio, na medida em que, para a mentalidade atual, significa uma brutal injustiça alguém pagar pelo que seu antepassado ou parente fez.[135] (Alexandre Araripe Marinho e André Guilherme Tavares de Freitas)

---

[130] "Art. 51 – Transitada em julgado a sentença condenatória, a multa será considerada dívida de valor, aplicando-se-lhes as normas da legislação relativa à dívida ativa da Fazenda Pública, inclusive no que concerne às causas interruptivas e suspensivas da prescrição."

[131] GRECO, Rogério. *Curso de Direito Penal*: parte geral, p. 76.

[132] "Art. 32 – As penas são: I – privativas de liberdade; II – restritivas de direitos; III – de multa."

[133] ZAFFARONI, E. Raúl et al. *Direito Penal brasileiro*. v. 1, p. 232.

[134] QUEIROZ, Paulo. *Direito penal*: parte geral. 6. ed. Rio de Janeiro: Lumen Juris, 2010, p. 68, grifo do autor.

[135] FREITAS, André Guilherme Tavares de; MARINHO, Alexandre Araripe. *Manual de direito penal*: parte geral. Rio de Janeiro: Lumen Juris, 2009, p. 29.

3 O princípio da personalidade, da pessoalidade ou da intranscendência da pena na jurisprudência do STF e do STJ

3.1 Natureza da multa criminal

STJ, Sexta Turma, Informativo nº 307

A Turma reiterou o entendimento deste Superior Tribunal ao afirmar que, *com a redação da Lei n. 9.268/1996, que conferiu nova redação ao art. 51 do Código Penal, a multa aplicada no processo penal passou a ser considerada dívida de valor e, por conseguinte, executada por meio de execução fiscal (Lei n. 6.830/1980).* Ora, se assim é, não há razão para manter-se ativo o processo de execução criminal. A multa tem caráter extrapenal, pois revogadas as hipóteses de conversão da prestação pecuniária inadimplida em pena privativa de liberdade. O legislador ordinário retirou-lhe o caráter punitivo, logo não se deve aguardar o pagamento da multa para declarar-se a extinção da punibilidade, pois já ocorreu o cumprimento integral da pena. Precedentes citados: RHC 15.005-ES, DJ 28/11/2005, e REsp 175.909-SP, DJ 21/9/1998. AgRg no Ag 698.137-RS, Rel. Min. Nilson Naves, julgado em 5/12/2006.

STJ, Quinta Turma, REsp nº 274443/SP

PENAL. RECURSO ESPECIAL. EXECUÇÃO DE MULTA PENAL. ART. 51 DO CP. LEGITIMIDADE.

I – A nova redação do art. 51 do CP não apenas proibiu a conversão da pena de multa em detenção, no caso de inadimplemento, considerando-a dívida de valor, mas também determinou a aplicação da legislação pertinente à dívida ativa da Fazenda Pública.

II – *Não havendo o pagamento espontâneo, caberá à Fazenda Pública execução da multa, o que, todavia, não lhe retira o caráter punitivo.* Recurso provido.

O STJ fixou a sua jurisprudência no sentido de que, com o advento de Lei nº 9.268/98, que modificou o artigo 51 do Código Penal,[136] a multa aplicada no processo penal passa a ser considerada dívida de valor, sendo da Procuradoria da Fazenda Pública a atribuição para promover a sua execução. A modificação legal afastou do Ministério Público a legitimidade para promover a execução da pena de multa.

---

[136] "Art. 51 – Transitada em julgado a sentença condenatória, a multa será considerada dívida de valor, aplicando-se-lhes as normas da legislação relativa à dívida ativa da Fazenda Pública, inclusive no que concerne às causas interruptivas e suspensivas da prescrição."

A Quinta Turma do STJ, em decisão de 2002, entendeu que o fato de a pena de multa ser considerada dívida de valor, a ser executada pela Fazenda Pública, não lhe retira o caráter punitivo. Foram citadas as lições de Alberto Silva Franco, na obra *Código Penal e sua Interpretação Jurisprudencial*, in verbis:

> É inquestionável que a multa é uma sanção penal (...). A sentença, que impôs pena de multa produz os efeitos próprios de uma decisão penal condenatória e, apenas, o *quantum* da apenação, traduzido em valor, será cobrado pela Fazenda Pública, se o condenado, notificado após o trânsito em julgado da sentença, não se dispuser a pagá-la, portanto, afirmar que toda a execução da pena pecuniária se transferiu para a Fazenda Pública, de forma a se tornar válida a afirmação de que a multa se "civilizou" ou se tornou um mero "débito fiscal". A bem pensar, o que, em verdade, passará a ser cobrado pela Fazenda Pública é a parcela bem menor dos condenados à multa, ou seja, a dos condenados solventes que não tenham efetuado o pagamento após a devida notificação. Tudo mais, como já foi ressaltado na interpretação do art. 50 do CP, continua em nível de Juiz da Execução Penal ou até mesmo do próprio juízo de conhecimento.

No entanto, a Sexta Turma do STJ, em julgado de 2006, considerou que a multa possui caráter extrapenal, pois não há mais a possibilidade de convertê-la em pena privativa de liberdade, quando houver o seu inadimplemento. Assim, ela não possui mais natureza punitiva.

3.2 Mandados genéricos

STF, Pleno, HC nº 95009/SP

(...) Esta Corte tem abrandado o rigor da Súmula 691/STF nos casos em que (i) seja premente a necessidade de concessão do provimento cautelar e (ii) a negativa de liminar pelo tribunal superior importe na caracterização ou manutenção de situações manifestamente contrárias ao entendimento do Supremo Tribunal Federal. PRISÃO TEMPORÁRIA REVOGADA POR AUSÊNCIA DE SEUS REQUISITOS E PORQUE CUMPRIDAS AS PROVIDÊNCIAS CAUTELARES DESTINADAS À COLHEITA DE PROVAS. (...) Tendo o Juiz da causa autorizado a quebra de sigilos telefônicos e determinado a realização de inúmeras buscas e apreensões, com o intuito de viabilizar a eventual instauração da ação penal, torna-se desnecessária a prisão preventiva do paciente por conveniência da instrução penal. Medidas que lograram êxito, cumpriram seu desígnio. Daí que a prisão por esse fundamento somente seria possível se o magistrado tivesse explicitado, justificadamente, o prejuízo decorrente da liberdade do paciente.

A não ser assim ter-se-á prisão arbitrária e, por conseqüência, temerária, autêntica antecipação da pena. O propalado "suborno" de autoridade policial, a fim de que esta se abstivesse de investigar determinadas pessoas, à primeira vista se confunde com os elementos constitutivos do tipo descrito no art. 333 do Código Penal (corrupção ativa). II) GARANTIA DA APLICAÇÃO DA LEI PENAL, FUNDADA NA SITUAÇÃO ECONÔMICA DO PACIENTE. *A prisão cautelar, tendo em conta a capacidade econômica do paciente e contatos seus no exterior não encontra ressonância na jurisprudência do Supremo Tribunal Federal, pena de estabelecer-se, mediante quebra da igualdade (artigo 5º, caput e inciso I da Constituição do Brasil) distinção entre ricos e pobres, para o bem e para o mal.* Precedentes. III) GARANTIA DA ORDEM PÚBLICA, COM ESTEIO EM SUPOSIÇÕES. Mera suposição – vocábulo abundantemente utilizado no decreto prisional – de que o paciente obstruirá as investigações ou continuará delinqüindo não autorizam a medida excepcional de constrição prematura da liberdade de locomoção. Indispensável, também aí, a indicação de elementos concretos que demonstrassem, cabalmente, a necessidade da prisão. IV) PRESERVAÇÃO DA ORDEM ECONÔMICA. No decreto prisional nada se vê a justificar a prisão cautelar do paciente, que não há de suportar esse gravame por encontrar-se em situação econômica privilegiada. As conquistas das classes subalternas, não se as produz no plano processual penal; outras são as arenas nas quais devem ser imputadas responsabilidades aos que acumulam riquezas. PRISÃO PREVENTIVA COMO ANTECIPAÇÃO DA PENA. INCONSTITUCIONALIDADE. (...) A afronta ao princípio da presunção de não culpabilidade, contemplado no plano constitucional (artigo 5º, LVII da Constituição do Brasil), é, desde essa perspectiva, evidente. Antes do trânsito em julgado da sentença condenatória a regra é a liberdade; a prisão, a exceção. Aquela cede a esta em casos excepcionais. É necessária a demonstração de situações efetivas que justifiquem o sacrifício da liberdade individual em prol da viabilidade do processo. (...) AFRONTA ÀS GARANTIAS CONSTITUCIONAIS CONSAGRADAS NO ARTIGO 5º, INCISOS XI, XII E XLV DA CONSTITUIÇÃO DO BRASIL. *De que vale declarar, a Constituição, que "a casa é asilo inviolável do indivíduo" (art. 5º, XI) se moradias são invadidas por policiais munidos de mandados que consubstanciem verdadeiras cartas brancas, mandados com poderes de a tudo devassar, só porque o habitante é suspeito de um crime? Mandados expedidos sem justa causa, isto é sem especificar o que se deve buscar e sem que a decisão que determina sua expedição seja precedida de perquirição quanto à possibilidade de adoção de meio menos gravoso para chegar-se ao mesmo fim. A polícia é autorizada, largamente, a apreender tudo quanto possa vir a consubstanciar prova de qualquer crime, objeto ou não da investigação. Eis aí o que se pode chamar de autêntica "devassa". Esses mandados ordinariamente autorizam a apreensão de computadores, nos quais fica indelevelmente gravado tudo quanto respeite à intimidade das pessoas e possa vir a ser, quando e se oportuno, no futuro usado contra quem se pretenda atingir. De que vale a Constituição dizer que "é inviolável o sigilo da correspondência" (art. 5º, XII) se ela, mesmo eliminada ou "deletada", é neles encontrada? E a apreensão de toda a sorte de coisas, o que eventualmente privará a família do acusado da posse de bens que poderiam ser convertidos em recursos financeiros com os quais seriam eventualmente enfrentados os tempos amargos que se seguem a sua prisão. A garantia constitucional* da pessoalidade da pena (art. 5º, XLV) para nada vale quando esses excessos tornam-se rotineiros. DIREITO, DO ACUSADO, DE PERMANECER CALADO (ARTIGO 5º, LXIII DA CONSTITUIÇÃO DO BRASIL). (...) Ordem concedida.

Em julgamento do ano de 2008, o Pleno do STF valeu-se do *princípio da pessoalidade da pena* para fortalecer o seu posicionamento contra o cumprimento de mandados que sejam verdadeiras "cartas brancas", legitimando os policiais a devassarem e apreenderem objetos indiscriminadamente nas casas das pessoas. O referido princípio estaria violado nesses mandados, pois, como não se especifica o que poderá ser apreendido pela autoridade policial, a restrição de toda sorte de coisas poderá privar a família do acusado da posse dos seus bens, que poderiam ser convertidos em recursos financeiros.

É importante ressaltar que, neste julgado, o Pretório Excelso afirmou ainda ser ilegal a prisão cautelar, para a garantia da aplicação da lei penal, fundada exclusivamente na situação econômica da pessoa, mesmo ela possuindo contatos no exterior, tendo em vista que tal medida macularia o *princípio da igualdade* (art. 5º, *caput* e inciso I, da CRFB/88), distinguindo ricos e pobres.

3.3 Sequestro de bens de pessoa jurídica

STJ, Sexta Turma, RMS nº 22953/PR

(...)
I. As alegações referentes à inocorrência dos crimes imputados ao acusado na denúncia, bem como à falta de indícios de autoria, devem ser sopesadas no bojo da ação penal de conhecimento, posto que a estreita via do mandamus, à semelhança do habeas corpus, é desprovida de dilação probatória.
II. Ademais, a denúncia descreveu suficientemente as condutas típicas imputadas ao agente, detalhando pormenorizadamente todos os elementos de convicção constantes nos autos que evidenciariam suas ocorrências (materialidades e autoria), o que afasta, ao menos no presente momento, a possibilidade de acolhimento da alegação defensiva.
III. Havendo o representante do Parquet projetado o cálculo da pena de multa em caso de eventual condenação com base nos parâmetros legais atinentes à espécie, mostra-se inviável reputá-lo inidôneo em face das condições pessoais favoráveis do agente (o que ensejaria a aplicação de pena mínima), notadamente quando estas não foram comprovadas pelos elementos constantes nos autos.
IV. *Fazendo-se necessária a constrição dos bens da empresa utilizada pelos denunciados como instrumento para a prática dos crimes que lhes foram imputados e evidenciando-se que vultosos valores haviam sido transferidos para contas correntes da mãe de um*

deles (ora recorrente), seus bloqueios não ofendem o princípio da pessoalidade da responsabilidade penal, pois, nessa hipótese, não foram bloqueados os ativos do terceiro (recorrente), mas sim da própria empresa cujos ativos foram originariamente constritos.
V. A aventada origem lícita dos valores bloqueados poderá ser discutida em sede de embargos de terceiros perante o Juízo competente.
VI. Negado provimento ao recurso.

A Sexta Turma do STJ, em julgado de 2009, decidiu que não há ofensa ao *princípio da pessoalidade da responsabilidade penal*, quando há sequestro ou arresto de bens da pessoa jurídica utilizada como instrumento para a prática de delitos.[137] Tal medida constritiva é possível mesmo quando há a transferência dos valores para terceiros, se há indícios de que eles são da empresa gerida pelo denunciado, tendo origem ilícita.

No caso concreto, tratou-se de empresa gerida pelo filho (denunciado), que transferiu valores para um terceiro (a mãe do denunciado), a fim de salvaguardá-los do arresto ou sequestro. Considerou-se que não foram constritos bens de terceiros, mas sim da pessoa jurídica gerida pelo denunciado, razão pela qual não há que se falar em responsabilidade penal de terceiros.

No entanto, o Superior Tribunal de Justiça salientou ser possível opor embargos de terceiros, para discutir a regularidade da constrição judicial, caso haja a execução dos bens arrestados.

3.4 Responsabilidade penal da pessoa jurídica em crimes ambientais

STF, Primeira Turma, Informativo nº 714 (RE nº 548181/PR)

Crime ambiental: absolvição de pessoa física e responsabilidade penal de pessoa jurídica

No mérito, anotou-se que a tese do STJ, no sentido de que a persecução penal dos entes morais somente se poderia ocorrer se houvesse, concomitantemente,

---

[137] No RMS nº 23189/PR, disse o STJ: "Evidenciando-se que dois dos acusados são sócios de uma empresa (um deles majoritário e controlador), confundindo seus patrimônios pessoais com o da pessoa jurídica, de cunho familiar (cujo objetivo é justamente o de administrar os bens da família), é possível o arresto de seus bens a fim de garantir o pagamento de obrigações pecuniárias em caso de eventual condenação de ambos, posto que, nessa hipótese, não está o Magistrado ferindo o princípio da pessoalidade da responsabilidade penal, mas tão-somente resguardando o patrimônio dos acusados para futura execução."

a descrição e imputação de uma ação humana individual, sem o que não seria admissível a responsabilização da pessoa jurídica, afrontaria o art. 225, §3º, da CF. Sublinhou-se que, *ao se condicionar a imputabilidade da pessoa jurídica à da pessoa humana, estar-se-ia quase que a subordinar a responsabilização jurídico-criminal do ente moral à efetiva condenação da pessoa física.* Ressaltou-se que, ainda que se concluísse que o legislador ordinário não estabelecera por completo os critérios de imputação da pessoa jurídica por crimes ambientais, não haveria como pretender transpor o paradigma de imputação das pessoas físicas aos entes coletivos. (...) Para o Min. Luiz Fux, a mencionada regra constitucional, ao afirmar que os ilícitos ambientais sujeitariam "os infratores, pessoas físicas ou jurídicas, a sanções penais e administrativas", teria apenas imposto sanções administrativas às pessoas jurídicas. Discorria, ainda, que o art. 5º, XLV, da CF teria trazido *o princípio da pessoalidade da pena*, o que vedaria qualquer exegese a implicar a responsabilidade penal da pessoa jurídica. Por fim, reputava que a pena visaria à ressocialização, o que tornaria impossível o seu alcance em relação às pessoas jurídicas. RE 548181/PR, rel. Min. Rosa Weber, 6.8.2013. (RE-548181)

Em decisão de 6 de agosto de 2013, a Primeira Turma do STF discordou da jurisprudência do STJ, que condicionava a responsabilidade criminal da pessoa jurídica à descrição e imputação de uma ação humana. Segundo esse entendimento, seria necessário que o *parquet* descrevesse a ação humana relacionada à imputação da responsabilidade da pessoa jurídica.

A Primeira Turma do STF entendeu que esse condicionamento subordinaria a responsabilidade da pessoa jurídica à da pessoa física, violando, assim, o artigo 225, §3º, da CRFB/88.

No julgamento da Primeira Turma, o Ministro Luiz Fux sustentou que o princípio da pessoalidade da pena impediria a responsabilidade penal da pessoa jurídica, mas essa tese não foi acolhida pela Primeira Turma. Portanto, a responsabilidade penal da pessoa jurídica não viola o princípio da pessoalidade da pena.

4 O princípio da personalidade, da pessoalidade ou da intranscendência da pena em concursos públicos

1. Considerando a natureza e as diversas modalidades de penas previstas no ordenamento jurídico pátrio, assinale a assertiva correta.

   A) As penas de morte, prisão perpétua, de trabalhos forçados, de banimento e cruéis, foram terminantemente proibidas pela Constituição Federal, em qualquer hipótese.

   B) Nosso Código Penal adota o sistema de penas fixas, não outorgando ao juiz nenhuma faculdade individualizadora.

C) As espécies de pena privativas de liberdade são a reclusão e a detenção, indicada a última para os crimes mais graves.
D) A reincidência em crime culposo obsta a aplicação da pena restritiva de direitos.
E) A pena de multa é uma sanção de natureza penal, embora seja considerada dívida de valor, após o trânsito em julgado da sentença condenatória.
(Contador e Avaliador dos Juizados Especiais/TJ-PR/2005)

Gabarito: **Letra E**. Vide item 3.1, deste capítulo.

2. A pena de prestação pecuniária, no caso de descumprimento por parte do sentenciado, será considerada dívida de valor, a que se aplicam as normas da legislação relativa à dívida ativa da Fazenda pública.
(CESPE/Escrivão/TJ-BA/2005)

Gabarito: **Errado**. O enunciado estaria correto apenas caso se referisse à pena de multa, conforme dispõe o artigo 51 do CP. A prestação pecuniária é uma espécie de pena restritiva de direitos (art. 43, I, do CP), podendo ser convertida em privativa de liberdade quando houver o descumprimento injustificado da restrição imposta (art. 44,§4º, do CP). Vide STJ, Quinta Turma, HC nº 74872/SP: "A pena de multa e prestação pecuniária, modalidade de pena restritiva de direitos, possuem naturezas jurídicas distintas. As penas restritivas de direitos prescrevem no mesmo prazo em que prescreveria a pena privativa de liberdade que elas substituíram. Nos termos do art. 115 do CP, são reduzidos pela metade os prazos prescricionais quando o réu era, ao tempo do crime, menor de 21 (vinte e um) anos. A r. sentença condenou o ora paciente à pena de 02 (dois) anos de reclusão, afora multa, a qual foi substituída por pena restritiva de direitos, consistente em pagamento de cestas básicas. O último pagamento de cesta básica registrado foi em 28/10/2003. Daí em diante não se registrou outra causa interruptiva da prescrição. Logo, pela pena in concreto, o lapso prescricional é de 04 (quatro) anos, reduzido pela metade em razão da menoridade do paciente ao tempo do crime. Portanto, in casu, extinta está a punibilidade pela prescrição da pretensão executória, ex vi arts. 107, inciso IV, 109, inciso V, 112, inciso II, e 115, todos do Código Penal".

CAPÍTULO VII

PRINCÍPIO DA PROPORCIONALIDADE DA PENA

1 Apontamentos sobre o princípio da proporcionalidade da pena

A Declaração dos Direitos do Homem e do Cidadão, do ano de 1789, em seu artigo VIII, prevê a observância da *proporcionalidade*, ao determinar que a lei deve apenas estabelecer penas estrita e evidentemente necessárias.[138] Segundo Juarez Cirino dos Santos, tal princípio está implícito no artigo 5º, *caput*, da CRFB/88, vedando penas excessivas ou desproporcionais, tendo como parâmetro o desvalor da ação e do resultado do injusto penal.[139] Por sua vez, Luiz Flávio Gomes entende, de acordo com o posicionamento do STF,[140] que o seu fundamento constitucional encontra-se no artigo 5º, inciso LIV, da Constituição, na medida em que representa o aspecto substancial do devido processo legal.[141] Extrai-se o seu fundamento ainda do *princípio da dignidade da pessoa humana*, pois a desproporcionalidade em matéria penal pode acarretar em penas desumanas, mais gravosas do que o injusto penal.

---

[138] No entanto, a menção expressa à proporcionalidade é realizada no artigo 12, da Declaração de Direitos e Deveres do Homem e do Cidadão, de 22 de agosto de 1795: "A lei não deve assinalar senão penas estritamente necessárias e proporcionais ao delito".

[139] SANTOS, Juarez Cirino dos. *Direito Penal*: parte geral, p. 28.

[140] ADIns nºs 968-3, 966-4 e 1158-8.

[141] BIANCHINI, Alice; GOMES, Luiz Flávio; MOLINA, Antonio García-Pablos de. *Direito penal*: introdução e princípios fundamentais, p. 397.

Para que se cumpra esse princípio do direito penal, faz-se necessário um juízo de ponderação acerca da relação entre os bens envolvidos em matéria penal. Assim, não pode haver desproporcionalidade entre o bem jurídico penalmente tutelado e a pena cominada em razão da infração penal. O legislador não pode estabelecer penas excessivas em relação à gravidade do delito, assim como não lhe é permitido cominar penas muito brandas a crimes considerados graves[142] – ex.: pena de multa ao homicídio – (proporcionalidade em abstrato).

Nesse sentido, diz Paulo Queiroz que "o princípio da proporcionalidade compreende, além da proibição de excesso, a proibição de insuficiência da intervenção jurídico-penal".[143] *Mutatis mutandis*, ao realizar a dosimetria da pena, o juiz não poderá impor ao autor do crime uma sanção desproporcional ao fato praticado (proporcionalidade em concreto). Existe ainda a proporcionalidade executória, relacionada à execução penal, a qual deve se pautar nos méritos dos condenados, permitindo que eles obtenham todos os benefícios que lhe são de direito, possibilitando a progressão de regime e a harmônica integração social.[144]

O princípio da proporcionalidade se constitui em três princípios parciais, conforme elaboração da doutrina alemã:[145]

a) *princípio da adequação* (ou idoneidade): a pena deve ser um meio apropriado para realizar o fim de proteger o bem jurídico, atendendo aos valores ético-sociais da Constituição. Ela precisa ser idônea para cumprir os fins preventivos do direito penal. Cezar Roberto Bitencourt, com maestria, diferencia a adequação da necessidade. *In verbis*: "*Pela necessidade* deve-se confrontar a possibilidade de, com meios menos gravosos, atingir igualmente a mesma eficácia na busca dos objetivos pretendidos; e, *pela adequação* espera-se que a providência legislativa adotada apresente aptidão suficiente para atingir esses objetivos".[146]

b) *princípio da necessidade*: a pena criminal deve ser a menos onerosa e a mais eficaz para a proteção do bem jurídico. O Direito Penal é considerado a *ultima ratio* do sistema,

---

[142] Pode-se defender que o princípio da proporcionalidade não pode ser aplicado contra o réu ou a favor do Estado, pois ele é uma proteção jurídica à liberdade, servindo para limitar a intervenção do estado nos direitos fundamentais.

[143] QUEIROZ, Paulo. *Direito penal*: parte geral, p. 55.

[144] "Art. 1º A execução penal tem por objetivo efetivar as disposições de sentença ou decisão criminal e proporcionar condições para a harmônica integração social do condenado e do internado."

[145] SANTOS, Juarez Cirino dos. *Direito Penal*: parte geral, p. 27.

[146] BITENCOURT, Cezar Roberto. *Tratado de Direito Penal*: parte geral, p. 56. Grifos do autor.

possuindo sanções extremamente rígidas. Ele não pode ser expandido a ponto de abranger fatos que poderiam ser regulados por outro ramo do direito. Vale a pena salientar que o consagrado professor alemão Claus Roxin, em seu sistema funcionalista, compreende a necessidade da pena na teoria do delito, transformando a categoria da culpabilidade em responsabilidade, que abrange o conceito superior da necessidade da pena, o qual por sua vez é baseado na culpabilidade e na prevenção, que em conjunto determinam a punibilidade.[147] Roxin entende que a pena está limitada às suas necessidades preventivas. Assim, o autor do injusto penal só deve ser sancionado na medida em que isso seja indispensável do ponto de vista social. Quando a pena do caso concreto estiver dissonante com a política criminal do Estado, então, ela não será necessária e o autor do injusto penal não deve ser responsabilizado. Essa concepção permite que haja na dogmática uma ponderação entre os interesses da segurança e da liberdade.[148]

c) o *princípio da proporcionalidade em sentido estrito* (ou princípio da avaliação): é mandamental que a pena seja proporcional ao fato perpetrado. Nesse sentido, os atores criminais devem utilizar os meios adequados, abstendo-se de fazer uso de meios e recursos desproporcionais.[149] A pena criminal cominada ou aplicada precisa ser realmente "proporcional em relação à natureza e extensão da lesão abstrata e/ou concreta do bem jurídico".[150] Para que esse objetivo seja atingido, torna-se imprescindível a realização de um "juízo de ponderação entre a carga de privação ou restrição de direito que a pena comporta e o fim perseguido com a incriminação e com as penas em questão".[151] Paulo Queiroz diz que esse princípio tem tríplice destinatário: o legislador (proporcionalidade abstrata), o juiz (proporcionalidade concreta ou judicial) e os órgãos da execução penal (proporcionalidade executória).[152]

---

[147] CLAUS, Roxin. *Evolución y modernas tendencias de la teoria del delito en Alemania*. México D. F.: Ubijus, 2009, p. 30-31.
[148] CLAUS, Roxin. *Evolución y modernas tendencias de la teoria del delito en Alemania*, p. 30.
[149] BITENCOURT, Cezar Roberto. *Tratado de Direito Penal*: parte geral, p. 55.
[150] SANTOS, Juarez Cirino dos. *Direito Penal*: parte geral, p. 27.
[151] QUEIROZ, Paulo. *Direito penal*: parte geral, p. 57.
[152] *Ibid.*, p. 58.

Os professores Raúl Zaffaroni e Nilo Batista trabalham com o *princípio da proporcionalidade mínima da pena com a magnitude da lesão*.[153] Considerando ser impossível a demonstração da racionalidade das penas – que não resolvem os conflitos, suspendendo-os apenas –, os doutrinadores sustentam que as agências jurídicas devem ao menos demonstrar que "o custo em direitos da *suspensão* do conflito mantém uma proporcionalidade mínima com o grau da lesão que tenha provocado".[154] Zaffaroni e Batista entendem que a pena é irracional e não resolve o conflito social. Então, o direito penal tem o dever de escolher a irracionalidade menor, evitando que o sistema criminal atue com máxima irracionalidade. Desse modo, a pena precisa guardar uma proporção mínima com a lesão, para que seja menos irracional por ter alguma conexão com o custo em direitos da suspensão do conflito.

O doutrinador Luiz Flávio Gomes leciona sobre o *princípio da suficiência da pena alternativa*,[155] como princípio regente da pena coligado ao princípio da proporcionalidade, que determina a prioridade da pena alternativa (entendida em sentido amplo, portanto abrangendo também as penas substitutivas) em relação à pena privativa de liberdade, sempre que aquela for suficiente para a reprovação e a prevenção do crime.[156] O juiz deve preferir a pena alternativa suficiente. O fundamento jurídico desse princípio está no artigo 59 do Código Penal, que prevê a aplicação da pena suficiente.[157]

Por fim, o doutor Ingo Wolfgang Sarlet compreende a proporcionalidade no âmbito penal em duas esferas: a *proibição do excesso* e a *vedação da insuficiência*. Nesse prisma, o direito penal não pode atuar de forma desarrazoada, ferindo direitos fundamentais e se expandindo desenfreadamente, bem como não pode ser insuficiente, a ponto de se quedar inerte à proteção de bens jurídicos essenciais à convivência humana (ex: a vida), sendo deficiente em seu dever de proteção. Na escrita do autor:

---

[153] ZAFFARONI, E. Raúl *et al*. *Direito Penal brasileiro*. v. 1, p. 230.
[154] *Loc. cit*. Grifo do autor.
[155] BIANCHINI, Alice; GOMES, Luiz Flávio; MOLINA, Antonio García-Pablos de. *Direito penal*: introdução e princípios fundamentais, p. 403.
[156] *Loc. cit*.
[157] "Art. 59 – O juiz, atendendo à culpabilidade, aos antecedentes, à conduta social, à personalidade do agente, aos motivos, às circunstâncias e conseqüências do crime, bem como ao comportamento da vítima, estabelecerá, conforme seja necessário e suficiente para reprovação e prevenção do crime:"

Esta hipótese corresponde às aplicações correntes do princípio da proporcionalidade como critério de controle de constitucionalidade das medidas restritivas de direitos fundamentais que, nesta perspectiva, atuam como direitos de defesa, no sentido de proibições de intervenção (portanto, de direitos subjetivos em sentido negativo, se assim preferirmos). O princípio da proporcionalidade atua, neste plano (o da proibição de excesso), como um dos principais limites às limitações dos direitos fundamentais, o que também já é de todos conhecido e dispensa, por ora, maior elucidação. Por outro lado, o Estado – também na esfera penal – poderá frustrar o seu dever de proteção atuando de modo insuficiente (isto é, ficando aquém dos níveis mínimos de proteção constitucionalmente exigidos) ou mesmo deixando de atuar, hipótese, por sua vez, vinculada (pelo menos em boa parte) à problemática das omissões inconstitucionais. É neste sentido que – como contraponto à assim designada proibição de excesso – expressiva doutrina e inclusive jurisprudência tem admitido a existência daquilo que se convencionou batizar de proibição de insuficiência (no sentido de insuficiente implementação dos deveres de proteção do Estado e como tradução livre do alemão *Untermassverbo*t).[158]

Atualmente, os tribunais discutem um tema importante sobre os atos libidinosos praticados contra vulneráveis: se seriam sempre estupro ou se em condutas mais brandas, como beijos lascivos, poderiam ser considerados crime de importunação sexual.

Em 2019, a Quinta Turma do Superior Tribunal de Justiça julgou um caso em que o avô tocou a parte íntima do seu neto sobre a roupa. Queria que o juiz aplicasse o crime de importunação sexual (215-A, do CP), e não o de estupro de vulnerável (art. 217-A), pois aquele crime se refere a condutas mais brandas, adequando-se melhor à prática do avô.

Para a defesa, a rapidez no toque e o fato de ter sido um contato único faria com que a conduta se enquadrasse em importunação sexual.

O Ministro que julgou o caso disse que "não é recomendável que as condutas de conjunção carnal, sexo oral e sexo anal possuam o mesmo tratamento jurídico-penal que se dá ao beijo lascivo, sob pena de verdadeira afronta à proporcionalidade". Entendeu, todavia, que essa desclassificação não é possível quando a vítima tiver menos de 14 anos, pois nesse caso há presunção de violência.

A Quinta Turma do STJ reafirmou a sua jurisprudência de impedir a aplicação da importunação sexual no lugar do crime de

---

[158] SARLET, Ingo Wolfgang. Constituição e proporcionalidade: o direito penal e os direitos fundamentais entre a proibição de excesso e da insuficiência. Disponível em: http://www.mundojuridico.adv.br. Acesso em: 26 jan. 2011.

estupro de vulnerável. Nesse caso, não haveria violação do princípio da proporcionalidade.

Atualmente, o Supremo Tribunal Federal discute o tema da desclassificação do estupro de vulnerável para a importunação sexual. O Ministro Luís Roberto Barroso, em seu voto-vista, defendeu a desclassificação com base no princípio da proporcionalidade, pois antigamente as condutas contra a dignidade sexual eram encaradas em dois extremos: o crime de estupro, que estabelece consequências penais gravíssimas, e a contravenção penal, com consequências brandíssimas. Nessa lógica, o crime de importunação sexual seria um meio-termo, com pena de reclusão, de 1 a 5 anos, se o fato não constituir crime mais grave. A questão não está definida e ainda será decidida pelo Supremo Tribunal Federal.

Entendo que a decisão da Quinta Turma do STJ é a mais acertada. Não dá para prever os impactos de um abuso sexual na mente de uma criança. Haveria meio-termo ou punição exagerada a quem alisa menor ou força em beijo lascivo? Vivemos em um país de prostituição de crianças a céu aberto, onde há a naturalização do turismo sexual. Parece-me adequado, necessário e de acordo com a justiça que a interpretação seja mais protetiva às crianças e aos pré-adolescentes. A nossa idade de consentimento é baixa demais. Já basta a leniência da nossa legislação criminal, a qual afirma que adolescentes de 14 anos têm maturidade para ter relações sexuais com adultos. Isso, por si só, é chocante o suficiente. Acredito temerário se valer da proporcionalidade para aferir o grau de violação na dignidade sexual de crianças. Quanto mais cedo é o abuso, mais profunda a ferida.

2 O conceito na doutrina

> A sanção não deve ser a pura e unilateral imposição de um mal, mas sim manter um equilíbrio com o dano causado. Por isso é que tem que suceder à lesão, pelo qual tem que ser imediata de tal maneira que se aplique consecutivamente à afetação causada e desta forma pode ser, todavia, experimentada como uma resposta à lesão produzida. Logo a pena não pode superar em sua intensidade a intensidade da lesão da norma causada, pelo que deve ser proporcional a esta, ou seja, deve ser equitativa.[159] (Winfried Hassemer)

---

[159] HASSEMER, Winfried. *Por qué no debe suprimirse el Derecho Penal*. México D. F.: Instituto Nacional de Ciencias Penales, p. 14.

Os princípios da *proporcionalidade* e da *razoabilidade* não se confundem, embora estejam intimamente ligados e, em determinados aspectos, completamente identificados. (...) *Razoável* é aquilo que tem aptidão para atingir os objetivos a que se propõe, sem, contudo, representar excesso algum. (...) Pois é exatamente o *princípio da razoabilidade* que afasta a invocação do exemplo concreto mais antigo do princípio da proporcionalidade, qual seja, a "lei do talião", que, inegavelmente, sem qualquer razoabilidade, também adotava o princípio da proporcionalidade. Assim, *a razoabilidade exerce função controladora* na aplicação do princípio da proporcionalidade.[160] (Cezar Roberto Bitencourt)

O médico que, no exercício de sua profissão, emite um falso atestado submete-se à pena de detenção de um mês a um ano (art. 302 CP), enquanto que a falsidade ideológica de documento particular é punida com reclusão de um a três anos (art. 299 CP); cabe entender que todo atestado falso emitido privadamente por qualquer profissional nos limites de sua competência não pode acarretar-lhe pena superior à do médico (analogia *in bonam partem* corrigindo a irracionalidade do privilégio).[161] (E. Raúl Zaffaroni, Nilo Batista, Alejandro Alagia e Alejandro Slokar)

3 O princípio da proporcionalidade da pena na jurisprudência do STF e do STJ

3.1 Dosimetria da pena e proporcionalidade

STF, Primeira Turma, Informativos nºs 558 e 563

(...) O Min. Ricardo Lewandowski, relator, tendo em conta os *princípios da proporcionalidade, da razoabilidade e da individualidade, deferiu o writ para determinar ao juízo sentenciante que proceda a nova dosimetria da pena, a ser fixada em patamar mais próximo do mínimo legal.* Reputou que não se afiguraria razoável que a pena-base tivesse sido aumentada de metade, em face dos atos infracionais realizados pelo paciente durante a adolescência e em razão de ter sido o delito cometido durante o dia. *Salientou que os atos infracionais podem e devem, sim, ser levados em conta na avaliação da personalidade do paciente. Todavia, essa circunstância judicial, por si só, não seria apta a elevar a pena-base em metade, porquanto o art. 59 do CP listaria oito circunstâncias que poderiam ser consideradas no momento do estabelecimento da sanção, e destas, no caso, somente a personalidade desajustada do agente se faria presente.* Consignou que também não se mostraria pertinente para a exacerbação da pena o fato de ter sido o crime praticado durante o dia. Enfatizou, por outro lado, que o habeas corpus não seria a via adequada para a correção da dosagem da

---
[160] BITENCOURT, Cezar Roberto. *Tratado de Direito Penal*: parte geral, p. 57. Grifos do autor.
[161] ZAFFARONI, E. Raúl et al. *Direito Penal brasileiro*. v. 1, p. 232.

pena. Após, pediu vista dos autos o Min. Carlos Britto. Em voto-vista, o Min. Carlos Britto acompanhou o Min. Ricardo Lewandowski, relator, para conceder, em parte, a ordem e determinar que o juízo processante fixe nova pena-base. Consignou que as circunstâncias judiciais (CP, art. 59) são alvo de críticas por parte da doutrina e da própria jurisprudência quanto à indeterminação do seu conteúdo e quanto à falta de parâmetros objetivos para o cálculo da pena-base. *Aduziu a necessidade de observância da proporcionalidade entre a pena-base aplicada e as circunstâncias judiciais valoradas, a partir das peculiaridades do caso concreto, pelo julgador*. No ponto, asseverou que a *proporcionalidade seria estabelecida entre a quantidade de circunstâncias judiciais desfavoráveis ao agente e a majoração da pena mínima definida no tipo penal*. Tendo isso em conta, reputou que a exasperação da metade da pena-base não estaria devidamente motivada. Após o voto do Min. Marco Aurélio que iniciou a divergência para indeferir o *writ* ao fundamento de que as causas de aumento de pena (CP, art. 157, §2º) justificariam o acréscimo de 2 anos à pena mínima prevista no tipo, pediu vista a Min. Cármen Lúcia. (HC 97056/DF, rel. Min. Ricardo Lewandowski, 13.10.2009). Por maioria de votos, a Turma conheceu, em parte, do pedido de *habeas corpus*, e nesta parte o indeferiu, vencidos os Ministros Ricardo Lewandowski, Relator-Presidente, e Ayres Britto. Redator para o acórdão o Ministro Marco Aurélio. 1ª Turma, 02.12.2010.

    A Primeira Turma do STF, em julgado do ano de 2009, analisou o HC impetrado pela defesa alegando desproporcionalidade da pena. O que se pôs em questão foi se a pena aplicada corresponderia legalmente aos preceitos legais dispostos no artigo 59 do Código de Processo Penal em consonância ao *princípio da proporcionalidade*.

    Em vias de fato, para que possa aplicar a pena-base é necessário que se observem as oito circunstâncias descritas no *caput* do artigo 59 do CPP,[162] a saber: culpabilidade, antecedentes, conduta social, personalidade do agente, motivos, circunstâncias e consequências do crime e o comportamento da vítima. É pela análise dessas circunstâncias que será possível analisar o cabimento e a proporcionalidade da pena a ser cumprida. No julgado acima, o Ministro relator elenca ainda a presença dos princípios da razoabilidade e da individualidade para ilustrar o posicionamento da Corte.

    A título de oportuno lembrete, os princípios penais e processuais penais, apesar de terem campos de abrangência e estudo diversos, atuam em conjunto nas decisões judiciais, norteando o intérprete na solução dos problemas de direito material e processual.

---

[162] "Art. 59 – O juiz, atendendo à culpabilidade, aos antecedentes, à conduta social, à personalidade do agente, aos motivos, às circunstâncias e conseqüências do crime, bem como ao comportamento da vítima, estabelecerá, conforme seja necessário e suficiente para reprovação e prevenção do crime"

O princípio da proporcionalidade guarda estreito liame com o princípio da razoabilidade, no presente caso temos, por exemplo, nas palavras do Ministro Lewandowski, que seria desproporcional e irrazoável a pena aplicada, entre outros motivos, pela exasperação da penabase na metade, tendo como único fundamento os atos infracionais cometidos na adolescência do paciente. O referido Ministro considerou que ela deveria ser fixada em patamar mais próximo do mínimo legal, aproximando-se mais ao que foi determinado pelo art. 59 do CP (só há uma circunstância judicial a ser valorada negativamente pelo julgador).

Tal análise enseja a aplicação do princípio da proporcionalidade da pena, pois a dosimetria que se faz para se determinar a pena-base nada mais é do que o resultado da apreciação do complexo que representa o rol de situações que o *caput* do artigo 59 elenca.

O Ministro relator salienta que a pena deveria ser revista e estabelecida mais próxima ao mínimo legal, ou seja, proporcional às situações e ao delito cometido pelo paciente, descabendo, pois, a pena aplicada.

Houve, por fim, pedido de vista do Sr. Ministro Carlos Britto, o qual impossibilitou o julgamento do caso naquela sessão. Posterior informativo publicado nos noticia que o posicionamento do Ministro seguiu o voto do relator, em que aquele entendeu conjuntamente que houve a desproporcionalidade da pena aplicada e necessidade de novo cálculo da mesma.

O que nos cumpre salientar nesse informativo é a definição fornecida pelo Ministro Carlos Britto, após vista dos autos, que preceitua a proporcionalidade como a resultante da "quantidade de circunstâncias judiciais desfavoráveis ao agente e a majoração da pena mínima definida no tipo penal". É preciso que haja coerência entre a majoração da pena e a quantidade de circunstâncias judiciais desfavoráveis ao agente.

Informa ainda que para que se exerça a devida proporcionalidade no cálculo e aplicação da pena deve o julgador analisar as "peculiaridades do caso concreto", pois por meio delas é que há de se verificar presente ou não as circunstâncias taxadas no artigo 59 do CPP.

Por fim, a Sra. Ministra Cármen Lúcia pediu vista dos autos e, posteriormente, proferiu seu voto. Por fim, o entendimento do STF mudou. Os Ministros indeferiram o *writ*, seguindo o entendimento do Ministro Marco Aurélio, o qual afirmou que as causas de aumento de pena em tela, quais sejam, o emprego de arma e o concurso de duas ou mais pessoas, justificariam o acréscimo de 2 (dois) anos à pena mínima prevista no tipo legal. Restaram vencidos os Ministros Carlos Britto e Ricardo Lewandowski, mas a argumentação utilizada por eles se mantém viva, pois o STF indeferiu o pedido de *habeas corpus* em razão da existência de duas causas de aumento no caso concreto, e não por entenderem que haveria proporcionalidade entre o aumento da pena-base em metade, pela ocorrência de apenas uma circunstância judicial desfavorável.

3.2 Tentativa: *iter criminis* e dosimetria

STF, Primeira Turma, Informativo nº 542

A Turma, por maioria, deferiu habeas corpus para restabelecer acórdão de Corte local que reduzira, pela configuração da tentativa, metade da pena imposta a um delito de roubo praticado pelo paciente, em concurso material, com outros delitos também de roubo. (...) No caso, o paciente e co-réus, mediante grave ameaça exercida com emprego de revólver, subtraíram a moto da vítima, não a levando consigo porque esta possuía sistema de segurança que interrompera a transmissão de combustível, paralisando-a instantes depois do início da execução do delito, sendo a ação acompanhada pelas outras vítimas. Enfatizou-se que a capitulação da referida conduta como crime tentado, ou como delito consumado, não estaria em jogo. Discutir-se-ia, no caso, tão-somente o percentual de redução da pena. Aduziu-se que o Código Penal estabelece reprimenda menor para os crimes tentados em relação àquela aplicável aos consumados (...) Tendo isso em conta, salientou-se que *a doutrina é assente no sentido de que a definição do percentual da redução da pena observará apenas o iter criminis percorrido, ou seja, tanto maior será a diminuição quanto mais distante ficar o agente da consumação, bem como tanto menor será a diminuição quanto mais se aproximar o agente da consumação do delito. Reputou-se que a interpretação que melhor equacionaria a causa, por atender à idéia-força de proporcionalidade entre o crime e a pena, seria aquela desenvolvida pelo tribunal estadual, que concluíra que "a ação delitiva ficou entre um extremo e outro, não podendo, assim, a sanção ficar no mínimo nem no máximo, mas num meio termo".* (...) (HC 95960/PR, rel. Min. Carlos Britto, 14.4.2009)

Pautando sobre a dosimetria da pena em consenso ao *princípio da proporcionalidade*, a Primeira Turma do STF deferiu *habeas corpus* que discutia sobre o grau de redução da pena do agente pela correlação pautada na análise do *iter criminis* que fora percorrido em crime tentado.

A questão jurídica assentia no fato de que o *iter criminis* (o caminho do crime) influencia na dosimetria da pena do crime tentado. Prenuncia a doutrina que o *iter criminis* fixa, numa espécie de linha cronológica, a sequência de uma ação infracional, podendo ou não chegar à resultante crime.

A ideia existente é a de que essa linha fornecida pelo caminho que o crime percorre nos remete à proporcionalidade que a pena deve nutrir com os fatos ocorridos, porquanto o agente mais se aproximar do resultado crime, maior será a punição e, proporcionalmente, no sentido oposto da linha, quanto mais distante o agente permanecer da consumação, menor será a penalidade.

Aos olhos do Ministro Menezes Direito, voto vencido, no caso presente, de fato, não se questionava a tentativa, pois nesse sentido o entendimento é pacífico; ocorre que, no juízo do eminente Ministro, a pena não deveria ser reduzida por acreditar que a situação não seria diferente daquela em que o crime não se consubstancia, por exemplo, por intervenção policial.

Por maioria, o entendimento da Corte se deu no sentido que a razoabilidade da pena está relacionada ao *iter criminis* percorrido pelo agente, ressalvando, assim, a proporcionalidade que a pena deve manter entre o preceito legal, os fatos e o resultado alcançado pelo agente infrator. Devendo limitar-se a sanção, no caso concreto, a um meio-termo, já que a ação delitiva não ficou tão longe da consumação, mas também não chegou tão perto, quedando-se entre um extremo e outro.

3.3 Furto qualificado e hibridismo penal

STF, Primeira Turma, Informativo nº 499

A Turma indeferiu *habeas corpus* em que condenado pela prática de furto qualificado pelo concurso de agentes (CP, art. 155, §4º, IV)[163] pleiteava a manutenção da decisão proferida pelo tribunal de origem que, ao aplicar à pena de furto simples a majorante prevista para o crime de roubo (CP, art. 157, §2º)[164], reduzira a sanção imposta. Inicialmente, salientou-se que a analogia *in bonam parte* realizada pelo tribunal de justiça estadual – que aumentara a pena-base do furto em um terço e não no dobro, como determina a lei –, ainda que com fundamento nos princípios constitucionais da proporcionalidade e da isonomia, não se mostrara de boa técnica. Esclareceu-se que o legislador estabelecera diferença entre a qualificadora existente no furto e a causa de aumento de pena disposta na hipótese de roubo. Asseverou-se que, do ponto de vista técnico, não se poderia afirmar que o legislador aumentara a pena do furto no caso de concurso de agentes, mas que, na verdade, ter-se-ia novo tipo penal, cujo elemento definidor seria o concurso. Ademais, considerou-se errônea a assertiva

---

[163] "Art. 157 – Subtrair coisa móvel alheia, para si ou para outrem, mediante grave ameaça ou violência a pessoa, ou depois de havê-la, por qualquer meio, reduzido à impossibilidade de resistência: §2º – A pena aumenta-se de um terço até metade: II – se há o concurso de duas ou mais pessoas;"

[164] "Art. 155 – Subtrair, para si ou para outrem, coisa alheia móvel: §4º – A pena é de reclusão de 2 (dois) a 8 (oito) anos, e multa, se o crime é cometido: IV – mediante concurso de duas ou mais pessoas."

de que *o legislador, na espécie, não teria atentado para a necessária proporcionalidade entre o crime e a pena, pois ao criar novo tipo penal, com a correspondente sanção, certamente levara em conta critérios de valoração, em matéria de política criminal, que não se reduziriam a mera equivalência aritmética*. Assim, entendeu-se que, em se tratando de furto qualificado, não haveria exasperação circunstancial a partir de um tipo penal básico, como ocorre no roubo, porém uma figura típica diversa para a qual cominada sanção autônoma, não se podendo concluir, dessa forma, que o aumento da pena em dobro (CP, art. 155, §4º) violaria aos mencionados princípios constitucionais da proporcionalidade e da isonomia. HC 92626/RS, rel. Min. Ricardo Lewandowski, 25.3.2008.

Por unanimidade, em julgado do ano de 2008, a Primeira Turma do STF julgou improcedente *habeas corpus* em que o paciente requeria a aplicação da majorante prevista para o crime de roubo (art. 157, §2º, do CP) ao furto praticado em concurso de agentes, que tem no Código Penal Brasileiro a natureza de furto qualificado (art. 155, §4º, IV, do CP).

No caso concreto, o Tribunal de Justiça do Rio Grande do Sul tinha lançado mão do princípio da proporcionalidade para aplicar a majorante do roubo ao furto, deixando de aplicar a qualificadora prevista no art. 155, §4º, inciso IV, do Código Penal. Para os ministros, o que houve foi a valoração por parte do magistrado em aplicar pena dissonante daquela prevista no tipo penal cometido. Assim, aos olhos do tribunal de origem, a pena do furto qualificado seria desproporcional, ferindo diretamente a *proporcionalidade da pena*.

O debate jurídico que se propõe versa sobre o questionamento do argumento apresentado pelo magistrado, e acima comentado, de a pena proposta pelo Código ser ou não cabível e proporcional ao preceito primário do tipo de furto, quando comparada à majorante do roubo. O STF concluiu no sentido de ser descabida a analogia *in bonam parte* (em benefício do réu), pois o magistrado estaria estabelecendo sanção sem previsão legal, ferindo consequentemente o *princípio da legalidade*. Para o Pretório Excelso, as questões relacionadas à política criminal são complexas. Não podem ser restringidas a uma equivalência aritmética. Nessa trilha, a vontade do legislador não seria tão óbvia, tendo as suas razões para tipificar o concurso de agentes como sendo uma qualificadora do furto.

Desse modo, entenderam que não se pode pautar tecnicamente com base no princípio da proporcionalidade, para aplicar a majorante do roubo ao furto na hipótese de concurso de agentes. A proporcionalidade, via de regra, estabelece-se com base na pena delimitada pelo devido tipo penal; assim, o furto em concurso constitui um "novo tipo penal", em que a lei comina uma nova pena-base para o tipo.

Sustentando a legalidade, a proporcionalidade deve respaldar pelo ditame da pena prescrita ao preceito primário penal adequado ao fato perpetrado pelo agente.

3.4 Furto de aparelho de som automotivo

STJ, Sexta Turma, HC nº 152.833/SP

Discute-se, no crime de tentativa de furto, se o rompimento de obstáculo (quebra do vidro de veículo para subtrair aparelho de som) tipifica o delito de furto qualificado e, se reconhecido tal rompimento, a pena aplicada fere o princípio da proporcionalidade. Para o Min. Relator, o rompimento de porta ou vidro para o furto do próprio veículo é considerado furto simples. Não seria razoável reconhecer como qualificadora o rompimento de vidro para furto de acessórios dentro de carro, sob pena de resultar a quem subtrai o próprio veículo menor reprovação. Assevera, assim, que, nos casos como dos autos, considerar o rompimento de obstáculo como qualificadora seria ofender *o princípio da proporcionalidade da resposta penal, que determina uma graduação de severidade da pena em razão da prática do crime, apesar de a jurisprudência deste Superior Tribunal considerá-la como qualificadora*. Com esse entendimento, a Turma, por maioria, concedeu a ordem de habeas corpus. Precedentes citados: AgRg no REsp 983.291-RS, DJe 16/6/2008, e REsp 1.094.916-RS, DJ 13/10/2009. HC 152.833-SP, Rel. Min. Nilson Naves, julgado em 5/4/2010.

Em julgado do ano de 2010, a Sexta turma do STJ, por maioria, decidiu conceder a ordem de *habeas corpus* em favor do paciente que requeria a exclusão da qualificadora do furto, pautada na quebra do vidro de veículo automotor para subtração do rádio do automóvel.

A questão proposta era a de que a quebra dos vidros consolidaria qualificadora, aumentando, portanto, a pena do paciente. Ocorre que a conexão entre os fatos e a doutrina abstrata nem sempre se faz de modo claro e direto. A dogmática jurídica é teórica e o intérprete não pode utilizá-la de forma a perder o contato com a realidade, sem considerar as garantias jurídicas.

De acordo com os Ministros, não há que se falar em zelo do *princípio da proporcionalidade*, enquanto se considerar coisas frágeis e quebradiças que, em tese, não constituem quaisquer tipos de impedimentos aos constantes cometimentos de crimes, como obstáculos em potencial, que ensejariam ao serem quebradas a qualificadora de rompimento do obstáculo.

Consideraram como ofensivo à proporcionalidade tal qualificação, pois a pessoa que furtasse o próprio veículo teria menor reprovação do que aquela que apenas dele retira os acessórios, como o aparelho de som. Deve haver entre o crime e a pena um balanço equilibrado e ético, a fim de se obter uma pena justa, e não uma punição arbitrária e desmedida.

3.5 Duração da medida de segurança

STJ, Sexta Turma, Informativo nº 441

Com o início do cumprimento da medida de segurança, há a interrupção do prazo prescricional. E *o tempo de duração dela,* conforme precedente, *não deve ultrapassar o limite máximo da pena abstratamente cominada ao delito praticado.* No caso, o paciente está submetido à medida de segurança há mais de 16 anos pela prática do delito descrito no art. 129, *caput,* do CP. Sua internação não poderia ter duração superior a 4 (quatro) anos, segundo o art. 109, V, do CP. Precedentes citados: REsp 1.111.820-RS, DJe 13/10/2009, e HC 126.738-RS, DJe 7/12/2009. HC 143.315-RS, Rel. Min. Og Fernandes, julgado em 5/8/2010.

STJ, Sexta Turma, Informativo nº 416

Trata a *quaestio juris* sobre a duração máxima da medida de segurança, a fim de fixar restrição à intervenção estatal em relação ao inimputável na esfera penal. A Turma entendeu que fere o princípio da isonomia o fato de a lei fixar o período máximo de cumprimento da pena para o imputável (art. 97, §1º, do CP), pela prática de um crime, determinando que o inimputável cumpra medida de segurança por prazo indeterminado,[165] condicionando seu término à cessação de periculosidade. Em razão da incerteza da duração máxima de medida de segurança, está-se tratando de qual a lei limita o poder de atuação do Estado. Assim, *o tempo de duração máximo da medida de segurança não deve ultrapassar o limite máximo de pena cominada abstratamente ao delito praticado, em respeito aos princípios da isonomia e da proporcionalidade.* HC 125.342-RS, Rel. Min. Maria Thereza de Assis Moura, julgado em 19/11/2009.

É importante relembrarmos que o Estado de Direito é um sistema no qual ele próprio se submete aos ditames das leis que cria, alcançando, assim, a quebra do poder máximo e do uso arbitrário de suas forças.

Nesse sentido, a Sexta Turma do Superior Tribunal de Justiça tem se pronunciado com relação à problemática do tempo de duração da medida de segurança aplicada ao inimputável.

---

[165] Foram feitas correções do autor neste informativo, pois o original publicado continha erro, quando comparado à íntegra da decisão. Disse a Ministra Relatora Maria Thereza de Assis Moura: "No meu sentir, fere o princípio da isonomia o fato da lei fixar o período máximo de cumprimento de pena para o imputável, pela prática de um crime, e determinar que o inimputável cumprirá medida de segurança por prazo indeterminado, condicionando o seu término à cessão da periculosidade."

Como a Constituição Federal veda a prisão de caráter perpétuo e levando em consideração que, em tese, o instituto da medida de segurança deve se perfazer porquanto durar a periculosidade do agente (art. 97, §1º, do CP[166]), tem-se uma aparente contradição, que culminaria em uma atuação arbitrária por parte do Estado, com a aplicação de penas desproporcionais, se a escolha for pela literalidade da norma legal em detrimento dos direitos e garantias fundamentais.

Visando salvaguardar os *princípios da isonomia e da proporcionalidade*, a Sexta Turma estabeleceu que a medida de segurança não pode ultrapassar o limite máximo da pena em abstrato cominada ao delito, mantendo-se, assim, ajustada ao ilícito cometido. Ora, a igualdade é desrespeitada, se os imputáveis possuem a sua pena delimitada, enquanto os inimputáveis cumprem medidas de segurança por tempo indeterminado. *Mutatis mutandis*, essa indeterminabilidade pode ser ainda desproporcional (na sua faceta da proibição do excesso) ao injusto penal, sem ter relação alguma com o fato praticado.

O art. 97, §1º, do CP, estabelece um prazo mínimo para a medida de segurança, mas não especifica nenhum prazo máximo, afirmando que ela durará enquanto permanecer a periculosidade do agente. Nessa linha, a Sexta Turma considerou que a medida de segurança é espécie do gênero sanção penal, ao lado da pena. Lembrou ainda que a Primeira Turma do STF já firmou posicionamento de que tal medida deve respeitar o prazo máximo de 30 (trinta) anos, por força de uma interpretação sistemática e teleológica dos artigos 75[167] e 97 do Código Penal, c/c o artigo 185 da Lei de Execução Penal.[168]

Isso posto, decidiu a Sexta Turma do STJ no sentido de que o tempo máximo da medida de segurança corresponde ao tempo máximo da pena em abstrato cominada ao delito, ponderando ainda que cabe ao Ministério Público, se entender necessário, "em razão da não cessação da periculosidade do agente, desde que estritamente necessário à proteção deste ou da sociedade, buscar a sua interdição perante o Juízo Cível, com fulcro no disposto nos artigos 1.767 e seguintes do Código

---

[166] "Art. 97 – Se o agente for inimputável, o juiz determinará sua internação (art. 26). Se, todavia, o fato previsto como crime for punível com detenção, poderá o juiz submetê-lo a tratamento ambulatorial. §1º – A internação, ou tratamento ambulatorial, será por tempo indeterminado, perdurando enquanto não for averiguada, mediante perícia médica, a cessação de periculosidade. O prazo mínimo deverá ser de 1 (um) a 3 (três) anos."

[167] "Art. 75 – O tempo de cumprimento das penas privativas de liberdade não pode ser superior a 30 (trinta) anos."

[168] "Art. 183. Quando, no curso da execução da pena privativa de liberdade, sobrevier doença mental ou perturbação da saúde mental, o Juiz, de ofício, a requerimento do Ministério Público, da Defensoria Pública ou da autoridade administrativa, poderá determinar a substituição da pena por medida de segurança."

Civil. Caso contrário, não haverá outra alternativa senão a sua liberação imediata".

Faz-se mister salientar, porém, que, no HC nº 143315/RS, o Ministro Og Fernandes, da Sexta Turma do STJ, relacionou o tempo máximo da medida de segurança com o prazo prescricional. *In verbis*: "O delito do art. 129, *caput*, do Código Penal prevê uma pena de 3 (três) meses a 1 (um) ano de detenção. Isso significa que a medida de segurança não poderia, portanto, ter duração superior a 4 (anos) anos, segundo o art. 109, V, do CP". Entretanto, no mesmo acórdão ele afirmou o seguinte: "Prevalece na Sexta Turma desta corte a compreensão de que *o tempo máximo de duração da medida de segurança não deve ultrapassar o limite máximo da pena abstratamente cominada ao delito* praticado, com fundamento nos princípios da isonomia e da proporcionalidade" (grifos do autor). Assim sendo, parece-me que se deve, até o presente momento, continuar afirmando que a Sexta Turma do STJ entende que o tempo máximo da medida de segurança está relacionado ao limite máximo da pena em abstrato cominada ao crime, sem ter vínculo com a prescrição. Até porque, como reconhece o Senhor Ministro no mesmo acórdão, o lapso prescricional é interrompido com o início do cumprimento da medida de segurança.

STJ, Quinta Turma, HC nº 134487/RS

PENAL. HABEAS CORPUS. HOMICÍDIO SIMPLES. MEDIDA DE SEGURANÇA. LIMITE MÁXIMO. ART. 75 DO CÓDIGO PENAL. I – *Na linha do entendimento firmado no Pretório Excelso, embora a medida de segurança deva perdurar enquanto não for averiguada a cessação da periculosidade do agente, seu prazo máximo de duração submete-se ao limite temporal de 30 (trinta anos) previsto pelo Código Penal* (art. 75, CP), sob pena de ofensa ao art. 5º, inciso XLVII, alínea b, da *Lex Fundamentalis* (Precedentes). II – Na hipótese, além de não ter sido constatada a cessação da periculosidade, a internação do paciente encontra-se albergada pelo lapso temporal previsto no Estatuto Repressivo, o que constitui motivo bastante para continuidade da medida aplicada. Writ denegado. (HC 134487/RS, Relator Ministro Felix Fischer, Órgão Julgador Quinta Turma, Data do Julgamento 02/09/2010, DJe 04/10/2010).

STF, Primeira Turma, Informativo nº 397

A Turma concluiu julgamento de *habeas corpus* em que se pretendia a extinção de medida de segurança aplicada à paciente, diagnosticada como doente mental pela prática do delito de homicídio, cujo cumprimento, em hospital de custódia e tratamento, já ultrapassara trinta anos. *Tendo em conta a garantia constitucional que veda as penas de caráter perpétuo (CF, art. 5º, XLVII, b), entendeu-se extensível, às medidas de segurança, o limite temporal previsto no art. 75 do CP* ("O tempo de cumprimento das penas privativas de liberdade não pode ser superior a trinta anos."). Deferiu-se, parcialmente, o writ para que, cessada a medida de segurança, se aplique, por analogia, o art. 682, §2º, do CPP, na parte em que determina a comunicação ao "juiz dos incapazes", e se proceda conforme previsto para a interdição civil da paciente, nos termos dos arts. 1.769 e seguintes do CC (CPP: "Art. 682. O sentenciado a que sobrevier doença mental, verificada por perícia médica, será internado em manicômio judiciário, ou, à falta, em outro estabelecimento adequado, onde lhe seja assegurada a custódia.... §2º Se a internação se prolongar até o término do prazo restante da pena e não houver sido imposta medida de segurança detentiva, o indivíduo terá o destino aconselhado pela sua enfermidade, feita a devida comunicação ao juiz de incapazes."). (...) HC 84219/SP, rel. Min. Marco Aurélio, 16.8.2005. (HC-84219)

Em julgados do ano de 2010 e 2005, respectivamente, a Quinta Turma do STJ e a Primeira Turma do STF fundamentaram a limitação temporal das medidas de segurança com base na *proibição constitucional às penas perpétuas*.

O parâmetro utilizado para que tal limite se fixasse foi instituído por analogia *in bonam partem*, em interpretação sistemática e teleológica ao Código Penal, o qual estabelece, em seus artigos 75 e 97, que as penas não podem ultrapassar o máximo de 30 anos.

Para que não se violassem os princípios constitucionais, entre eles o da *proporcionalidade*, foi estabelecido que para a devida duração da medida de segurança é necessário analisar cada caso, situando a devida proporcionalidade entre o "perigo que se perdura" e a pena aplicada.

Por fim, entenderam que se estende às medidas de segurança o tempo máximo de cumprimento das penas privativas de liberdade, conforme previsto no artigo 75 do Código Penal. Se extinto o prazo de 30 anos e verificada a persistência da periculosidade, adotaram também por analogia o disposto no artigo 682, §2º, do Código de Processo Penal,[169] ou seja, que se comunique ao juiz de incapazes, para que seja dada vista ao Ministério Público, a fim de que se proceda a interdição civil, nos termos do 1.769 do Código Civil,[170] até que se efetive a devida internação.

---

[169] "Art. 682. O sentenciado a que sobrevier doença mental, verificada por perícia médica, será internado em manicômio judiciário, ou, à falta, em outro estabelecimento adequado, onde lhe seja assegurada a custódia. §2º. Se a internação se prolongar até o término do prazo restante da pena e não houver sido imposta medida de segurança detentiva, o indivíduo terá o destino aconselhado pela sua enfermidade, feita a devida comunicação ao juiz de incapazes."

[170] "Art. 1.769. O Ministério Público só promoverá interdição: I – em caso de doença mental grave; II – se não existir ou não promover a interdição alguma das pessoas designadas nos incisos I e II do artigo antecedente; III – se, existindo, forem incapazes as pessoas mencionadas no inciso antecedente."

3.6 Pena de suspensão ou proibição de se obter a permissão ou a habilitação para dirigir veículo automotor

STJ, Quinta Turma, HC nº 112.536-MS

A Turma concedeu parcialmente a ordem de habeas corpus, reduzindo a pena de proibição de o paciente obter a permissão ou habilitação para dirigir veículo automotor para 1 ano e 4 meses, e considerou ainda inviável a análise da pretensão quanto à inaplicabilidade da causa de aumento prevista no art. 302, parágrafo único, IV, do CTB (referente ao fato de que o paciente não estaria, na hora do acidente, conduzindo o veículo na qualidade de motorista profissional), porque demandaria exame fático probatório. Ressalta o Min. Relator que é cediço, via de regra, constitui o habeas corpus meio impróprio para o reexame da dosimetria da pena fixada, porque também demandaria análise do conjunto fático-probatório. Contudo, no caso, houve inequívoca ofensa aos critérios legais (arts. 59 e 68 do CP) que regem a dosimetria da resposta penal. Não se trata de reavaliar a justiça da decisão, mas sim de reconhecer a ilegalidade decorrente da ausência de fundamentação idônea na fixação da pena. Ademais, *a pena de proibição de obter habilitação ou permissão para dirigir veículo automotor deve guardar proporcionalidade com a pena privativa de liberdade*. Precedentes citados: REsp 824.234-DF, DJ 2/10/2006, e REsp 657.719-RS, DJ 14/2/2005. HC 112.536-MS, Rel. Min. Arnaldo Esteves Lima, julgado em 19/2/2009.

A Quinta Turma do STJ, em fevereiro de 2009, analisou pedido de HC impetrado por paciente que, acusado da prática do crime previsto no artigo 302 do Código de Trânsito Brasileiro,[171] requeria a desconsideração da qualificadora aplicada e tipificada no parágrafo único, inciso IV, do mesmo artigo.

Entenderam os ministros, com exceção do Ministro Napoleão Filho, que fora voto vencido, que o instrumento do *habeas corpus* não é meio que comporte exame de questões que demandem aprofundado exame do conjunto fático-probatório dos autos, pois este se caracteriza como um instrumento célere e de cognição sumária, quedando-se, assim, inviabilizados os ditames morosos dos exames comprobatórios.

Todavia, ainda que não se faça viável a análise que se propunha pelo impetrante, os ministros entenderam que a pena aplicada

---

[171] "Art. 302. Praticar homicídio culposo na direção de veículo automotor: Penas – detenção, de dois a quatro anos, e suspensão ou proibição de se obter a permissão ou a habilitação para dirigir veículo automotor. Parágrafo único. No homicídio culposo cometido na direção de veículo automotor, a pena é aumentada de um terço à metade, se o agente: (...) IV – no exercício de sua profissão ou atividade, estiver conduzindo veículo de transporte de passageiros."

violou diretamente o *princípio da proporcionalidade*. No entendimento da maioria da Turma, a pena de suspensão ou proibição de se obter habilitação deve guardar proporcionalidade com a gravidade do fato típico, promovendo-se adequada *individualização da pena*. Desse modo, julgaram que a pena de proibição de se obter a permissão ou habilitação para dirigir veículo automotor seria desequilibrada em relação aos fatos apresentados, a qual deve ser fixada concretamente de acordo com os limites previstos no artigo 293[172] do Código de Trânsito Brasileiro, o qual prevê pena máxima de 5 anos nos casos de suspensão ou proibição de obtenção da licença para dirigir. A pena sentenciada nitidamente é uma afronta à proporcionalidade que se deve manter, de modo que concederam parcialmente a ordem minorando a pena. Discordando do juízo *a quo*, que fixou a referida pena em 2 (dois) anos e 8 (meses), afirmou o Ministro Relator Arnaldo Esteves Lima:

> O crime imputado ao paciente é o mais grave dentre aqueles que cumulam a pena de suspensão ou proibição de dirigir veículo automotor previstos no CTB, entretanto, lhe são favoráveis as circunstâncias judiciais, implicando na fixação da pena-base dessa restrição em 1 ano, considerando o mínimo de 2 meses e o máximo de 5 anos. Não havendo circunstâncias atenuantes, agravantes ou causas de diminuição, deve a pena-base ser majorada em 4 meses em razão da causa de aumento de pena prevista no art. 302, parágrafo único, inciso IV, do CTB, conforme consignado pelo Juízo de 1º grau, resultando em uma pena de suspensão ou proibição de se obter a permissão ou habilitação para dirigir veículo automotor de 1 ano e 4 meses.

3.7 Homicídio culposo

STF, Segunda Turma, HC nº 101118/MS

(...) Se é certo, de um lado, que nenhum condenado tem direito público subjetivo à estipulação da pena-base em seu grau mínimo, não é menos exato, de outro, que não se mostra lícito, ao magistrado sentenciante, proceder a uma especial exacerbação da pena-base, exceto se o fizer em ato decisório adequadamente motivado, que satisfaça, de modo pleno, a exigência de fundamentação substancial evidenciadora da *necessária relação de proporcionalidade e de equilíbrio entre a pretensão estatal de máxima punição e o interesse individual de mínima expiação*, tudo

---

[172] "Art. 293. A penalidade de suspensão ou de proibição de se obter a permissão ou a habilitação, para dirigir veículo automotor, tem a duração de dois meses a cinco anos."

em ordem a inibir soluções arbitrárias ditadas pela só e exclusiva vontade do juiz. Doutrina. Precedentes. – A concretização da sanção penal, pelo Estado-Juiz, impõe que este, sempre, respeite o itinerário lógico-racional, necessariamente fundado em base empírica idônea, indicado pelos arts. 59 e 68 do Código Penal, sob pena de o magistrado – que não observar os parâmetros estipulados em tais preceitos legais – incidir em comportamento manifestamente arbitrário, e, por se colocar à margem da lei, apresentar-se totalmente desautorizado pelo modelo jurídico que rege, em nosso sistema de direito positivo, a aplicação legítima da resposta penal do Estado. – A condenação penal há de refletir a absoluta coerência lógico-jurídica que deve existir entre a motivação e a parte dispositiva da decisão, eis que a análise desses elementos – que necessariamente compõem a estrutura formal da sentença – permitirá concluir, em cada caso ocorrente, se a sua fundamentação ajusta-se, ou não, de maneira harmoniosa, à base empírica que lhe deu suporte. (...) *Não se revela legítima, por isso mesmo, a operação judicial de dosimetria penal, quando o magistrado, na sentença, sem nela revelar a necessária base empírica eventualmente justificadora de suas conclusões, vem a definir, mediante fixação puramente arbitrária, a pena-base, exasperando-a de modo evidentemente excessivo, sem quaisquer outras considerações.* HC 101118/MS, rel. Min. ELLEN GRACIE, 08/06/2010.

Como explanamos neste capítulo, o sistema do Estado de Direito possui regras próprias que, quando cumpridas adequadamente, impedem que o Estado atue de forma arbitrária e desmedida. Nesse sentido, em junho de 2010, a Suprema Corte do país deferiu em parte *habeas corpus*, o qual se apresentava contra decisão de órgão inferior, em que o juízo *a quo* aplicara pena que, no entendimento dos Ministros, fora exacerbadamente acima do máximo legal.

Apesar de a decisão ter se pautado em empate, vencidos a Ministra Ellen Gracie e o Ministro Gilmar Mendes, os quais votaram pela denegação da ordem, por defenderem que a pena aplicada seria proporcional ao ilícito cometido, pela exorbitante quantidade de entorpecente encontrada com o réu. Assim, os fatos que, segundo esses ministros, seriam alarmantes mereciam condenação proporcional e sustentação direta com a conexão ideológica contida no princípio em questão que determina a adequação entre os fatos e a pena aplicada.

Os demais ministros sustentaram que as expressões lacunosas, tais como as apresentadas na sentença, afrontam não somente o *princípio da proporcionalidade*, como o próprio âmago que sustenta o Estado de Direito, sendo inviável a atuação arbitrária do Estado-juiz, que desconsidere a necessária base empírica justificadora de suas conclusões.

Nesse sentido, o Supremo Tribunal Federal, por maioria, deferiu em parte o pedido de *habeas corpus*, ordenando a minoração da pena, em cumprimento com a justiça, elencando os princípios constitucionais da razoabilidade, da legalidade e da proporcionalidade entre os fatos e a pena, uma vez que não havia disposição legal que sustentasse a pena arbitrariamente aplicada e reconhecendo ainda a notória desproporcionalidade entre os fatos e a agravante valorativamente aplicada pelo magistrado.

3.8 O grau de pureza da droga

STF, Segunda Turma, Informativo nº 818

O grau de pureza da droga é irrelevante para fins de dosimetria da pena. Essa a conclusão da Segunda Turma, que indeferiu a ordem em "habeas corpus" impetrado em favor de denunciado pela suposta prática do crime descrito no art. 33, "caput", c/c o art. 40, I e III, todos da Lei nº 11.343/2006. A defesa sustentava que deveria ser realizado laudo pericial a aferir a pureza da droga apreendida, para que fosse possível verificar a dimensão do perigo a que exposta a saúde pública, de modo que a reprimenda fosse proporcional à potencialidade lesiva da conduta. A Turma entendeu ser desnecessário determinar a pureza do entorpecente. De acordo com a lei, *preponderam apenas a natureza e a quantidade da droga apreendida para o cálculo da dosimetria da pena.* HC nº 132909/SP, rel. Min. Cármen Lúcia, 15.3.2016. (HC-132909) (Informativo nº 818, 2ª Turma)

A análise da pureza da droga é desnecessária para o cálculo da pena. Os elementos relevantes para a dosimetria são a natureza e a quantidade da droga. Assim, de acordo com a Segunda Turma do STJ, em decisão de março de 2016, não é necessário considerar a pureza da droga para que estipular uma pena proporcional à potencialidade lesiva da conduta.

3.9 Estupro contra vulnerável

STJ, Sexta Turma, Informativo nº 533

DIREITO PENAL. ATOS LIBIDINOSOS DIVERSOS DA CONJUNÇÃO CARNAL CONTRA VULNERÁVEL. *Na hipótese em que tenha havido a prática de ato libidinoso diverso da conjunção carnal contra vulnerável, não é possível ao magistrado – sob o fundamento de aplicação do princípio da proporcionalidade – desclassificar o delito para a forma tentada em razão de eventual menor gravidade da conduta.* De fato, conforme o art. 217-A do CP, *a prática de atos libidinosos diversos da conjunção carnal contra vulnerável constitui a consumação do delito de estupro de vulnerável.* Entende o STJ ser inadmissível que o julgador, de forma manifestamente contrária à lei e utilizando-se dos princípios da razoabilidade e da proporcionalidade, reconheça a forma tentada do delito, em razão da alegada menor gravidade da conduta (REsp 1.313.369-RS, Sexta Turma, DJe 5/8/2013). Nesse contexto, o magistrado, ao aplicar a pena, deve sopesar os fatos ante os limites mínimo e máximo da reprimenda penal abstratamente prevista, o que já é suficiente para garantir que a pena aplicada seja proporcional à gravidade concreta do comportamento do criminoso. REsp 1.353.575-PR, Rel. Min. Rogerio Schietti Cruz, julgado em 5/12/2013

Em decisão de dezembro de 2013, a Sexta Turma do STJ entendeu não ser possível aplicar o princípio da proporcionalidade para desclassificar o delito para a forma tentada, no caso em que o agente praticou atos libidinosos diversos da conjunção carnal contra vulnerável.

O estranho raciocínio de defesa é que, como não houve a conjunção carnal, mas sim atos libidinosos diversos, a conduta seria substancialmente menos grave, fazendo incidir apenas o artigo 217-A tentado. Isso é um absurdo, porque os atos libidinosos diversos da conjunção carnal integram os elementos do tipo, que levam à consumação do delito: "Ter conjunção carnal *ou praticar outro ato libidinoso* com menor de 14 (catorze) anos".

3.10 Reincidência

STF, Pleno, Informativo nº 700

É constitucional a aplicação da reincidência como agravante da pena em processos criminais (CP, art. 61, I). *Essa a conclusão do Plenário ao desprover recurso extraordinário em que alegado que o instituto configuraria bis in idem, bem como ofenderia os princípios da proporcionalidade e da individualização da pena*. Registrou-se que as repercussões legais da reincidência seriam múltiplas, não restritas ao agravamento da pena (...). Consignou-se que *a reincidência não contrariaria a individualização da pena. Ao contrário, levar-se-ia em conta, justamente, o perfil do condenado, ao distingui-lo daqueles que cometessem a primeira infração penal*. Nesse sentido, lembrou-se que a Lei 11.343/2006 preceituaria como causa de diminuição de pena o fato de o agente ser primário e detentor de bons antecedentes (art. 33, §4º). Do mesmo modo, a recidiva seria considerada no cômputo do requisito objetivo para progressão de regime dos condenados por crime hediondo. Nesse aspecto, a lei exigiria o implemento de 2/5 da reprimenda, se primário o agente; e 3/5, se reincidente. O instituto impediria, também, o livramento condicional aos condenados por crime hediondo, tortura e tráfico ilícito de entorpecentes (CP, art. 83, V). Figuraria, ainda, como agravante da contravenção penal prevista no art. 25 do Decreto-Lei 3.688/41. (...). RE 453000/RS, rel. Min. Marco Aurélio, 4.4.2013. (RE-453000)

Em abril de 2013, o Pleno do Supremo Tribunal Federal decidiu definitivamente a respeito de uma antiga controvérsia doutrinária sobre a reincidência, que envolve os princípios da proporcionalidade e da individualização da pena.

A doutrina minoritária, derrotada no STF, defendia que a reincidência não deveria ser circunstância agravante, mas atenuante inominada, porque ela significa que o Estado falhou na ressocialização do preso. Ademais, a reincidência como agravante seria como punir uma pessoa duas vezes pela prática do mesmo fato criminoso, violando o *ne bis in idem* e o princípio da proporcionalidade.

O STF, no entanto, discordou desse entendimento, confirmando a linha do STJ, afirmando a reincidência como circunstância agravante: o condenado tem mais culpa por continuar no crime, mesmo já tendo sido punido uma vez, reincidindo. Então, ser réu primário é um fator positivo e ser reincidente é negativo.

É um tema polêmico, sem dúvidas.

3.11 Princípio da homogeneidade

STJ, Quinta Turma, Informativo nº 0523

DIREITO PROCESSUAL PENAL. ILEGALIDADE DE PRISÃO PROVISÓRIA QUANDO REPRESENTAR MEDIDA MAIS SEVERA DO QUE A POSSÍVEL PENA A SER APLICADA. *É ilegal a manutenção da prisão provisória na hipótese em que seja plausível antever que o início do cumprimento da reprimenda, em caso de eventual condenação, dar-se-á em regime menos rigoroso que o fechado.* De fato, a prisão provisória é providência excepcional no Estado Democrático de Direito, só sendo justificável quando atendidos os critérios de adequação, necessidade e proporcionalidade. Dessa forma, para a imposição da medida, é necessário demonstrar concretamente a presença dos requisitos autorizadores da preventiva (art. 312 do CPP) – representados pelos fumus comissi delicti e pelo periculum libertatis – e, além disso, não pode *a referida medida ser mais grave que a própria sanção a ser possivelmente aplicada na hipótese de condenação do acusado.* É o que se defende com a aplicação do princípio da homogeneidade, corolário do princípio da proporcionalidade, não sendo razoável manter o acusado preso em regime mais rigoroso do que aquele que eventualmente lhe será imposto quando da condenação. Precedente citado: HC 64.379- SP, Sexta Turma, DJe 3/11/2008. HC 182.750-SP, Rel. Min. Jorge Mussi, julgado em 14/5/2013.

Em maio de 2013, a Sexta Turma do STJ se valeu do princípio da homogeneidade, corolário do princípio da proporcionalidade, para afastar a prisão preventiva no caso dessa medida ser mais grave do que a própria sanção.

Assim, não é possível manter a prisão provisória no caso de expectativa de cumprimento da prisão-pena em regime semiaberto ou aberto. Se permitíssemos isso, tornaríamos a prisão processual mais grave do que a prisão-pena, violando a proporcionalidade, no que se refere à homogeneidade (ilegalidade da prisão preventiva quando ela for mais severa do que a pena eventual).

4 O princípio da proporcionalidade da pena em concursos públicos

1. A jurisprudência unânime do STF é de que a pena cominada no CP para a receptação qualificada é inconstitucional, por ofensa aos princípios da razoabilidade e a proporcionalidade, pois é prevista pena mais severa para o agente que obrigatoriamente deve saber da origem ilícita do produto, em relação àquele que, eventualmente, saiba de tal origem. (CESPE/TRF1/2009)

Gabarito: **Errado**. A jurisprudência do STF entende que a pena cominada no artigo 180, §1º, do CP, é constitucional. Informativo nº 546: "De início, aduziu-se que a conduta descrita no §1º do art. 180 do CP é mais gravosa do que aquela do caput, porquanto voltada para a prática delituosa pelo comerciante ou industrial, que, em virtude da própria atividade profissional, possui maior facilidade para agir como receptador de mercadoria ilícita. Em seguida, asseverou-se que, apesar da falta de técnica na redação do aludido preceito, a modalidade qualificada do §1º abrangeria tanto o dolo direto quanto o eventual, ou seja, abarcaria a conduta de quem 'sabe' e de quem 'deve saber' ser a coisa produto de crime. Assim, se o tipo pune a forma mais leve de dolo (eventual), a conclusão lógica seria de que, com maior razão, também o faria em relação à forma mais grave (dolo direto), mesmo que não o tenha dito expressamente, pois o menor se insere no maior".

CAPÍTULO VIII

PRINCÍPIO DA INDIVIDUALIZAÇÃO DA PENA

1 Apontamentos sobre o princípio da individualização da pena

A *individualização da pena* está prevista no artigo 5º, inciso XLVI, da CRFB/88.[173] A Constituição determina que as medidas penais sejam individualizadas, resguardando, assim, a proporção entre o delito e a pena. Para tanto, elenca o seguinte rol: a) privação ou restrição da liberdade; b) perda de bens; c) multa; d) prestação social alternativa; e) suspensão ou interdição de direitos. Esse elenco não é taxativo, já que a Carta Magna expressamente prevê a possibilidade de outras medidas penais, sendo, portanto, *numerus apertus*. Apesar de a Constituição permitir a criação de novas penas, deve-se ter em conta que logo no inciso XLVII[174] do mesmo artigo 5º há a proibição das penas de morte – salvo em caso de guerra declarada –, de caráter perpétuo, de trabalhos forçados, de banimento e cruéis.

Como já explanado nesta obra, a *proibição da pena indigna* é cláusula pétrea do ordenamento jurídico brasileiro, nos termos do art. 60, §4º, inciso IV, da CRFB/88. Nesse sentido, não poderá nem ser objeto de deliberação a proposta de emenda constitucional tendente a

---

[173] "XLVI – a lei regulará a individualização da pena e adotará, entre outras, as seguintes: a) privação ou restrição da liberdade; b) perda de bens; c) multa; d) prestação social alternativa; e) suspensão ou interdição de direitos;"

[174] "XLVII – não haverá penas: a) de morte, salvo em caso de guerra declarada, nos termos do art. 84, XIX; b) de caráter perpétuo; c) de trabalhos forçados; d) de banimento; e) cruéis;"

abolir essa garantia individual. Parte da doutrina considera que nem uma nova Constituição, nem a teoria da dupla revisão são capazes de reavivar as penas indignas, pois o *princípio da proibição do retrocesso* é um obstáculo intransponível à restrição dos direitos fundamentais e à negação dos direitos humanos, sustentando, assim, a irrevogabilidade da humanidade das penas no ordenamento jurídico, uma vez que ela constitui "patrimônio da coletividade".[175]

Por ter relação intrínseca com a espécie, a medida e a quantidade de pena legislada ou aplicada, parte da doutrina considera que a individualização da pena integra o princípio da proporcionalidade. O professor Luiz Flávio Gomes entende que o princípio da individualização está coligado ao da proporcionalidade, por ser uma das expressões da adequação ou idoneidade da pena.[176]

A individualização da pena ocorre em *três fases distintas*:
a) *Fase legislativa* (cominação da pena): o legislador deve cominar aos delitos penas proporcionais, que sejam coerentes com a gravidade do injusto penal. Por exemplo, a vida é um bem jurídico mais valioso do que o patrimônio, portanto, a pena do crime de homicídio deve ser mais severa do que a do roubo. Essa individualização se dá no plano abstrato, referente ao processo legislativo em que a pena é cominada;
b) *Fase judicial* (aplicação da pena): estando em vigor a lei penal, estabelecendo a pena no plano abstrato, cabe ao juiz a missão de realizar uma ponderada dosimetria da pena, para que faça valer concretamente a sua individualização. É mandamental a observância dos critérios para a sua fixação, conforme disposto no artigo 59 do Código Penal,[177] e do sistema trifásico (art. 68, do CP[178]),

---

[175] VIDAL, Hélvio Simões. Princípios do Direito Penal. *In:* MEDINA, Rafael de Castro Alves (Org.). *Direito Penal acadêmico:* parte geral. Rio de Janeiro: De Andréa Ferreira & Morgado, 2008, 135-136.

[176] BIANCHINI, Alice; GOMES, Luiz Flávio; MOLINA, Antonio García-Pablos de. *Direito penal:* introdução e princípios fundamentais, p. 402.

[177] "Art. 59 – O juiz, atendendo à culpabilidade, aos antecedentes, à conduta social, à personalidade do agente, aos motivos, às circunstâncias e conseqüências do crime, bem como ao comportamento da vítima, estabelecerá, conforme seja necessário e suficiente para reprovação e prevenção do crime: I – as penas aplicáveis dentre as cominadas; II – a quantidade de pena aplicável, dentro dos limites previstos; III – o regime inicial de cumprimento da pena privativa de liberdade; V – a substituição da pena privativa da liberdade aplicada, por outra espécie de pena, se cabível."

[178] "Art. 68 – A pena-base será fixada atendendo-se ao critério do art. 59 deste Código; em seguida serão consideradas as circunstâncias atenuantes e agravantes; por último, as causas de diminuição e de aumento."

referente às penas privativas de liberdade, ou bifásico (art. 49 do CP[179]), no tocante à pena de multa;

c) *Fase de execução* (execução da pena): o juiz da execução penal e a administração penitenciária devem zelar pelo indivíduo encarcerado, de forma a lhes garantir todos os direitos previstos na Lei de Execução Penal, possibilitando a progressão de regime e tomando as medidas necessárias para diminuir a vulnerabilidade do preso (prevenção especial). A Lei de Execução Penal, em seu artigo 5º, menciona expressamente a individualização da pena na dimensão da execução: "Os condenados serão classificados, segundo os seus antecedentes e personalidade, para orientar a individualização da execução penal".

O Supremo Tribunal Federal e a corrente doutrinária majoritária entendem que o impedimento legal à progressão de regime viola o princípio da individualização da pena (art. 5º, XLVI, da CRFB/88). A questão veio à baila com o advento da Lei dos Crimes Hediondos (8072/90), que previa, em seu artigo 2º, §1º, o regime integralmente fechado para os crimes hediondos, a prática de tortura, o tráfico ilícito de drogas e o terrorismo.

No HC nº 92959/SP, o STF declarou incidentalmente a inconstitucionalidade do referido dispositivo penal, por tornar inócua a garantia constitucional da individualização da pena, impedindo a progressão de regime, desconsiderando as particularidades de cada pessoa, dificultando a sua reintegração social e os esforços direcionados à ressocialização. Considerou-se ainda que a Lei nº 8.072/90 era incoerente, tendo em vista que impedia a progressividade, mas permitia o livramento condicional após o cumprimento de dois terços da pena (art. 5º, da Lei nº 8.072/90 c/c o art. 83, V, do CP[180]). Posteriormente, a Lei nº 11.464/07 alterou a Lei dos Crimes Hediondos, suprimindo o regime integralmente fechado[181] e permitindo a progressão de regime após o cumprimento de 2/5 (dois

---

[179] "Art. 49 – A pena de multa consiste no pagamento ao fundo penitenciário da quantia fixada na sentença e calculada em dias-multa. Será, no mínimo, de 10 (dez) e, no máximo, de 360 (trezentos e sessenta) dias-multa."

[180] "Art. 83 – O juiz poderá conceder livramento condicional ao condenado a pena privativa de liberdade igual ou superior a 2 (dois) anos, desde que: V – cumprido mais de dois terços da pena, nos casos de condenação por crime hediondo, prática da tortura, tráfico ilícito de entorpecentes e drogas afins, e terrorismo, se o apenado não for reincidente específico em crimes dessa natureza."

[181] "Art. 2º Os crimes hediondos, a prática da tortura, o tráfico ilícito de entorpecentes e drogas afins e o terrorismo são insuscetíveis de: I – anistia, graça e indulto; §1º A pena por crime previsto neste artigo será cumprida inicialmente em regime fechado."

quintos) da pena, se o apenado for primário, ou de 3/5 (três quintos), se reincidente.[182] Em relação aos crimes praticados antes da entrada em vigor da Lei nº 11.464/07, deve-se observar a Súmula Vinculante nº 26, editada pelo STF no ano de 2009. *In verbis*:

> Para efeito de progressão de regime no cumprimento de pena por crime hediondo ou equiparado, o juízo da execução observará a inconstitucionalidade do art. 2º da Lei nº 8.072, de 25 de julho de 1990, sem prejuízo de avaliar se o condenado preenche, ou não, os requisitos objetivos e subjetivos do benefício, podendo determinar, para tal fim, de modo fundamentado, a realização de exame criminológico.

Nesse caso, é preciso estar atento ao fato de que a lei posterior é mais gravosa, no que tange ao período de cumprimento de pena exigido para a progressão de regime. A Lei nº 11.464/07 determina a progressão de regime somente após o cumprimento de 2/5 (dois quintos) da pena, se o apenado for primário, ou de 3/5 (três quintos), se reincidente, enquanto que o artigo 112 da LEP[183] permite a progressividade após o cumprimento de 1/6 (um sexto) da pena. Sendo assim, em observância à irretroatividade da *lex gravior* (art. 2º, parágrafo único, do CP,[184] *a contrario sensu*), faz-se mandamental a aplicação do referido dispositivo da LEP aos fatos perpetrados antes do advento da Lei nº 11.464/07.

Ainda sobre a progressão de regime, faz-se mister o estudo do Enunciado nº 715, da Súmula do STF, que dispõe que "a pena unificada para atender ao limite de trinta anos de cumprimento, determinado pelo art. 75 do Código Penal, não é considerada para a concessão de outros benefícios, como o livramento condicional ou regime mais favorável de execução". Assim, para o Supremo, a desconsideração do limite de 30 anos de cumprimento de pena, para a concessão de outros benefícios que não a unificação, como a progressão de regime, não viola o princípio da individualização da pena e a vedação constitucional às penas perpétuas (HC nº 112182).

---

[182] "§2º A progressão de regime, no caso dos condenados aos crimes previstos neste artigo, dar-se-á após o cumprimento de 2/5 (dois quintos) da pena, se o apenado for primário, e de 3/5 (três quintos), se reincidente."

[183] "Art. 112. A pena privativa de liberdade será executada em forma progressiva com a transferência para regime menos rigoroso, a ser determinada pelo juiz, quando o preso tiver cumprido ao menos um sexto da pena no regime anterior e ostentar bom comportamento carcerário, comprovado pelo diretor do estabelecimento, respeitadas as normas que vedam a progressão."

[184] "Parágrafo único – A lei posterior, que de qualquer modo favorecer o agente, aplica-se aos fatos anteriores, ainda que decididos por sentença condenatória transitada em julgado."

2 O conceito na doutrina

A proibição de progressão de regime nos crimes hediondos viola claramente esse princípio da individualização da pena (Cf. STF, HC 82.959, que julgou inconstitucional o §1º do art. 2º da Lei 8.072/1990). A Constituição Federal mandou que o legislador estabelecesse critérios de individualização da pena. No caso da lei dos crimes hediondos o legislador bloqueou a atividade individualizadora do juiz. Isso significa afetar o núcleo essencial do direito. O legislador não pode agir dessa maneira. Aliás, isso mais que certo na Lei nº 11.464/2007 (que passou a permitir a progressão e regime nos crimes hediondos, assim como a concessão de liberdade provisória sem fiança).[185] (Alice Bianchini, Antonio García-Pablos de Molina e Luiz Flávio Gomes)

Com razão os alemães distinguem a determinação legal da pena (*Strafbemessung*) da individualização judicial da pena (*Strafzumessung*). A individualização *legal* é realizada pelo *legislador* ao estabelecer os marcos-limites através dos quais trafega o prudente arbítrio judicial na fixação das conseqüências do injusto, no caso concreto, segundo a *classe*, *gravidade* e *forma* de execução, aduzindo-se as possibilidades alternativas de substituição e imposição de medida de segurança e extinção de punibilidade. A aplicação da resposta penal implica relativa margem de discricionariedade do juiz da cognição balizada pelos princípios garantistas. Não se pode olvidar o *princípio da proporcionalidade* e do *dever processual de motivação* e da *obrigação de fundamentação do ato decisório* (duplo grau de jurisdição).[186] (Álvaro Mayrink)

A proteção à vida, por exemplo, deve ser feita com uma ameaça de pena mais severa do que aquela prevista para resguardar o patrimônio; um delito praticado a título de dolo terá sua pena maior do que aquele praticado culposamente; um crime consumado deve ser punido mais rigorosamente do que o tentado etc. A esta fase seletiva, realizada pelos tipos penais no plano abstrato, chamamos de *cominação*. É a fase na qual cabe ao legislador, de acordo com um critério político, valorar os bens que estão sendo objeto de proteção pelo Direito Penal, individualizando as penas de cada infração penal de acordo com a sua importância e gravidade.[187] (Rogério Greco)

---

[185] BIANCHINI, Alice; GOMES, Luiz Flávio; MOLINA, Antonio García-Pablos de. *Direito penal*: introdução e princípios fundamentais, p. 402.
[186] MAYRINK, Álvaro. *Direito Penal*: parte geral. v. 3. 7. ed. Rio de Janeiro: Forense, 2007, p. 395.
[187] GRECO, Rogério. *Curso de Direito Penal*: parte geral, p. 67-68.

3 O princípio da individualização da pena na jurisprudência do STF e do STJ

3.1 Autodefesa, devido processo legal e individualização da pena

STF, Segunda Turma, Informativo nº 69

O comportamento do acusado durante o processo, na tentativa de defender-se, não deve influir na determinação da pena. Com esse entendimento, a Turma deferiu em parte *habeas corpus* para, sem prejuízo da condenação, anular o acórdão no ponto em fixou a pena, posto que considerara como motivo para sua exacerbação a conduta processual dos acusados. HC 74.199-RS, rel. Min. Carlos Velloso, 29.4.97.

Trata se de *habeas corpus* impetrado pelo qual se alega que o paciente foi condenado com outro corréu à pena de 3 (três) anos de reclusão e sustenta, entre outras nulidades, a falta de individualização adequada da pena, alegando que o acórdão proferido não examinou todas as circunstâncias judiciais do artigo 59 do Código Penal,[188] e fixou a pena-base em 50% acima do mínimo legal.

Em análise ao *writ*, justificaram os Ministros que a pena estabelecida em um ano acima do mínimo legal foi devidamente legal, haja vista que o supracitado artigo permite ao magistrado a não menção de todas as variáveis, de modo que ao fixar a duração da pena não está obrigado a fazê-lo de modo exaustivo.

Contudo, em seguimento à análise, observaram ter como "questão delicada" a referência que o acórdão faz à *conduta processual do réu*, atribuindo-lhe caráter "egoístico e agressivo" e às suas testemunhas os adjetivos de "constrangidas que procuraram em vão afastá-los da responsabilidade penal [...]", e assim qualificando tais condutas como agravantes judiciais.

De trecho extraído da manifestação do Ministério Público: "embora não se negue que a conduta do imputado posteriormente ao delito possa influir na determinação da pena, não creio que seja possível enquadrar nessa hipótese *in malam partem*, o comportamento do réu durante o processo, mormente quando se o responsabiliza também pelo comportamento das testemunhas".

---

[188] "Art. 59. O juiz, atendendo à culpabilidade, aos antecedentes, à conduta social, à personalidade do agente, aos motivos, às circunstâncias e conseqüências do crime, bem como ao comportamento da vítima, estabelecerá, conforme seja necessário e suficiente para reprovação e prevenção do crime"

Nitidamente percebemos que aqui o zelo pela aplicabilidade do *devido processo legal*, em conjunto com a *individualização da pena* foram misteres para que o *Parquet* se manifestasse com relação à justificativa apresentada pelo magistrado.

A conclusão a que chegaram por maioria, vencido o senhor Ministro Marco Aurélio, que concedia integralmente o *habeas corpus*, foi a de que o réu não pode arcar com o comportamento das testemunhas, como se por elas respondesse penalmente. Se assim o fosse, estaríamos diante da mais direta afronta ao princípio da individualização da pena, de modo a concluírem o acórdão com a ordem de reformulação da sentença, demonstrando a força que os princípios constitucionais penais exercem nas decisões tomadas e proferidas pelos tribunais superiores.

3.2 Progressão de regime

STF, Plenário, Informativo nº 417

Em conclusão de julgamento, o Tribunal, por maioria, *deferiu pedido de habeas corpus e declarou, incidenter tantum, a inconstitucionalidade do §1º do art. 2º da Lei 8.072/90, que veda a possibilidade de progressão do regime de cumprimento da pena nos crimes hediondos definidos no art. 1º do mesmo diploma legal* – v. Informativos 315, 334 e 372. Inicialmente, o Tribunal resolveu restringir a análise da matéria à progressão de regime, tendo em conta o pedido formulado. Quanto a esse ponto, entendeu-se que *a vedação de progressão de regime prevista na norma impugnada afronta o direito à individualização da pena* (CF, art. 5º, LXVI), já que, *ao não permitir que se considerem as particularidades de cada pessoa, a sua capacidade de reintegração social e os esforços aplicados com vistas à ressocialização, acaba tornando inócua a garantia constitucional*. Ressaltou-se, também, que o dispositivo impugnado apresenta incoerência, porquanto impede a progressividade, mas admite o livramento condicional após o cumprimento de dois terços da pena (Lei 8.072/90, art. 5º). *Considerou-se, ademais, ter havido derrogação tácita do §1º do art. 2º da Lei 8.072/90 pela Lei 9.455/97, que dispõe sobre os crimes de tortura, haja vista ser norma mais benéfica, já que permite, pelo §7º do seu art. 1º, a progressividade do regime de cumprimento da pena*. (...) O Tribunal, por unanimidade, explicitou que a declaração incidental de inconstitucionalidade do preceito legal em questão não gerará conseqüências jurídicas com relação às penas já extintas nesta data, já que a decisão plenária envolve, unicamente, o afastamento do óbice representado pela norma ora declarada inconstitucional, sem prejuízo da apreciação, caso a caso, pelo magistrado competente, dos demais requisitos pertinentes ao reconhecimento da possibilidade de progressão. HC 82959/SP, rel. Min. Marco Aurélio, 23.02.2006.

Em julgamento no ano de 2006, o Pleno da mais alta Corte do país declarou incidentalmente a inconstitucionalidade do §1º do art. 2º da Lei nº 8.072/90, que estabelecia o regime integralmente fechado para os crimes hediondos, o tráfico ilícito de entorpecentes e drogas afins, o terrorismo e a prática de tortura.

Considerou-se que o supracitado dispositivo violava o *princípio da individualização da pena*, ao impedir o ajuste da pena cominada, afastando a necessidade da apreciação dos aspectos objetivos e subjetivos do crime, no momento da aplicação e da execução da pena. O regime integralmente fechado impedia que se aferisse a personalidade de cada apenado, a sua possibilidade de reintegração social e os esforços a serem aplicados para a sua ressocialização, com o fim de tratar o condenado com humanidade, individualizando a sua pena. Assim, a norma não estava em harmonia com os ditames constitucionais e com os princípios penais regentes, tais como os da individualização, da isonomia e da dignidade da pessoa humana.

Entendeu-se que, ao se estabelecer normas de tais essências, afasta-se o propósito da pena, que vem a ser retributiva, mas também ressocializadora. Ademais, a vedação da progressão do regime prisional desmotiva os condenados no cumprimento da ordem. Retirar o regime de progressão é agir de modo adverso à função da pena, tratando-a como se fosse de cunho meramente cruel e rigorosa; afastando-se a justificativa socialmente aceita que se tem em punir retribuindo o mal e ressocializando o infrator para que não volte à prática delituosa.

Destacou-se ainda a incoerência da lei, pois ao mesmo tempo em que ela fixa genericamente a impossibilidade da progressão de regime nos crimes hediondos e equiparados, permite o livramento condicional após o cumprimento de dois terços da pena, conforme estabelecido no art. 5º da Lei nº 8072/90, c/c o art. 83, inciso V, do Código Penal.[189]

A lei não foi criada sob a ótica do princípio da individualização da pena, pois se assim o fosse observaria que o Estado-Juiz não aplica a pena pelo crime abstrato, mas sim com os olhos voltados para o delito concretamente determinado. Como bem disposto no artigo 59 do Código Penal, deve-se analisar com rigor as circunstâncias como um todo, elencando fatos objetivos e subjetivos, tais como os antecedentes, a conduta social e a personalidade do agente.

---

[189] "Art. 83 – O juiz poderá conceder livramento condicional ao condenado a pena privativa de liberdade igual ou superior a 2 (dois) anos, desde que: V – cumprido mais de dois terços da pena, nos casos de condenação por crime hediondo, prática da tortura, tráfico ilícito de entorpecentes e drogas afins, e terrorismo, se o apenado não for reincidente específico em crimes dessa natureza. (Incluído pela Lei nº 8.072, de 25.7.1990)"

É nesse sentido que a pena deve pautar, individualizando as condutas, participações, motivação, pois somente com a devida observância dos princípios constitucionais penais é que será possível atender a ordem pela qual o Estado zela.

Não há nenhum respaldo constitucional na retirada do direito à progressão do regime, pois a Carta Magna, nos termos do artigo 5º, inciso XLIII, afasta tão somente a fiança, a graça e a anistia sem, contudo, limitar a garantia da individualização da pena.

O legislador, ao positivar a Lei nº 8.072/90, não foi coerente com os propósitos constitucionais pertinentes em matéria penal. Deveria ter agido tal como quando instituiu a punição pelo crime de tortura. Ao instituir e regular esse crime, o legislador cuidou de dispor apenas o início do cumprimento da pena, e não fechando o círculo, acabou por viabilizar diretamente o regime de progressão. A Lei nº 9.455/97, que definiu os crimes de tortura, permitiu a progressão do regime, apenas estabelecendo que o condenado iniciará o cumprimento da pena em regime fechado (art. 1º, §7º, da Lei nº 9.455/97[190]).

De acordo com o voto do Ministro-Relator Marco Aurélio, não faz sentido que crime mais grave, tal como o de tortura, contemple a aplicação do regime de progressão, enquanto os outros tipos penais, elencados na Lei dos Crimes Hediondos, ainda são regidos pela regra do regime prisional integralmente fechado.

Divergiu desse entendimento o Senhor Ministro Celso de Mello, assim como os Ministros Carlos Veloso, Joaquim Barbosa, Ellen Gracie e Nelson Jobim. Em seu voto, o Ministro Celso de Mello apresentou a seguinte razão, da qual os demais ministros (votos vencidos) se aproximaram: "Tenho para mim que a determinação legal de cumprimento das penas [...], em regime integralmente fechado, longe de transgredir o princípio da individualização da pena [...] objetiva dar-lhe concreção e efetividade".

Em seus argumentos, aponta Celso de Mello que o postulado da individualização penal tem por destinatário o próprio legislador, a quem compete cominar as penas respectivas e seus correspondentes regimes de execução. Acreditando que a instituição do regime feita pelo legislador, na verdade, parte de um juízo discricionário e que se dá em função da maior gravidade objetiva do ilícito penal, o Ministro votou no sentido de que o legislador está legitimado a atuar dessa forma,

---

[190] "Art. 1º. §7º O condenado por crime previsto nesta Lei, salvo a hipótese do §2º, iniciará o cumprimento da pena em regime fechado."

usando o princípio da individualização da pena, pois a particularização se dá em caráter abstrato.

Nesse sentido, nada mais justo do que observarmos mais uma vez, e a título de fixação do papel fundamental que tem a devida individualização da pena em seu caráter pragmático, pois toda essa decisão, apesar de não unânime, ensejou a declaração incidental de inconstitucionalidade do §1º do art. 2º da Lei dos Crimes Hediondos, e a posterior promulgação da Lei nº 11.464/07, a qual dá nova redação ao supracitado artigo, eliminando o regime prisional integralmente fechado,[191] permitindo a progressão de regime após o cumprimento de 2/5 (dois quintos) da pena, se o condenado for primário, e de 3/5 (três quintos), se reincidente.[192]

Por fim, a turma, por maioria, concedeu a ordem de *habeas corpus*, declarando a inconstitucionalidade *incidenter tantum* do §1º do artigo 2º da Lei nº 8.072/90, e por votação unânime decidiram que tal declaração não atingiria penas já extintas.

Ainda no que tange à progressão de regime, faz-se imprescindível a lembrança de que ela também deve ser seguida nos crimes militares, uma vez que o STF e o STJ já firmaram posicionamento no sentido da *aplicação subsidiária* da Lei de Execuções Penais (LEP) nos processos de execução referentes a militares em cumprimento de pena em presídios castrenses, diante da lacuna da lei específica quanto à matéria. Esse é o sentido do Informativo nº 487 do STJ, de novembro de 2011: "o cumprimento da pena privativa de liberdade no regime integralmente fechado em estabelecimento militar contraria não só o texto constitucional mas também todos os postulados infraconstitucionais atrelados ao *princípio da individualização da pena*, caracterizando, assim, evidente constrangimento ilegal".

3.3 Substituição da pena privativa de liberdade por restritivas de direitos no tráfico de drogas

STF, Pleno, Informativos nºs 579, 597, 598

(...) *Sustenta a impetração que a proibição, no caso de tráfico de entorpecentes, da substituição pretendida ofende as garantias da individualização da pena (CF, art. 5º, XLVI),*

---

[191] "Art. 2º. §1º A pena por crime previsto neste artigo será cumprida inicialmente em regime fechado."
[192] "Art. 2º. §2º A progressão de regime, no caso dos condenados aos crimes previstos neste artigo, dar-se-á após o cumprimento de 2/5 (dois quintos) da pena, se o apenado for primário, e de 3/5 (três quintos), se reincidente."

bem como aquelas constantes dos incisos XXXV e LIV do mesmo preceito constitucional (...) O Min. Ayres Britto, lembrou, *inicialmente*, ter *a jurisprudência do Supremo se mantido firme no sentido de admitir a conversão da pena privativa de liberdade em restritiva de direitos, por todo o período de vigência da Lei 6.368/76, revogada pela Lei e,* mesmo com o advento da Lei 8.072/90. Citou, no ponto, o que decidido no HC 85894/RJ (DJE de 28.9.2007). Após mencionar o disposto no inciso XLIII do art. 5º da CF (...), afirmou ser possível vocalizar, daí, uma primeira proposição interpretativa, qual seja, a de que, em tema de vedações de benefícios penais ao preso ou, então, ao agente penalmente condenado, *a Constituição Federal impôs à lei que verse por modo igual os delitos por ela de pronto indicados como hediondos e outros que venham a receber a mesma tarja, sem diferenciação entre o que já é hediondo por qualificação diretamente constitucional e hediondo por explicitação legal, ou por descrição legal*. Portanto, frisou ter-se isonomia *interna de tratamento, antecipadamente assegurada pela nossa Magna Carta*. Observou, em seguida, que embora a Carta Federal tenha habilitado a lei para completar a lista dos crimes hediondos, a ela impôs um limite material, qual seja, *a não concessão dos benefícios da fiança, da graça e da anistia para os que incidirem em tais delitos*. Assim, enfatizou que a própria norma constitucional cuidou de enunciar *as restrições a serem impostas àqueles que venham a cometer as infrações penais adjetivadas de hediondas*, não incluindo, nesse catálogo de restrições, a vedação à conversão da pena privativa de liberdade em restritiva de direitos. (...) Aduziu que a Constituição Federal teria ido além, haja vista que também não teria feito diferenciação constritiva entre os crimes por ela nominados, ou seja, não teria feito diferenciação restritiva quanto aos benefícios penais ou as causas excludentes de criminalidade que optou por excluir do âmbito dos crimes ali expressamente indicados. *Considerou que, em tema de crimes hediondos, não haveria como reforçar o discurso da própria Constituição quanto às excludentes de punibilidade ou à proibição de benefício penal* a quem responder pela autoria deles, *porquanto o próprio do capítulo que versa sobre direitos e garantias individuais*, historicamente oponíveis ao Estado, inclusive ao estado legislador, *seria ampliar a esfera de liberdade das pessoas naturais e não estreitar*, ou, por qualquer modo, encurtar esse espaço de movimentação humana. Prosseguindo, *expôs que, no que se refere à garantia mesma da individualização da pena* (...), uma nova proposição interpretativa seria cabível, salientando que a Carta Federal não teria imposto a essa garantia qualquer restrição. (...) *o princípio da individualização da pena significaria o reconhecimento de que cada ser humano é um microcosmo, que não se poderia repetir na sua conformação psicofísica e espiritual*. (...) Uma coisa seria a lei estabelecer condições mais severas para a concreta incidência da alternatividade, severidade legal jurisdicionalmente sindicável tão-só pelos vetores da razoabilidade e da proporcionalidade, outra seria proibir pura e secamente, como fez o art. 33, §4º, da Lei 11.343/2006, a convolação da pena supressora ou restritiva da liberdade em pena restritiva de direitos. Assentou, ademais, que *a garantia constitucional da individualização da pena foi regrada em dispositivo posterior justamente àquele referente aos crimes hediondos, ou seja, depois que falou dos crimes hediondos, já num dispositivo posterior, tratou-se da individualização pena, sem abrir exceção nenhuma para os crimes hediondos*. Atentou que, mais que isso, a garantia da individualização da pena, se veio num dispositivo constitucional posterior à relação dos crimes hediondos, viria num contexto semântico anterior à própria indicação das penas. (...) Avaliou que, *ao requestar o comando intercalar da lei, a Constituição o teria feito apenas para que a legislação ordinária regulasse as condições de aplicabilidade da individualização em função de cada tipo penal, não recrutando o legislador ordinário para excluir do âmbito da garantia qualquer dos tipos criminais,* dado se cuidar de situação jurídico-ativa concebida para incidir em face de todo e qualquer delito legalmente descrito e do seu específico apenamento. (...) Apontou que as penas restritivas de direitos seriam em essência uma alternativa aos efeitos certamente traumáticos, estigmatizantes e onerosos do cárcere. Articulou que não por acaso todas elas seriam comumente chamadas de penas alternativas, pois essa seria mesmo a sua natureza, ou seja, constituir-se num substitutivo ao encarceramento e suas gravíssimas e, por vezes, vexatórias seqüelas. Estar-se-ia diante, assim, de opção constitucional, que, além de cultuar o vetor da proporcionalidade entre os bens jurídicos violados e a resposta punitiva do Estado, traduziria que a pena privativa de liberdade corporal não seria a única a cumprir a função retributivo-ressocializadora ou restritivo-preventiva da sanção penal. *As demais penas, chamadas de alternativas, também seriam vocacionadas para esse geminado papel da retribuição, prevenção e ressocialização, não havendo ninguém melhor do que o juiz natural da causa para saber, no caso concreto, qual o tipo alternativo de reprimenda suficiente para castigar e, ao mesmo tempo, recuperar socialmente o apenado, além de inibir condutas de igual desvalia social, conciliando, com isso, justiça material e segurança jurídica, tudo como lídima expressão de categoria jurídica positiva da razoabilidade.* (...) O Min. Joaquim Barbosa, em voto-vista, iniciou a divergência e denegou o writ por considerar que a vedação à substituição da pena privativa de liberdade por restritiva de direitos nos crimes de tráfico de drogas estaria de acordo com a Constituição e com a realidade social brasileira, não prejudicando a individualização justa, equânime e adequada da pena cabível nesses crimes, de acordo com o caso concreto. Asseverou que, no ordenamento pátrio, a substituição da pena não caberia em qualquer crime, sendo esta vedada em várias situações (CP, art. 44). Salientou que o Código Penal, ao versar sobre a substituição da pena, fixara as diretrizes a serem observadas pelo juiz no momento de sua aplicação. Consignou, ademais, que o instituto em apreço não derivaria diretamente da garantia constitucional da individualização da pena, haja vista que o ordenamento não outorgaria ao juiz a liberdade ampla de analisar se a substituição fosse possível em toda e qualquer situação concreta. *Reputou que a garantia da individualização da pena somente seria violada se o legislador estivesse impedido por completo de realizar a individualização judicial nos crimes hediondos em pelo menos um de seus dois momentos: o da aplicação da pena prevista na lei pelo juiz sentenciante e o da execução e cumprimento da reprimenda pelo condenado.* (...) Concluiu que a *garantia da individualização da pena não constituiria impedimento a outras vedações legais e que, se abstraída em demasia, culminaria em situação na qual o legislador não poderia instituir pena alguma, competindo ao juiz individualizar a sanção penal de acordo com o seu julgamento no caso concreto dentre aquelas estabelecidas exclusivamente na Constituição.* (...) (HC 97256/RS, rel. Min. Ayres Britto, 01/02/2010).

Em sessão iniciada em 2010, o Plenário do Supremo Tribunal Federal deparou se com *habeas corpus* que questionara a constitucionalidade da vedação da substituição da pena privativa de liberdade por restritiva de direitos, disposta no art. 44 da Lei Antidrogas. Sustenta a impetração que a proibição, no caso de tráfico de drogas, da substituição pretendida ofende *o princípio da individualização da pena*, por atribuir genericamente e a todos que se aplicam aquele tipo a perda do direito constitucionalmente garantido e expresso no princípio que se estuda.

Do voto do relator, infere-se que apesar de a Constituição Federal permitir que o legislador regule posteriormente, por exemplo, o rol dos crimes tidos como hediondos, não podemos esquecer que a razão do dispositivo encontra fundamento legal naquilo que o Ministro Relator Carlos Ayres Britto denominou de "núcleo semântico da individualização da pena". Nesse sentido, quis o eminente Ministro nos remeter à ideia da evolução das palavras e, nesse caso, da *ratione legis* constitucional. De modo que não seria possível imaginar que a competência do legislador, a normatizar sobre determinados assuntos, permita que ele anule o sentido do princípio constitucional da individualização da pena nas leis infraconstitucionais. Nas palavras do Ministro: "ao requestar o comando intercalar da lei, a Constituição o teria feito apenas para que a legislação ordinária regulasse as condições de aplicabilidade da individualização em função de cada tipo penal, não recrutando o legislador ordinário para excluir do âmbito da garantia qualquer dos tipos criminais".

Apesar das muitas doutrinas refletirem a esse respeito, todas elas se dirigem a um ponto comum, o qual consolida o entendimento de que a pena percorre um caminho entre, basicamente, três etapas, sendo elas: o legislativo, o judiciário e o executório, e essas admitem como fundamento máximo a preconização da individualização da pena.

À lei penal é permitido, por exemplo, que assevere a pena daquele que é reincidente em prática criminosa ou que torne mais difícil a obtenção da conversão da pena privativa de liberdade em restritiva de direitos. Entretanto, nas palavras do Ministro Relator, isso não é respaldo suficiente para que a lei proíba a conversão de modo "puro e seco".

Acrescenta ainda que a Constituição cuidou de estabelecer normas que possibilitem ao magistrado a aplicação proporcional da pena ao crime cometido e deu a ele a possibilidade de aplicação das chamadas "penas alternativas", pois cuida a Constituição, nesse sentido, de minorar os efeitos traumáticos e vexatórios do cárcere.

Justificou esses tipos de pena, como sendo também cumpridora das funções retributivas e ressocializadoras e que não haveria melhor analista que o próprio juiz natural, para que analisasse os fatos a ele apresentados e cominando na atuação dos *princípios da proporcionalidade e da individualização da pena*, pudesse verificar o mérito do infrator em receber as penas alternativas ou não. Isso se torna muito claro quando se dá a devida atenção à intenção da Constituição que vem a ser a liberdade individual, a exceção vem a ser o aprisionamento dos entes sociais.

Em voto-vista, o Ministro Joaquim Barbosa discordou do voto do Ministro Relator, onde acompanharam seu voto os ministros Marco Aurélio, Cármen Lúcia, Ellen Gracie, e em suas razões apontou que a vedação da substituição da pena em nada interviria no disposto pela Constituição. Apontou ainda que coube ao Código Penal versar sobre a substituição e que esta não se aplica em toda e qualquer situação, havendo vedações taxadas no artigo 44 do referido diploma legal.

Segundo o nobre Ministro, a garantia da individualização da pena seria violada, apenas, caso o legislador estivesse integralmente impossibilitado de agir de acordo com os dizeres dessa garantia. Entendeu que a proibição legal referida, na verdade, trata-se de mera delimitação da esfera judicial e não implica inconstitucionalidade; por fim, posicionou-se pelo indeferimento do *writ*.

A Corte, por maioria, concedeu parcialmente a ordem de *habeas corpus* e declarou, incidentalmente, a inconstitucionalidade da expressão "vedada a conversão em penas restritivas de direitos", constante no §4º do art. 33 da Lei nº 11.343/2006,[193] e da expressão "vedada a conversão de suas penas em restritivas de direitos", contida no aludido art. 44 do mesmo diploma legal. Essa decisão não faz coisa julgada *erga omnes*, pois foi proferida como questão incidente.

No HC nº 102663/RJ, a Primeira Turma do STF confirmou o mesmo posicionamento: "A pena privativa de liberdade no crime de tráfico de entorpecentes pode ser substituída pela restritiva de direitos, uma vez presentes os requisitos objetivos e subjetivos exigidos pelo art. 44 do Código Penal, em observância ao princípio da individualização da pena, sendo inconstitucional a vedação em abstrato à concessão do benefício".

---

[193] "§4º Nos delitos definidos no caput e no §1º deste artigo, as penas poderão ser reduzidas de um sexto a dois terços, vedada a conversão em penas restritivas de direitos, desde que o agente seja primário, de bons antecedentes, não se dedique às atividades criminosas nem integre organização criminosa."

STJ, Sexta Turma, Informativo nº 438

A Turma reafirmou ser possível a substituição da pena privativa de liberdade por restritiva de direitos nas condenações referentes ao crime de tráfico de drogas praticado sob a égide da Lei n. 11.343/2006, conforme apregoam precedentes do STF e do STJ. Na hipótese, o paciente foi condenado pela prática do delito descrito no art. 33, caput, daquela lei e lhe foi aplicada a pena de um ano e oito meses de reclusão, reduzida em razão do §4º do citado artigo. Então, reconhecida sua primariedade e determinada a pena-base no mínimo legal em razão das favoráveis circunstâncias judiciais, há que fixar o regime aberto para o cumprimento da pena (princípio da individualização da pena) e substituí-la por duas restritivas de direitos a serem definidas pelo juízo da execução. Precedentes citados do STF: HC 102.678-MG, DJe 23/4/2010; do STJ: HC 149.807-SP, DJe 3/11/2009; HC 118.776-RS; HC 154.570-RS, DJe 10/5/2010, e HC 128.889-DF, DJe 5/10/2009. HC 151.199-MG, Rel. Min. Haroldo Rodrigues (Desembargador convocado do TJ-CE), julgado em 10/6/2010.

É possível a conversão da pena privativa de liberdade em restritiva de direitos no Tráfico de Drogas. Assim, a Sexta Turma do STJ concedeu a ordem de *habeas corpus* a preso acusado pela prática desse crime, nos termos do artigo 33, *caput*, da Lei nº 11.343/2006.

Acordaram os Ministros que em novos tempos, novas medidas são tomadas, de modo que, apesar de a Turma já ter consolidado entendimento diverso em tempo remoto, sob a égide da nova Lei de Drogas, o posicionamento da Corte vem sendo da admissibilidade da conversão da pena privativa de liberdade em restritiva de direitos.

O ministro Haroldo Rodrigues posicionou-se no sentido de que as peculiaridades do agente, somadas ao atual posicionamento que a Corte vem adotando, são fatores decisivos da aplicação da pena, incluindo o regime de cumprimento que há de ser seguido. Afinal de contas, a Constituição institui o *princípio da individualização da pena* como uma das garantias constitucionais do indivíduo contra a pretensão de punir do Estado, que não vem em favor apenas do condenado, mas também da própria sociedade, que o haverá de receber depois de transcorrida a pena.

Não faz sentido aplicar a pena privativa de liberdade como único meio de correção do infrator, quando da análise de sua personalidade, conduta e antecedentes, tudo leva a indicar ser um indivíduo perfeitamente capaz de adequar-se aos ditames sociais, desde que acompanhado pelo Estado, que o sancionará por meio das penas restritivas de direitos. Trata-se não somente da individualização da pena, mas da preconização da dignidade da pessoa humana como um todo.

Concluiu-se, por unanimidade, que o condenado deveria receber duas medidas restritivas ao invés da pena privativa de liberdade, valorizando de forma inequívoca o princípio da individualização da pena.

A Quinta Turma do STJ ainda mantém posicionamento contrário à Sexta Turma e ao STF, por entender que a declaração de inconstitucionalidade da expressão que veda a conversão das penas privativas de liberdade em restritivas de direitos foi adotada em controle difuso, por maioria (6 x 4) e sem efeito vinculante,[194] como se pode verificar no HC nº 172397/RJ, julgado em 25 de novembro de 2010:

> A nova Lei de Tráfico de Entorpecentes, em seu art. 44, dispõe que o delito de tráfico é insuscetível de sursis e, ainda, vedou expressamente a possibilidade de substituição da pena privativa de liberdade por restritiva de direitos. Portanto, cometido o crime na vigência da Lei 11.343/06 (nova lei de drogas), impossível a conversão da pena ou a concessão de sursis.

Há oposição à Sexta Turma inclusive em relação à exigência do cumprimento do regime inicial fechado para o tráfico de drogas, como veremos no próximo tópico, em razão do emprego literal do art. 2º, §1º, da Lei nº 8.072/90. Nesse sentido, decidiu a Quinta Turma do STJ, no mesmo HC: "Da mesma forma, se o delito ocorreu após a vigência da Lei nº 11.464/2007, impõe-se obrigatoriamente o regime fechado como o inicial, independentemente do quantum de pena aplicado".

3.4 Regime inicial fechado

STJ, Sexta Turma, Informativo nº 433

O crime imputado ao paciente foi tráfico de drogas praticado em 8/5/2008, já sob a égide da Lei n. 11.464/2007, cuja entrada em vigor se deu em 29/3/2007, que alterou o art. 2º, §1º, da Lei n. 8.072/1990, determinando o estabelecimento

---

[194] STJ, Quinta Turma, HC nº 174574/MG: "Recente entendimento do colendo STF afirma ser inconstitucional a proibição de conversão de penas em crime de tráfico (HC 97.256, Rel. Min. AYRES DE BRITO); todavia, deve ser ressaltado que (a) foi adotado em sede de controle difuso de constitucionalidade (b) por maioria de votos (6x4) e (c) sem efeito vinculante. (...) O regime inicial de execução da pena, do mesmo modo que a eventualidade de progressão e a possibilidade de substituição formam o conjunto da sanção. A sua definição cabe ao legislador, que, no caso da narcotraficância, entendeu que as consequências a reger os infratores da norma deveriam ser mais severas, sem deixar de prever, para hipóteses menos graves, a possibilidade de expressiva redução da pena. Nesse contexto, não se vislumbra qualquer mácula ao princípio da individualização da pena."

de regime fechado para o início do cumprimento da pena aplicada, qualquer que ela seja. A defesa do paciente alega que a quantidade imposta, a primariedade e as circunstâncias judiciais favoráveis autorizariam a imposição do regime aberto. Destaca o Min. Relator que, embora, segundo o art. 2º, §1º, da Lei n. 8.072/1990 (com a novel redação da Lei n. 11.464/2007), tenha sido vedado, expressamente, para os crimes hediondos ou a eles equiparados o *regime inicial diverso do fechado*, na fixação do regime prisional para o início de cumprimento da pena privativa de liberdade, *há de levar-se em consideração a quantidade de pena imposta, as circunstâncias judiciais desfavoráveis ou favoráveis, a presença de agravantes, atenuantes, causas de aumento ou diminuição*. Isso porque, no Estado democrático de direito, as normas devem mostrar-se ajustadas com o processo constitucional. *Observa que a aplicação literal do artigo inserido pela Lei. n. 11.464/2007 na Lei dos Crimes Hediondos sem considerar as peculiaridades do caso concreto acarretaria ofensa aos princípios da individualização da pena, da proporcionalidade e da efetivação do justo*. Ressalta que, em decisão plenária em 2006, o STF declarou a inconstitucionalidade da proibição à progressão de regime (art. 2º, §1º, na redação antiga da Lei dos Crimes Hediondos) por afronta ao princípio da individualização da pena e só depois a Lei n. 11.464/2007 derrogou a vedação à progressão de regime. *No entanto, ainda persiste a ofensa ao princípio da individualização da pena, pois se aquele dispositivo responsável por impor o integral cumprimento da reprimenda no regime fechado é inconstitucional, também o é aquele dispositivo que determina a todos, independente da pena ou das circunstâncias judiciais do caso concreto, que inicie a expiação no regime mais gravoso*. Pelo exposto, conclui que, na hipótese dos autos, a pena de um ano e oito meses de reclusão aliada às circunstâncias judiciais favoráveis permite o estabelecimento do regime aberto para o cumprimento da pena privativa de liberdade e também a sanção corporal por duas medidas restritivas de direitos. Observou ainda que, no julgamento da apelação interposta pelo MP, o tribunal *a quo*, embora tenha aplicado a causa de diminuição contida no art. 33, §4º, da Lei n. 11.343/2006, no patamar máximo de dois terços, deixou de efetuar a mesma redução em relação à multa, o que ocasiona o constrangimento ilegal alegado pela defesa. (...) Com essa decisão, a Turma modificou seu entendimento sobre o tema ao adotar o do STF. Precedentes citados do STF: HC 82.959-SP, DJ 1º/9/2006; do STJ: HC 128.889-DF, DJe 5/10/2009; HC 102.741-RS, DJe 16/11/2009; HC 130.113-SC, DJe 19/2/2010, e HC 154.570-RS, DJe 10/5/2010. HC 149.807-SP, Rel. Min. Og Fernandes, julgado em 6/5/2010.

STF, Segunda Turma, Informativo nº 615

A 2ª Turma concedeu habeas corpus para determinar ao juízo da execução que proceda ao exame da possibilidade de substituição da pena privativa de liberdade por restritiva de direitos ou, no caso de o paciente não preencher os requisitos, que modifique o regime de cumprimento da pena para o aberto. Na situação dos autos, o magistrado de primeiro grau condenara o paciente à pena de 1 ano e 8 meses de reclusão, a ser cumprida no regime inicialmente fechado, nos termos do art. 2º, §1º, da Lei 8.072/90 (Lei dos Crimes Hediondos), com a redação dada pela Lei 11.464/2007 (...) Observou-se, em princípio, que o Supremo declarara, incidenter tantum, a inconstitucionalidade da antiga redação do art. 2º, §1º, da Lei 8.072/90, em que se estabelecia o regime integralmente fechado para o cumprimento das penas por crimes previstos naquela norma. Consignou-se, ainda, que a nova redação do aludido dispositivo estaria sendo alvo de debates nas instâncias inferiores e que o STJ concluíra por sua inconstitucionalidade, ao fundamento de que, a despeito das modificações preconizadas pela Lei 11.464/2007, persistiria a ofensa ao princípio constitucional da individualização da pena e, também, da proporcionalidade. Em seguida, *considerou-se que deveria ser superado o disposto na Lei dos Crimes Hediondos quanto à obrigatoriedade do início de cumprimento de pena no regime fechado, porquanto o paciente preencheria os requisitos previstos no art. 33, §2º, c, do CP.* (...) No que concerne ao pedido de substituição da pena por restritiva de direitos, registrou-se que o Plenário desta Corte declarara incidentalmente a inconstitucionalidade da expressão "vedada a conversão em penas restritivas de direitos", constante do §4º do art. 33 da Lei 11.343/2006, e da expressão "vedada a conversão de suas penas em restritivas de direitos", contida no referido art. 44 do mesmo diploma legal. Alguns precedentes citados: HC 82959/SP (DJU de 1º.9.2006); HC 97256/RS (DJe de 16.12.2010). HC 105779/SP, rel. Min. Gilmar Mendes, 8.2.2011.

Em julgamento do ano de 2010, a Sexta Turma do STJ decidiu no sentido de permitir o regime inicial aberto para condenado pelo crime de tráfico de drogas, quando as considerações do caso concreto forem favoráveis ao agente. Entendimento contrário violaria o *princípio da individualização da pena*, pois imporia ao apenado e ao magistrado a restrição do regime mais gravoso.

Se o regime integralmente fechado nos crimes hediondos ou equiparados foi declarado inconstitucional pelo STF, então, a exigência do regime inicialmente fechado também há de ser considerada contrária à Magna Carta, uma vez que essa imposição do regime mais gravoso desconsidera a pena aplicada e as circunstâncias judiciais do caso concreto, violando, assim, o princípio da individualização da pena. Dessa forma, afasta-se a incidência do artigo 2º, §1º, da Lei nº 8.072/90,[195] respeitando o Estado Democrático de Direito ao observar as garantias constitucionais. Nesse sentido, a Sexta Turma do STJ concedeu a ordem de *habeas corpus* ao condenado para que cumprisse a pena privativa de liberdade em regime aberto.

Em recente julgado de fevereiro de 2011, a Segunda Turma do STF firmou o seu entendimento no mesmo sentido da Sexta Turma do

---

[195] "Art. 2º Os crimes hediondos, a prática da tortura, o tráfico ilícito de entorpecentes e drogas afins e o terrorismo são insuscetíveis de: §1º A pena por crime previsto neste artigo será cumprida inicialmente em regime fechado."

STJ, afastando a obrigatoriedade do regime inicialmente fechado, uma vez que o paciente preenchia os requisitos para o cumprimento da pena privativa de liberdade em regime aberto, deixando aberta, inclusive, a possibilidade da substituição da pena privativa de liberdade por restritiva de direitos.

STJ, Quinta Turma, Informativo nº 424

Trata-se de HC no qual o paciente busca a fixação de regime prisional mais brando para o início do cumprimento de pena, uma vez que foi condenado pela prática do crime de tráfico de drogas cometido em 28/4/2008, portanto após o advento da Lei n. 11.464/2007. *A Turma denegou a ordem e reiterou seu entendimento de que, embora o legislador tenha previsto a possibilidade de reduzir as sanções do agente primário, de bons antecedentes que não se dedica à atividade criminosa nem integra organização criminosa (art. 33, §4º, da Lei n. 11.343/2006), subsistem as razões que o levaram a qualificar o tráfico ilícito de entorpecentes como equiparado a hediondo, pois os critérios que permitem a redução da pena não têm a finalidade de mitigar o juízo de reprovação incidente sobre a conduta delituosa em si mesma, que continua sendo a de tráfico ilícito de drogas.* Demonstrada a hediondez da figura descrita no art. 33, §4º, da Lei n. 11.343/2006, não há que se falar em não incidência da Lei n. 11.464/2007 nesses casos. Assim, consumado o crime de tráfico de entorpecentes após o advento da Lei n. 11.464/2007, a qual atribuiu nova redação ao art. 2º, §1º, da lei dos crimes hediondos (Lei n. 8.072/1990), que estabeleceu o regime inicial fechado no caso dos condenados pela prática do mencionado delito, não há falar em regime inicial diverso do fechado. Precedentes citados do STF: HC 91.360-SP, DJe 20/6/2008; do STJ: HC 119.506-GO, DJe 9/2/2009, e HC 106.461-GO, DJe 3/11/2008. HC 143.361-SP, Rel. Min. Jorge Mussi, julgado em 23/2/2010.

A Quinta Turma do STJ, no entanto, possui entendimento contrário ao da Sexta Turma, aplicando literalmente o artigo 2º, §1º, da Lei nº 8.072/90, para vedar o estabelecimento de regime inicial diverso do fechado no tráfico de drogas, reconhecendo ser hediondo o crime de tráfico de drogas, mesmo na situação mais branda, prevista no artigo 33, §4º, da Lei nº 11.464/07.

STF, Segunda Turma, HC nº 103011/RN

DIREITO PENAL. HABEAS CORPUS. TRÁFICO DE DROGAS. REGIME INICIAL FECHADO. AUSÊNCIA DE CONSTRANGIMENTO ILEGAL. DENEGAÇÃO. 1. *A pretensão do paciente esbarra na literalidade da norma legal – seja na redação original, seja na redação atual –, já que as penas privativas de liberdade aplicadas para os agentes que cometem crimes hediondos ou equiparados terão obrigatoriamente que ser cumpridas em regime inicialmente fechado. 2. Não há que se falar* em violação aos princípios de dignidade da pessoa humana, individualização da pena e proporcionalidade, como pretende o impetrante. 3. Ordem denegada.

Em julgado do ano de 2010, a Segunda Turma do STF julgou no mesmo sentido da Quinta Turma do STJ, considerando que o regime inicial fechado está expressamente previsto na Lei dos Crimes Hediondos, esbarrando a pretensão do paciente na literalidade do já aludido artigo 2º, §1º, da Lei nº 8.072/90.

3.5 Exame criminológico

STJ, Quinta Turma, Informativo nº 435

O paciente está a cumprir mais de 21 anos de pena em razão das condenações pelos crimes de furto, roubo, latrocínio e posse de entorpecentes. Formulou, então, ao juízo da execução pedido de progressão de regime, o que foi atendido. Contudo, mediante agravo de execução interposto pelo MP, o tribunal de origem achou por bem cassar a decisão concessiva da benesse ao fundamento de que haveria a necessidade de submissão ao exame criminológico. O impetrante, por sua vez, alegou a desnecessidade de realização do exame, visto que ele foi abolido pela Lei n. 10.792/2003. *Quanto a isso, a jurisprudência do STJ já se firmou no sentido de que, embora a referida lei não o exija mais, o exame criminológico pode ser determinado pelo juízo mediante decisão fundamentada (Súm. n. 439-STJ)*[196]*, pois cabe ao magistrado verificar os requisitos subjetivos à luz do caso concreto. Ao juízo também é lícito negar o benefício quando recomendado pelas peculiaridades da causa, desde que também haja a necessária fundamentação, em observância do princípio da individualização da pena* (art. 5º, XLVI, da CF/1988). Na hipótese, a cassação do benefício encontra-se devidamente fundamentada, pois amparada na aferição concreta de dados acerca do paciente, condenado, pela prática de uma série de crimes, a uma longa pena a cumprir, o que recomenda uma melhor avaliação do requisito subjetivo mediante a submissão ao exame criminológico. Precedentes citados: HC 114.747-SP, DJe 15/3/2010, e HC 122.531-SP, DJe 28/9/2009. HC 159.644-SP, Rel. Min. Laurita Vaz, julgado em 18/5/2010.

Em decisão proferida em maio de 2010, a Quinta Turma do STJ definiu que a exigência do exame criminológico para a progressão de regime pode ser determinada pelo juízo, caso seja prudente pelas particularidades do caso concreto e desde que seja feita por meio de decisão fundamentada.

---

[196] Súmula 439: "Admite-se o exame criminológico pelas peculiaridades do caso, desde que em decisão motivada".

O entendimento da Quinta Turma do Superior Tribunal da Justiça com relação ao exame criminológico tem encontrado respaldo direto no *principio da individualização da pena*, haja vista que mesmo a Lei nº 10.792/03 tendo retirado a obrigatoriedade do exame, é inviável que agente condenado por uma série de crimes, alguns violentos em demasia, receba benefícios sem antes se submeter à análise de um profissional.

Por encontrar ligação com a individualização da pena, o STJ tem entendido que o magistrado pode determinar a submissão ao exame, logicamente, em decisão fundamentada, pois cumpre ao juiz natural analisar os fatos objetivos e subjetivos, entre esses últimos, a personalidade, a conduta e o comportamento do infrator.

A título de mera complementação ao julgado, uma tese defensiva apropriada para questionar os fundamentos dessa decisão é aquela que afirma estarem os direitos e garantias fundamentais a favor do indivíduo, limitando o *ius puniendi* estatal.

3.6 Progressão de regime aos estrangeiros

STJ, Sexta Turma, Informativo nº 365

Na espécie, o Tribunal a quo manteve a decisão do juízo das execuções no sentido de ser incabível a concessão de progressão de regime ou livramento condicional a estrangeiros em situação irregular no país. Observa a Min. Relatora que, apesar de a jurisprudência deste Superior Tribunal e do Supremo Tribunal Federal orientar-se pela impossibilidade de conceder os benefícios da progressão de regime e do livramento condicional aos estrangeiros que cumprem pena no Brasil, o *tema merece reflexões, pois não condiz com os objetivos, fundamentos ou princípios estabelecidos pela nova ordem constitucional de 1988* (arts. 1º, III; 3º, IV e 4º, II). A despeito de o art. 5º da Constituição não se referir ao estrangeiro não-domiciliado, a dimensão jurídica do caso diz mais com os direitos humanos do que com aqueles tidos como fundamentais e lembra ainda que o Brasil é signatário da Convenção Americana sobre Direitos Humanos – Pacto de São José da Costa Rica. Afirma que, apesar da jurisprudência diversa, *tanto o Código Penal quanto a Lei de Execuções Penais devem ser aplicadas aos estrangeiros*. *Ademais, essas normas não fazem quaisquer restrições aos direitos dos estrangeiros que cumprem pena no país*. Explica que a expulsão do estrangeiro infrator é uma espécie de sanção penal que não se afastou do terreno penal, condicionando-se, no mais das vezes, ao cumprimento total da pena, mas no caso dos autos, não há decreto de expulsão. Entretanto, a condição de estrangeiro não implica sua permanência em regime fechado, até porque *a progressão de regime como o livramento condicional são formas de cumprimento da pena. Pensar o contrário seria discriminação* (HC 25.298-PR, DJ 1º/7/2004) *e violaria o princípio da individualização da pena.* (...) *A hipótese estaria a clamar uma interpretação de modo que nem o Estatuto do Estrangeiro nem a Lei de Execuções Penais sejam aplicadas isoladamente, mas dentro de um contexto maior.* Lembra ainda a Min. Relatora que, nos termos dos arts. 31 e 41, II, da Lei n. 7.210/1984, *independentemente de ser nacional ou estrangeiro, o preso condenado tem o dever e o direito de trabalhar, uma vez que o labor é condição da dignidade humana, além de ter finalidade educativa e produtiva, visando à readaptação no meio social* (LEP, art. 28). Nesse sentido, cita precedente que admite a concessão de benefício ao condenado estrangeiro a despeito da norma prevista no Estatuto do Estrangeiro (REsp 662.567-PA, DJ 26/9/2005). Com esse entendimento, a Turma concedeu a ordem. HC 103.373-SP, Rel. Min. Maria Thereza de Assis Moura, julgado em 26/8/2008.

STJ, Quinta Turma, Informativo nº 405

É cediço que este Superior Tribunal tem admitido ao estrangeiro condenado em situação irregular a progressão ao regime semi-aberto. Justificam-se tais decisões porque o art. 114 da Lei de Execução Penal somente exige que o condenado esteja trabalhando ou possa trabalhar para a inserção no regime aberto, além de *que o princípio constitucional da igualdade estabelece que os estrangeiros gozam dos mesmos direitos individuais que os brasileiros, entre os quais, do direito de individualização da pena.* Sucede que, nesse caso, a Turma concedeu a ordem de *habeas corpus*, mas, devido à condição de estrangeiro irregular, comunicou o Ministério da Justiça para que seja promovida a sua expulsão. Vencido em parte o Min. Napoleão Nunes Maia Filho, que concedia a ordem de *habeas corpus*, mas votava pela comunicação antes da progressão de regime. (HC 122.662-SP, Rel. Min. Arnaldo Esteves Lima, julgado em 3/9/2009)

Em julgamentos dos anos de 2008 e 2009, respectivamente, o Superior Tribunal de Justiça adotou o posicionamento de que o estrangeiro, ainda que se encontre em situação de irregularidade no país, possa gozar dos mesmos direitos individuais que os brasileiros. As decisões foram fundamentadas nos *princípios da igualdade e da individualização da pena.*

A Ministra Relatora Maria Thereza Assis de Moura aduziu ser incompatível com a ordem constitucional, estabelecida em 1988, o entendimento de que os estrangeiros não podem usufruir dos direitos individuais em matéria penal.

Salienta que o Brasil, como país mantenedor da ordem dos Direitos Humanos em abrangência mundial, inclusive com a ratificação do Pacto de São José da Costa Rica, há de adotar uma postura de respeito à dignidade do estrangeiro, possibilitando a análise individualizada de sua conduta e do seu comportamento social.

Nesse sentido, pensar que por ser estrangeiro implica a impossibilidade de progressão de regime e, mais, no cumprimento da pena em absoluto regime fechado é estabelecer a discriminação, o que é vedado pelo art. 3º, IV, da CRFB/88,[197] além de perpetrar violações à devida individualização, da qual o estrangeiro, como ser que é, deve gozar. Ademais, nem o Código Penal, nem a Lei de Execução Penal estabelecem quaisquer restrições aos direitos dos estrangeiros.

A justificativa apontada nos julgamentos anteriores de que o cumprimento da pena em regime aberto ou semiaberto pelo estrangeiro possibilita a evasão, no entendimento da Ministra Relatora, nada mais é do que uma indesejável generalização dos estrangeiros. Assim, a possibilidade de progressão de regime deve ser aferida caso a caso.

Afirmou-se ainda que o preso, independentemente da sua nacionalidade, tem o direito e o dever de trabalhar, como condição da sua dignidade humana, possibilitando que a pena tenha a sua função ressocializadora, ao efetivar a educação e a produtividade pelo labor. Para que esse viés seja atingido, faz-se mister a interpretação do Estatuto do Estrangeiro e da Lei de Execução Penal em um contexto maior, a fim de permitir o trabalho do preso, nos termos dos artigos 28,[198] 31[199] e 41, II,[200] da LEP.

Por fim, concedeu-se a ordem de *habeas corpus* em ambos os julgamentos, cabendo no segundo (2009) a comunicação ao Ministério da Justiça para que seja promovida a expulsão do estrangeiro, tendo em vista que ele estava em situação irregular no país.

3.7 Reincidência e vedação da dupla punição pelo mesmo fato

STJ, Quinta Turma, Informativo nº 358

A Turma conheceu do recurso e deu-lhe provimento para cassar o acórdão recorrido e reconhecer a aplicação da agravante do art. 61, I, do CP no caso e restabelecer a sentença condenatória proferida nesse ponto, por entender que, *restando comprovada a reincidência, a sanção corporal deverá ser sempre agravada* nos termos do mencionado artigo, que se encontra plenamente em vigor,

---

[197] "Art. 3º Constituem objetivos fundamentais da República Federativa do Brasil: IV – promover o bem de todos, sem preconceitos de origem, raça, sexo, cor, idade e quaisquer outras formas de discriminação."
[198] "Art. 28. O trabalho do condenado, como dever social e condição de dignidade humana, terá finalidade educativa e produtiva."
[199] "Art. 31. O condenado à pena privativa de liberdade está obrigado ao trabalho na medida de suas aptidões e capacidade."
[200] "Art. 41 – Constituem direitos do preso: II – atribuição de trabalho e sua remuneração;"

importando sua exclusão em flagrante ofensa à lei federal e aos *princípios da isonomia e da individualização da pena*, constitucionalmente garantidos. *O fato de o reincidente ser punido mais gravemente do que o primário não viola a Constituição Federal nem a garantia do bis in idem*, isto é, ninguém pode ser punido duplamente pelos mesmos fatos, pois visa tão-somente reconhecer maior reprovabilidade na conduta daquele que é contumaz violador da lei penal. REsp 984.578-RS, Rel. Min. Jorge Mussi, julgado em 5/6/2008.

Em Recurso Especial do ano de 2008, a Quinta Turma do STJ deparou-se com a polêmica questão que assenta sobre a função da agravante de reincidência, em concordância com a lei constitucional e seus princípios.

Alega a defesa que a agravante da reincidência fere a garantia do *ne bis in idem* (ninguém será punido duas vezes pelo mesmo fato). Recorre a julgado, outrora impugnado, pelo qual o magistrado sustenta que, em relação à reincidência, o cumprimento da sanção objetiva que o condenado não mais delinqua, de modo que essa agravante é um "fracasso teleológico do Estado", no sentido de que é irracional agravar a sanção daquele que não se vê alcançado pelo objetivo do cumprimento da pena.

Em resposta à jurisprudência adotada pelo impetrante, respondem os Ministros que, não se podendo negar a vigência do *princípio da isonomia e da individualização da pena*, queda-se descabida a crítica à agravante da reincidência, pois apreciá-la permite que a pena seja individualizada, tratando com mais rigor o condenado em razão desse fato objetivo negativo.

A ideia de que se faz jus no acórdão é a de que agravar a pena, nos termos do artigo 61, inciso I, do Código Penal,[201] é dar a exata proporção da sanção ao agente com maior grau de reprovabilidade, em obediência aos princípios da isonomia e da individualização da pena.

Nesse sentido, a Quinta Turma do STJ deu provimento ao recurso, por unanimidade, para cassar o acórdão do juízo *a quo* e reconhecer a aplicação da reincidência, restabelecendo, portanto, a dosimetria da pena devida em consonância com os fatos apresentados pela personalidade criminosa do agente.

---

[201] "Art. 61 – São circunstâncias que sempre agravam a pena, quando não constituem ou qualificam o crime: I – a reincidência;"

3.8 Envolvimento do réu em atividade criminosa na lei antidrogas

STJ, Terceira Seção, Informativo nº 596

(...) É consabido que inquéritos e ações penais em curso não podem ser valorados como maus antecedentes, de modo a agravar a pena do réu quando das circunstâncias judiciais avaliadas em dosimetria de pena na primeira fase, para fins de aumentar a pena-base. Contudo, na espécie, *não se trata de avaliação de inquéritos ou ações penais para agravar a situação do réu condenado por tráfico de drogas, mas como forma de afastar um benefício legal, desde que existentes elementos concretos para concluir que ele se dedique a atividades criminosas, sendo inquestionável que em determinadas situações, a existência de investigações e/ou ações penais em andamento possam ser elementos aptos para formação da convicção do magistrado.* Ademais, como os princípios constitucionais devem ser interpretados de forma harmônica, não merece ser interpretado de forma absoluta o princípio da inocência, de modo a impedir que a existência de inquéritos ou ações penais impeçam a interpretação em cada caso para mensurar a dedicação do Réu em atividade criminosa. Assim não o fazendo, conceder o benefício do artigo 33, §4º, da Lei n. 11.343/2006 para aquele que responde a inúmeras ações penais ou seja investigado, é equipará-lo com quem numa única ocasião na vida se envolveu com as drogas, situação que ofende o princípio também previsto na Constituição Federal de individualização da pena. Por fim, mister salientar que não se pretende tornar regra que a existência de inquérito ou ação penal obste o benefício em todas as situações, mas sua avaliação para concluir se o réu é dedicado a atividades criminosas também não pode ser vedada de forma irrestrita, de modo a permitir a avaliação pelo magistrado em cada caso concreto. EREsp 1.431.091-SP, Rel. Min. Felix Fischer, por maioria, julgado em 14/12/2016, DJe 1/2/2017.

Esse caso girou em torno da possibilidade de o juiz se valer dos inquéritos e processos penais em tramitação contra o réu, para avaliar o seu envolvimento com atividades criminosas. Não será possível a aplicação da causa de diminuição do artigo 33, §4º, da Lei Antidrogas, caso ele esteja envolvido.

Esse dispositivo prevê que as penas poderão ser reduzidas de um sexto a dois terços, vedada a conversão em penas restritivas de direitos, se estiverem presentes os seguintes requisitos cumulativos: a) o agente for réu primário; b) tiver bons antecedentes; c) não se dedicar a atividades criminosas; d) nem integrar organização criminosa. A ideia foi diferenciar aquele que não é dedicado a ilícitos penais daqueles que estão permanentemente envolvidos com o tráfico de drogas. Aplica-se a causa de diminuição àquela pessoa que é "novata" no tráfico e que, por isso, não se confunde com quem já trabalha em sua estrutura de modo mais orgânico e profundo.

Nesse sentido, a Terceira Seção do STJ, em julgamento de 14 de dezembro de 2016, entendeu que o juiz deve aplicar a causa de diminuição de modo restritivo, prestigiando apenas quem merece essa redução. Os Ministros reconheceram que inquéritos e ações penais não podem ser valorados como maus antecedentes. Entretanto, o juiz não os estaria utilizando desse modo. Eles estariam apenas analisando elementos oriundos de inquéritos e ações em curso para verificar o envolvimento do agente com o tráfico de drogas, para fins da aplicação do artigo 33, §4º, da Lei Antidrogas.

Não há violação ao princípio da presunção da inocência, pois ele não é absoluto. A presunção da inocência não impede valoração de indícios. Na hipótese dessa causa de diminuição, o juiz se vale do inquérito penal e das ações penais em curso para verificar o grau de envolvimento com as atividades criminosas.

A Terceira Seção entendeu, inclusive, que o *princípio da individualização da pena* seria desrespeitado, caso tratasse do mesmo modo um réu sem indícios de envolvimento com atividades criminosas com aquele que já tem inúmeras ações penais contra si. É uma interpretação polêmica, pois utiliza um princípio penal contra o réu, mas foi o que a Terceira Seção do STJ fez.

3.9 Gravidade em abstrato do crime

STF, Segunda Turma, Informativo nº 821 (HC nº 133028/SP)

Tráfico de entorpecentes: fixação do regime e substituição da pena

Não sendo o paciente reincidente, nem tendo contra si circunstâncias judiciais desfavoráveis (CP, art. 59), a gravidade em abstrato do crime do art. 33, "caput", da Lei 11.343/2006, não constitui motivação idônea para justificar a fixação do regime mais gravoso. (...) O Colegiado entendeu que o paciente atende aos requisitos do art. 44 do CP, razão pela qual o juízo deve considerá-los ao estabelecer a reprimenda, de acordo com o *princípio constitucional da individualização da pena*. HC 133028/SP, rel. Min. Gilmar Mendes, 12.4.2016. (HC-133028)

A Segunda Turma do STF, em julgamento de abril de 2016, entendeu que a gravidade em abstrato do crime não é fundamento para justificar a fixação de regime mais gravoso de execução da pena. Inclusive, e por força do princípio da individualização da pena, o juiz deve considerar as penas restritivas de direito, caso o condenado preencha os requisitos para a concessão, nos termos do artigo 44 do Código Penal.

3.10 Regime de cumprimento de pena menos gravoso

STF, Pleno, Informativo nº 825 (RE 641320/RS)

Regime de cumprimento de pena e execução penal

O Plenário, em conclusão de julgamento e por maioria, deu parcial provimento a recurso extraordinário em que se discutia a possibilidade de cumprimento de pena em regime menos gravoso, diante da impossibilidade de o Estado fornecer vagas para o cumprimento no regime originalmente estabelecido em condenação penal – v. Informativo 810. (...) A Corte destacou que o sistema progressivo de cumprimento de penas não estaria funcionando a contento. Haveria falta de vagas nos regimes semiaberto e aberto, este último sendo desprezado por várias unidades da Federação. Assim, a lei prevê 3 degraus da progressão, mas o último grau simplesmente não existiria em mais da metade do País. Por outro lado, na prática, os modelos de estabelecimentos de cumprimento de pena, necessariamente adequados aos regimes semiaberto e aberto (CP, art. 33, §1º, "b" e "c"), teriam sido abandonados. Desse modo, os presos dos referidos regimes estariam sendo mantidos nos mesmos estabelecimentos que os presos em regime fechado e provisórios. Contudo, a possibilidade de manutenção de condenado em regime mais gravoso, na hipótese de inexistir vaga em estabelecimento adequado ao seu regime, seria uma questão ligada a duas garantias constitucionais em matéria penal da mais alta relevância: a individualização da pena (CF, art. 5º, XLVI) e a legalidade (CF, art. 5º, XXXIX). O sistema brasileiro teria sido formatado tendo o regime de cumprimento da pena como ferramenta central da individualização da sanção, importante na fase de aplicação (fixação do regime inicial) e capital na fase de execução (progressão de regime). Assim, a inobservância do direito à progressão de regime, mediante manutenção do condenado em regime mais gravoso, ofenderia o direito à individualização da pena. A violação ao princípio da legalidade seria ainda mais evidente. Conforme art. 5º, XXXIX, da CF, as penas devem ser previamente cominadas em lei. A legislação brasileira prevê o sistema progressivo de cumprimento de penas. Logo, assistiria ao condenado o direito a ser inserido em um regime inicial compatível com o título condenatório e a progredir de regime de acordo com seus méritos. A manutenção do condenado em regime mais gravoso seria um excesso de execução, com violação a direitos dele. (...) A prisão domiciliar seria uma alternativa de difícil fiscalização e, isolada, de pouca eficácia. Todavia, não deveria ser descartada sua utilização, até que fossem estruturadas outras medidas, como as anteriormente mencionadas. Desse modo, seria preciso avançar em propostas de medidas que, muito embora não fossem tão gravosas como o encarceramento, não estivessem tão aquém do "necessário e suficiente para reprovação e prevenção do crime" (CP, art. 59). (...) O fundamental seria afastar o excesso da execução – manutenção do sentenciado em regime mais gravoso – e dar aos juízes das execuções penais a oportunidade de desenvolver soluções que minimizassem a insuficiência da execução, como se daria com o cumprimento da sentença em prisão domiciliar ou outra modalidade sem o rigor necessário. (...) RE 641320/RS, rel. Min. Gilmar Mendes, 11.5.2016.

O Pleno do Supremo Tribunal Federal, em julgamento de maio de 2016, julgou um caso importante em matéria de execução penal: a possibilidade de o condenado cumprir a sua pena em regime menos gravoso, quando o Estado não puder fornecer vagas no regime de cumprimento de pena estabelecido na sentença penal.

O STF decidiu que o Estado não pode usar a falta de vagas como justificativa para manter o condenado em regime mais gravoso. Aliás, isso seria como punir o indivíduo pelas falhas administrativas estatais.

Ainda assim, o Supremo entendeu que o Estado não deve estabelecer a prisão domiciliar de modo impensado, sem analisar o procedimento ou até outras possibilidades de execução de penas mais brandas. Por exemplo, o Estado pode utilizar o monitoramento eletrônico para controlar a execução da prisão domiciliar ou pode optar pela antecipação da progressão de regime. O que ele não pode fazer é manter o condenado em regime mais grave por força das suas próprias falhas administrativas.

Afinal, isso seria desrespeitar o princípio da legalidade, uma vez que a Lei de Execução Penal estabelece regras para a progressão de regime, bem como o princípio da individualização da pena, pois impedir o condenado de progredir de acordo com seus méritos é destruir a possibilidade de individualizá-lo na fase da execução, tratando-o como ser único diante do Estado, considerado de acordo com a sua humanidade.

Para o STF, seria excesso de execução manter o condenado em regime mais gravoso do que o previsto em lei.

3.11 Multirreincidência

STJ, Sexta Turma, Informativo nº 555

DIREITO PENAL. COMPENSAÇÃO ENTRE REINCIDÊNCIA E CONFISSÃO ESPONTÂNEA. *Tratando-se de réu multirreincidente, não é possível promover a compensação entre a atenuante da confissão espontânea e a agravante da reincidência.* De fato, a Terceira Seção do STJ firmou o entendimento de que a atenuante da confissão espontânea pode ser compensada com a agravante da reincidência (EREsp 1.154.752-RS, DJe 4/9/2012). No entanto, tratando-se de réu multirreincidente, promover essa compensação implicaria ofensa aos princípios da individualização da pena e da proporcionalidade. Isso porque a multirreincidência exige maior reprovação do que aquela conduta perpetrada por quem ostenta a condição de reincidente por força, apenas, de um único evento isolado em sua vida. Precedente citado: AgRg no REsp 1.356.527-DF, Quinta Turma, DJe 25/9/2013. AgRg no REsp 1.424.247-DF, Rel. Min. Nefi Cordeiro, julgado em 3/2/2015, DJe 13/2/2015.

Em fevereiro de 2015, a Quinta Turma do STJ utilizou o conceito de multireincidência para decidir sobre questão que versava sobre o princípio da individualização da pena. Multirreincidente é aquele que, evidentemente, já foi mais de uma vez condenado com trânsito em julgado, dentro do período que o Código Penal reserva à reincidência. No caso, a Quinta Turma definiu que não pode haver a compensação entre a atenuante da confissão espontânea e a agravante da reincidência, quando o réu for multirreincidente. Apesar da possibilidade de a compensação ser a regra geral, essa seria uma exceção: ser reincidente mais de uma vez é mais reprovável do que uma vez só. Assim, a Quinta Turma se valeu do princípio da individualização da pena para considerar singularmente o comportamento do réu, impedindo a compensação da confissão espontânea com a reincidência, pois vários fatos criminosos militavam contra ele sob o espectro da reincidência.

3.12 Culpabilidade

STF, Pleno, Informativo nº 724 (HC nº 105674/RS)

Culpabilidade e alegação de inconstitucionalidade

A circunstância judicial "culpabilidade", disposta no art. 59 do CP, atende ao critério constitucional da individualização da pena. Com base nessa orientação, o Plenário indeferiu habeas corpus em que se pleiteava o afastamento da mencionada circunstância judicial. Consignou-se que a previsão do aludido dispositivo legal atinente à culpabilidade mostrar-se-ia afinada com o *princípio maior da individualização*, porquanto a análise judicial das circunstâncias pessoais do réu seria indispensável à adequação temporal da pena, em especial nos crimes perpetrados em concurso de pessoas, nos quais se exigiria que cada um respondesse, tão somente, na medida de sua culpabilidade (CP, art. 29). Afirmou-se que o dimensionamento desta, quando cotejada com as demais circunstâncias descritas no art. 59 do CP, revelaria ao magistrado o grau de censura pessoal do réu na prática do ato delitivo. Aduziu-se que, ao contrário do que sustentado, a ponderação acerca das circunstâncias judiciais do crime atenderia *ao princípio da proporcionalidade* e representaria verdadeira limitação da discricionariedade judicial na tarefa individualizadora da pena-base. Salientou-se que a fixação da pena estaria, de início, condicionada a critério de justiça, e o habeas corpus pressuporia ilegalidade. HC 105674/RS, rel. Min. Marco Aurélio, 17.10.2013. (HC-105674)

Em outubro de 2013, o Pleno do STF reconheceu a culpabilidade como constitucional, tal qual disposta no artigo 59 do Código Penal. Segundo o Supremo, ela é expressão do princípio da individualização da pena, permitindo que o juiz analise em minúcias a complexidade da situação em que o réu está envolvido. A culpabilidade, junto com os demais mecanismos da dosimetria da pena, ajuda a individualizar o réu no fenômeno criminal.

4 O princípio da individualização da pena em concursos públicos

1. Comente sobre os limites da apreciação dos antecedentes e da personalidade do réu na individualização judicial da pena. (MPF/2008)

Indicações: Na linha de Cezar Roberto Bittencourt: "Admitir certos atos ou fatos como antecedentes negativos significa uma 'condenação' ou simplesmente uma violação ao princípio constitucional de 'presunção de inocência', como alguns doutrinadores e parte da jurisprudência têm entendido e, principalmente, consagra resquícios do condenável direito penal do autor. (...) Com efeito, sob o império de uma nova ordem constitucional, e 'constitucionalizando o direito penal', somente podem ser valoradas como 'maus antecedentes' decisões condenatórias irrecorríveis. Assim, quaisquer outras investigações preliminares, processos criminais em andamento, mesmo em fase recursal, não podem ser valorados como maus antecedentes".[202] Diz Juarez Cirino dos Santos: "A legislação e jurisprudência alemãs destacam a *atitude concreta* do autor na realização do fato punível, indicadora de *rudeza* ou de *brutalidade*, de *má-fé* ou de *perfídia*, de *infâmia* ou de *abjeção*, de *desconsideração* ou de *crueldade*, por exemplo, capazes de revelar traços significativos da personalidade, indetermináveis pelo emprego direto da *categoria abstrata* representada pelo conceito de personalidade. (...) a *personalidade* como natureza concreta de sujeitos reais é um produto histórico em processo de constante formação, transformação e deformação, de modo que eventuais traços de caráter constituem *cortes* simplificados, imprecisos e transitórios da natureza humana, como produto biopsiquicossocial do conjunto das relações históricas concretas do indivíduo".[203]

2. Considere as seguintes afirmações:
I. É com base na teoria da prevenção geral negativa que o legislador aumenta penas na crença de conter a criminalidade com a ajuda do Código Penal.

---
[202] BITENCOURT, Cezar Roberto. *Tratado de Direito Penal*: parte geral, p. 663-664.
[203] SANTOS, Juarez Cirino dos. *Direito Penal*: parte geral, p. 523.

II. Além de atribuir à pena privativa de liberdade a inalcançável finalidade reeducadora, atrás das ideias utilitárias da prevenção especial sempre há uma confusão entre direito e moral e entre crime e pecado.

III. A teoria retributiva parte da ideia da compensação da culpa, do pressuposto de que a justa retribuição ao fato cometido se dá através da individualização e diferenciação da pena.

Está correto o que se afirma SOMENTE em
A) I.
B) II.
C) III.
D) I e II.
E) II e III.
(Fundação Carlos Chagas/DPE-SP/2009)

Gabarito: **Letra D**. As teorias retributivas não contemplam necessariamente as ideias de diferenciação e individualização da pena, pois podem não possuir relação com o humanismo penal.

3. A exposição de motivos da Parte Geral do Código Penal Brasileiro, ao referir-se à finalidade da individualização da pena, à vista de sua necessidade e eficácia para reprovação e prevenção do crime, afirma que nesse conceito se define a Política Criminal preconizada no Projeto, da qual se deverão extrair todas as suas lógicas consequências. A partir de tal afirmativa, assinale a alternativa correta:
  A) o Código Penal Brasileiro adotou a concepção da pena como imperativo categórico, a qual se amolda à teoria da prevenção geral negativa.
  B) o procedimento de aplicação da pena adotado pelo Código Penal (art. 59) tem como fundamento único o princípio da retribuição.
  C) a concepção da pena como medida de prevenção de delitos, acolhida pelo Código Penal (art. 59), amolda-se às chamadas teorias absolutas.
  D) o procedimento de aplicação da pena adotado pelo Código Penal (art. 59) tem como fundamento único o princípio da prevenção especial.
  E) o Código Penal adotou como um dos fundamentos da aplicação da pena o princípio da prevenção geral (art. 59), preconizado pelas teorias relativas.
(MPE-SP/2010)

Gabarito: **Letra E**. Artigo 59, do CP: "O juiz, atendendo à culpabilidade, aos antecedentes, à conduta social, à personalidade do agente, aos motivos, às circunstâncias e conseqüências do crime, bem como ao comportamento da vítima, estabelecerá, conforme seja necessário e suficiente para *reprovação e prevenção do crime*:" (grifos nossos)

CAPÍTULO IX

PRINCÍPIOS DA LESIVIDADE, DA ALTERIDADE E DA MATERIALIZAÇÃO DO FATO

1 Apontamentos sobre os princípios da lesividade, da alteridade e da materialização do fato

O *princípio da lesividade (ou da ofensividade)* impõe ao Estado uma atuação no campo penal dissociada da moral, que guarde relação com a alteridade e a exterioridade.[204] Nesse sentido, somente poderão ser criminalizadas e apenadas as condutas que efetivamente lesionarem ou causarem perigo ao bem jurídico. A previsão constitucional desse princípio está no artigo 98, inciso I, da CRFB/88,[205] tendo em vista que as infrações penais mais brandas toleradas no nosso Estado Democrático de Direito precisam ter um "mínimo de potencial ofensivo". Assim, não poderá existir crimes ou contravenções sem potencial ofensivo, pois a Constituição apenas tolera a incidência do Direito Penal em condutas capazes de produzir pelo menos uma lesividade mínima. Ao Direito Penal está vedada a tutela de questões meramente internas, exclusivamente subjetivas, que não tenham como fim a subsistência da

---

[204] BATISTA, Nilo. *Introdução crítica ao Direito Penal brasileiro*, p. 91.
[205] "Art. 98. A União, no Distrito Federal e nos Territórios, e os Estados criarão: – juizados especiais, providos por juízes togados, ou togados e leigos, competentes para a conciliação, o julgamento e a execução de causas cíveis de menor complexidade e infrações penais de menor potencial ofensivo, mediante os procedimentos oral e sumariíssimo, permitidos, nas hipóteses previstas em lei, a transação e o julgamento de recursos por turmas de juízes de primeiro grau;"

ordem social. Ele está limitado à tutela de bens jurídicos, de forma a reprimir apenas os comportamentos que de algum modo lesionaram os direitos de outrem.[206] Os pensamentos humanos e os aspectos exclusivamente morais do indivíduo e da vida social não dizem respeito ao Direito Penal.

O Estado deve resguardar "um âmbito de liberdade moral",[207] permitindo que os seres humanos exerçam os seus direitos fundamentais. Por exemplo, não se pode interferir nos costumes das pessoas, a ponto de criminalizar a moda das tribos urbanas (*punks, góticos, cyberpunks, new age travellers, clubbers*, etc.), por entender que as suas roupas escandalizam a sociedade.[208] Essa autonomia moral intrínseca à liberdade é o fundamento da facultatividade da participação em atividades religiosas na execução penal (art. 24, §2º, do CP[209]).

Nesse sentido, o jurista Fernando Capez disserta sobre o *princípio da alteridade ou da transcendentalidade*, o qual é um aspecto do princípio da lesividade, que impede a incriminação de atitudes meramente internas, incapazes de lesionar bens jurídicos.[210] Enfim, ninguém pode ser punido por causar mal exclusivamente a si mesmo.

Pelo que já foi até aqui exposto, percebe-se uma forte vinculação entre a questão da ofensividade e as problemáticas relacionadas ao bem jurídico. Entretanto, o mestre Cezar Roberto Bitencourt estabelece uma diferenciação entre os *princípios da lesividade* e o *da exclusiva proteção de bens jurídicos*. Nas palavras do autor:

> A diferença entre ambos pode ser resumida no seguinte: no princípio da exclusiva proteção de bens jurídicos, há uma séria limitação aos interesses que podem receber a tutela do Direito Penal; no princípio da ofensividade, somente se admite a configuração da infração penal quando o interesse já selecionado (reserva legal) sofre um ataque (ofensa) efetivo, representado por um perigo concreto ou dano.[211]

---

[206] BATISTA, Nilo. *Introdução crítica ao Direito Penal brasileiro*, p. 91.
[207] ZAFFARONI, E. Raúl et al. *Direito Penal brasileiro*. 3. ed. v. 1. Rio de Janeiro: Revan, 2006, p. 225.
[208] A exceção está na ostentação de símbolos que levem diretamente ao ódio e à violência, como a cruz suástica, para fins de divulgação do nazismo, mas o que se proíbe com essa conduta não é a moda da pessoa, e sim a prática, o induzimento ou a instigação a discriminação ou preconceito de raça, cor, etnia, religião ou procedência nacional. O art. 20, §1º, da Lei nº 7.716/89, proíbe inclusive a fabricação desses objetos.
[209] "Art. 24. A assistência religiosa, com liberdade de culto, será prestada aos presos e aos internados, permitindo-se-lhes a participação nos serviços organizados no estabelecimento penal, bem como a posse de livros de instrução religiosa. §2º Nenhum preso ou internado poderá ser obrigado a participar de atividade religiosa."
[210] CAPEZ, Fernando. *Curso de Direito Penal*: parte geral. v. 1, p. 15.
[211] BITENCOURT, Cezar Roberto. *Tratado de Direito Penal*: parte geral. p. 54.

Pela ausência da bilateralidade, da exterioridade capaz de lesionar bens jurídicos de outrem, a autolesão não é crime, exceto quando ela transcender a esfera do indivíduo, sendo capaz de prejudicar terceiros, como aquela perpetrada com o intuito de conseguir uma indenização ou valor de seguro[212] (art. 171, §2º, V, do CP[213]).

A principal polêmica sobre o tema da autolesão está no artigo 28 da Lei nº 11.343/06,[214] que criminaliza[215] o porte de drogas para uso pessoal. A corrente minoritária, capitaneada pela jurista Maria Lúcia Karam,[216] defende a inconstitucionalidade da interferência do Estado-Penal nessa conduta, por violar o princípio da lesividade, pois o uso de drogas é uma questão eminentemente privada, que têm apenas o condão de causar diretamente uma autolesão em quem as utiliza para consumo pessoal, sendo uma decisão do agente capaz de produzir tão somente o seu próprio mal, ao afetar a sua saúde. Por outro lado, a corrente majoritária afirma que o fim da lei é proteger a saúde pública. Assim, ela não tipifica o uso, mas sim o porte, tendo como fim "coibir o perigo social representado pela detenção, evitando facilitar a circulação da substância entorpecente pela sociedade, ainda que a finalidade do sujeito seja apenas a de uso próprio".[217]

O princípio da lesividade deve ser observado nos planos da *criminalização primária*, vinculando a atividade do legislador, o qual é obrigado a zelar pela sua presença no espírito das normas penais incriminadoras, e da *criminalização secundária*, isto é, na atividade concreta dos agentes do sistema penal, em especial na do magistrado, sendo mandamental que o tenha como critério interpretativo.

---

[212] CAPEZ, Fernando. *Curso de Direito Penal*: parte geral. v. 1, p. 16.
[213] "Art. 171 – Obter, para si ou para outrem, vantagem ilícita, em prejuízo alheio, induzindo ou mantendo alguém em erro, mediante artifício, ardil, ou qualquer outro meio fraudulento: §2º – Nas mesmas penas incorre quem: V – destrói, total ou parcialmente, ou oculta coisa própria, ou lesa o próprio corpo ou a saúde, ou agrava as conseqüências da lesão ou doença, com o intuito de haver indenização ou valor de seguro;"
[214] "Art. 28. Quem adquirir, guardar, tiver em depósito, transportar ou trouxer consigo, para consumo pessoal, drogas sem autorização ou em desacordo com determinação legal ou regulamentar será submetido às seguintes penas: I – advertência sobre os efeitos das drogas; II – prestação de serviços à comunidade; III – medida educativa de comparecimento a programa ou curso educativo."
[215] Há quem entenda que a referida infração não pode ser considerada crime, pois ao preceito primário não se comina pena de reclusão ou de detenção, como exige o artigo 1º, da Lei de Introdução ao Código Penal: "Considera-se crime a infração penal que a lei comina pena de reclusão ou de detenção, quer isoladamente, quer alternativa ou cumulativamente com a pena de multa; contravenção, a infração penal a que a lei comina, isoladamente, pena de prisão simples ou de multa, ou ambas. alternativa ou cumulativamente."
[216] Para mais informações, recomenda-se a consulta da seguinte obra: KARAM, Maria Lúcia. *De crimes, penas e fantasias*. Niterói: Luam, 1991.
[217] CAPEZ, Fernando. *Curso de Direito Penal*: parte geral. v. 1, p. 16.

Segundo os professores Raúl Zaffaroni e Nilo Batista, para que esse princípio seja efetivamente cumprido, deve-se dar um enfoque no bem jurídico lesionado ou exposto a perigo, ao invés de centrar a discussão no bem jurídico penalmente tutelado, porque nada prova que a norma penal tutele verdadeiramente bens jurídicos.[218] Assim, evita-se que a lesividade passe para um segundo plano, na medida em que se neutraliza o viés limitador do bem jurídico, que perde espaço para a busca da tutela desse conceito. A preferência pela afetação concreta do bem jurídico ou a sua exposição a perigo permite que se tenha em conta a alteridade, ou seja, a existência de outro ser que é afetado pelo conflito jurídico, deixando de lado a tutela de bens que apenas fortalece o poder do Estado. Dizem os autores:

> A presença de um bem jurídico alheio afetado permite reconhecer o conflito jurídico, pelo extravasamento do âmbito pessoal da liberdade moral e pela introdução de um *outro* – o que implica na consideração da *alteridade* como pressuposto geral da intervenção penal. Neste sentido, pode-se afirmar que o bem jurídico lesionado ou exposto a perigo representa o *outro* no conflito jurídico-penal, constitui o seu *signo* no recorte típico, cabendo compreender o chamado *princípio da insignificância*, que exclui a tipicidade nos casos de ínfimas e irrisórias afetações do bem jurídico, como defecção da alteridade.[219]

Existe um segmento na doutrina penal que defende a inconstitucionalidade dos crimes de perigo abstrato, pois neles não há efetivo e concreto ataque ao bem jurídico penalmente tutelado.[220] Nessa ótica, à norma penal incriminadora deve ser associado ao menos um perigo concreto, efetivo e real de lesão ao bem jurídico, uma vez que este é pressuposto de validade da norma. Essa corrente doutrinária argumenta que não há lesividade nos crimes de perigo abstrato, havendo uma presunção legal da possibilidade de dano ao bem jurídico.

O professor Nilo Batista admite quatro funções principais do princípio da lesividade:[221]

a) *proibir a incriminação de uma atitude interna*: o Estado não poderá punir a cogitação, que constitui um mero "projeto

---

[218] ZAFFARONI, E. Raúl et al. Direito Penal brasileiro. v. 1, p. 226-227.
[219] Ibid., p. 228. Grifos do autor.
[220] BITENCOURT, Cezar Roberto. Tratado de Direito Penal: parte geral, p. 52.
[221] BATISTA, Nilo. Introdução crítica ao Direito Penal brasileiro, p. 92-94.

mental do cometimento de um crime".²²² As ideias e os afetos humanos não podem fundamentar uma criminalização, que precisa ser associada a uma conduta externa;

b) *proibir a incriminação de uma conduta que não exceda o âmbito do próprio autor*: as condutas que se restringem ao campo do autor não são puníveis, por não lesionar direito alheio. Essa função do princípio da lesividade é a que veda a incriminação da autolesão, pois esta é uma conduta externa que, apesar de violar um bem jurídico, não excede o âmbito de quem a produziu.²²³ Nilo Batista explana também que é essa função que determina a exclusão da possibilidade de punição dos atos preparatórios e do simples conluio (art. 31 do CP²²⁴), quando a execução não for iniciada, bem como fundamenta parcialmente a impunibilidade do crime impossível;²²⁵

c) *proibir a incriminação de simples estados ou condições existenciais*: está vedada a criminalização de questões existenciais, que versem sobre o ser. O ser humano é livre para buscar o seu próprio desenvolvimento, portanto, o Direito Penal somente pode proibir o agir de alguém, sendo um Direito Penal da Ação.²²⁶ Assim, ninguém poderá ser punido pelo que é. O Direito Penal do Autor contraria o Estado Democrático de Direito, pois persegue o indivíduo na sua liberdade, incriminando-o pelo seu modo de vida, por ser o que é. Uma corrente minoritária na doutrina, representada por Nilo Batista, defende ainda a exclusão da medida de segurança do campo penal, por compreender a periculosidade como um resquício do Direito Penal do Autor;²²⁷

d) *proibir a incriminação de condutas desviadas que não afetem qualquer bem jurídico*: o Direito Penal não poderá tutelar a moral da maioria, de forma a criminalizar as práticas das minorias, simplesmente por elas serem desaprovadas pela sociedade.²²⁸

---

²²² *Ibid.*, p. 92.
²²³ *Loc. cit.*
²²⁴ Em tese, o Código Penal brasileiro admite a punição do conluio, se houver disposição expressa. *In verbis*: "Art. 31 – O ajuste, a determinação ou instigação e o auxílio, salvo disposição expressa em contrário, não são puníveis, se o crime não chega, pelo menos, a ser tentado."
²²⁵ *Loc. cit.*
²²⁶ *Ibid.*, p. 93.
²²⁷ *Ibid.*, p. 93-94.
²²⁸ *Ibid.*, p. 94.

O direito à diferença é uma forte aspiração contemporânea, que deve ser fortemente respeitada em um Estado Democrático de Direito. O campo penal está restrito à exclusiva proteção de bens jurídicos. Nessa trilha, não podem ser criminalizadas as condutas que a maioria tenha por "imoral", mas que não afete qualquer bem jurídico.

Por sua vez, Cezar Roberto Bitencourt identifica duas funções do princípio da lesividade:[229] a) *função político-criminal*: tem caráter preventivo-informativo, manifestando-se nos momentos anteriores à elaboração da norma penal. Limita o direito de punir do Estado, circunscrevendo a atividade legislativa à lesividade; b) *função integrativa ou dogmática*: incide *a posteriori*, norteando a interpretação dos agentes do sistema penal, os quais devem verificar no caso concreto se houve ofensa ou perigo concreto de lesão ao bem jurídico penalmente tutelado. Essas funções não são estanques, e sim complementares; interrelacionando-se, permitindo ao magistrado a correção das eventuais imperfeições das normas penais incriminadoras, adequando-as ao princípio da lesividade.[230]

1.1 O posicionamento de Luiz Flávio Gomes: os princípios da materialização do fato, da ofensividade do fato, da fragmentariedade e da necessidade

O jurista Luiz Flávio Gomes denomina o conceito trabalhado neste capítulo de *princípio da ofensividade do fato*.[231] Na visão do autor, esse princípio, porém, teria uma incidência mais restritiva, diferenciando-se do *princípio da materialização do fato* (ou *da exteriorização do fato*). Ambos são tratados como identificados ao fato do agente, isto é, ao fato punível perpetrado por ele e são *limites materiais* ao direito de punir do Estado.[232]

---

[229] BITENCOURT, Cezar Roberto. *Tratado de Direito Penal*: parte geral, p. 52-53.

[230] BITENCOURT, Cezar Roberto. *Tratado de Direito Penal*: parte geral, p. 55.

[231] BIANCHINI, Alice; GOMES, Luiz Flávio; MOLINA, Antonio García-Pablos de. *Direito penal*: introdução e princípios fundamentais, p. 307.

[232] O princípio da legalidade já seria um limite formal ao direito de punir estatal. *Ibid.*, p. 302: "O *ius puniendi* tem como titular único o Estado, que deve atuar de acordo com o ordenamento jurídico geral, isto é, dentro da legalidade (*nullum crimen sine lege*). Os juízes e tribunais são os que aplicam as penas estabelecidas na lei (*nulla poena sine legale iuditio*). Mas esses três limites do *ius puniendi* (subjetivo – somente o Estado é seu titular –, objetivo – observância da legalidade – e funcional – somente os juízes e tribunais é que podem aplicar as penas) constituem limites puramente *formais*." Grifos do autor.

Para entendermos melhor esse posicionamento, vejamos o seu elenco de princípios cardeais do Direito Penal:

Treze (...) são os princípios cardeais do Direito penal: dois relacionados com a missão do Direito penal (princípios da exclusiva proteção de bens jurídicos e da intervenção mínima), três coligados com o fato do agente (princípio da materialização do fato, da legalidade do fato e da ofensividade do fato), quatro vinculados com o agente do fato (princípios da responsabilidade pessoal, responsabilidade subjetiva, culpabilidade e igualdade) e quatro atrelados a pena (princípios da legalidade, dignidade, humanidade e proporcionalidade da pena).[233]

O princípio da materialização do fato (*nullum crimen sine actio*) demarca que o Direito Penal apenas pode incidir sobre condutas humanas voluntárias exteriorizadas por meio de ações ou omissões[234] concretas.[235] Enfim, faz-se necessário que um fato seja materializado, consistindo em uma conduta passível de ser percebida sensorialmente. Não há crime sem conduta. Não há conduta sem voluntariedade. São extraídas duas consequências desse princípio:[236] a) as ideias, desejos, aspirações e meras cogitações não poderão ser punidas – *cogitationes poenam nemo patitur*; b) a responsabilidade criminal não poderá ser agravada ou recair no agente em razão do seu modo de ser, do seu estilo de vida, das suas convicções pessoais ou da sua ideologia. Desse modo, afasta-se a possibilidade de punir alguém pelo que se é, repudiando-se o Direito Penal do Autor.[237]

Luiz Flávio Gomes informa que a doutrina situa o princípio da materialização do fato como uma derivação do princípio da culpabilidade (Santiago Mir Puig) ou da dignidade humana (Jesús-Maria Silva Sánchez),[238] porém, podemos verificar, por meio da doutrina de Batista e Zaffaroni, que o referido conceito pode ser extraído do próprio princípio da lesividade.

---

[233] *Ibid.*, p. 303.
[234] *Ibid.*, p. 302: "Já não se discute que no crime omissivo existe uma conduta, existe um fato, logo, não se pode afirmar que ele viola o princípio da materialização do fato. As duas formas de exteriorização da conduta são: a ação e a omissão. A conduta omissiva também pode ser violadora de bens jurídicos, daí a sua relevância penal".
[235] *Loc. cit.*
[236] BIANCHINI, Alice; GOMES, Luiz Flávio; MOLINA, Antonio García-Pablos de. *Direito penal*: introdução e princípios fundamentais, p. 302.
[237] *Ibid.*, p. 303: "O Direito penal nazista, regido doutrinariamente pela denominada Escola de Kiel, é exemplo histórico de Direito penal de autor (o sujeito, na época nazista, era punido não pelo que fazia, senão pelo que era: judeu, prostituta, homossexual etc.).
[238] *Ibid.*, p. 302.

Por meio do princípio da materialização do fato é possível evitar que pensamentos minoritários sejam perseguidos criminalmente, segregando e estigmatizando minorias, servindo, assim, de anteparo ao *princípio da igualdade*. O fundamento legal do princípio da materialização do fato está no artigo 2º do Código Penal, que exige expressamente a existência de um fato para que uma conduta seja criminalizada.[239]

Isso posto, percebe-se que Luiz Flávio Gomes trata no princípio da materialização do fato de questões que outros doutrinadores, como Batista, Zaffaroni e Bittencourt, abordam como integrantes do princípio da lesividade.

Assim, para o referido doutrinador, o princípio da ofensividade do fato veda a existência de crimes que não ofendam bens jurídicos,[240] sendo que estão excluídas da abrangência desse princípio as questões relacionadas à emergência do direito penal do fato em detrimento do direito penal do autor, já que elas devem ser discutidas com fundamento no princípio da materialização do fato.[241] Entrementes, Luiz Flávio Gomes reconhece que ambos os conceitos estão indiscutivelmente implicados:

> A exteriorização ou materialização do fato constitui, portanto, um *"prius* lógico"* da nota da ofensividade. Para incidir em uma sanção penal, o sujeito tem de materializar uma ação ou omissão (ou seja: uma conduta), mesmo porque ele não pode responder pelo que *"é"*, senão pelo que *"faz"*. Em outras palavras: ninguém pode ser punido tão-somente porque planejou uma conduta ofensiva a bens jurídicos. *Cogitationes poenam nemo patitur*. A conduta (causadora de riscos) deve ser exteriorizada e, depois, ainda é necessário que tenha efetivamente afetado o bem jurídico protegido. Assim se completa a tipicidade em sentido material (tipicidade penal = tipicidade formal + tipicidade material). Aspecto naturalístico + aspecto valorativo (ou normativo). A exteriorização de uma conduta é uma das exigências formais. O resultado jurídico pertence ao aspecto material, mas se complementam.[242]

---

[239] Luiz Flávio Gomes ainda diz que a Constituição indiretamente prevê o princípio, pois, ao se referir à palavra "crime", consequentemente, remete-se ao art. 13 do CP, que exige uma ação ou omissão e um resultado jurídico, logo há a exigência de um fato.

[240] BIANCHINI, Alice; GOMES, Luiz Flávio; MOLINA, Antonio García-Pablos de. *Direito penal*: introdução e princípios fundamentais, p. 307.

[241] Nota-se que o autor também faz diferenciações entre os princípios da ofensividade do fato, da fragmentariedade, da subsidiariedade e da exclusiva proteção de bens jurídicos.

[242] *Ibid.*, p. 327.

O jurista ainda faz uma diferenciação entre os princípios da ofensividade e o da *exclusiva proteção de bens jurídicos*. Este deslegitima qualquer criminalização embasada na violação de um valor cultural, de uma ideologia, de uma religião ou de uma regra moral, exigindo que ele esteja vinculado a uma relação humana socialmente relevante, enquanto aquele exige que a conduta exteriorizada cause uma grave ofensa ao bem jurídico penalmente tutelado, sob pena de os crimes e as penas restarem deslegitimados.[243]

São realizadas ainda outras distinções entre os princípios cardeais do direito penal. Nessa perspectiva, o *princípio da necessidade* determina que o Direito Penal atue da forma "menos radical possível",[244] na medida da absoluta necessidade, mesmo considerando que uma análise do estágio atual da civilização leva à prudência de utilizar o Direito Penal para evitar a lesão ou o perigo concreto de lesão de bens jurídicos. Ademais, na trilha do *princípio da fragmentariedade*, tão somente os ataques intoleráveis aos bens jurídicos poderão ser criminalizados; adicionando-se que é indispensável também a inexistência de "outros meios mais idôneos para o controle do conflito"[245] – *princípio da subsidiariedade*.

Conclui-se que o pensamento principiológico de Luiz Flávio Gomes busca uma maior delimitação do âmbito de cognição e de incidência de cada princípio cardeal do Direito Penal. Ele propõe uma restrição conceitual de cada princípio, com a justificativa de uma otimização da compreensão de cada fenômeno principiológico, reconhecendo, todavia, "que entre todos os princípios limitadores do Direito penal existem zonas de influência, de confluência, de íntima relação ou mesmo de intercâmbio mútuo".[246]

2 O conceito na doutrina

Do ponto de vista *quantitativo* (extensão da lesão do bem jurídico), o *princípio da lesividade* exclui a criminalização *primária* ou *secundária* de lesões *irrelevantes* de bens jurídicos. Nessa medida, o *princípio da lesividade* é expressão positiva do *princípio da insignificância* em Direito Penal: lesões insignificantes de bens jurídicos protegidos, como a integridade

---

[243] *Ibid.*, p. 328.
[244] *Ibid.*, p. 330.
[245] BIANCHINI, Alice; GOMES, Luiz Flávio; MOLINA, Antonio García-Pablos de. *Direito Penal*: introdução e princípios fundamentais, p. 330.
[246] *Ibid.*, p. 329.

ou saúde corporal, a honra, a liberdade, a propriedade, a sexualidade etc., não constituem crime.²⁴⁷ (Juarez Cirino dos Santos)

Interessante questão será a de quem consome imediatamente a substância, sem portá-la por mais tempo do que o estritamente necessário para o uso. Nesta hipótese o STF decidiu: 'não constitui delito de posse de droga para uso próprio a conduta de quem, recebendo de terceiro a droga, para uso próprio, *incontinenti* a consome'. Neste caso, não houve detenção, nem perigo social, mas simplesmente o uso. Se houvesse crime, a pessoa estaria sendo castigada pelo Poder Público, por ter feito mal à sua saúde e a de mais ninguém.²⁴⁸ (Fernando Capez)

O art. 59 da Lei das Contravenções Penais (Dec.-Lei 3.688/41: vadiagem) constitui, no nosso ordenamento jurídico, exemplo inequívoco de Direito Penal de autor (sendo, desse modo, violador do princípio da materialização do fato). São também incompatíveis com o princípio da exteriorização do fato tanto o Direito penal da *intenção* (punir alguém pela mera intenção de praticar um delito) como o Direito penal da vontade (só a vontade de cometer um crime, ainda que manifestada publicamente, não basta para a responsabilidade penal). A intenção do agente ou sua vontade deve vir acompanhada de uma conduta concreta exterior. Somente assim é que se justifica a intervenção penal.²⁴⁹ (Alice Bianchini, Antonio García-Pablos de Molina e Luiz Flávio Gomes)

3 Os princípios da lesividade, da alteridade e da materialização do fato na jurisprudência do STF e do STJ

3.1 Arma e munição

STF, Plenário, Informativos nºs 404, 411 e 494

O Tribunal iniciou julgamento de *habeas corpus* impetrado em favor de condenado pela prática do crime previsto no art. 10 da Lei 9.437/97 (porte ilegal de arma), no qual se pretende a nulidade da sentença, sob alegação de atipicidade da conduta, em razão de a arma portada estar desmuniciada. O Min. Carlos Britto, relator, denegou a segurança por entender, na linha do voto da Min.

---

²⁴⁷ SANTOS, Juarez Cirino dos. *Direito Penal*: parte geral, p. 26. Grifos do autor.
²⁴⁸ CAPEZ, Fernando. *Curso de Direito Penal*: parte geral. v. 1, p. 16. O autor faz referência ao HC nº 189/SP, julgado em 2000, pela Primeira Turma do STF.
²⁴⁹ BIANCHINI, Alice; GOMES, Luiz Flávio; MOLINA, Antonio García-Pablos de. *Direito penal*: introdução e princípios fundamentais, p. 305-306.

Ellen Gracie no julgamento do RHC 81057/SP (DJU de 29.4.2005), que *o porte da arma, ainda que sem munição, configura o tipo penal em análise, que é crime de mera conduta e de perigo abstrato, sendo que o fato de estar desmuniciado o revólver não o desqualifica como arma, haja vista que a ofensividade de uma arma de fogo não está apenas na sua capacidade de disparar projéteis, mas também no seu potencial de intimidação*. Ressaltou que os objetivos da Lei 9.437/97 foram o de impedir que a arma seja usada como instrumento de ataque, bem como de evitar que haja risco de constrangimento de quem possa se sentir ameaçado pelo sujeito portador do artefato, ocasionando sensação de insegurança coletiva, ante o descrédito na eficácia das próprias instituições juridicamente incumbidas de velar pela ordem pública e pela incolumidade das pessoas e de seus respectivos bens materiais (CF, art. 144). Asseverou, ademais, que ainda houve ponderação de valores por parte do legislador que, diante da empírica possibilidade de uso necessário da arma de fogo como instrumento de defesa e a desnecessidade de sua utilização ou o risco de ser esta descomedida, optou por desfavorecer a primeira hipótese. *Em divergência, o Min. Sepúlveda Pertence concedeu a ordem,* reiterando os fundamentos expendidos em seu voto no julgamento do referido RHC *no sentido de ser atípica a conduta, já que, à luz dos princípios da lesividade e da ofensividade, a arma sem munição, ou sem possibilidade de pronto municiamento, é instrumento inidôneo para efetuar disparo*, sendo, portanto, incapaz de gerar lesão efetiva ou potencial à incolumidade pública. Em seguida, após pedido de vista do Min. Carlos Velloso, o Tribunal, por unanimidade, concedeu a liminar até a decisão final. (...) HC 85240/SP, rel. Min. Carlos Britto, 14.2.2008. (HC-85240)

O pedido de *habeas corpus* fora considerado prejudicado, declinando a competência ao tribunal de origem, já que o STF decidiu ser incompetente para apreciar e julgar a referida ação impugnativa autônoma contra atos de Turmas ou Colégios Recursais de Juizados Especiais.

Atentemo-nos, porém, à linha argumentativa desenvolvida em que se pretendia a nulidade da sentença, sob alegação de atipicidade da conduta em razão de a arma estar desmuniciada. Fato que supostamente retiraria a *lesividade* do artefato.

O Ministro Carlos Britto, seguindo a linha de raciocínio da Ministra Ellen Gracie, entendeu que, mesmo estando ausente de munição, a arma serve como perfeito instrumento de ataque, sendo lesiva e perfeitamente capaz de legitimar a persecução estatal.

A lesividade de arma de fogo, segundo o Ministro Carlos Britto, não está apenas na capacidade de disparar, mas no alto potencial de intimidação exercido sobre a vítima.

A polêmica se configurou com a divergência do Ministro Sepúlveda Pertence, que defendeu a conduta como sendo atípica por um simples e importante fator: o Estado só está legitimado a atuar contra condutas ofensivas, em respeito ao princípio da legalidade, da intervenção mínima e da insignificância. Não há ofensividade quando a arma está desmuniciada, porque é um instrumento inidôneo, incapaz de lesionar o bem jurídico penalmente tutelado.

STF, Segunda Turma, Informativos nºs 457,470 e 583

A Turma iniciou julgamento de *habeas corpus* em que se pretende, por *ausência de potencialidade lesiva ao bem juridicamente protegido*, o trancamento de ação penal instaurada contra denunciado pela suposta prática do crime de porte de munição sem autorização legal (Lei 10.826/2003, art. 14), sob o argumento de que *o princípio da intervenção mínima no Direito Penal limita a atuação estatal nessa matéria*. O *Min. Eros Grau*, relator, não obstante seu voto proferido no RHC 81057/SP (DJU de 29.4.2005), no sentido da atipicidade do porte de arma desmuniciada, indeferiu o writ por entender que a interpretação a ser dada, na espécie, seria diferente, uma vez que se trata de objeto material diverso: *porte de munição, o qual é crime abstrato e não reclama, para a sua configuração, lesão imediata ao bem jurídico tutelado*. O Min. Joaquim Barbosa, em voto-vista, acompanhou o Min. Eros Grau, relator, e indeferiu o writ por considerar que o crime de porte de munição é de perigo abstrato e não fere as normas constitucionais nem padece de vícios de tipicidade. O *Min. Cezar Peluso*, em voto-vista, por reputar atípica a conduta imputada ao paciente, deferiu o writ para determinar o trancamento da ação penal. (...) Frisou que, para previsão de determinada conduta como reprovável, construir-se-ia uma relação meramente hipotética entre a ação incriminada e a produção de perigo ou dano ao bem jurídico. *Destacou que o ilícito penal consistiria na infração do dever de observar determinada norma, concentrando o injusto muito mais no desvalor da ação do que no desvalor do resultado, que se faria cada vez mais difícil identificar ou mensurar*. Assim, enfatizou que, em vez do tradicional elemento de lesão ao bem jurídico, apareceria como pressuposto legitimador da imputação a desaprovação do comportamento que vulnera dever definido na esfera extra-penal. *Asseverou, no ponto, que essa tendência poderia entrar em choque com os pressupostos do Direito Penal clássico, fundado na estrita legalidade, na proporcionalidade, na causalidade, na subsidiariedade, na intervenção mínima, na fragmentariedade e lesividade, para citar alguns dos seus princípios norteadores*. Evidenciou, destarte, que grave dilema se poria no fato de que, de um lado se professaria que o Direito Penal deveria dedicar-se apenas à proteção subsidiária repressiva dos bens jurídicos essenciais, por meio de instrumentos tradicionais de imputação de responsabilidade, segundo princípios e regras clássicos de garantia, e, de outro, postular-se-ia a flexibilização e ajuste dos instrumentos dogmáticos e das regras de atribuição de responsabilidade, para que o Direito Penal reunisse condições de atuar na proteção dos bens jurídicos supra individuais, e no controle dos novos fenômenos do risco. *Esclareceu que as normas de perigo abstrato punem a realização de conduta imaginada ou hipoteticamente perigosa sem a necessidade de configuração de efetivo perigo ao bem jurídico, na medida em que a periculosidade da conduta típica seria determinada antes, por meio de uma generalização, de um juízo hipotético do legislador, fundado na idéia de mera probabilidade. Avaliou* que, nos tipos de perigo concreto, se exigiria o desvalor do resultado, impondo o risco do bem protegido, enquanto, nos tipos de perigo abstrato, ocorreria claro adiantamento da proteção do bem a fases anteriores à efetiva lesão. Asseverou, todavia, que deveria restar caracterizado um mínimo de ofensividade como fator de delimitação e conformação de condutas que merecessem reprovação penal. Nesse sentido, registrou que a aplicação dos instrumentos penais de atribuição de responsabilidade às novas realidades haveria de se restringir aos casos em que fosse possível compatibilizar a nova tipificação com os princípios clássicos do Direito Penal. Salientou ser certo que a lesividade nem sempre significaria dano efetivo ao bem jurídico protegido, mas, para se entender e justificar como tal, exigiria, pelo menos, que de algum modo se pusesse em causa uma situação de perigo. Reportou que, ainda nos delitos de perigo abstrato, seria preciso acreditar na perigosidade da ação, no desvalor real da ação e na possibilidade de resultado perigoso, não sendo punível, por isso, a conduta que não pusesse em perigo, nem sequer em tese ou por hipótese, o bem jurídico protegido. (...) Assinalou que, se a conduta em questão não detém dignidade penal, a aplicação do art. 14 da Lei 10.826/2003, na espécie, representaria unicamente o uso do Direito Penal para a manutenção do sistema de controle do comércio de armas e munições. Ou seja, tal modelo imporia a aceitação de um discurso eminentemente funcional, mediante prevenção em geral negativa, procurando intimidar toda a sociedade quanto à prática criminosa. Assentou que isso justificaria, do ponto de vista da política criminal, certa antecipação da tutela, derrogando-se o princípio da lesividade, em função de necessidades da administração, o que, definitivamente, não seria e nem poderia ser o seu papel, nem sequer no contexto de uma sociedade de risco. (...) Após, pediu vista dos autos a Min. Ellen Gracie. HC 90075/SC, rel. Min. Eros Grau, 20.4.2010. (HC-90075)

Em julgamento que se iniciou no ano de 2010, a Segunda Turma da Suprema Corte analisou pedido de *habeas corpus* em que se pretende, por ausência de potencialidade lesiva ao bem jurídico penalmente tutelado, o trancamento de ação penal. Questiona-se a legitimidade do exercício punitivo do Estado para reprimir o crime de porte de munição sem autorização legal (art. 14, da Lei nº 10.826/06[250]), que requer, segundo a defesa, interpretação conforme os *princípios da lesividade e da intervenção mínima.*

Os Ministros Eros Grau e Joaquim Barbosa não acolheram a tese da defesa, por considerar que o porte de munição sem autorização legal é crime de perigo abstrato, sendo dispensável para a sua configuração a lesão imediata ao bem jurídico penalmente tutelado.

---

[250] "Art. 14. Portar, deter, adquirir, fornecer, receber, ter em depósito, transportar, ceder, ainda que gratuitamente, emprestar, remeter, empregar, manter sob guarda ou ocultar arma de fogo, acessório ou munição, de uso permitido, sem autorização e em desacordo com determinação legal ou regulamentar:"

O Ministro Cezar Peluso votou em sentido contrário, coadunando-se com a tese defensiva. Para ele, a matriz legitimadora do Direito Penal está na ideia de bem jurídico, que demarca os valores a serem tutelados penalmente, vinculando-os à ordem axiológica constitucional. A antecipação da tutela penal para momento anterior à lesão do bem jurídico é correntemente justificada pela prevenção e o controle das fontes de perigo. O mundo contemporâneo passou por uma série de mudanças industriais, tecnológicas e comunicativas, que levaram à ampliação dos riscos sociais. Essa tendência global afetou o Direito Penal, na medida em que houve a ampliação dos crimes de perigo abstrato, a fim de garantir a segurança pública, penalizando esses novos riscos não permitidos pela ordem social. Assim, como nesses injustos penais há uma relação intrínseca com o respeito às normas de segurança extrapenais, concentra-se a reprovabilidade no desvalor da ação, já que fica difícil mesurar o desvalor do resultado. Toma-se como exemplo os crimes ambientais, em que a dimensão do dano ambiental nem sempre pode ser identificada ou mesurada. Por essa razão, fala-se muito do *princípio da precaução* na doutrina ambiental.

Nessa linha, o Ministro Cezar Peluso afirmou que essa mudança de enfoque da proteção ao bem jurídico para a desaprovação de comportamento que vulnera norma extrapenal pode entrar em choque com os pressupostos do Direito Penal clássico, ao desconsiderar os princípios da lesividade, da intervenção mínima, da fragmentariedade, entre outros.

Para que os crimes de perigo abstrato possam estar consentâneos à ordem constitucional é necessário que haja um mínimo de ofensividade da conduta. Nos crimes de perigo abstrato, segundo o Ministro, é imprescindível que se possa aferir o desvalor real da ação e a possibilidade do resultado perigoso. Assim, retira-se da esfera penal aquela conduta que formalmente se insere no tipo, mas que não põe em perigo, nem em tese ou por hipótese, o bem jurídico penalmente tutelado.

O Ministro Cezar Peluso entendeu que a atribuição de responsabilidade às novas práticas sociais de risco haveria de se compatibilizar com os princípios clássicos do Direito Penal. O transporte de dez projéteis, sem o porte da arma de fogo, não possibilita lesão alguma à incolumidade pública. Criminalizar tal conduta apenas mantém o sistema de controle do comércio de armas e munições. O Direito Penal estaria a serviço de uma função, estando desconectado dos limites impostos pela proteção do bem jurídico. O princípio da lesividade não pode ser derrogado em prol da necessidade da Administração Pública. Tal horizonte não é aceito nem nas sociedades de risco contemporâneas. Ademais, asseverou o Ministro que o Direito Penal deve estar de acordo com a ideia de subsidiariedade, atuando somente em *ultima ratio*, quando outras medidas de política social não forem capazes de proteger o bem jurídico. Após esse voto, a Senhora Ministra Ellen Gracie pediu vista dos autos.

STJ, Sexta Turma, HC nº 142667/RS

(...)
1. Como bem observado pelo Ministro Sepúlveda Pertence, no RHC n. 81.057-8/SP, "para a teoria moderna – que dá realce primacial aos princípios da necessidade da incriminação e da lesividade do fato criminoso – o cuidar-se de crime de mera conduta – no sentido de não se exigir à sua configuração um resultado material exterior à ação – não implica admitir sua existência independentemente de lesão efetiva ou potencial ao bem jurídico tutelado pela incriminação da hipótese de fato."2. De feito, *o simples portar arma, sem que se tenha acesso à munição, não apresenta sequer perigo de lesão ao bem jurídico tutelado pela norma incriminadora*, no caso, a segurança pública, *devendo ser reconhecida a atipicidade material da conduta, observando-se, sempre, o caráter fragmentário do direito penal*. 3. Na espécie, *ainda que o paciente tenha sido abordado portando um revólver desmuniciado, em seu bolso foram encontrados doze cartuchos de munição eficazes*, de acordo com o laudo pericial. Tendo em vista as peculiaridades do caso, não é possível falar em conduta atípica. 4. Ordem denegada.(HC 142667/RS, Ministro rel. CELSO LIMONGI, Desembargador convidado TJ/SP, Sexta Turma, Julgamento 02/12/2010 DJe 17/12/2010)

A Sexta Turma do STJ, em julgamento do ano de 2010, reiterou o seu posicionamento de que não há lesividade no porte de arma desmuniciada. Nas palavras do Senhor Ministro Celso Limongi: "o simples portar arma, sem que se tenha acesso à munição, não apresenta sequer perigo de lesão ao bem jurídico tutelado pela norma incriminadora".

Entretanto, o caso concreto difere da jurisprudência da Corte. O agente portava arma desmuniciada, todavia havia em seu bolso doze cartuchos de munição eficazes. Assim, a Segunda Turma reconheceu a tipicidade material dessa conduta, uma vez que o agente tinha acesso pronto à munição.

3.2 Roubo: arma e perícia

STF, Plenário, Informativo nº 536

Para a caracterização da majorante prevista no art. 157, §2º, I, do CP, não se exige que a arma de fogo seja periciada ou apreendida, desde que, por outros meios de prova, reste demonstrado o seu potencial lesivo. Com base nesse entendimento, o Tribunal, por maioria, indeferiu *habeas corpus*, afetado ao Pleno pela 1ª Turma, impetrado contra decisão do STJ que entendera desnecessária a apreensão de arma de fogo e sua perícia para a caracterização da causa de aumento de pena do crime de roubo. (...) Assentou-se que, *se por qualquer meio de prova – em especial pela palavra da vítima, como no caso, ou pelo depoimento de testemunha presencial – ficar comprovado o emprego de arma de fogo, esta circunstância deverá ser levada em consideração pelo magistrado na fixação da pena. Ressaltou-se que, se o acusado alegar o contrário ou sustentar a ausência de potencial lesivo da arma empregada para intimidar a vítima, será dele o ônus de produzir tal evidência, nos termos do art.* 156 do CPP, segundo o qual a prova da alegação incumbirá a quem a fizer. Aduziu-se não ser razoável exigir da vítima ou do Estado-acusador comprovar o potencial lesivo da arma, quando o seu emprego ficar evidenciado por outros meios de prova, mormente quando esta desaparece por ação do próprio acusado, como usualmente acontece após a prática de delitos dessa natureza. *Enfatizou-se, ademais, que a arma de fogo, mesmo que, eventualmente, não tenha o poder de disparar projéteis, pode ser empregada como instrumento contundente, apto a produzir lesões graves contra vítimas inermes.* Ressaltou-se, também, que a hipótese não guardaria nenhuma correspondência com o roubo perpetrado com o emprego de arma de brinquedo – exemplo frequentemente invocado pelos que defendem a necessidade de perícia para caracterização da forma qualificada do delito –, em que o tipo penal fica circunscrito àquele capitulado no caput do art. 157 do CP, porquanto a ameaça contra a vítima restringe-se apenas ao plano psicológico, diante da impossibilidade de que lhe sobrevenha qualquer mal físico. Concluiu-se que exigir uma perícia para atestar a potencialidade lesiva da arma de fogo empregada no delito de roubo, ainda que cogitável no plano das especulações acadêmicas, teria como resultado prático estimular os criminosos a desaparecer com elas, de modo a que a qualificadora do art. 157, §2º, I, do CP dificilmente poderia ser aplicada, a não ser nas raras situações em que restassem presos em flagrante, empunhando o artefato ofensivo. (...) HC 96099/RS, rel. Min. Ricardo Lewandowski, 19.2.2009.

    Em julgado do ano de 2009, o Pleno do Supremo Tribunal Federal analisou pedido de *habeas corpus* impetrado contra decisão do STJ, que entendera desnecessária a apreensão de arma de fogo e a sua perícia, para a caracterização da causa de aumento de pena por emprego de arma no crime de roubo.

    O artigo 3º, inciso XIII, do Decreto nº 3.665/00, definiu o conceito de arma de fogo, sendo aquela que "arremessa projéteis empregando a força expansiva dos gases gerados pela combustão de um propelente confinado em uma câmara que, normalmente, está solidária a um cano que tem a função de propiciar continuidade à combustão do propelente, além de direção e estabilidade ao projétil".

    Por maioria, a Corte Suprema considerou ser dispensável a apreensão da arma de fogo e a realização da perícia, para a aplicação da majorante prevista no artigo 157, §2º, inciso I, do Código Penal,[251] caso seja possível comprovar o potencial lesivo do objeto por outros meios de prova.[252] Nesse sentido, basta que a testemunha ou mesmo a vítima declare que houve emprego de arma no roubo, como meio veiculador da grave ameaça presente no tipo. Uma das justificativas elencadas pelos Ministros é que a lesão não se concretiza somente pelo disparo da arma, pois é possível que esta seja utilizada como instrumento contundente mesmo estando desmuniciada, sendo apta a produzir danos físicos na vítima. Entretanto, o réu poderá sustentar a ausência de potencialidade lesiva da arma, sendo dele o ônus da prova.

Os Senhores Ministros Gilmar Mendes, Cezar Peluso e Eros Grau discordaram e votaram pela concessão da ordem de *habeas corpus*, entendendo ser imprescindível a demonstração técnica da real possibilidade de lesão da arma usada no crime, já que a intimidação, a violência e a grave ameaça já integram o tipo penal do roubo. Na dúvida, o magistrado deve decidir a favor do réu. Ademais, o ônus da prova é da acusação, que deve demonstrar cabalmente a potencialidade lesiva da arma empregada no crime.

No final de 2011, esse posicionamento foi ratificado pela Primeira Turma do STF (HC nº 103052/RS): "A apreensão da arma de fogo no afã de justificar a causa de aumento de pena prevista no art. 157, §2º, I, do CP, não é necessária nas hipóteses em que sua efetiva utilização pode ser demonstrada por outros meios de prova".

STJ, Sexta Turma Informativo nº 386

A Turma, por maioria, mesmo após recente precedente do STF em sentido contrário, reiterou seu entendimento de que *é necessária a apreensão da arma de fogo para que possa implementar o aumento da pena previsto no art. 157, §2º, I, do CP. Com a ausência da apreensão e perícia da arma, não se pode apurar sua lesividade e, portanto, o maior risco para a integridade física da vítima.* Precedentes citados do STF: HC 96.099-RS, DJ 10/3/2009; HC 92.871-SP, DJ 6/3/2009; HC 95.142-RS,

---

[251] "Art. 157 – Subtrair coisa móvel alheia, para si ou para outrem, mediante grave ameaça ou violência a pessoa, ou depois de havê-la, por qualquer meio, reduzido à impossibilidade de resistência: §2º – A pena aumenta-se de um terço até metade: I – se a violência ou ameaça é exercida com emprego de arma;"

[252] A Quinta Turma do STJ segue esse posicionamento do STF. Para mais informações, consultar o HC 123612/SP: "Nos termos do art. 167 do Código de Processo Penal, o laudo pericial pode ser suprido pela prova testemunhal diante do desaparecimento dos vestígios, como na espécie, em que não houve a apreensão da arma de fogo."

DJ 5/12/2008; do STJ: HC 36.182-SP, DJ 21/3/2008; HC 100.906-MG, DJ 9/6/2008, e HC 105.321-PA, DJ 27/5/2008. HC 99.762-MG, Rel. Min. Maria Thereza de Assis Moura, julgado em 10/3/2009.

Em julgamento do ano de 2009, a Sexta Turma do STJ, por maioria, decidiu ser necessária a apreensão e a perícia da arma, para que se possa majorar o roubo, nos termos do art. 157, §2º, inciso I, do Código Penal. Entendeu-se que a causa de aumento de pena do emprego de arma se justifica pelo maior risco à integridade física da vítima, sendo, portanto, indispensável a demonstração do seu potencial lesivo.

STF, Primeira Turma, RHC nº 103544/DF

PENAL. PROCESSUAL PENAL. RHC. ROUBO MAJORADO PELO EMPREGO DE ARMA. APREENSÃO E PERÍCIA PARA A COMPROVAÇÃO DE SEU POTENCIAL OFENSIVO. DESNECESSIDADE. CIRCUNSTÂNCIA QUE PODE SER EVIDENCIADA POR OUTROS MEIOS DE PROVA. PRECEDENTES. RECURSO DESPROVIDO. I – *Não se mostra necessária a apreensão e perícia da arma empregada no roubo para comprovar o seu potencial lesivo, visto que essa qualidade integra a própria natureza do artefato.* II – Lesividade do instrumento que se encontra in re ipsa. III – *A majorante do art. 157, §2º, I, do Código Penal, pode ser evidenciada por qualquer meio de prova, em especial pela palavra da vítima – reduzida à impossibilidade de resistência pelo agente – ou pelo depoimento de testemunha presenc*ial. IV – Recurso desprovido (RHC 103544/DF Relator(a): Min. RICARDO LEWANDOWSKI Julgamento: 18/05/2010 DJe-105 DIVULG 10-06-2010 PUBLIC 11-06-2010 EMENT VOL-02405-03 PP-00564 RJP v. 6, n. 34, 2010, p. 103-107 LEXSTF v. 32, n. 379, 2010, p. 460-465 RT v. 99, n. 900, 2010, p. 521-525).

Em recente julgamento do ano de 2010, a Primeira Turma do STF reiterou o seu posicionamento no sentido da desnecessidade da apreensão da arma e da perícia, para a incidência da majorante do artigo 157, §2º, inciso I, do Código Penal.

Segundo os Ministros, caso fosse exigida a apreensão e a perícia da arma não haveria quase nunca a aplicação da referida majorante, dado que na maioria das vezes o agente infrator a encobre. Consideraram que o potencial lesivo é qualidade que integra a própria natureza desse artefato.

O depoimento da testemunha ou da vítima é suficiente para que seja evidenciado o emprego de arma no crime de roubo. Caberá ao réu a prova da ausência da lesividade do artefato, se discordar das alegações apresentadas.

STJ, Sexta Turma, Informativo nº 456

A Turma, por maioria, concedeu parcialmente a ordem de *habeas corpus* apenas para fixar o regime semiaberto. O paciente foi condenado como incurso no art. 157, §2º, I, c/c o art. 61, II, h, ambos do CP, à pena de seis anos de reclusão em regime semiaberto e 13 dias-multa. Sucede que o tribunal *a quo* deu provimento à apelação do *parquet* para fixar o regime fechado. Assim, no *habeas corpus*, a impetração buscou desconstituir a majorante pelo emprego de arma de fogo e, como consequência, o regime aberto para o cumprimento da pena. Para o Min. Relator, não há dúvidas quanto à aplicação da majorante, visto que *houve disparos* durante o roubo no interior do estabelecimento da vítima e outros disparos durante a prisão do paciente. Destaca, ainda, que, além dos disparos, não houve apreensão da arma nem sua perícia para a comprovação de sua lesividade, o que, a teor da jurisprudência da Turma, seria causa impeditiva para a incidência da majorante. Contudo, *hoje o entendimento majoritário da Sexta Turma coincide com o da Quinta Turma de que o disparo de arma efetuado durante a prática do delito é suficiente para demonstrar a potencialidade lesiva da arma, ainda que somente trazido aos autos em prova testemunhal.* Precedentes citados: HC 126.108-MS, DJe 16/8/2010; HC 168.663-SP, DJe 2/8/2010, e HC 123.213-SP, DJe 20/9/2010. HC 177.215-RJ, Rel. Min. Haroldo Hodrigues (Desembargador convocado TJ-CE), julgado em 18/11/2010.

A Sexta Turma do STJ, em julgamento realizado em 18 de novembro de 2010, afirmou que o disparo da arma durante a prática do crime é suficiente para a demonstração da potencialidade lesiva da arma de fogo, dispensando a apreensão e a perícia desse artefato para a evidência da causa de aumento de pena do art. 157, §2º, inciso I, do Código Penal. Basta a prova testemunhal para a comprovação dos disparos.

STJ, Terceira Seção, Informativo nº 460

A Seção, ao prosseguir o julgamento, entendeu, por maioria, conhecer dos EREsp, apesar de o acórdão colacionado como paradigma advir do julgamento de *habeas corpus* substitutivo de recurso ordinário. *No mérito, firmou, também por maioria, que a aplicação da majorante constante do art. 157, §2º, I, do CP não necessita da apreensão e da perícia da arma utilizada na prática do roubo se outros meios de prova evidenciarem seu emprego, por exemplo, os depoimentos dos condutores, da vítima e das testemunhas, ou mesmo quaisquer meios de captação de imagem.* Anotou que essa exigência de apreensão e perícia da arma não decorre da lei, que recentes precedentes do STF têm a arma, por si só, como instrumento capaz de qualificar o roubo desde que demonstrada sua utilização por qualquer modo (potencial lesivo *in re ipsa*) e que, por isso, cabe ao imputado demonstrar a falta de seu potencial lesivo, tal como nas hipóteses de arma de brinquedo, defeituosa ou incapaz de produzir lesão (art. 156 do CPP). Precedentes citados do STF: HC 96.099-RS, DJe 5/6/2009, e HC 104.984-RS, DJe 30/11/2010.EREsp 961.863-RS,

Rel. originário Min. Celso Limongi (Desembargador convocado do TJ-SP), Rel. para acórdão Min. Gilson Dipp, julgados em 13/12/2010.

Em recente julgamento de 13 de dezembro de 2010, a Terceira Seção do STJ, pacificando o entendimento entre as Turmas, julgou ser desnecessária a perícia, desde que haja elementos probatórios comprovando a utilização da arma no roubo.

STJ, Sexta Turma, AgRg HC nº 165615/SP
AGRAVO REGIMENTAL. HABEAS CORPUS. ROUBO CIRCUNSTANCIADO. *EMPREGO DE ARMA BRANCA*. APREENSÃO E PERÍCIA. NECESSIDADE. 1. A necessidade de apreensão da arma branca para a implementação da causa de aumento de pena do inciso I do §2º do art. 157 do Código Penal, tem a mesma raiz exegética presente na revogação do enunciado nº 174 da Súmula deste Sodalício 2. *Sem a apreensão e perícia na arma, não há como se apurar a sua lesividade e, portanto, o maior risco para o bem jurídico "integridade física"*. 3. Agravo regimental desprovido. AgRg HC 165615/SP .rel. Ministra MARIA THEREZA DE ASSIS MOURA. Sexta Turma.

A Sexta Turma do STJ, em julgado do ano de 2010, afirmou que o emprego de arma branca no roubo deve ter o mesmo tratamento jurisprudencial dado às armas de fogo. Assim, para a incidência da majorante do art. 157, §2º, inciso I, do Código Penal, faz-se mister a apreensão e a perícia da arma branca, para que seja demonstrado o maior risco para o bem jurídico "integridade física". Como a violência e a grave ameaça já são elementares do tipo penal, a majorante do emprego da arma se justifica pela agravação do risco ao bem jurídico penalmente tutelado. Então, a demonstração da potencialidade lesiva do artefato é indispensável.

3.3 Receptação simples e qualificada

STJ, Terceira Seção, Informativo nº 451
In casu, conforme os autos, os embargados foram denunciados pela prática do delito de receptação qualificada, uma vez que, no mês de agosto de 2003, ficou constatado que eles tinham em depósito, no exercício de atividade comercial, diversos veículos que sabiam ser produto de crime. Processados, sobreveio sentença, condenando-os pela infração do art. 180, §1º, do CP às penas de quatro anos e seis meses de reclusão em regime semiaberto e 30 dias-multa. Em sede de apelação, o tribunal *a quo* reduziu a pena para um ano e seis meses de reclusão, além de 15 dias-multa, sob o fundamento de que a pena estabelecida para

o delito de receptação qualificada mostrava-se desproporcional à gravidade do crime. (...) o MP ressaltou que *a Quinta Turma do STJ, bem como o STF, vêm pronunciando-se sobre a matéria contra a possibilidade de aplicar a pena prevista no art. 180, caput, do CP quando caracterizada a forma qualificada do delito*. A defesa, por sua vez, assinalou que, se acolhida a argumentação do embargante, haveria uma punição muito mais severa à receptação qualificada, praticada com dolo eventual, do que a prevista para a modalidade simples, mesmo com dolo direto. Nesse contexto, a Seção entendeu que, apesar dos fundamentos defensivos no sentido de que não seria razoável o agravamento da sanção do tipo penal qualificado, que traz como elemento constitutivo do tipo o dolo eventual, não há como admitir a imposição da reprimenda prevista para a receptação simples em condenação pela prática de receptação qualificada (crime autônomo). *Assim, adotou o entendimento de que a pena mais severa cominada à forma qualificada do delito tem razão de ser, tendo em vista a maior gravidade e reprovação da conduta, uma vez que praticada no exercício de atividade comercial ou industrial. Observou tratar de opção legislativa, em que se entende haver a necessidade de repressão mais dura a tais condutas, por serem elas dotadas de maior lesividade.* Desse modo, *não existem motivos para negar a distinção feita pelo próprio legislador,* atento aos reclamos da sociedade que representa, no seio da qual é mais reprovável a conduta praticada no exercício de atividade comercial, como ocorre no caso, cuja lesão exponencial resvala num sem número de consumidores, todos vitimados pela ambição do comerciante que revende mercadoria espúria. Inviável, *pois, sem negar vigência ao dispositivo infraconstitucional em questão e sem ofensa aos princípios da proporcionalidade e da razoabilidade constitucionalmente* previstos, impor ao paciente, pela violação do art. 180, §1º, do CP, a sanção prevista ao infrator do caput do referido artigo. Diante disso, acolheu, por maioria, os embargos a fim de reformar o acórdão embargado e dar provimento ao recurso especial, restabelecendo a condenação pela forma qualificada da receptação nos termos da sentença. Precedentes citados do STF: RE 443.388-SP, DJe 11/9/2009; do STJ: HC 128.253-SC, DJe 3/8/2009, e REsp 700.887-SP, DJ 19/3/2007. EREsp 772.086-RS, Rel. Min. Jorge Mussi, julgados em 13/10/2010.

O artigo 180, *caput*, do Código Penal,[253] estabelece a pena de um a quatro anos de reclusão e multa, para a receptação simples praticada com dolo direto. Ocorre que no §1º do mesmo artigo[254] impõe-se à receptação qualificada, perpetrada com dolo eventual, a sanção de três a oito anos de reclusão e multa.

---

[253] "Art. 180 – Adquirir, receber, transportar, conduzir ou ocultar, em proveito próprio ou alheio, coisa que sabe ser produto de crime, ou influir para que terceiro, de boa-fé, a adquira, receba ou oculte:"

[254] "1º – Adquirir, receber, transportar, conduzir, ocultar, ter em depósito, desmontar, montar, remontar, vender, expor à venda, ou de qualquer forma utilizar, em proveito próprio ou alheio, no exercício de atividade comercial ou industrial, coisa que deve saber ser produto de crime:"

Sendo assim, a defesa sustentava a *desproporcionalidade* da sanção penal cominada à receptação qualificada, uma vez que se puniria com mais rigidez um crime praticado com dolo eventual do que aquele perpetrado com dolo direto, sendo que os tipos penais são semelhantes e tutelam o mesmo bem jurídico.

Apesar dos argumentos defensivos, a Terceira Seção do STJ concluiu ser imprópria a aplicação da sanção prevista para a recepção simples em condenação pela prática de receptação qualificada, pois a reprimenda mais severa é justificada pela maior gravidade e reprovação da conduta prevista na forma qualificada do crime, que tem a peculiaridade de ser praticado no exercício da atividade comercial ou industrial.

Trata-se de decisão do legislador que entendeu ser a receptação qualificada, mesmo pratica com dolo eventual, *mais lesiva* do que a receptação simples, tendo em vista que tal conduta resvala em inúmeros consumidores, que ficam vulneráveis à atividade comercial ou industrial ilícita. Segundo os Ministros, a diferenciação feita pelo legislador é razoável e proporcional ao delito da receptação qualificada, compreendido como crime autônomo.

A Terceira Seção do STJ depreendeu que a rigidez da reprimenda se deu por razões de política criminal. Assim, não haveria respeito à *ratio* da norma, se a qualificadora não fosse aplicada.

3.4 Porte de arma e numeração raspada

STJ, Sexta Turma, AgRg no REsp nº 990.839-RS

A Turma entendeu que o porte de arma de uso permitido, restrito ou proibido com a supressão do número de série incide no crime do art. 16, IV, da Lei n. 10.826/2003, *descabendo o argumento de atipicidade da conduta por ausência de lesividade, já que a ênfase se dá em razão da necessidade do controle pelo Estado das armas de fogo existentes no país.* AgRg no REsp 990.839-RS, Rel. Min. Jane Silva (Desembargadora convocada do TJ-MG), julgado em 19/6/2008.

Em julgado do ano de 2008, a Sexta Turma defrontou-se com Agravo Regimental no Recurso Especial, o qual pretendia afastar do caso concreto o tipo previsto no artigo 16, inciso IV, da Lei nº 10.826/2006.[255]

---

[255] "Art. 16. Possuir, deter, portar, adquirir, fornecer, receber, ter em depósito, transportar, ceder, ainda que gratuitamente, emprestar, remeter, empregar, manter sob sua guarda ou ocultar arma de fogo, acessório ou munição de uso proibido ou restrito, sem autorização e em desacordo com determinação legal ou regulamentar: Parágrafo único. Nas mesmas penas incorre quem: IV – portar, possuir, adquirir, transportar ou fornecer arma de fogo com numeração, marca ou qualquer outro sinal de identificação raspado, suprimido ou adulterado;"

A defesa sustentou que a conduta de portar arma de uso permitido com a numeração raspada seria atípica.

Em seu voto, argumenta a Ministra Jane Silva que é insignificante o fato de a arma ser de uso permitido, restrito ou proibido para que se configure o referido crime, pois a *lesividade* está no prejuízo causado ao Estado em ter, por exemplo, de averiguar a procedência da arma. Sustenta que tal conduta inviabiliza o sistema de controle, afetando a ordem social preconizada pelo Estado.

Nas palavras da Ministra relatora Jane Silva: "A gravidade da conduta reside na dificuldade de se identificar a arma e de saber sua origem, quebrando o sistema de controle. Ocorre que o legislador considera extremamente grave a conduta de quem suprime, raspa ou adultera a numeração ou o sinal identificador da arma de fogo. Foi uma opção legislativa, todavia não se pode afirmar que a supressão do número da arma de uso permitido é atípica".

Segundo o entendimento unânime da Turma, não importa em que rol de permissividade se encontra a arma, o que interessa ao Estado é punir a conduta, por inviabilizar o rastreamento, a estirpe da arma. O esgotamento do Estado em ter de buscar tais informações, que quase sempre é em vão por não ter subsídios suficientes, se agrava pela numeração raspada.

3.5 Perícia em mercadoria ou matéria-prima imprópria para consumo

STJ, Quinta Turma, HC nº 115650/SP

(...) 1. A antiga jurisprudência desta Egrégia Corte era no sentido de que o delito tipificado no art. 7º, inciso IX, da Lei nº 8.137/90, é crime formal e de perigo abstrato, ou seja, que não exige lesão ou dano, contentando-se com a mera potencialidade lesiva. 2. Não se descura, entretanto, que no dia 06/10/2009, quando do julgamento do REsp 1112685/SC, Rel. Min. FELIX FISCHER, esta Turma modificou seu anterior entendimento, "para estabelecer que nos crimes previstos no art. 7º, inciso IX, da Lei nº 8.137/90 *é indispensável a realização de perícia, quando possível sua realização, a fim de se atestar se o produto é ou não impróprio para o consumo*" (DJe 29/03/2010). 3. Tal alteração se deu após o julgamento do HC 90.779-2/PR, Rel. Min. CARLOS BRITTO (DJ de 24/10/2008) pela Primeira Turma do Pretório Excelso. No referido writ, os Pacientes foram denunciados em razão da produção de desinfetantes para uso geral, desodorante sanitário e sabão em pedra em desconformidade com as normas e regulamentos de fabricação e distribuição, situação fática que exigiu perícia para comprovar a lesividade ao consumidor. 4. No presente caso, o Paciente, representante de empresa, expôs à venda 08 litros do produto denominado "Score" (embalagem de 01 litro), e 04 galões do produto chamado "Contain" (embalagem de 05 litros), todos com as respectivas datas de validade vencidas. A hipótese dos autos, portanto, é diversa da que se exigiu perícia para aferição da lesividade do produto. *Na espécie trata-se de comercialização de agrotóxico, que por si só, sem maiores discussões, é produto perigoso ao manuseio humano. Não só isso, repita-se, os produtos tinham prazo de validade vencido. 5. À luz do art. 18, §6º, do Código de Defesa do Consumidor, "São impróprios ao uso e consumo: I – os produtos cujo prazo de validade estejam vencidos".* 6. Despicienda, portanto, nesta hipótese, a perícia, pois absolutamente "desnecessária a comprovação da materialidade delitiva por meio de laudo pericial" (REsp 1060917/RS, Rel. Min. ARNALDO ESTEVES LIMA, 5.ª Turma, DJe 13/04/2009). 7. Habeas corpus denegado. HC 115650/SP, Relator(a) Ministra LAURITA VAZ, Quinta Turma, Julgamento 26/10/2010, DJe 22/11/2010.

Em julgamento realizado em outubro de 2010, a Quinta Turma do STJ decidiu ser dispensável a perícia do produto impróprio para o consumo, com o prazo de validade vencido, quando se tratar de comercialização de agrotóxico.

Trata-se de exceção à regra geral da jurisprudência, que assim entende: "para estabelecer crimes previstos no art. 7º, inciso IX, da Lei nº 8.137/90[256] é indispensável a realização de perícia, quando possível sua realização, a fim de se atestar se o produto é ou não impróprio para o consumo".

Contudo, o crime ora em exame não se assemelha aos precedentes analisados pelas Cortes, pois os produtos agrotóxicos, por sua natureza, já são altamente tóxicos, sendo prescindível a perícia para a caracterização da sua lesividade.

Acrescentam ainda os Ministros que o artigo que dispõe sobre o tema é norma penal em branco, devendo ser integralizado pelo artigo 18, §6º, do Código de Defesa do Consumidor,[257] e, portanto, não cabe à defesa prosseguir na alegação de que não houve adequação típica, demonstrada a necessária complementação legal.

A regra geral, de acordo com a Quinta Turma do STJ, é que, nos crimes de exposição à venda de matéria-prima ou de mercadoria

---

[256] "Art. 7º Constitui crime contra as relações de consumo: IX – vender, ter em depósito para vender ou expor à venda ou, de qualquer forma, entregar matéria-prima ou mercadoria, em condições impróprias ao consumo; Pena – detenção, de 2 (dois) a 5 (cinco) anos, ou multa"

[257] "§6º São impróprios ao uso e consumo: I – os produtos cujos prazos de validade estejam vencidos; II – os produtos deteriorados, alterados, adulterados, avariados, falsificados, corrompidos, fraudados, nocivos à vida ou à saúde, perigosos ou, ainda, aqueles em desacordo com as normas regulamentares de fabricação, distribuição ou apresentação; III – os produtos que, por qualquer motivo, se revelem inadequados ao fim a que se destinam."

imprópria para o consumo, a configuração da figura típica do art. 7º, inciso IX, da Lei nº 8.137/90 c/c o art. 18, §6º, da Lei nº 8.078/90, só se dá com a verificação pericial da lesividade no consumo direto humano, entretanto no caso concreto, em razão da natureza tóxica do produto, que por si só é perigoso ao manuseio humano, a perícia pode ser dispensada.

Nesse sentido, seguindo o voto da Ministra Relatora, a Turma por unanimidade denegou o *writ*.

STF, Pleno, Informativo nº 722

No mérito, destacou-se que o *princípio da ofensividade* deveria orientar a aplicação da lei penal, de modo a permitir a aferição do grau de potencial ou efetiva lesão ao bem jurídico protegido pela norma. Observou-se que, não obstante a contravenção impugnada ser de mera conduta, exigiria, para a sua configuração, que o agente tivesse sido condenado anteriormente por furto ou roubo; ou que estivesse em liberdade vigiada; ou que fosse conhecido como vadio ou mendigo. Assim, salientou-se que *o legislador teria se antecipado a possíveis e prováveis resultados lesivos, o que caracterizaria a presente contravenção como uma infração de perigo abstrato*. Frisou-se que a LCP fora concebida durante o regime ditatorial e, por isso, o anacronismo do tipo contravencional. *Asseverou-se que a condição especial "ser conhecido como vadio ou mendigo", atribuível ao sujeito ativo, criminalizaria, em verdade, qualidade pessoal e econômica do agente, e não fatos objetivos que causassem relevante lesão a bens jurídicos importantes ao meio social. Consignou-se, no ponto, a inadmissão, pelo sistema penal brasileiro, do direito penal do autor em detrimento do direito penal do fato.* No que diz respeito à consideração da vida pregressa do agente como elementar do tipo, afirmou-se o não cabimento da presunção de que determinados sujeitos teriam maior potencialidade de cometer novas infrações penais. Por fim, registrou-se que, sob o enfoque do princípio da proporcionalidade, a norma em questão não se mostraria adequada e necessária, bem como afrontaria o subprincípio da proporcionalidade em sentido estrito. Os Ministros Teori Zavascki, Luiz Fux, Ricardo Lewandowski, Marco Aurélio e Celso de Mello ressaltaram, em acréscimo, que a tipificação em comento contrariaria, também, o princípio da presunção de inocência, da não culpabilidade. RE 583523/RS, rel. Min. Gilmar Mendes, 3.10.2013. (RE-583523) RE 755565/RS, rel. Min. Gilmar Mendes, 3.10.2013.

Em outubro de 2013, o Pleno do Supremo Tribunal Federal declarou a não recepção do artigo 25 da Lei de Contravenções Penais pela Constituição da República de 1988, que entende como contravenção "o porte injustificado de gazuas, chaves falsas ou alteradas ou instrumentos empregados usualmente na prática de crime de furto depois de condenado, por crime de furto ou roubo, ou enquanto sujeito à liberdade vigiada ou quando conhecido como vadio ou mendigo".

O STF entendeu que o dispositivo é discriminatório, contrariando o princípio da isonomia, pois trata as pessoas de modo diferente, sem justificativas. Estabelece uma lógica do direito penal do autor, e não do direito penal do fato, punindo alguém pelo que se é (vadio, mendigo, condenado), e não pelo ato que cometeu.

Para o então Procurador-Geral da República Rodrigo Janot, a contravenção não foi recepcionada pela Constituição, porque acentuou a desigualdade, invertendo a lógica constitucional do princípio da presunção da inocência. Ela presume como culpado aqueles que já foram condenados por crime de furto ou roubo e as pessoas miseráveis.

Em suma, o legislador se antecipou a possíveis resultados lesivos, produzindo um crime de perigo abstrato, mas a justificativa dessa antecipação é inconstitucional, porque acentua a desigualdade por meio da lógica do direito penal do autor, incidindo em preconceito.

4 Os princípios da lesividade, da alteridade e da materialização do fato em concursos públicos

1. A jurisprudência do STF e do STJ pacificou-se no sentido de que o porte de arma de fogo sem munição não constitui conduta típica, ante a ausência de lesividade. (CESPE/TRF1/2009)

Gabarito: *Errado*. Vide 3.1, deste capítulo.

2. Esclareça, justificadamente: Porte de arma desmuniciada, de uso permitido, configura crime? Em caso afirmativo, qual? (Juiz de Direito, TJ-RJ, 2005)

Indicações: Vide tópico 3.1, deste capítulo.

CAPÍTULO X

PRINCÍPIOS DA INTERVENÇÃO MÍNIMA, DA SUBSIDIARIEDADE, DA FRAGMENTARIEDADE E DA INSIGNIFICÂNCIA

1 Apontamentos sobre os princípios da intervenção mínima, da subsidiariedade, da fragmentariedade e da insignificância

O *princípio da intervenção mínima*, também denominado de *princípio da ultima ratio*, restringe o poder incriminador estatal, orientando a sua incidência, para que recaia apenas quando for *meio necessário* para a proteção de determinados bens jurídicos.[258] A Declaração dos Direitos do Homem e do Cidadão, em seu artigo 8º, prevê esse preceito ao afirmar que a lei somente deve prever as penas estritamente necessárias.

É com fulcro nesse princípio que o legislador seleciona as condutas que devem ser criminalizadas, assim como analisa as leis penais vigentes para descriminalizar aquelas que estão em desacordo com a natureza mínima do direito penal, evitando os efeitos negativos da criminalização exacerbada – inflação penal. O princípio da intervenção mínima se manifesta "como uma orientação político-criminal restritiva do *jus puniendi*".[259] Ele tem dois destinatários: o legislador e os

---

[258] BITENCOURT, Cezar Roberto. *Tratado de Direito Penal*: parte geral, p. 43.
[259] PRADO, Luiz Regis. *Curso de Direito Penal brasileiro*: parte geral: arts. 1º a 120, p. 84.

intérpretes do direito,²⁶⁰ sendo a base do que se convencionou chamar de Direito Penal Mínimo.

O procurador de justiça Rogério Greco sustenta a descriminalização da conduta de emitir cheque sem suficiente provisão de fundos, por considerar que existem medidas civis e administrativas capazes de inibir as ações dos maus pagadores, bem como defende a revogação de todas as contravenções penais, já que elas tratam de bens jurídicos de menor importância, sendo desnecessária a intervenção do Direito Penal.²⁶¹

O Direito Penal é a *ultima ratio* do ordenamento jurídico. Em regra, as suas sanções são extremamente invasivas para o desenvolvimento do ser humano. Daí a necessidade de que ele tenha um papel *subsidiário* em relação aos outros ramos do direito. A sua intervenção deve ocorrer no âmbito do estritamente necessário, quando outras instâncias do ordenamento jurídico não forem suficientes para atingir os seus fins preventivos e retributivos.

Segundo Nilo Batista, ao "princípio da intervenção mínima se relacionam duas características do direito penal: a *fragmentariedade* e a *subsidiariedade*".²⁶² Enquanto o princípio da intervenção mínima determina que o direito penal apenas incida como meio necessário para a proteção de bens jurídicos, o *princípio da subsidiariedade*²⁶³ se refere ao fato de o sistema penal ter um caráter secundário em relação aos outros ramos do direito.

Assim, ele depende da insuficiência de outros mecanismos formais ou informais de controle social para atuar com legitimidade. O Direito Penal somente deve tratar de problemas sociais que sejam insolúveis por outras instâncias de controle social. O Direito Civil e o Direito Administrativo possuem prioridade de intervenção em relação ao Direito Penal, que apenas atua para salvaguarda do sistema, tendo uma intervenção reduzida e mínima. Ele é o ramo do direito subsidiário

---

[260] O Procurador de Justiça Alexandre Araripe Marinho, ponderando que um direito penal mínimo não pode ser confundido com lassidão ou afrouxamento do Direito Penal, afirma que "a escolha acerca de quais bens jurídicos serão protegidos pelo Direito Penal e quais as condutas lesivas a estes bens que serão proibidas, através da imposição da pena, é *tarefa exclusiva do Legislador*". MARINHO, Alexandre Araripe; FREITAS, André Guilherme Tavares de. *Manual de Direito Penal*: parte geral, p. 32-33. Grifos nossos.

[261] GRECO, Rogério. *Curso de Direito Penal*: parte geral, p. 46-47.

[262] BATISTA, Nilo. *Introdução crítica ao Direito Penal brasileiro*, p. 85. Grifos do autor.

[263] Há uma corrente doutrinária que defende a autonomia do Direito Penal, refutando a sua subsidiariedade em comparação aos outros ramos do direito. Para mais informações, consultem a obra MUÑOZ CONDE, Francisco. *Introducción al Derecho Penal*. 2. ed. Buenos Aires: B de F, 2001.

por excelência, pois só deve intervir quando for estritamente *necessário*. Atualmente, observa-se o fenômeno da administrativização do Direito Penal, ou seja, "assuntos que deveriam ser resolvidos no âmbito do Direito administrativo passaram para a esfera da punição penal".[264] Tal perspectiva vai de encontro ao princípio da intervenção mínima, apostando em uma inadequada maximização do Direto Penal.

A respeito do princípio da subsidiariedade, os professores Nilo Batista, Nelson Hungria, Heleno Fragoso, Luiz Flávio Gomes e Magalhães Noronha defendem que não se deve aplicar a pena no crime de desobediência (art. 330 do CP), se concorrer uma sanção civil ou administrativa referente ao mesmo fato.[265]

Por sua vez, o *princípio da fragmentariedade* é corolário dos princípios da intervenção mínima e da reserva legal.[266] O Direito Penal tutela tão somente os valores mais importantes para a existência da sociedade. Portanto, não são todos os bens que são protegidos por ele, apenas aqueles mais essenciais. Daí advém o seu caráter fragmentário, abrangendo a fração mais importante do universo dos bens da humanidade. O Direito Penal atua apenas quando for meio necessário para a proteção de bens jurídicos determinados, consequentemente ele abrange exclusivamente fragmentos da totalidade dos bens tutelados pela ordem jurídica. Segundo Luiz Flávio Gomes, o núcleo substancial desse princípio constitui-se da *essencialidade* do bem jurídico e da *intolerabilidade* da ofensa a ele perpetrada.[267]

O professor Francisco Muñoz Conde, catedrático da Universidade Pablo de Olavide (Sevilha, Espanha), traz à baila o *princípio da intervenção legalizada*, que é na verdade o princípio da legalidade sob a ótica da intervenção do poder punitivo estatal. O sistema criminal só pode intervir se regulado por lei prévia, escrita, estrita e certa. A sua intervenção deve ocorrer sempre sob o império da lei. Nas palavras de Muñoz Conde:

> A gravidade dos meios empregados pelo Estado na repressão do delito, a drástica intervenção nos direitos mais elementares e, por isso mesmo, fundamentais da pessoa, o caráter de *ultima ratio* que tem esta

---

[264] BIANCHINI, Alice; GOMES, Luiz Flávio; MOLINA, Antonio García-Pablos de. *Direito penal*: introdução e princípios fundamentais, p. 287.
[265] Por todos, BATISTA, Nilo. *Introdução crítica ao Direito Penal brasileiro*, p. 87. Há também forte defesa desse entendimento na jurisprudência.
[266] BITENCOURT, Cezar Roberto. *Tratado de Direito Penal*: parte geral, p. 44.
[267] BIANCHINI, Alice; GOMES, Luiz Flávio; MOLINA, Antonio García-Pablos de. *Direito penal*: introdução e princípios fundamentais, p. 293.

intervenção, impõem necessariamente a busca de um princípio que controle o poder punitivo estatal e que confine sua aplicação dentro dos limites que excluam a sua arbitrariedade e excesso por parte dos que ostentam ou exercem esse poder punitivo. Este princípio, tradicionalmente designado com o nome de "princípio da legalidade", estabelece que a intervenção punitiva estatal, tanto ao configurar o delito como ao determinar, aplicar e executar suas consequências, deve estar regida pelo "império da lei", entendido como expressão da "vontade geral". E posto que se refere à *intervenção* do poder punitivo estatal se pode chamar de *princípio da intervenção legalizada*.[268]

1.1 O princípio da insignificância

Como bem nos ensina Johannes Wessels, a tarefa do Direito Penal "consiste em proteger os valores elementares da vida comunitária no âmbito da ordem social e garantir a manutenção da paz jurídica".[269] Em atenção a essa missão, a doutrina evoluiu no sentido de impedir a intervenção do Direito Penal, quando os valores protegidos por ele não sejam verdadeiramente afetados pela conduta do agente. A afetação ao bem jurídico deve ser real, séria e intolerável.

Essa natureza excepcional de intervenção do sistema criminal na vida das pessoas, explicada conforme os postulados da intervenção mínima, da fragmentariedade e da subsidiariedade, leva à cognição de que o Direito Penal só se justifica se houver uma ofensa intolerável ao bem jurídico. Um ramo do direito que impõe sanções tão incisivas à liberdade humana não pode tratar de bagatelas. *Minima non curat praetor*. Nesse sentido, o Direito Penal precisa realmente afetar o bem jurídico, causando uma lesão considerável, a ponto de ser necessária a dispendiosa intervenção do sistema criminal.

Ao exercer uma função de garantia, o tipo penal não se limita ao seu aspecto *formal*, ou seja, à absoluta adequação da conduta do agente ao molde previsto na lei. É necessário ainda que o fato seja *materialmente típico*, pois não é toda lesão ao bem jurídico que importa ao Direito Penal. A sua incidência limita-se àquelas condutas que produzam uma relevante afetação ao bem juridicamente protegido.

Nessa trilha, exige-se que haja proporcionalidade entre a conduta efetivamente praticada pelo agente e a sanção estabelecida pela lei

---

[268] MUÑOZ CONDE, Francisco. *Introducción al Derecho Penal*. Buenos Aires: B de F, 2001, p. 135-136. Grifos do autor. Tradução livre.

[269] WESSELS, Johannes. *Direito Penal*: parte geral. Porto Alegre: Sergio Antonio Fabris Editor, 1976, p. 3.

penal. Uma pena tão grave, tal qual a privativa de liberdade, não pode ser aplicada a uma pessoa apenas por sua conduta afetar formalmente o tipo penal. *Exempli gratia*, não há tipicidade material no furto de uma tintura de cabelo de uma farmácia, uma vez que não houve lesão significante ao patrimônio.

O *princípio da insignificância* determina que haja extensiva lesão ao bem jurídico penalmente tutelado, para que uma conduta seja considerada materialmente típica. A insignificância do fato perpetrado acarreta a exclusão da tipicidade. O princípio foi evidenciado pela primeira vez por Claus Roxin, em 1964,[270] considerando-o um princípio de validez geral para a determinação do injusto.[271]

Diz Paulo Queiroz:

> Por meio do princípio da insignificância (ou bagatela), o juiz, à vista da desproporção entre a ação (crime) e a reação (castigo), fará um juízo (valorativo) acerca da tipicidade material da conduta, recusando curso a comportamentos que, embora formalmente típicos (criminalizados) não o sejam materialmente, dada a sua irrelevância.[272]

No entanto, o professor Cezar Roberto Bitencourt alerta que "a *seleção dos bens jurídicos* tuteláveis pelo Direito Penal e os *critérios* a serem utilizados nessa seleção constituem *função* do Poder Legislativo".[273] Sendo assim, tem-se em conta que "a *irrelevância* ou *insignificância* de determinada conduta deve ser aferida não apenas em relação à importância do bem juridicamente atingido, mas especialmente em relação ao *grau de sua intensidade*, isto é, *pela extensão da lesão produzida*".[274]

O procurador de justiça Alexandre Araripe Marinho sustenta ser difícil, quiçá impossível, estabelecer um critério objetivo para aferir a lesão insignificante, que acaba sendo definida no caso concreto pelos critérios de bom senso e razoabilidade do jurista.[275] Afirma ainda que "o princípio da insignificância não está expressamente inserido na legislação brasileira, que optou por não descriminalizar condutas que causem lesão de

---

[270] BITENCOURT, Cezar Roberto. *Tratado de Direito Penal*: parte geral, p. 51.
[271] ROXIN, Claus. *Política criminal y sistema del derecho penal*, p. 73. Grifos do autor.
[272] QUEIROZ, Paulo de Souza. *Direito Penal*: introdução crítica. São Paulo: Saraiva, 2001, p. 30.
[273] BITENCOURT, Cezar Roberto. *Tratado de Direito Penal*: parte geral, p. 51. Grifos do autor.
[274] *Loc. cit.* Grifos do autor.
[275] MARINHO, Alexandre Araripe; FREITAS, André Guilherme Tavares de. *Manual de Direito Penal*: parte geral, p. 35-36.

pequena monta".²⁷⁶ Assim, essa corrente ministerial, capitaneada pelo ilustre doutrinador, entende que esse princípio "não tem o mínimo respaldo legal, figurando como mera construção doutrinária, acatada com reservas pela jurisprudência".²⁷⁷

Os julgados dos Tribunais Superiores têm reconhecido o princípio da insignificância nos crimes praticados sem violência ou grave ameaça à pessoa. Em correta síntese dos fundamentos do Supremo Tribunal Federal, explica Paulo Queiroz:

> É de notar, por fim, que há diversos precedentes do Supremo Tribunal Federal condicionando a adoção do princípio aos seguintes requisitos: a) mínima ofensividade da conduta; b) nenhuma periculosidade social da ação; c) reduzidíssimo grau de reprovabilidade; d) inexpressividade da lesão jurídica. Parece-nos, porém, que tais requisitos são tautológicos. Sim, porque, se mínima é a ofensa, então a ação não é socialmente perigosa; se a ofensa é mínima e a ação não perigosa, em consequência, mínima ou nenhuma é a reprovação; e, pois, inexpressiva a lesão jurídica. Enfim, os supostos requisitos apenas repetem a mesma ideia por meio de palavras diferentes, argumentando em círculo.²⁷⁸

2 O conceito na doutrina

> O princípio da intervenção mínima foi também produzido por ocasião do grande movimento social de ascensão da burguesia, reagindo contra o sistema penal do absolutismo, que mantivera o espírito minuciosamente abrangente das legislações medievais. Montesquieu tomava um episódio da história do direito romano para assentar que 'quando um povo é virtuoso, bastam poucas penas'; Beccaria advertia que 'proibir uma enorme quantidade de ações indiferentes não é prevenir os crimes que delas possam resultar, mas criar outros novos'; e a Declaração dos Direitos do Homem e do Cidadão prescrevia que a lei não estabelecesse senão penas 'estrita e evidentemente necessárias'.²⁷⁹ (Nilo Batista)

Apesar de o princípio da intervenção mínima ter sido consagrado pelo Iluminismo, a partir da Revolução Francesa, "a verdade é que, a partir da segunda década do século XIX, as normas penais incriminadoras

---

²⁷⁶ *Ibid.*, p. 36. O autor se refere à Lei nº 9.099/95, que regulamentou os Juizados Especiais Criminais, optando pela perseguição dos crimes de menor potencial ofensivo.
²⁷⁷ *Ibid.*, p. 37.
²⁷⁸ QUEIROZ, Paulo. *Direito Penal*: parte geral, p. 63.
²⁷⁹ BATISTA, Nilo. *Introdução crítica ao Direito Penal brasileiro*, p. 84.

cresceram desmedidamente, a ponto de alarmar os penalistas dos mais diferentes parâmetros culturais". Os legisladores contemporâneos – tanto de primeiro como de terceiro mundo – têm abusado da criminalização e da penalização, em franca contradição com o princípio em exame, levando ao descrédito não apenas o Direito Penal, mas a sanção criminal, que acaba perdendo sua força intimidativa diante da "inflação legislativa" reinante nos ordenamentos positivos.²⁸⁰ (Cezar Roberto Bitencourt)

(...) o chamado princípio da insignificância, que permite na maioria dos tipos excluir desde o princípio danos de pouca importância: mal-trato não é qualquer tipo de dano à integridade corporal, mas somente aquele relevante; (...) injuriosa em uma forma delitiva é somente a lesão grave à pretensão social de respeito. Como "resistência" deve ser considerado unicamente um obstáculo de certa importância, igualmente também a ameaça deve ser "sensível" para passar o umbral da criminalidade.²⁸¹

3 Os princípios da intervenção mínima, da subsidiariedade, da fragmentariedade e da insignificância na jurisprudência do STF e do STJ

3.1 Contrabando

STF, Segunda Turma, Informativo nº 612

A 2ª Turma indeferiu *habeas corpus* impetrado em favor de denunciados como incursos nas penas do art. 334, §1º, b, do CP ("Importar ou exportar mercadoria proibida ou iludir, no todo ou em parte, o pagamento de direito ou imposto devido pela entrada, pela saída ou pelo consumo de mercadoria ... §1º – Incorre na mesma pena quem ... b) pratica fato assimilado, em lei especial, a contrabando ou descaminho") c/c o art. 39 do Decreto-Lei 288/67 ("Será considerado contrabando a saída de mercadorias da Zona Franca sem a autorização legal expedida pelas autoridades competentes"). Pretendia a defesa fosse trancada a ação penal com base na aplicação do *princípio da insignificância, pois o valor dos bens contrabandeados não ultrapassaria R$10.000,00.* Sustentava, também, inépcia da denúncia, sob o argumento de ser genérica. *Reputou-se, inicialmente, que o caso dos autos trataria de um tipo especial de contrabando, assemelhado ao descaminho, visto que os produtos oriundos da Zona Franca de Manaus não teriam sua utilização*

---

²⁸⁰ BITENCOURT, Cezar Roberto. *Tratado de Direito Penal*: parte geral, p. 44.
²⁸¹ ROXIN, Claus. *Política criminal y sistema del derecho penal*, p. 73-74. Grifos do autor. Tradução livre.

proibida em território nacional. Nesse sentido, aduziu-se razoável a aplicabilidade, em tese, do postulado da insignificância. Entretanto, explicitou-se que a defesa não teria comprovado a alegação de que o valor dos bens seria inferior a R$10.000,00, razão pela qual o pedido não foi conhecido nesse ponto. Por fim, no tocante à alegada inépcia da peça acusatória, considerou-se inexistir o vício aventado na impetração. HC 97541/AM, rel. Min. Gilmar Mendes, 7.12.2010. (HC-97541)

A questão versa sobre o *princípio da insignificância*, segundo o qual o Estado não deve se ater às condutas de ínfima abrangência, ou seja, às ações formalmente típicas, mas sem a devida relevância material: econômica e social.

Assim sendo, em julgado de dezembro de 2010, a Segunda Turma do STF indeferiu o pedido de *habeas corpus* em razão de a defesa não ter comprovado que o valor dos bens "contrabandeados" seria inferior a R$10.000,00. Entretanto, reconheceram que *em tese* seria possível aplicar o princípio da insignificância, uma vez que se trata de tipo especial de contrabando, semelhante ao descaminho, tendo em vista que os produtos oriundos da Zona Franca de Manaus não teriam sua utilização proibida em território nacional. É preciso observar, evidentemente, o valor limite para a aplicação do princípio, pois a insignificância nesse caso é aferida pelo disposto no art. 20 da Lei nº 10.522/02,[282] que prevê o arquivamento das execuções fiscais de valor consolidado igual ou inferior a dez mil reais. Afinal, se o Estado não tem interesse em prosseguir na cobrança da dívida, queda-se sem razão a incidência do direito penal, como *ultima ratio* do sistema, para tutelar questão que se considera irrisória até em esferas mais brandas do direito.

Ainda que o Estado não deva movimentar a máquina punitiva em causas de pequena monta, deve atender a legalidade. Mesmo que os impetrantes tenham alegado que os bens apreendidos não ultrapassaram o montante de dez mil reais, não se fizeram valer de nenhum documento oficial com cálculos que permitissem aferir a devida insignificância dos valores.

No que se refere à aplicação do *princípio da insignificância*, o Ministro relator infere o seguinte posicionamento "Como bem notado pelo Subprocurador-Geral da República Alcides Martins, cujos fundamentos adoto como razão de decidir, 'no caso sob exame é impossível fazer

---

[282] "Art. 20. Serão arquivados, sem baixa na distribuição, mediante requerimento do Procurador da Fazenda Nacional, os autos das execuções fiscais de débitos inscritos como Dívida Ativa da União pela Procuradoria-Geral da Fazenda Nacional ou por ela cobrados, de valor consolidado igual ou inferior a R$10.000,00 (dez mil reais)."

qualquer juízo quantitativo, pois não há menção expressa a valores, que, conforme já salientado pela Procuradoria Regional da República, devem ser de alta monta eis que se trata de mercadorias de tecnologia. Em conseqüência, mostra-se inviável a aplicação do princípio da insignificância na espécie'".

É preciso observar se os bens são realmente insignificantes, pois caso o Estado deixe de punir quem mereça ou, ainda, se atuar quando for desnecessário, haverá a possibilidade de algum tipo de prejuízo, ora ao Estado, ora à sociedade.

Por fim, para que o princípio da insignificância se faça valer devemos observar a função do Estado-juiz em estreita ligação à função da sanção, ou seja, a punição do Estado deve se voltar com fins retributivos, a fim de que o agente não volte a delinquir, e também ressocializadores, para que, depois de cumprida a devida pena, volte à sociedade como intérprete ativo e benéfico.

Por não encontrarem meios suficientes que se pautassem em atribuir oficialmente quantidade a apurar da mercadoria apreendida, não houve como saber se, de fato, caberia a aplicação do princípio da insignificância, de modo que julgaram melhor prosseguir com a ação penal, e nesse sentido a turma indeferiu o *habeas corpus*.

3.2 Crimes militares

STF, Segunda Turma, Informativo nº 612

A 2ª Turma indeferiu *habeas corpus* em que se pretendia a absolvição do paciente, sargento do Exército, ao argumento de que incidiria, na espécie, o *princípio da insignificância*, em face do reduzido valor das coisas furtadas: 100 cartuchos de munição para fuzil calibre 7,62 x 51 mm, 1 caixa de chumbinho e 8 cartuchos calibre 9 mm, tudo avaliado em R$193,05. *Considerou-se que a lesividade da conduta não deveria ser analisada exclusivamente sob o aspecto econômico e patrimonial, porquanto o delito perpetrado pelo paciente, peculato-furto, atentaria também contra a Administração Militar* (Título VII, Capítulo II, do CPM). O Min. Celso de Mello acompanhou o relator com a ressalva de seu entendimento pessoal. HC 104820/SP, rel. Min. Ayres Britto, 7.12.2010. (HC-104820)

Em julgado de dezembro de 2010, a Segunda Turma indeferiu pedido de *habeas corpus*, pelo qual se alegava insignificância da conduta em face do reduzido valor das coisas que foram furtadas pelo militar à época do fato.

Pela exposição de motivos, o Senhor Ministro Relator afirma não ser possível entender a conduta protagonizada pelo paciente como de mínima ofensividade ou mesmo de reduzidíssimo grau de reprovabilidade, a ponto de provocar a incidência do postulado da insignificância penal.

A Suprema Corte fundamenta que tal princípio apresenta *certos vetores*, tais como a mínima ofensividade da conduta do agente, a ausência de periculosidade social da ação, o reduzidíssimo grau de reprovabilidade do comportamento e a inexpressividade da lesão jurídica provocada

O Ministro Carlos Ayres Britto defende a complementação desses critérios e aduz que o *princípio da insignificância* qualifica-se como fator de descaracterização material da tipicidade e que deve ser analisado em conjunto com outros postulados, tais quais os da fragmentariedade e da intervenção mínima do Estado.

A aplicação do princípio da insignificância não depende meramente da irrelevância econômica e mínima lesividade social. Ainda assim, embora o valor de aquisição da munição apreendida pelo acusado corresponda a apenas a R$193,05, sabe-se que seu valor para uma venda clandestina seria mais alto. Bastaria isso para afastar o princípio da insignificância. Ademais, os danos que poderiam resultar do uso irregular dos cartuchos certamente aumentam o grau de culpabilidade do acusado, tornando ainda mais lesiva a conduta praticada.

STF, Plenário, Informativo nº 608

Em conclusão de julgamento, o Plenário, por maioria, indeferiu *habeas corpus*, afetado ao Pleno pela 2ª Turma, impetrado contra acórdão do Superior Tribunal Militar – STM em favor de militar condenado pelo crime de posse de substância entorpecente em lugar sujeito à administração castrense (CPM, art. 290). Entendeu-se que, diante dos valores e bens jurídicos tutelados pelo aludido art. 290 do CPM, revelar-se-ia inadmissível a consideração de alteração normativa pelo advento da Lei 11.343/2006. Assentou-se que a prática da conduta prevista no referido dispositivo legal ofenderia as instituições militares, a operacionalidade das Forças Armadas, além de violar os princípios da hierarquia e da disciplina na própria interpretação do tipo penal. Asseverou-se que a circunstância de a Lei 11.343/2006 ter atenuado o rigor na disciplina relacionada ao usuário de substância entorpecente não repercutiria no âmbito de consideração do art. 290 do CPM, *não havendo que se cogitar de violação ao princípio fundamental da dignidade da pessoa humana. Salientou-se, ademais, que lei posterior apenas revoga anterior quando expressamente o declare, seja com ela incompatível, ou regule inteiramente a matéria por ela tratada. Concluiu-se não incidir qualquer uma das hipóteses à situação em tela, já que o art. 290 do CPM seria norma especial. Em seguida, reputou-se inaplicável, no âmbito do tipo previsto no art. 290 do CPM o princípio da insignificância*. No ponto, após discorrer que o referido postulado tem como vetores a mínima ofensividade da conduta do agente, a nenhuma periculosidade social da ação, o reduzido grau de reprovabilidade do comportamento e a inexpressividade da lesão jurídica provocada, concluiu-se que *o entorpecente no interior das organizações militares assumiria enorme gravidade, em face do perigo que acarreta, uma vez que seria utilizado, no serviço, armamento de alto poder ofensivo, o que afetaria, diretamente, a operacionalidade da tropa e a segurança dos quartéis, independentemente da quantidade da droga encontrada, e agrediria, dessa forma, os valores básicos das instituições militares*. O Min. Gilmar Mendes, tendo em conta o recente posicionamento do Plenário acerca da matéria no julgamento do HC 103684/DF (j. em 21.10.2010), acompanhou o colegiado, fazendo ressalva do seu entendimento pessoal em sentido contrário. Vencido o Min. Eros Grau que concedia o *writ*. HC 94685/CE, rel. Min. Ellen Gracie, 11.11.2010.

Em julgamento de novembro de 2010, o Plenário do Supremo posicionou-se pelo indeferimento do pedido de *habeas corpus* a militar que fora denunciado pela prática de posse de drogas em sede de administração militar.

A sociedade depositou questões de segurança e operacionalidade desta nas forças militares, que estariam *em risco* se fosse considerada insignificante a posse de entorpecentes por militar, uma vez que as organizações castrenses concentram enorme armamento. Desse modo, *as drogas poderiam prejudicar a operacionalidade das tropas e a segurança dos quartéis*, violando os valores básicos das instituições militares, independentemente da quantidade de drogas portada.

Por essa via, a Sessão Plenária, por maioria, vencido o Senhor Ministro Eros Grau, indeferiu o *habeas corpus*, mediante prévio afastamento do princípio da insignificância e posterior demonstração de razões no sentido da gravidade da prática da referida conduta delitiva por militar.

STF, Primeira Turma, Informativo nº 552

Por reputar ausentes os requisitos que autorizam a incidência do princípio da insignificância, a Turma indeferiu *habeas corpus* no qual militar condenado pela prática do crime de furto qualificado (CPM, art. 240, §5º) – em virtude da subtração de um laptop que se encontrava em sala sujeita à administração militar (sala de sargenteação) – alegava a falta de justa causa para o prosseguimento da persecução penal, na medida em que se tratava de fato cuja conduta seria atípica. *Entendeu-se que, sendo um bem pertencente ao patrimônio nacional, não se poderia aplicar o sufragado princípio da insignificância. Asseverou-se, ademais, que o valor do bem subtraído não poderia ser considerado ínfimo*, que a pena fora bem aplicada, inclusive com a atenuante de restituição da coisa antes de instaurada a ação penal (CPM, art. 240, §2º), bem como que o paciente fora agraciado com a suspensão condicional do processo. HC 98159/MG, rel. Min. Ricardo Lewandowski, 23.6.2009.

Em julgamento que se deu em 2009, a Primeira Turma do STF analisou pedido de *habeas corpus* mediante o qual se pleiteava o reconhecimento da atipicidade da conduta com fundamento no *princípio da insignificância*, em caso no qual o impetrante fora condenado nos termos do artigo 240, §2º, do Código Penal Militar.[283]

O Ministro Ricardo Lewandowski aduziu não ser possível aplicar o princípio da insignificância, pois o bem pertence ao patrimônio nacional. Ademais, o réu tentou furtar objeto pertencente à Fazenda Nacional num valor aproximado de R$2.000,00 (dois mil reais). Esse valor não pode ser considerado ínfimo.

Disse ainda ser preocupante e reprovável a conduta de militar que tenta furtar da Fazenda bem de expressivo valor e "demonstrando desrespeito às leis e instituições de seu país".

STF, Segunda Turma, Informativo nº 531

A Turma deferiu habeas corpus para declarar atípica a conduta de militar que desferira um único soco contra seu colega, também militar, após injusta provocação, absolvendo-o da imputação de lesão corporal leve (CPM, art. 209). Assentou-se que o desferimento de um único soco, após injusta provocação da vítima, tal como reconhecido pela sentença (CPM, 209, §4º: "Se o agente comete o crime impelido por motivo de relevante valor moral ou social ou sob o domínio de violenta emoção, logo em seguida a injusta provocação da vítima, o juiz pode reduzir a pena, de um sexto a um terço"), permitiria, por suas características, a aplicação do princípio da insignificância. HC 95445/DF, rel. Min. Eros Grau, 2.12.2008.

A Segunda Turma do STF, em julgado de dezembro de 2008, entendeu ser aplicável o *princípio da insignificância,* no caso de lesão corporal leve decorrente de um único soco desferido por um militar contra seu colega, após injusta provocação.

O primeiro ponto a ser destacado vem a ser a concordância do STF de que é perfeitamente possível a aplicação do princípio em casos de crime militar, desde que observados minuciosamente os requisitos para a sua aplicação.

Atentando-se aos precedentes da Corte, o Ministro Eros Grau infere ser possível a aplicação do princípio da insignificância mesmo em casos de lesão corporal, bastando que a lesão seja ínfima.

---

[283] "Art. 240 – Subtrair, para si ou para outrem, coisa alheia móvel: §5º – Se a coisa furtada pertence à Fazenda Nacional:"

Leva-se em consideração que não se deve movimentar a máquina repressiva estatal, senão nos casos relevantes. Observou-se que a lesão gerada não engajaria força suficiente para tanto, pois fora considerada leve e resultado da injusta provocação da vítima.

O Ministro, por último, aponta que a aplicação do princípio em casos de lesão corporal, ainda que leve, "não implica dizer que a conduta do réu não teve qualquer reprovabilidade, mas que esta por estar em grau de reduzido, não reclama a atuação do Direito Penal. Ou não se quer, ainda, dizer que não houve ofensa ao bem jurídico, mas que esta por ser mínima, não deve ser alvo das mais graves sanções do nosso ordenamento".

Nesse sentido, por decisão unânime, a Turma deferiu o pedido de *habeas corpus*, estabelecendo ser possível mesmo nos casos de lesão corporal leve a aplicação do princípio da insignificância.

STF, Segunda Turma, Informativo nº 623

A 2ª Turma, por maioria, deu provimento a recurso ordinário em habeas corpus para reconhecer a atipicidade da conduta supostamente protagonizada pelos pacientes e determinar, por conseqüência, o trancamento da respectiva ação penal. Na situação dos autos, os recorrentes, civis, foram presos em flagrante e denunciados pela *subtração de cápsulas de projéteis deflagrados e fragmentos de chumbo de estande de tiros do Exército, onde teriam adentrado após arrombar cerca de arame*. Considerou-se incidir, na espécie, o postulado da insignificância penal. Aduziu-se que o objeto do furto fora avaliado em R$18,88. Observou-se que os acusados eram civis e preencheriam os requisitos para o enquadramento da conduta como beneficiária do referido postulado, dentre eles, *ausência de violência ou ameaça, física ou moral, de vítima ou de terceiros*. No ponto, acresceu-se que, como consignado em voto vencido no STM, a própria denúncia, ao descrever o fato, expusera que a finalidade seria de reversão do material em moeda e que o objeto caracterizava res derelicta – coisa despojada, descartada e abandonada pelo titular do direito real. Vencida a Min. Ellen Gracie, que desprovia o recurso, ao ressaltar que os pacientes teriam invadido estabelecimento castrense, cujo acesso seria vedado a civis. Apontou, ainda, que, se eles tivessem prosseguido na coleta, talvez conseguissem juntar quantidade razoável de metais, os quais, em tese, poderiam ser recolhidos e revertidos em favor da União. RHC 97816/SP, rel. Min. Ayres Britto, 12.4.2011.

Em abril de 2011, a Segunda Turma do STF aplicou o princípio da insignificância à subtração de cápsulas de projéteis deflagrados e fragmentos de chumbo de estande de tiro. Essa decisão foi fundamentada ainda nos fatos de os agentes serem civis e de o objeto ser *res derelicta*.

STF, Segunda Turma, HC nº 110374/DF

HABEAS CORPUS. PENAL MILITAR. PACIENTES CONDENADOS PELO CRIME DE FURTO QUALIFICADO. PRINCÍPIO DA INSIGNIFICÂNCIA. INAPLICABILIDADE. RAZOÁVEL GRAU DE REPROVABILIDADE DA CONDUTA. BEM QUE NÃO PODE SER CONSIDERADO DE VALOR ÍNFIMO. ORDEM DENEGADA. I – A *aplicação do princípio da insignificância*, de modo a tornar a conduta atípica, *exige*, além da pequena expressão econômica do bem que fora objeto de subtração, *um reduzido grau de reprovabilidade da conduta do agente*. II – *É relevante e reprovável a conduta de militares que, em serviço, furtam bens de propriedade do Exército Brasileiro, demonstrando desrespeito às leis e às instituições de seu País*. III – A aplicação do referido instituto, na espécie, poderia representar um verdadeiro estímulo à prática destes pequenos furtos, já bastante comuns nos dias atuais, o que contribuiria para aumentar, ainda mais, o clima de insegurança vivido pela coletividade. IV – Ordem denegada.

A Segunda Turma do STF, em decisão de 29 de novembro de 2011, afastou a incidência do princípio da insignificância no caso de um furto de duas baterias de veículo automotor usadas, valoradas cada uma em R$190,00, praticado por militares. A Corte não alçou a bagatela por haver *reprovabilidade na conduta do agente*: um militar que não respeita as leis e as instituições do País, voltando-se contra elas. Nos crimes perpetrados por militares, deve-se considerar a hierarquia e a disciplina inerentes à vida castrense, para valorar o comportamento do agente.

Em relação à diferença entre furto insignificante e de pequeno valor, explica Ricardo Lewandovski: "convém distinguir, ainda, a figura do furto insignificante daquele de pequeno valor. O primeiro, como é cediço, autoriza o reconhecimento da atipicidade da conduta, ante a aplicação do princípio da insignificância. Já no que tange à coisa de pequeno valor, criou o legislador a causa de diminuição referente ao furto atenuado, prevista no art. 240, §1º, do Código Penal Militar".

3.3 Reincidência

STF, Segunda Turma, Informativo nº 612

A 2ª Turma indeferiu *habeas corpus* em que se sustentava atipicidade da conduta, em virtude de incidência do *princípio da insignificância*, e nulidade do julgamento de recurso de apelação, por ofensa ao princípio da ampla defesa, em virtude de ter sido adiado sem que houvesse intimação do patrono do paciente informando a nova data designada. Na espécie, o paciente fora condenado pela prática do crime previsto no art. 184, §2º, do CP, por ter exposto à venda milhares de adesivos contendo imagens de super-heróis e personagens infantis, produzidos com violação do direito de autor. Inicialmente, enfatizou-se que, para a aplicação do princípio da insignificância, deveriam ser observados todos os seus requisitos. Esclareceu-se que, apesar do valor irrisório obtido com a adulteração (cerca de R$200,00), constaria dos autos que o paciente fora condenado definitivamente em duas outras oportunidades por cometer delito idêntico. Reputou-se que, reconhecida a reincidência, a reprovabilidade do comportamento seria agravada de modo significativo, sendo suficiente para inviabilizar a aplicação do referido postulado. Ademais, consignou-se que, ainda que não realizado o julgamento do recurso na primeira sessão subseqüente à publicação da pauta, desnecessária seria a renovação da intimação, porquanto as partes se considerariam automaticamente intimadas para a sessão seguinte. HC 100240/RJ, rel. Min. Joaquim Barbosa, 7.12.2010.

A segunda Turma do STF, em julgado do ano de 2010, indeferiu pedido de *habeas corpus* pelo qual se pleiteava a aplicação do *princípio da insignificância* à conduta de expor à venda adesivos contendo a imagem de super-heróis e personagens infantis, produzidos com violação de direitos autorais, na trilha do art. 184, §2º, do Código Penal.[284]

Apesar do valor economicamente ínfimo obtido com a adulteração, decidiu o Pretório Excelso que o fato de o agente ser reincidente agrava significativamente o seu comportamento, *inviabilizando* a aplicação do princípio da insignificância.

A significância em matéria penal do caso pauta-se na reiteração dos atos, o que substancialmente é reprovável e, portanto, descaracteriza a insignificância do ato. Ainda que economicamente mínimos sejam os valores apreendidos, o Estado zela pela ordem e manutenção social. Aquele que se volta à atividade delitiva de forma reiterada não merece ser ignorado na esfera penal. Obstaculiza-se, assim, que o reincidente goze de eventual tolerância do Estado por considerar insignificante monetariamente os produtos do crime.

STF, Segunda Turma, Informativo nº 620

Ante o empate na votação, a 2ª Turma deferiu habeas corpus impetrado em favor de condenado à pena de 10 meses de reclusão, em regime semi-aberto,

---

[284] "Art. 184 – Violar direitos de autor e os que lhe são conexos: §2º – Na mesma pena do §1º incorre quem, com o intuito de lucro direto ou indireto, distribui, vende, expõe à venda, aluga, introduz no País, adquire, oculta, tem em depósito, original ou cópia de obra intelectual ou fonograma reproduzido com violação do direito de autor, do direito de artista intérprete ou executante ou do direito do produtor de fonograma, ou, ainda, aluga original ou cópia de obra intelectual ou fonograma, sem a expressa autorização dos titulares dos direitos ou de quem os represente."

pela prática do crime de furto tentado de bem avaliado em R$70,00. Reputou-se, ante a ausência de tipicidade material, que a conduta realizada pelo paciente não configuraria crime. Aduziu-se que, *muito embora ele já tivesse sido condenado pela prática de delitos congêneres, tal fato não poderia afastar a aplicabilidade do referido postulado, inclusive porque estaria pendente de análise, pelo Plenário, a própria constitucionalidade do princípio da reincidência, tendo em vista a possibilidade de configurar dupla punição ao agente.* Vencidos os Ministros Joaquim Barbosa, relator, e Ayres Britto, que indeferiam o writ, mas concediam a ordem, de ofício, a fim de alterar, para o aberto, o regime de cumprimento de pena. HC 106510/MG, rel. orig. Min. Joaquim Barbosa, red. p/o acórdão Min. Celso de Mello, 22.3.2011.

Em março de 2011, a Segunda Turma do STF adotou outro posicionamento e, ante o empate da votação, concedeu a ordem de *habeas corpus*, pois julgou ser insignificante o furto tentado de bem avaliado em R$70,00 (setenta reais), *mesmo sendo o paciente reincidente*. Assim, considerou-se que o *princípio da insignificância* não pode ser afastado pela reincidência.

Essa nova linha foi determinada por um *empate* e em atenção à discussão pendente sobre a constitucionalidade da aplicação da reincidência para agravar a situação do réu. No presente momento, é temerário afirmar que a Segunda Turma do STF modificou definitivamente o seu posicionamento sobre o assunto.

O Ministro Relator Joaquim Barbosa, discordando da corrente vencedora, diz: "Como se sabe, a reincidência e a prática reiterada de condutas delituosas assemelhadas demonstram no mínimo um descaso do infrator com o ordenamento jurídico-penal. O criminoso habitual, que faz do crime seu meio de vida, não pode ser tratado da mesma forma que um indivíduo que em ocasião única venha a praticar uma conduta penalmente irrelevante. Não é razoável que o 'fracionamento' da prática usual de condutas reprováveis possa beneficiar o infrator habitual, sobretudo o reincidente, possuidor de antecedente condenação transitada em julgado".

Há, inclusive, perigosa fundamentação do Ministro Carlos Ayres Britto, a saber: "Então, se a sua trajetória de vida, a sua biografia se marca por essa proximidade com a delitividade ou a delituosidade, eu recuo no meu propósito de conceder o habeas corpus".

O perigo encontra-se em agravar a situação do réu pela sua trajetória de vida e biografia. Uma culpabilidade embasada na condução da vida de cada um é própria de um pensamento autoritário, que, guardadas as devidas proporções, foi aplicada no regime nazista.

Em sentido contrário, integrando a corrente vencedora, afirma Celso de Mello: "Vale registrar, Senhores Ministros, em função da própria 'ratio' subjacente ao princípio da insignificância, que a tentativa de subtração patrimonial foi praticada, no caso, sem violência física ou moral à vítima e que a "res furtiva", no valor de R$70,00 (!!!), equivalia, à época do delito (outubro/2008), a 16,87% do valor do salário mínimo então vigente (R$415,00), correspondendo, atualmente, a 12,84% do salário mínimo ora em vigor em nosso País". O Ministro Gilmar Mendes seguiu esse posicionamento. A Ministra Ellen Gracie estava ausente, justificadamente.

3.4 Furto

STF, Primeira Turma, Informativo nº 610

A 1ª Turma, ao afastar a aplicação do princípio da insignificância, denegou habeas corpus a condenado por furto de 9 barras de chocolate de um supermercado avaliadas em R$45,00. Reputou-se que, em razão da reincidência específica do paciente em delitos contra o patrimônio, inclusive uma constante prática de pequenos delitos, não estariam presentes os requisitos autorizadores para o reconhecimento desse postulado. Salientou-se, no ponto, a divergência de entendimento entre os órgãos fracionários da Corte, haja vista que a 2ª Turma admite a aplicação do princípio da insignificância, mesmo para o agente que pratica o delito reiteradamente. Precedente citado: HC 96202/RS (DJe de 28.5.2010). HC 101998/MG, rel. Min. Dias Toffoli, 23.11.2010.

A Primeira Turma do STF entende que o réu reincidente não deve gozar da tolerância do Estado, mesmo diante da inexpressividade da conduta delitiva considerada isoladamente, dada que a reprovabilidade da prática reiterada por si só é capaz de excluir a bagatela viabilizada pelo *princípio da insignificância.*

É sabido que para que se dê a incidência da norma penal não é suficiente o mero ajustamento formal ao tipo legal. É necessário que haja tipicidade material, do contrário se provocará desnecessária mobilização de uma máquina custosa que compreende o *ius puniendi.*

Entretanto, sustenta o STF: "Não há como se acatar a tese de irrelevância material da conduta protagonizada, de início, porque o paciente é reincidente específico no delito denunciado, logo o reconhecimento da insignificância material serviria ao paciente muito mais como um deletério incentivo ao cometimento de novos crimes".

Considera-se que dentre as funções do Estado está a de prevenir crimes, erguendo os alicerces da ordem social. Aquele que se volta à prática delituosa reiterada não pode se aproveitar desse princípio como mera escusa para novos cometimentos infracionais. Faz-se, portanto, inviável a possibilidade, no caso, da aplicação do princípio.

STF, Primeira Turma, Informativo nº 563

A Turma, por maioria, deferiu *habeas corpus* para admitir a compatibilidade entre a hipótese do furto qualificado e o privilégio de que trata o §2º do art. 155 do CP. No caso, os pacientes foram condenados pela prática do crime previsto no art. 155, §4º, IV, do CP, em virtude da subtração de uma novilha holandesa, no valor de R$200,00 (duzentos reais). *Pleiteava a impetração a aplicação do princípio da insignificância ou o reconhecimento da causa especial de diminuição da pena prevista no art. 155, §2º, do CP (furto privilegiado). Inicialmente, rejeitou-se o primeiro pedido ao fundamento de que os requisitos essenciais à incidência do princípio da insignificância não estariam presentes na espécie, porquanto, embora se cuidasse de bem de pequeno valor, a sentença condenatória realçara a situação econômica da vítima, a relevância do seu prejuízo, bem como os aspectos socioeconômicos da região, na qual predomina o minifúndio.* Em seguida, quanto ao furto qualificado-privilegiado, asseverou-se que, recentemente, em que pese julgados mais antigos em sentido contrário, a Corte vem se afastando da ortodoxia que dava como inconciliável o tratamento privilegiado do crime de furto com suas hipóteses qualificadas. Vencido, no ponto, o Min. Marco Aurélio, que indeferia o writ por não conciliar o furto privilegiado com o furto qualificado, sob pena de a junção fazer surgir terceiro tipo penal. Precedente citado: HC 94765/RS (DJE 26.9.2008). HC 97051/RS, rel. Min. Cármen Lúcia, 13.10.2009.

Em julgamento realizado em outubro de 2009, a Primeira Turma do STF analisou pedido de *habeas corpus* mediante o qual o paciente pleiteava a aplicação do *princípio da insignificância* pelo fato de o bem furtado ter sido avaliado em R$200,00 (duzentos reais) e, na ausência do reconhecimento deste, a incidência de causa especial de diminuição da pena prevista ao furto, privilegiado nos termos do artigo 155,§2º, do Código Penal.[285]

Nos argumentos apresentados pela defesa, depreende-se que se sustenta ser o caso de aplicação do princípio, pois a conduta imputada ao paciente lesaria bem de ínfima relevância, onde o impacto social é leve, motivo pelo qual entendem ser possível também o reconhecimento da causa de diminuição de pena.

A Ministra Relatora Cármen Lúcia em seu voto argumenta que o caso não pode ser entendido como de mínima ou irrelevante lesão ao

---

[285] "§2º – Se o criminoso é primário, e é de pequeno valor a coisa furtada, o juiz pode substituir a pena de reclusão pela de detenção, diminuí-la de um a dois terços, ou aplicar somente a pena de multa."

bem jurídico tutelado, posto que a autorização da aplicação do princípio não se consubstancia apenas pelo valor econômico do bem, mas, sobretudo, pela lesividade gerada, pois, segundo ela, a tipicidade penal é um exercício que decorre da análise valorativa das circunstâncias do caso concreto.

À época do fato, aponta a Ministra relatora, o bem avaliado em R$200,00 (duzentos reais) correspondia ao valor do salário-mínimo e na denúncia já constara que a situação econômica da vítima, a qual desenvolvia atividade agrícola em minifúndio e, portanto, esse fato deveria ser levado em conta por se revelar potencialmente prejudicial.

A Ministra aponta que, mesmo reconhecendo da lesividade apresentada na denúncia, em tese, o pleito da defesa poderia ser atendido, uma vez que o valor do bem furtado está em coadunância com os critérios estabelecidos para o reconhecimento da insignificância, tendo como parâmetro os julgamentos anteriores da Turma.

Ocorre que com o novo posicionamento adotado pela Turma, entende-se que a incidência do princípio da insignificância deve basear-se em aspectos objetivos do fato, a saber: a mínima ofensividade da conduta do agente, a ausência de periculosidade social da ação, o reduzido grau de reprovabilidade do comportamento e a inexpressividade da lesão jurídica causada.

Nesse sentido, a Ministra infere que, embora devam ser abstraídos aspectos subjetivos, a análise do todo evidencia a ausência dos requisitos que autorizam a aplicação do princípio. Complementa que "para a aplicação do princípio não é simplesmente o valor material, nem o 'perigo concreto relevante', mas os valores ético-jurídicos aproveitados pelo sistema penal para determinar se certa conduta é ou não típica para a configuração do delito".

Prosseguindo em suas razões, a Ministra Cármen Lúcia entende que o único argumento que poderia ser utilizado *pro reo* seria a eventual compatibilidade de causas especiais de diminuição da pena e de aumento, dado que em recentes julgados a "ortodoxia que se dava como inconciliável o tratamento entre privilegiado do crime de furto com suas hipóteses qualificadoras" vem sendo afastada, permitindo a conciliação destes e, assim, encaminha à votação o reconhecimento da conectividade entre a causa de diminuição mais a qualificadora.

Com exceção do Ministro Marco Aurélio, que entendia que tal reconhecimento faria incidir num terceiro tipo penal, os demais ministros seguindo o voto da Ministra relatora e encerraram o julgamento concedendo parcialmente a ordem.

STF, Primeira Turma, Informativo nº 549

A Turma indeferiu *habeas corpus* em que se pleiteava a aplicação do princípio da insignificância a condenado por 2 furtos praticados contra vítimas distintas. No caso, o paciente subtraíra para si uma bicicleta – avaliada em R$70,00 – e, em ato contínuo, dirigira-se a estabelecimento comercial, onde furtara uma garrafa de uísque – avaliada em R$21,80 –, sendo preso em flagrante. Entendeu-se que não estariam presentes os requisitos autorizadores para o reconhecimento desse princípio. Aduziu-se que *o paciente, ao cometer 2 crimes de furto em concurso material, com vítimas distintas, demonstrara possuir propensão à prática de pequenos delitos, os quais não poderiam passar despercebidos pelo Estado*. Asseverou-se que, embora o reconhecimento da atipicidade penal pela insignificância dependa da constatação de que a conduta seja a tal ponto irrelevante – desvalor da ação e do resultado – que não seja razoável impor-se a sanção penal descrita na lei, isso não ocorreria na espécie. Enfatizou-se que a *bicicleta fora furtada de pessoa humilde e de poucas posses, que a utilizava para se deslocar ao seu local de trabalho, de modo a revelar que esse bem era relevante para a vítima, e cuja subtração repercutira expressivamente em seu patrimônio*. Por fim, considerou-se que a situação dos autos fora devidamente enquadrada como infração de pequeno valor, na qual incidente causa de diminuição de pena referente ao furto privilegiado (CP, art. 155, §2º), distinguindo-a, no ponto, da figura da infração insignificante, que permite o reconhecimento da atipicidade da conduta. HC 96003/MS, rel. Min. Ricardo Lewandowski, 2.6.2009.

Em julgamento realizado no ano 2009, a Primeira Turma do STF denegou pedido de *habeas corpus* impetrado em favor do condenado que havia subtraído dois bens, os quais somados resultavam no montante de R$91,80 (noventa e um reais e noventa centavos), por considerarem que os requisitos autorizadores da aplicação do princípio não estavam presentes.

Para que se reconheça a insignificância é necessário o preenchimento de certos requisitos, tais como a mínima ofensividade, a ausência de periculosidade do agente, o reduzido grau de reprovabilidade do comportamento e a lesão inexpressiva.

Ademais, é possível depreender do voto do Ministro Ricardo Lewandowski que a aplicabilidade do princípio se mostra factível quando a punição for irrazoável, desproporcional ou contenha algum desvalor do ponto de vista social.

De modo que, analisando as circunstâncias peculiares do caso, a prática reiterada de crimes pelo réu mostrou que sua personalidade é propensa ao cometimento de novos atos delitivos e isso não pode passar despercebido.

O Ministro Ricardo Lewandowski ainda aponta a necessidade de que os bens furtados não sejam relevantes para a vítima, considerando o seu patrimônio como um todo. O que não teria acontecido, pois a bicicleta, mesmo sendo de pequeno valor, era utilizada para o deslocamento da vítima.

Entendeu-se, porém, que se configurou o furto de pequeno valor, pois o montante dos bens subtraídos não ultrapassou o valor de um salário mínimo.

Pelo voto da Ministra Cármen Lúcia, que seguiu o posicionamento do Ministro Ricardo Lewandowski, destaca-se o trecho em que ela salienta a importância de se evitar o cárcere em casos de pequena monta na esfera penal. A Ministra sustenta ser fundamental a observância desse enunciado, até mesmo por uma questão de humanidade e prevenção à pessoa que cometeu o crime, livrando-a dos males da questão penitenciária.

Acrescenta ainda que o fato de se substituir uma pena privativa de liberdade por uma restritiva de direitos, nos casos autorizados pela lei, não significa deixar de aplicar o direito. Muito pelo contrário. Significa "saber qual a pena ou como se faz cumprir determinada pena, pois são coisas distintas; não é não reconhecer a importância daquele fato para o Estado apená-lo como o Direito posto estabelece".

Por fim, todos os Ministros da Primeira Turma concordaram que não seria possível aplicar o princípio da insignificância, principalmente pela lesão causada à vítima da bicicleta, pessoa humilde e necessitada do bem. Nesse sentido, denegaram a ordem.

STJ, Sexta Turma, Informativo nº 476

A Turma não aplicou o princípio da insignificância no caso em que o paciente foi denunciado pelo furto de um motor elétrico avaliado em R$88,00. De acordo com o Min. Relator, *não obstante o pequeno valor da res furtiva, o réu é reincidente e a conduta delituosa foi perpetrada mediante arrombamento da janela da residência da vítima, um lavrador de frágil situação financeira*. Precedentes citados do STF: HC 96.202-RS, DJe 27/5/2010; do STJ: HC 130.365-SP, DJe 1º/2/2011; HC 152.875-SP, DJe 7/6/2010, e HC 139.600-RS, DJe 29/3/2010. HC 195.178-MS, Rel.Min. Haroldo Rodrigues (Desembargador convocado do TJ-CE), julgado em 7/6/2011.

Em junho de 2011, a Sexta Turma do STJ não aplicou o princípio da insignificância, mesmo diante do pequeno valor da *res furtiva*, pois o réu era reincidente, tratava-se de furto qualificado – arrombamento da janela da residência – e a vítima era pobre.

STJ, Sexta Turma, Informativo nº 461

Trata-se, no caso, do furto de um "Disco de Ouro", de propriedade de renomado músico brasileiro, recebido em homenagem à marca de 100 mil cópias vendidas. *Apesar de não existir nos autos qualquer laudo que ateste o valor da coisa subtraída, a atitude do paciente revela reprovabilidade suficiente para que não seja aplicado o princípio da insignificância, haja vista a infungibilidade do bem.* Para aplicar o referido princípio, são necessários a mínima ofensividade da conduta do agente, nenhuma periculosidade social da ação, o reduzidíssimo grau de reprovabilidade do comportamento e a inexpressividade da ordem jurídica provocada. Assim, a Turma denegou a ordem. Precedentes citados: HC 146.656-SC, DJe 1º/2/2010; HC 145.963-MG, DJe 15/3/2010, e HC 83.027-PE, DJe 1º/12/2008. HC 190.002-MG, Rel. Min. Og Fernandes, julgado em 3/2/2011

Em fevereiro de 2011, a Sexta Turma do STJ deparou-se com um caso de furto de "Disco de Ouro", requerendo o paciente a incidência do *princípio da insignificância*. A defesa apontou que a conduta praticada pelo acusado não nutria qualquer violência, nem tampouco ameaça, além do fato de o bem subtraído ter sido restituído.

O Ministro relator Og Fernandes entendeu não ser o caso de se aplicar o princípio, tendo em vista que quando ausentes os requisitos autorizadores da sua incidência, o reconhecimento da insignificância seria, no mínimo, contraditório à *mens legis*.

A defesa aduziu não haver o valor precisado do bem nos autos. A esse respeito o Ministro afirmou que embora "não exista nos autos laudo que ateste o valor da *res* subtraída, certo é que a atitude do paciente revela reprovabilidade suficiente a justificar o desencadeamento da ação penal pelo crime de furto". A reprovabilidade da conduta residiria no fato de o bem ser infungível, sendo, portanto, insubstituível.

Esse posicionamento só vem a sustentar e difundir o que a Corte já vinha decidindo anteriormente, ou seja, não basta que se apresente unicamente o valor econômico do bem, o princípio da insignificância não pode ser banalizado, necessitando, por isso, de cuidadosa análise de todos os requisitos autorizadores da sua aplicação.

STJ, Quinta Turma, Informativo nº 472

Noticiam os autos que o paciente foi absolvido sumariamente em primeira instância pela prática do crime previsto no art. 155, §4º, IV, c/c 14, II, ambos do CP (tentativa de furto qualificado). Houve apelação e o tribunal *a quo* reformou a decisão do juiz, dando provimento ao recurso do MP estadual para receber a denúncia oferecida contra os pacientes. Irresignada, a Defensoria Pública interpôs embargos de declaração que foram rejeitados. *Daí o habeas corpus, sustentando que deve ser reconhecida a atipicidade da conduta em razão da aplicação* do princípio da insignificância, haja vista o irrisório valor da res furtiva (6 kg de carne avaliados em R$51,00). No entanto, para a maioria dos ministros da Turma, a habitualidade da conduta tida por criminosa descaracteriza sua insignificância. Assim, se consta dos autos que o paciente continua praticando delitos de pequeno valor patrimonial, não se poderia dar salvo conduto à prática delituosa. Por outro lado, somados os reiterados delitos, ultrapassar-se-ia o pequeno valor, que, assim, deixa de ser irrisório e passa a ter relevância para a vítima. Ademais, mesmo verificada a necessidade e utilidade da medida de política criminal do princípio da insignificância, é imprescindível que sua aplicação se dê de forma prudente e criteriosa, razão pela qual é necessária a presença de certos elementos, como exige a jurisprudência do STF: *a mínima ofensividade da conduta do agente, a ausência total de periculosidade social da ação, o ínfimo grau de reprovabilidade do comportamento e a inexpressividade da lesão jurídica ocasionada.* Destarte, cabe ao intérprete da lei penal delimitar o âmbito de abrangência dos tipos penais abstratamente positivados no ordenamento jurídico, de modo a excluir de sua proteção aqueles fatos provocadores de ínfima lesão ao bem jurídico por ele tutelado, nos quais tem aplicação o princípio da insignificância. Anotou-se ainda que, nesses casos, não é possível aplicar esse princípio, pois haveria a possibilidade de incentivar o pequeno delinquente, sabendo que nunca será apenado, a fazer sucessivos furtos de pequenos valores. Com esses argumentos, entre outros, a Turma, por maioria, denegou a ordem. (...) Precedente citado do STF: HC 84.412-SP, DJ 19/11/2004. HC 196.132-MG, Rel. Min. Napoleão Nunes Maia Filho, julgado em 10/5/2011.

A Quinta Turma do STJ decidiu, em maio de 2011, pelo indeferimento do pedido de *habeas corpus*, em que se pleiteava a aplicação do princípio da insignificância, para excluir a tipicidade material da conduta de furtar 6 kg de carne, avaliados em R$51,00 (cinquenta e um reais).

A Turma considerou que o elemento da *habitualidade* afasta a caracterização do princípio da insignificância. Não se trata de reincidência, ou seja, não há contra o paciente sentença transitada em julgado pelo crime de furto. Atribuiu-se a ele a prática de outras condutas consideradas ilícitas, mesmo sem serem apreciadas pelo Poder Judiciário, agravando a sua situação no caso em tela. O Ministro Adilson Vieira Macabu, com louvável lucidez, foi voto vencido.

STJ, Quinta Turma, Informativo nº 449

A Turma, por maioria, denegou a ordem de *habeas corpus* a paciente condenado por tentativa de furto de um cartucho de tinta para impressora avaliado em R$25,70. Segundo o Min. Relator, *não obstante o ínfimo valor do bem que se tentou subtrair, o alto grau de reprovação da conduta não permite a aplicação do princípio da insignificância, pois perpetrada dentro da penitenciária em que o agente cumpria pena por crime anterior, o que demonstra seu total desrespeito à atuação estatal*. Precedentes citados do STF: HC 84.412-SP, DJ 19/11/2004; do STJ: HC 104.408-MS, DJe 2/8/2010, e HC 152.875-SP, DJe 7/6/2010. HC 163.435-DF, Rel. Min. Napoleão Nunes Maia Filho, julgado em 28/9/2010.

A Quinta Turma do STJ indeferiu pedido de *habeas corpus*, em que o réu, preso pelo cometimento de outro crime, supostamente tentou furtar um cartucho de impressora localizado em uma das salas administrativas da penitenciária.

Segundo o Ministro Napoleão Nunes Maia Filho, o *princípio da insignificância* não pode ser aplicado de forma isolada, tendo que ser entendido em conexão com outros princípios, tais quais o da fragmentariedade e o da mínima intervenção do Estado.

Por esse mesmo motivo, é imprescindível que a análise da aplicabilidade do postulado seja avaliada de forma cautelosa, observando todos os requisitos necessários para a sua aplicação, a fim de atender a *ratio* pela qual foi aceito no nosso ordenamento jurídico.

Sustenta-se que o comportamento do réu é reprovável, mesmo tendo o objeto furtado ínfimo valor econômico, haja vista que ele já estava condenado, cumprindo pena em estabelecimento penitenciário e ainda assim demonstrou conduta voltada à reiteração delitiva.

Vencido o Ministro Honildo Amaral de Mello Castro, o qual votou pela concessão da ordem, sob o argumento de que o valor, de fato, era ínfimo. De acordo com o magistrado, deixar de aplicar o princípio da insignificância no caso é como punir o réu duas vezes, pois ele já está sendo apenado pelo crime anterior.

STJ, Sexta Turma, Informativo nº 470

(...) Para o Min. Relator, *a conduta do paciente não preenche os requisitos necessários para a concessão da benesse pretendida. Explica que, embora o valor da vantagem patrimonial seja de apenas R$48,00 (valor da passagem), as circunstâncias que levam à denegação da ordem consistem em ser o paciente policial da reserva, profissão da qual se espera outro tipo de comportamento; ter falsificado documento para parecer que ainda estava na ativa; além de, ao ser surpreendido pelos agentes, portar a quantia de R$600,00 no bolso, a demonstrar que teria plena condição de adquirir a passagem. Assim, tais condutas do paciente não se afiguram como um irrelevante penal, nem podem ensejar constrangimento ilegal. Por fim, assevera que não caberia também, na via estreita do habeas corpus, o exame da alegação da defesa quanto a eventuais dificuldades financeiras do paciente. Esclarece ainda que, de acordo com a jurisprudência do STF, para a incidência do princípio da insignificância, são necessários a mínima ofensividade da conduta do agente, nenhuma periculosidade social da ação, o reduzidíssimo grau de reprovabilidade do comportamento e a inexpressividade* *da lesão jurídica provocada*. Diante dessas considerações, a Turma denegou a ordem e cassou a liminar deferida para sobrestar a ação penal até o julgamento do *habeas corpus*. Precedentes citados do STF: HC 84.412-SP, DJ 19/11/2004; do STJ: HC 146.656-SC, DJe 1º/2/2010, e HC 83.027- PE, DJe 1º/12/2008. HC 156.384-RS, Rel. Min. Og Fernandes, julgado em 26/4/2011.

STJ, Quinta Turma, Informativo nº 467

O paciente, policial militar, fardado e em serviço, subtraiu uma caixa de bombons de um supermercado, colocando-a dentro de seu colete à prova de balas. Vê-se, assim, não ser possível aplicar o princípio da insignificância à hipótese, visto não estarem presentes todos os requisitos necessários para tal (mínima ofensividade da conduta, nenhuma periculosidade social da ação, reduzidíssimo grau de reprovação do comportamento e inexpressividade da lesão jurídica provocada). Apesar de poder tachar de inexpressiva a lesão jurídica em razão de ser ínfimo o valor dos bens subtraídos (R$0,40), há alto grau de reprovação na conduta do paciente, além de ela ser relevante para o Direito Penal; pois, aos olhos da sociedade, o policial militar representa confiança e segurança, dele se exige um comportamento adequado, dentro do que ela considera correto do ponto de vista ético e moral. Anote-se que a interpretação que se dá ao art. 240, §1º, do CPM (que ao ver do paciente justificaria a aplicação do referido princípio) não denota meio de trancar a ação penal, mas sim que cabe ao juízo da causa, após o processamento dela, analisar se a infração pode ser considerada apenas como disciplinar. Precedentes citados do STF: HC 84.412-0-SP, DJ 19/11/2004; HC 104.853-PR, DJe 18/11/2010; HC 102.651-MG, DJe 30/6/2010; HC 99.207-SP, DJe 17/12/2009; HC 97.036-RS, DJe 22/5/2009; do STJ: HC 141.686-SP, DJe 13/11/2009. HC 192.242-MG, Rel. Min. Gilson Dipp, julgado em 22/3/2011.

A Quinta e a Sexta Turma do STJ não aplicaram o princípio da insignificância em crimes de furto e estelionato praticados por policiais, por não estarem presentes todos os requisitos necessários para a sua incidência. Considerou-se que a sociedade cobra desses profissionais uma conduta ética e ilibada, para que possam efetivamente representar a confiança e a segurança esperada.

Nesse sentido, a prática de furto ou estelionato por policiais, justamente pela natureza dessa profissão, não possui o *reduzidíssimo grau de reprovação do comportamento* exigido pelo STF, como elemento para a aplicação do princípio. Segundo o Ministro Relator Gilson Dipp, da Quinta Turma do STJ: "Na hipótese dos autos não se verifica a presença de todos os requisitos para a aplicação do princípio em comento. Conquanto possa se afirmar haver a inexpressividade da lesão jurídica provocada – por ser considerada ínfima a quantia alegada pela impetrante R$0,40 (quarenta centavos de Real) – verifica-se na hipótese alto grau de reprovabilidade da conduta do paciente, policial militar, fardado, que, no seu horário de serviço, subtraiu uma caixa de chocolates, colocando-a dentro de seu colete a prova de balas".

Parece-me que essas decisões do Superior Tribunal de Justiça possuem "estreitas relações" com o direito penal do autor, o que leva à "viagem kafkiana" de mobilizar o sistema criminal por uma caixa de bombons. Pobre do mundo em que chocolate motiva dor e não paixão.

3.5 Tráfico internacional de munições

STF, Primeira Turma, Informativo nº 606

A 1ª Turma, por maioria, indeferiu *habeas corpus* em que se pretendia a aplicação do princípio da insignificância para trancar ação penal instaurada contra o paciente, pela suposta prática do crime de tráfico internacional de munição (Lei 10.826/2003, art. 18). *A defesa sustentava que seria objeto da denúncia apenas a apreensão de 3 cápsulas de munição de origem estrangeira, daí a aplicabilidade do referido postulado. Aduziu-se que o denunciado faria do tráfico internacional de armas seu meio de vida e que teriam sido encontrados em seu poder diversos armamentos e munições* que, em situação regular, não teriam sido objeto da peça acusatória. Nesse sentido, não se poderia cogitar da mínima ofensividade da conduta ou da ausência de periculosidade social da ação, porquanto a hipótese seria de crime de perigo abstrato, para o qual não importaria o resultado concreto. Vencido o Min. Marco Aurélio, que deferia a ordem por reputar configurado no caso o crime de bagatela, tendo em vista que a imputação diria respeito tão-somente às 3 cápsulas de origem estrangeira, mas não a todo o material apreendido. HC 97777/MS, rel. Min. Ricardo Lewandowski, 26.10.2010.

Em recente julgamento datado do ano de 2010, a Primeira Turma do STF confrontou-se com *habeas corpus* pelo qual se pretendia a aplicação do *princípio da insignificância*, para livrar o réu da imputação da conduta tipificada no artigo 18 da Lei nº 10.826/2003,[286] tendo em vista que foi objeto da denúncia apenas a apreensão de 3 cápsulas de munição de origem estrangeira e de maneira ilegal.

A defesa sustentou a atipicidade material da conduta, dado que a quantidade de munição ilegal apreendida foi ínfima. Portanto, não haveria necessidade de prolongar o curso da ação penal.

---

[286] "Art. 18 – Imposrtar, exportar, favorecer a entrada ou saída do território nacional, a qualquer título, de arma de fogo, acessório ou munição, sem autorização da autoridade competente: Pena – reclusão de 4 (quatro) a 8 (oito) anos, e multa."

No entendimento consolidado da Turma, o trancamento da ação penal via *habeas corpus* se dá somente mediante rigorosa análise da manifesta atipicidade da conduta, das causas de extinção da punibilidade, nos termos do artigo 107 do Código Penal[287] ou, por fim, da ausência de indícios mínimos de materialidade delitiva.

Ocorre que, pelo voto do Ministro Ricardo Lewandowski, extrai-se que em crimes de perigo presumido é automático o afastamento da ideia da inofensividade da conduta do agente, pois nesse tipo de crime o risco que se põe é à incolumidade pública, à segurança nacional e à paz social, sendo irrelevante a quantidade apreendida do material.

A título de ilustração e melhor justificação, o Ministro Lewandowski cita que, caso a *ratio* do legislador fosse a punição pela quantidade, sequer haveria lei que tipificasse a simples conduta de portar munição, a qual, por si só, não possui qualquer potencial ofensivo.

Nesse seguimento, o legislador, ao promulgar o Estatuto do Desarmamento, permitiu que a lei se antecipasse aos efeitos perniciosos do emprego de armas de fogo e criminalizou o seu porte, mesmo que sem munição, bem como tipificou também o simples porte de munição.

Afastada a ideia da ausência de ofensividade, não há que se falar em utilizar o princípio da insignificância no caso concreto, pois não estão presentes todos os requisitos necessários para a sua incidência, tais quais a mínima ofensividade, a ausência de periculosidade do agente, o reduzido grau de reprovabilidade do comportamento e a lesão inexpressiva.

A Turma, por maioria, indeferiu o *habeas corpus*, vencido o Ministro Marco Aurélio, que votou pela aplicação do princípio da insignificância por entender que a quantidade apreendida era ínfima.

3.6 Descaminho

STF, Primeira Turma, Informativo nº 603

A Turma indeferiu *habeas corpus* impetrado em favor de condenado pela prática do delito de descaminho (CP, art. 334), no qual se pretendia o trancamento de

---

[287] "Art. 107 – Extingue-se a punibilidade: I – pela morte do agente; II – pela anistia, graça ou indulto; III – pela retroatividade de lei que não mais considera o fato como criminoso; IV – pela prescrição, decadência ou perempção; V – pela renúncia do direito de queixa ou pelo perdão aceito, nos crimes de ação privada; VI – pela retratação do agente, nos casos em que a lei o admite; IX – pelo perdão judicial, nos casos previstos em lei."

ação penal, por atipicidade da conduta, com base na aplicação do princípio da insignificância, pois o tributo devido seria inferior a R$10.000,00 (dez mil reais). *Considerou-se que, embora o tributo elidido totalizasse R$8.965,29* (oito mil, novecentos e sessenta e cinco reais e vinte e nova centavos), *haveria a informação de que o paciente responderia a outro processo – como incurso no mesmo tipo penal – cujo valor não pago à Fazenda Pública, considerados ambos os delitos, seria de R$12.864,35* (Doze mil, oitocentos e sessenta e quatro reais e trinta e cinco centavos). *Destacou-se estar diante de reiteração de conduta delitiva, pois o agente faria do descaminho seu meio de vida, daí a inaplicabilidade do referido postulado.* O Min. Marco Aurélio, relator, enfatizou seu convencimento no sentido de que, sendo o montante superior a R$100,00 (cem reais), caberia concluir-se pela tipicidade. HC 97257/RS, rel. Min. Marco Aurélio, 5.10.2010. (HC-97257)

STF, Primeira Turma, Informativo nº 606

Em conclusão de julgamento, a 1ª Turma, *ante o empate na votação*, concedeu *habeas corpus* para reconhecer a aplicação do *princípio da insignificância* ao crime de descaminho (CP, art. 334, §1º) e trancar a ação penal ao fundamento de que *o referido postulado emergiria do valor sonegado diante da grandeza do Estado e do custo de sua máquina*, não se compreendendo movimentá-la para cobrar o tributo devido. No caso, houvera a apreensão de bebidas cujo valor estimado totalizaria o montante de R$2.991,00.Votaram pelo indeferimento os Ministros Marco Aurélio, relator, e Cármen Lúcia. HC 96412/SP, rel. orig. Min. Marco Aurélio, red. p/acórdão Min. Dias Toffoli, 26.10.2010. (HC-96412)

Em sessão datada de outubro de 2010, a Primeira Turma do STF indeferiu pedido de *habeas corpus,* pelo qual se sustentava a insignificância da conduta praticada pelo réu, acusado por suposta prática de descaminho, nos termos do artigo 334 do Código Penal.[288]

O Ministro Marco Aurélio aponta que não se trata de mera insignificância de valores. Há dano à administração pública como um todo e ainda à ordem tributária. Mesmo que o valor do caso seja inferior ao máximo legalmente tolerado (R$10.000,00), deve-se analisar a conduta do réu tendo em conta a existência de outro processo pelo mesmo crime. Assim, ambos os delitos atingiram um valor superior à R$10.000,00. Trata-se de intelecção do disposto no artigo 20, §4º, da Lei nº 10.522/02, o qual determina a soma dos débitos. *In verbis:* "No caso de reunião de processos contra o mesmo devedor, na forma do art. 28 da Lei nº 6.830, de 22 de setembro de 1980, para os fins de que trata o limite indicado no

---

[288] "Art. 334 – Importar ou exportar mercadoria proibida ou iludir, no todo ou em parte, o pagamento de direito ou imposto devido pela entrada, pela saída ou pelo consumo de mercadoria: Pena – reclusão, de 1 (um) a 4 (quatro) anos.

caput deste artigo, será considerada a soma dos débitos consolidados das inscrições reunidas".

Nessa linha, a Turma entendeu que a reiteração e o valor excedente ao máximo tolerado não permitem a aplicação do *princípio da bagatela*, sendo a prática devida e significante. Entenderam que aqueles que fazem do descaminho modo de sobrevivência precisam de adequação à ordem.

Já no segundo julgamento em tela, também de 2010, a Primeira Turma do STF concedeu o *habeas corpus*, pois o valor foi inferior à quantia limite de R$10.000,00. O Direito Penal tem natureza subsidiária e fragmentária. Se nem mesmo o Estado tem interesse na execução fiscal para a cobrança do referido montante (art. 20, Lei nº 1.522/02[289]), há que se considerar tal valor insignificante para fins penais.

Vê-se, todavia, que o entendimento não fora pacífico, pois o Senhor Ministro Marco Aurélio e a Ministra Cármen Lúcia votaram pelo indeferimento, acreditando que o caso não pode ser resolvido em razão da mera quantificação dos valores desviados, mas há que se considerar o prejuízo gerado ao Estado.

STF, Primeira Turma, Informativo nº 586

Ante a incidência do princípio da insignificância, a Turma, por maioria, deferiu *habeas corpus* para determinar o trancamento de ação penal instaurada em desfavor de vendedor ambulante acusado pela suposta prática do crime de descaminho (CP, art. 334, §1º, c), em decorrência do fato de haver sido surpreendido colocando à venda, em calçadão de praia, produtos importados sem as respectivas notas fiscais. *Ressaltou-se que o valor dos bens seria de R$389,00, montante este inferior à quota de isenção de tributos, estabelecida pela Secretaria da Receita Federal, relativos à importação e à exportação de mercadorias.* Vencido o Min. Marco Aurélio, que indeferia o *writ* por considerar que se teria, na espécie, o envolvimento de vendedores ambulantes os quais, geralmente, não portam toda a mercadoria que trazem do exterior. Ademais, aduziu que o valor em questão seria superior àquele que autoriza a extinção do executivo fiscal (R$100,00). RHC 94905/CE, rel. Min. Dias Toffoli, 11.5.2010.

Em julgamento realizado em maio de 2010, a Primeira Turma do STF analisou pedido de *habeas corpus* pelo qual o impetrante requeria

---

[289] "Art. 20. Serão arquivados, sem baixa na distribuição, mediante requerimento do Procurador da Fazenda Nacional, os autos das execuções fiscais de débitos inscritos como Dívida Ativa da União pela Procuradoria-Geral da Fazenda Nacional ou por ela cobrados, de valor consolidado igual ou inferior a R$10.000,00 (dez mil reais).

o trancamento da ação penal, que se iniciara pelo suposto crime de descaminho.

A defesa apontava que haveria razões mais que suficientes para o trancamento da ação penal, dado que o valor, além de ínfimo, não ultrapassara o máximo legal referente à quota de isenção de tributos estabelecida pela Receita Federal.

Sendo o valor das mercadorias apreendidas inferior ao disposto no artigo 20 da Lei nº 10.522/02, há que se entender pela atipicidade material da conduta, aplicando-se o princípio da insignificância. Além disso, o Estado não deve se ater às condutas de pequena monta, sob o risco de perder espaço os casos que realmente merecem atenção, ponderação e, eventualmente, punição.

De modo que é pacífico o entendimento concernente à aplicação do princípio da insignificância no crime de descaminho, quando o valor não ultrapassar o montante de dez mil reais. Não cumpre ao Estado punir casos de pequena expressão social e econômica.

O referido Ministro Toffoli aponta ainda que o princípio da insignificância tomou espaço significativo na jurisprudência da Corte e infere que esse enunciado se relaciona à envergadura da lesão ao bem jurídico tutelado pela norma penal, de modo que a sua aplicação conduz à atipicidade da conduta.

Em posicionamento minoritário, o Ministro Marco Aurélio não concedeu o *writ*, entendendo ser o caso lógico e previsível. Trata-se de conduta reiterada na sociedade: a classe de vendedores ambulantes quase nunca se encontra com toda a mercadoria que possui. Eles conduzem o que suportam por hora e depois abastecem o estoque e, por isso, não há como acurar os valores de forma precisa, com o intuito de bem aplicar o princípio.

STF, Primeira Turma, Informativo nº 589

Ao aplicar o princípio da insignificância, a Turma, por maioria, deferiu *habeas corpus* para trancar ação penal instaurada em desfavor de denunciado pela suposta prática do crime de descaminho (CP, art. 334, §1º, c). Preliminarmente, conheceu-se do writ. Asseverou-se que, embora a impetração tivesse impugnado decisão já transitada em julgado, tal fato não impediria a apreciação do tema pela via do *habeas corpus*, haja vista que a questão trazida seria exclusivamente de direito, não havendo o envolvimento de matéria fática. Assim, reputou-se desnecessário o ajuizamento de revisão criminal, pois o próprio *habeas* seria a via adequada para a re-análise do tema jurídico colocado diante do quadro fático, o qual seria incontroverso. *No mérito, consignou-se que o valor do tributo iludido estaria muito aquém do patamar de R$10.000,00 legalmente previsto no art. 20* da Lei 10.522/2002 (com a redação dada pela Lei 11.033/2004). Vencida, no ponto, a Min. Cármen Lúcia, que denegava a ordem por rejeitar a incidência do aludido princípio. HC 95570/SC, rel. Min. Dias Toffoli, 1º.6.2010.

Em sessão realizada em junho de 2010, a Primeira Turma do Supremo Tribunal Federal deferiu pedido de *habeas corpus*, aplicando o *princípio da insignificância*, tendo em vista o baixo valor do tributo iludido e a impossibilidade de prosseguimento da execução fiscal. Vencida a Ministra Carmen Lúcia, por entender que o dano não se configura pelo valor desviado, mas sim pela afetação à ordem tributária nacional.

STF, Primeira Turma, Informativo nº 629

A 1ª Turma, por maioria, denegou habeas corpus em que se pleiteava a aplicação do princípio da insignificância – em favor de denunciado pela suposta prática do crime de descaminho –, haja vista o tributo totalizar valor inferior a R$10.000,00. Aludiu-se à Lei 10.522/2002. Nesse tocante, ressaltou-se que não se poderia confundir a possibilidade de o Procurador da Fazenda Nacional requerer o sobrestamento de execução fiscal, na origem, com a persecução criminal. Salientou-se que a ação penal, inclusive, seria pública e, ainda, a cargo do órgão ministerial (...). (HC-100986)

Em decisão recente, datada a 31 de maio de 2011, a Primeira Turma do STF não aplicou o princípio da insignificância ao crime de descaminho. Essa decisão aparentemente diverge do posicionamento consagrado na referida Turma. Na espécie, não se considerou na esfera criminal os efeitos da atribuição do Procurador da Fazenda Nacional, conforme previsto no art. 20 da Lei nº 10.522/02.[290] Assim, não impediu a persecução criminal a possibilidade de sobrestamento da execução fiscal, em débitos inscritos como Dívida Ativa da União de valor igual ou inferior a R$10.000,00 (dez mil reais).

3.7 Princípios da insignificância, fragmentariedade e intervenção mínima: análise conjunta

STF, Segunda Turma, Informativo nº 606

A 2ª Turma, ante a falta de justa causa, concedeu *habeas corpus* para trancar ação penal instaurada em desfavor de acusado por furto de uma janela no valor de

---

[290] "Art. 20. Serão arquivados, sem baixa na distribuição, mediante requerimento do Procurador da Fazenda Nacional, os autos das execuções fiscais de débitos inscritos como Dívida Ativa da União pela Procuradoria-Geral da Fazenda Nacional ou por ela cobrados, de valor consolidado igual ou inferior a R$10.000,00 (dez mil reais).

R$120,00. Considerou-se, relativamente ao princípio da insignificância, não ser possível a análise dos elementos subjetivos desfavoráveis, mesmo que se trate de reiteração de conduta. Afirmou-se, ainda, que o referido postulado, afetaria a própria tipicidade penal. (HC 104468/MS, rel. Min. Gilmar Mendes, 26.10.2010)

A Segunda Turma do STF, em julgamento datado do ano de 2010, deparou-se com pedido de *habeas corpus* pelo qual se discutia a plausibilidade da aplicação do princípio da insignificância.

Seguindo o voto do Senhor Ministro Gilmar Mendes, por unanimidade, a Turma concedeu o *writ*, ao constatar que o bem subtraído não ultrapassou o valor de cento e vinte reais. Acrescentou-se que os princípios penais não devem ser estudados de forma isolada. Assim, o *princípio da insignificância precisa ser analisado em conectiva ligação aos postulados da fragmentariedade e da intervenção mínima do Estado.*

3.8 Rádio comunitária sem autorização legal

STF, Primeira Turma, Informativo nº 602

Ante o empate na votação, a Turma deferiu *habeas corpus* para, em face da atipicidade da conduta, cassar o acórdão proferido pelo STJ e restabelecer a sentença absolutória que aplicava o princípio da insignificância. Na espécie, os pacientes foram denunciados, por supostamente operarem rádio comunitária sem autorização legal, como incursos nas sanções do art. 183 da Lei 9.472/1997 (...) Registrou-se que, nos termos da norma regulamentadora (Lei 9.612/98), o serviço de radiodifusão comunitária utilizado pela emissora seria de baixa potência – 25 watts e altura do sistema irradiante não superior a 30 metros – não tendo, desse modo, capacidade de causar interferência relevante nos demais meios de comunicação. *Ressaltou-se a excepcionalidade do caso concreto e aduziu-se que a rádio era operada em pequena cidade no interior gaúcho, com cerca de dois mil habitantes, distante de outras emissoras de rádio e televisão e de aeroportos, o que demonstraria ser remota a possibilidade de causar algum prejuízo para outros meios de comunicação. Acresceu-se que, em comunidades localizadas no interior de tão vasto país, nas quais o acesso à informação não seria amplo como nos grandes centros, as rádios comunitárias surgiriam como importante meio de divulgação de notícias de interesse local, de modo que não se vislumbraria, na situação em apreço, reprovabilidade social da ação dos pacientes.* Ademais, observou-se que fora pleiteada, ao Ministério das Comunicações, a autorização para execução do serviço de radiodifusão em favor da mencionada rádio. Concluiu-se que, *em virtude da irrelevância da conduta praticada pelos pacientes e da ausência de resultado lesivo, a matéria não deveria ser resolvida na esfera penal e sim nas instâncias administrativas.* (...). (HC 104530/RS, rel. Min. Ricardo Lewandowski, 28.9.2010)

Em sessão de setembro de 2010, a Primeira Turma do STF analisou pedido de *habeas corpus* em que a defesa sustentava a aplicação do *princípio da insignificância*, sob o argumento de que a conduta praticada pelos réus, tipificada nos termos do artigo 183 da Lei nº 9.472/1997,[291] não teria potencialidade lesiva suficiente para justificar a incidência penal.

A defesa alegou que a tipicidade deve ser analisada sob dois aspectos, a saber: material e formal, de modo que a conduta só será punida nos casos em que haja amoldamento ao tipo penal e violação ou exposição a perigo do bem jurídico penalmente tutelado.

Apontou-se ainda a presença na espécie de todos os requisitos necessários para a aplicação do princípio da insignificância, isto é, a mínima ofensividade, a ausência de periculosidade do agente, o reduzido grau de reprovabilidade do comportamento e a lesão inexpressiva.

Para o Ministro Relator Ricardo Lewandowski seria, de fato, caso de concessão da ordem de *habeas corpus*, a segurança dos meios de telecomunicação não foi lesionada, nem sequer ameaçada. Portanto, não haveria motivos suficientes que justificassem a movimentação intervencionista do Direito Penal. Entendeu-se pela possibilidade do emprego do princípio da insignificância, afastando a tipicidade.

Vencidos os ministros Marco Aurélio e Cármen Lúcia, que entenderam haver lesão ao bem jurídico penalmente tutelado, pois mesmo sendo a frequência insuficiente para intervir, por exemplo, nos meios de transportes aéreos, muitas vezes rádios comunitárias clandestinas prejudicam a ordem social, quando passam a atuar em favor de facções criminosas. Ademais, o laudo pericial constatou que a rádio clandestina poderia interferir em outras frequências.

3.9 Tráfico de drogas

STJ, Quinta Turma, Informativo nº 456

Conforme precedentes, *não se aplica o princípio da insignificância ao delito de tráfico de drogas, visto se tratar de crime de perigo abstrato ou presumido. Dessarte, é irrelevante para esse específico fim a quantidade de droga apreendida.* Precedentes citados do STF: HC 88.820-BA, DJ 19/12/2006; HC 87.319-PE, DJ 15/12/2006; do STJ: HC 113.757-SP, DJe 9/2/2009; HC 81.590-BA, DJe 3/11/2008; HC 79.661-RS, DJe 4/8/2008, e HC 55.816-AM, DJ 11/12/2006. (HC 122.682-SP, Rel. Min. Laurita Vaz, julgado em 18/11/2010)

---

[291] "Art. 183 – Desenvolver clandestinamente atividades de telecomunicação: Pena – detenção de dois a quatro anos, aumentada da metade se houver dano a terceiro, e multa de R$10.000,00 (dez mil reais)."

Em julgamento realizado em novembro de 2010, a Quinta Turma do STJ analisou pedido de *habeas corpus* impetrado em favor de réu denunciado pela suposta prática dos crimes previstos nos artigos 33, *caput*,[292] e 35, *caput*,[293] ambos da Lei nº 11.343/2006. A defesa apontou que devido à pequena quantidade de drogas apreendida seria justa a aplicação do *princípio da insignificância*.

A Ministra Laurita Vaz, citando o parecer do Ministério Público, inferiu que a apreensão e as circunstâncias em que se deu a prisão em flagrante, por si só, já eram elementos suficientes a sustentar o afastamento da aplicação do princípio da insignificância. Considerou-se que houve alto grau de reprovabilidade na circunstância de vários usuários terem comprado drogas com o paciente.

É assente o entendimento da Corte de que em crimes de drogas torna-se inaplicável o princípio da insignificância, uma vez serem crimes de perigo presumido ou abstrato, sendo irrelevante a quantia apreendida. Assim, amparada pelos precedentes da Corte, a Ministra votou pela denegação do pedido de *habeas corpus*.

STJ, Sexta Turma, Informativo nº 421

Foi encontrado com o paciente apenas 1,75 gramas de maconha, porém isso não autoriza aplicar o princípio da insignificância ao delito de porte de entorpecentes, pois seria equivalente a liberar o porte de pequenas quantidades de droga contra legem. Precedente citado: Resp 880.774-RS, DJ 29/6/2007. HC 130.677-MG, Rel. Min. Celso Limongi (Desembargador convocado do TJ-SP), julgado em 4/2/2010.

Afastou-se a aplicação do princípio da insignificância nos crimes relacionados ao porte e tráfico de drogas, já que são crimes de perigo presumido ou abstrato. Ademais, não é possível afirmar ser atípica a conduta de portar uma pequena quantidade de entorpecentes, pois isso equivaleria a liberar *contra legem* o porte de drogas em quantidades pequenas.

Nesse sentido, destacamos um trecho do voto do Ministro relator Celso Limongi, *ipsis litteris:* "Em casos como o dos autos, aplicar o princípio da insignificância equivaleria a revogar o disposto no artigo 28

---

[292] "Art. 33. Importar, exportar, remeter, preparar, produzir, fabricar, adquirir, vender, expor à venda, oferecer, ter em depósito, transportar, trazer consigo, guardar, prescrever, ministrar, entregar a consumo ou fornecer drogas, ainda que gratuitamente, sem autorização ou em desacordo com determinação legal ou regulamentar"
[293] "Art. 35. Associarem-se duas ou mais pessoas para o fim de praticar, reiteradamente ou não, qualquer dos crimes previstos nos arts. 33, caput e §1º, e 34 desta Lei."

da Lei nº 11.343/2006. E não é esse o papel do Judiciário. A pessoa que guarda um grama de maconha, está, logicamente, cometendo o crime em questão. A quantidade da droga apreendida não interfere na configuração do tipo penal. Ou seja, o fato de ter sido encontrado em poder do paciente 1,75 gramas de maconha não descaracteriza o tipo penal. Em outras palavras, a aplicação do princípio da insignificância, considerada a pequena quantidade de entorpecente, seria o mesmo que liberar, *contra legem*, o porte de pequena quantidade de droga". Por fim, votaram os ministros unanimemente pela não concessão do *habeas corpus*.

3.10 Ato infracional

STF, Segunda Turma, HC nº 101.144/RS

A Turma, por maioria, indeferiu *habeas corpus* em que se pretendia a extinção de procedimento judicial de aplicação de medida sócio-educativa de prestação de serviços à comunidade a menor inimputável, instaurado em razão da prática de ato infracional equiparado ao crime de furto. Na espécie, o bem subtraído – uma bicicleta –, devidamente restituído à vítima, havia sido avaliado em cento e vinte reais, o que, segundo a impetração, implicaria a incidência do princípio da insignificância ao fato. Reputou-se necessário não considerar, à luz do referido postulado, apenas o valor pretendido à subtração, sob pena de deixar de existir a modalidade tentada de vários delitos. Nesse sentido, *aduziu-se que não se poderia confundir o pequeno valor do objeto material do delito com a irrelevância da conduta do agente*. Ressaltou-se, ademais, que o bem fora restituído por circunstâncias alheias à vontade do paciente – abordado por policiais na posse da bicicleta – e que ele possuiria envolvimento com drogas, utilizando-se da prática reiterada de atos contra o patrimônio para manter o vício. Destacou-se, por fim, que *a medida sócio-educativa imposta seria proporcional ao ato perpetrado e imperiosa à reintegração plena do menor à sociedade*. Vencido o Min. Gilmar Mendes, que deferia o writ. (HC 101144/RS, rel. Min. Ellen Gracie, 24.8.2010)

Em 24 de agosto de 2010, a Segunda Turma do STF deparou-se com *habeas corpus* em que a defesa pleiteava a aplicação do princípio da insignificância, em razão da atipicidade do ato infracional praticado pelo menor, equiparado ao crime de furto. Sustentou-se ser razoável a aplicação do *princípio da insignificância*, uma vez que a coisa subtraída foi avaliada em apenas R$120,00.

A Ministra Ellen Gracie explicou que o referido princípio exerce função hermenêutica para a determinação do injusto penal, estando intimamente relacionado ao bem jurídico penalmente tutelado.

No entanto, ela entendeu que o valor econômico do bem furtado não é o único ponto a ser avaliado para a incidência do referido princípio, sendo fundamental que todos os seus vetores estejam presentes. São eles: a mínima ofensividade da conduta do agente, a ausência de periculosidade social da ação, o reduzido grau de reprovabilidade do comportamento e a inexpressividade da lesão jurídica provocada.

Nesse sentido, é preciso diferenciar o pequeno valor do objeto material do delito da irrelevância da conduta do agente. A Ministra entendeu como pontos negativos da conduta do agente o fato de a restituição do bem ter sido feita por circunstâncias alheias à sua vontade, o envolvimento dele com drogas e a prática de assaltos para manter o vício. Comprovou-se que o agente praticou reiteradamente delitos contra o patrimônio.

Ademais, caso fosse considerado apenas o valor da subtração como parâmetro para a aplicação do princípio da insignificância, deixaria de haver a modalidade tentada de diversos delitos, como no furto simples. Desaparecendo, inclusive, o "furto privilegiado".

Divergindo desse entendimento, o Ministro Gilmar Mendes sustentou que o princípio da bagatela deve ser tratado isoladamente.

STF, Primeira turma, Informativo nº 564

Em face da peculiaridade do caso, a Turma indeferiu habeas corpus no qual se pleiteava a aplicação do princípio da insignificância a menor acusado pela prática de ato infracional equiparado ao delito tipificado no art. 155, §4º, IV, do CP, consistente na subtração de uma ovelha no valor de R$90,00 (noventa reais). Na espécie, magistrada de primeira instância rejeitara a inicial da representação com base no citado princípio, tendo tal decisão, entretanto, sido cassada pelo tribunal local e mantida pelo STJ. Sustentava a impetração que a lesão econômica sofrida pela vítima seria insignificante, tomando-se por base o patrimônio desta, além de ressaltar que não houvera ameaça ou violência contra a pessoa. (HC 98381/RS, rel. Min. Ricardo Lewandowski, 20.10.2009)

Mesmo tendo reconhecido que o *princípio da insignificância* também se aplica aos atos infracionais, a Primeira Turma do STF, em julgamento de outubro de 2009, relatado pelo Ministro Ricardo Lewandowski, decidiu que o pedido de *habeas corpus* devia ser indeferido dadas as peculiaridades do ato infracional, equiparado ao delito previsto no artigo 155, §4º, inciso IV, do Código Penal.[294]

---

[294] "Art. 155 – Subtrair, para si ou para outrem, coisa alheia móvel: §4º – A pena é de reclusão de dois a oito anos, e multa, se o crime é cometido: IV – mediante concurso de duas ou mais pessoas."

As razões da defesa apontaram que o ato praticado pelo menor se enquadrava ao exigido pelo princípio, de modo que não havendo potencialidade lesiva, nem tampouco prejuízo relevante à vítima e à comunidade, mostrar-se-ia irrazoável e dispendiosa a movimentação do aparelho estatal para a solução do conflito apresentado.

Segundo o Ministro Lewandowski, é importante considerar que o adolescente registra antecedentes pela prática de outros atos infracionais. Outro ponto que pesou em sua decisão foi a de que o menor era usuário de drogas. Assim, é razoável a aplicação da medida de liberdade assistida, pois as medidas previstas no ECA possuem caráter educativo, preventivo e protetor. Dado esse caráter social, não é recomendado que o Estado fique impossibilitado de aplicá-las.

STJ, Quinta turma, Informativo nº 477

Fora aplicada ao paciente a medida socioeducativa de internação em razão da prática de ato infracional análogo ao delito previsto no art. 155, §9º, II, do CP. No *habeas corpus,* pretende-se a aplicação do princípio da insignificância, pois a *res furtiva* foi avaliada em R$80,00. *Assim, para a aplicação do mencionado princípio, deve-se aferir o potencial grau de reprovabilidade da conduta e identificar a necessidade de utilização do direito penal como resposta estatal. Se assim é, quanto à pessoa que comete vários delitos ou comete habitualmente atos infracionais, não é possível reconhecer um grau reduzido de reprovabilidade na conduta.* Logo, mesmo que pequeno o valor da *res furtiva* (cadeira de alumínio), não ocorre desinteresse estatal à repressão do ato infracional praticado pelo paciente. Ademais, além de praticar reiteradamente atos infracionais, o paciente está afastado da escola e faz uso de drogas. Com isso, a Turma denegou a ordem. Precedentes citados do STF: HC 97.007-SP, DJe 31/3/2011; HC 100.690-MG, DJe 4/5/2011; do STJ: HC 137.794-MG, DJe 3/11/2009, e HC 143.304-DF, DJe 4/5/2011. (HC 182.441-RS, Rel. Min. Laurita Vaz, julgado em 14/6/2011)

A Quinta Turma do STJ, em junho de 2011, refutou o princípio da insignificância como solução para o caso em tela, *mesmo diante do pequeno valor da res furtiva,* avaliada em R$80,00 (oitenta reais), uma vez que a constatação da habitualidade de atos infracionais impede que a conduta seja considerada de reduzida reprovabilidade. Levou-se em conta também o fato de o paciente estar afastado da escola e fazer uso de drogas.

Em relação ao pequeno valor da *res furtiva,* faz-se mister lembrar que, em março de 2011 – informativo nº 465 –, a Quinta Turma do STJ *afastou o critério objetivo para a caracterização da inexpressividade da lesão jurídica,* fixado outrora pela jurisprudência em R$100,00. Segundo o Ministro Relator Gilson Dipp, "a simples adoção de um critério objetivo para fins de incidência do referido princípio pode levar a conclusões iníquas quando dissociada da análise do contexto fático em que o delito foi praticado – importância do objeto subtraído, condição econômica da vítima, circunstâncias e resultado do crime – e das características pessoais do agente". Na espécie, aplicou-se o princípio da insignificância, mesmo sendo o bem subtraído avaliado em R$108,00 (cento e oito reais).

3.11 Roubo

STF, Primeira Turma, Informativo nº 597

Em conclusão de julgamento, a Turma, por maioria, indeferiu *habeas corpus* no qual a Defensoria Pública da União pleiteava o reconhecimento do princípio da insignificância em favor de condenado por roubo majorado pelo concurso de pessoas (CP, art. 157, §2º, II). Na espécie o paciente, em companhia de dois adolescentes, empregara grave ameaça, simulando portar arma de fogo sob a camiseta, e subtraíra a quantia de R$3,25. *Enfatizou-se que, apesar de ínfimo o valor subtraído, houvera concurso de pessoas, dentre as quais adolescentes, o que agravaria o contexto. Reportou-se, ademais, à jurisprudência do STF no sentido de ser inaplicável o princípio da insignificância ao delito de roubo.* O Min. Ayres Britto destacou que o reconhecimento do mencionado princípio, na situação concreta dos autos, poderia servir como estímulo à prática criminosa. Vencido o Min. Marco Aurélio que deferia o writ por concluir pela insignificância do procedimento, ante a peculiaridade da situação. HC 97190/GO, rel. Min. Dias Toffoli, 10.8.2010.

Para a efetiva e razoável aplicação do *princípio da insignificância* é necessária uma análise ponderada e que perdura muito além da mera irrelevância do valor econômico do bem supostamente lesionado.

Nesse sentido, em julgamento que se deu em agosto de 2010, a Primeira Turma indeferiu o pedido de *habeas corpus,* mediante o qual a defesa sustentava que a mínima monta de R$3,25 não seria suficiente para justificar os dispêndios punitivos do Estado.

O Ministro Dias Toffoli destaca que em crimes de roubo, por ser de tipo complexo, o bem juridicamente tutelado não é apenas patrimonial. Deve-se levar em conta o emprego da violência ou da grave ameaça para o correto entendimento do problema. Assim, almeja-se proteger também a integridade física da vítima.

Ademais, houve concurso de pessoas, com a presença, inclusive, de adolescente, o que agrava ainda mais o contexto do crime.

Vencido o Ministro Marco Aurélio, que entendeu ser a pena demasiada em relação ao valor ínfimo subtraído, sendo, portanto, necessária a incidência do princípio da insignificância no caso concreto.

Por fim, a Turma por maioria indeferiu o pedido, consolidando o entendimento no sentido de que não cabe a bagatela em crimes de roubo, devido às elementares da violência ou grave ameaça.

A Quinta Turma do STJ é adepta do mesmo posicionamento da Primeira Turma do STF. Assim, em julgamento de maio de 2011 – Informativo nº 473 –, disse: "não há possibilidade de aplicação do referido princípio no caso concreto, embora se trate da subtração de um boné avaliado em R$15,00 e algumas moedas no valor de aproximadamente R$0,80, visto que a conduta foi praticada mediante violência e grave ameaça: para isso se utilizou uma faca (...) o valor da coisa subtraída não pode ser analisado de forma isolada".

3.12 Apropriação indébita

STJ, Sexta Turma, Informativo nº 463

A Turma concedeu a ordem de habeas corpus para reconhecer a atipicidade da conduta imputada ao paciente denunciado pela suposta prática do crime previsto no art. 168 do CP (apropriação indébita), ante a aplicação do princípio da insignificância. In casu, a vítima, advogado, alegou que o paciente – também advogado e colega do mesmo escritório de advocacia – teria se apropriado de sua agenda pessoal (avaliada em cerca de dez reais), a qual continha dados pessoais e profissionais. Para a Min. Relatora, *a hipótese dos autos revela um acontecimento trivial, sem que tenha ocorrido qualquer circunstância hábil a lhe conferir maior relevância. Consignou que, por mais que se considere que o objeto supostamente tomado continha informações importantes à vítima, a conduta é dotada de mínimo caráter ofensivo e reduzido grau de reprovação, assim como a lesão jurídica é inexpressiva e não causa repulsa social.* Precedentes citados do STF: HC 84.412-SP, DJ 19/11/2004; do STJ: HC 103.618-SP, DJe 4/8/2008; REsp 922.475-RS, DJe 16/11/2009; REsp 1.102.105-RS, DJe 3/8/2009, e REsp 898.392-RS, DJe 9/3/2009. (HC 181.756-MG, Rel. Min. Maria Thereza de Assis Moura, julgado em 15/2/2011)

A Sexta Turma do STJ, em julgado de fevereiro de 2011, aplicou o *princípio da insignificância* para afastar a tipicidade material da conduta de apropriação da agenda pessoal de colega de escritório de advocacia. Julgaram ser acontecimento trivial e sem relevância para o Direito Penal.

A Ministra Maria Thereza Assis de Moura entendeu que o fato de a agenda conter dados pessoais não valoriza o bem, mesmo ele tendo relevante valor para a vítima, porquanto o Direito Penal deve atender ao valor econômico e não apenas ao moral.

3.13 Falsificação de moeda

STF, Primeira Turma, Informativo nº 548

A Turma indeferiu *habeas corpus* em que condenado pela prática do delito previsto no art. 289, §1º, do CP – por guardar em sua residência duas notas falsas no valor de R$50,00 – pleiteava a aplicação do princípio da insignificância. Inicialmente, não se adotou o paradigma da 2ª Turma, apontado pela impetração, ante a diversidade de situações, dado que aquele órgão julgador considerara as circunstâncias da situação concreta apresentada para conceder a ordem, tais como: a) a falsificação grosseira, b) a inexpressividade da lesão jurídica causada, e c) o fato de ter sido apreendida uma nota falsa no valor de R$5,00 em meio a outras notas verdadeiras. Em seguida, asseverou-se que, *na espécie, cuidar-se-ia de notas falsas, as quais poderiam perfeitamente provocar o engano. Enfatizou-se, ademais, que o bem violado seria a fé pública, a qual é um bem intangível e que corresponde à confiança que a população deposita em sua moeda, não se tratando, assim, da simples análise do valor material por ela representado.* Precedentes citados: HC 83526/CE (DJU de 26.3.2004), HC 93251/DF (DJE de 22.8.2008). (HC 96153/MG, rel. Min. Cármen Lúcia, 26.5.2009)

A Primeira Turma do STF, em julgamento realizado no ano de 2009, entendeu ser relevante para o direito penal a conduta de guardar em residência duas notas falsas no valor de R$50,00, consubstanciando o crime do art. 289, §1º, do CP,[295] pois o bem penalmente tutelado nesse caso é a fé pública, sendo intangível e correspondendo à confiança que a população deposita em sua moeda.

O Ministro Ricardo Lewandowski vai além e nos remete a uma análise teleológica do papel da moeda na soberania do Estado, apontando como bibliografia uma das mais clássicas literaturas de Jean Bodin, a saber, *Seis Livros da República*. Infere ainda que a moeda é um dos "atributos fundamentais" do Estado Moderno e conclui dizendo que "qualquer ofensa à correta circulação da moeda representa um atentado contra o próprio Estado".

Pelo andamento da sessão, os demais ministros concordaram que não haveria como reconhecer o princípio da insignificância, haja vista a afronta à fé pública e ainda à própria soberania do Estado, votando todos pela não concessão do *writ*.

A Segunda Turma do STF fixou o mesmo entendimento em julgado de abril de 2011. Assim foi veiculado no Informativo nº 622:

---

[295] "Art. 289 – Falsificar, fabricando-a ou alterando-a, moeda metálica ou papel-moeda de curso legal no país ou no estrangeiro: §1º – Nas mesmas penas incorre quem, por conta própria ou alheia, importa ou exporta, adquire, vende, troca, cede, empresta, guarda ou introduz na circulação moeda falsa."

"Aduziu-se, em seguida, que o valor nominal derivado da falsificação de moeda não seria critério de análise de relevância da conduta, porque o objeto de proteção da norma seria supra-individual, a englobar a credibilidade do sistema monetário e a expressão da própria soberania nacional".

3.14 Crime praticado por prefeito

STF, Segunda Turma, Informativo nº 625

A 2ª Turma concedeu habeas corpus para *aplicar o princípio da insignificância em favor de exprefeito* que, no exercício de suas atividades funcionais, utilizara-se de máquinas e caminhões de propriedade da prefeitura para efetuar terraplenagem em terreno de sua residência. Por esse motivo, fora denunciado pela suposta prática do crime previsto no art. 1º, II, do Decreto-Lei 201/67 ("Art. 1º São crimes de responsabilidade dos Prefeitos Municipais, sujeitos ao julgamento do Poder Judiciário, independentemente do pronunciamento da Câmara dos Vereadores ... II – utilizar-se, indevidamente, em proveito próprio ou alheio, de bens, rendas ou serviços públicos"). *Asseverou-se tratar-se de prática comum na municipalidade em questão, mediante ressarcimento, para fins de remuneração dos condutores e abastecimento de óleo diesel.* Concluiu-se pela plausibilidade da tese defensiva quanto ao referido postulado, dado que o serviço prestado, se contabilizado hoje, não ultrapassaria o valor de R$40,00.

Em maio de 2011, a Segunda Turma do STF aplicou o princípio da insignificância em crime praticado por prefeito. Analisou que o serviço prestado não ultrapassou o valor de R$40,00 (quarenta reais), sendo a conduta perpetrada materialmente atípica.

STJ, Sexta Turma, Informativo nº 412

A Turma, por maioria, denegou a ordem de *habeas corpus* por entender que a conduta do prefeito que emitiu ordem de fornecimento de combustível (20 litros) a ser pago pelo município para pessoa que não era funcionário público, nem estava realizando qualquer serviço público e, ainda, conduzia veículo privado estaria tipificada no art. 1º, I, do DL n. 201/1967. O Min. Nilson Naves concedeu a ordem aplicando, ao caso, o princípio da insignificância. Contudo *o Relator entendeu que não se aplica tal princípio quando há crime contra a Administração Pública, pois o que se busca resguardar não é somente o ajuste patrimonial, mas a moral administrativa.* HC 132.021-PB, Rel. Min. Celso Limongi, julgado em 20/10/2009.

Em sessão realizada no ano de 2009, a Sexta Turma do STJ analisou pedido de *habeas corpus* impetrado em favor de Prefeito acusado de ter enriquecido ilicitamente outrem, após ter feito "doação" de 20 litros de diesel à custa do dinheiro do Estado.

A defesa, por sua vez, requer a aplicação do *princípio da insignificância*, pois além de o bem em questão ser de mínima relevância, não teria lesado o Erário, tendo havido a restituição aos cofres públicos.

O ponto crucial suscitado nesse caso e que se consolidou no STF é que em crimes contra a administração pública não cabe o reconhecimento do princípio da insignificância, porque os prejuízos contra a fé e os cofres públicos demonstram alto grau de reprovabilidade social. Visa-se nesses crimes proteger a moral administrativa.

STJ, Quinta Turma, Informativo nº 443

O tribunal *a quo* condenou o paciente à pena de reclusão de cinco anos, em regime semiaberto, pela prática da conduta prevista no art. 1º, I, do DL n. 201/1967, porque, no exercício do cargo de prefeito, concordou com a emissão de documento fiscal apto a justificar despesa que, atualmente, seria cerca de R$600, referente a uma festa oferecida a convidados especiais. A Turma, entre outras questões, entendeu *ser inaplicável o princípio da insignificância aos crimes praticados por prefeito, em razão de sua responsabilidade na condução dos interesses da coletividade. A conduta esperada de um chefe da Administração municipal é a obediência aos mandamentos legais, com a obrigatoriedade de agir sempre pautado em valores éticos e morais, respeitando os compromissos funcionais firmados quando da aceitação do cargo*. Quanto à questão da dosimetria da pena, a Turma verificou que o decreto condenatório carece de motivação apta a justificar a fixação da pena-base no patamar aplicado e, tendo sido reconhecida a inexistência de qualquer característica judicial desfavorável, reformou a sanção-base aplicando o mínimo legal, qual seja, dois anos de reclusão. Não havendo circunstâncias atenuante e agravante ou causas de diminuição e aumento de pena, fixou a pena definitiva naquele patamar. O teor do art. 33, §2º, c, e §3º, do CP fixou o regime aberto para início do cumprimento da sanção reclusiva. Contudo, concedeu *habeas corpus* de ofício para declarar extinta a punibilidade do paciente em razão da prescrição da pretensão punitiva estatal, na modalidade retroativa, nos termos dos arts. 107, IV, e 109, V, do CP. HC 145.114-GO, Rel. Min. Jorge Mussi, julgado em 17/8/2010.

A Quinta Turma do STJ, em julgamento realizado no ano de 2010, analisou pedido de *habeas corpus*, cujo enfoque era livrar o prefeito da acusação de ter concordado com a emissão de uma nota fiscal com valor aproximado de R$600,00 para abastecer uma festa para "convidados especiais".

Em sua defesa, entre outros pontos levantados, arguiu ser o caso de aplicação do *princípio da insignificância*, haja vista ser ínfimo o valor, além de não ter sido comprovado dolo nem tampouco enriquecimento pelo valor declarado, motivos pelos quais era necessária a absolvição do paciente.

O Ministro Jorge Mussi defendeu em seu voto que a aceitação do princípio da insignificância se sujeita a determinadas regras e "reflete o entendimento de que o Direito Penal deve intervir somente nos casos em que a conduta ocasionar lesão jurídica de certa gravidade, devendo ser reconhecida a atipicidade material de perturbações jurídicas mínimas ou leves, estas consideradas não somente no sentido econômico, mas também em função do grau de afetação da ordem social que ocasionem".

Aduz que não haveria possibilidade de reconhecimento do postulado, primeiramente pelo fato de a lesão causada ser de relevante prejuízo à ordem pública, pois o que se mostra é o desvio de verbas públicas para o custeio de uma festa particular, sendo dispensável para a questão a análise do valor econômico, uma vez que se busca proteger o dever de fidelidade com o município. O prefeito se apropriou de bens de "toda a coletividade, que lhe havia confiado a obrigação de zelar pelo patrimônio público".

Acrescenta que a "análise da conduta não deve ser feita tão somente no âmbito da repercussão econômica no patrimônio do referido ente, já que o tipo penal infringido tutela, ainda, a probidade administrativa e a moralidade pública – princípios consagrados na Constituição Federal –, devendo ser vista também sob o prisma da relevância e aceitação do comportamento em um contexto ético-social".

Por essas razões, o Ministro Jorge Mussi votou pela denegação do pedido, não reconhecendo como possível a aceitação do princípio em casos onde o representante público abuse da fé pública para, por exemplo, desviar verbas; residindo nesse ponto a maior reprovabilidade e lesão da conduta, motivos suficientes para o afastamento do postulado.

Por fim, cumpre dizer que o voto foi bem aceito pelos demais ministros da Turma, de modo que unanimemente opinaram pelo indeferimento do pedido.

3.15 Administração Pública

STJ, Segunda Turma, Informativo nº 624

A 2ª Turma, por maioria, concedeu habeas corpus para reconhecer a aplicação do princípio da insignificância e absolver o paciente ante a atipicidade da conduta. Na situação dos autos, ele fora denunciado pela suposta prática do crime de peculato, em virtude da subtração de 2 luminárias de alumínio e fios de cobre. Aduzia a impetração, ao alegar a atipicidade da conduta, que as luminárias: a) estariam em desuso, em situação precária, tendo como destino o lixão; b) seriam de valor irrisório; e c) teriam sido devolvidas.Considerou-se plausível a tese sustentada pela defesa. Ressaltou-se que, em casos análogos, o STF teria verificado, por inúmeras vezes, a possibilidade de aplicação do referido postulado. Enfatizou-se que, esta Corte, já tivera oportunidade de reconhecer a admissibilidade de sua incidência no âmbito de crimes contra a Administração Pública. Observou-se que os bens seriam inservíveis e não haveria risco de interrupção de serviço. Vencida a Min. Ellen Gracie, que indeferia ordem. Salientava que o furto de fios de cobre seria um delito endêmico no Brasil, a causar enormes prejuízos, bem assim que o metal seria reaproveitável. HC 107370/SP, rel. Min. Gilmar Mendes, 26.4.2011.

A Segunda Turma do STF, em abril de 2011, entendeu ser possível a incidência do princípio da insignificância no âmbito dos crimes contra a administração pública. Na espécie, o valor do bem foi considerado irrisório e inservível. Ademais, não houve risco de interrupção do serviço.

No entanto, a Quinta Turma do STJ, em julgado de maio de 2011 – Informativo nº 473 –, julgou não ser aplicável o referido princípio aos crimes contra a Administração Pública, pois o que se protege é a moral administrativa.

3.16 Valor do salário mínimo

STJ, Quinta Turma, Informativo nº 516

DIREITO PENAL. APLICABILIDADE DO PRINCÍPIO DA INSIGNIFICÂNCIA AO FURTO DE BEM CUJO VALOR SEJA DE POUCO MAIS DE 23% DO SALÁRIO MÍNIMO DA ÉPOCA. Sendo favoráveis as condições pessoais do agente, *é aplicável o princípio da insignificância em relação à conduta que, subsumida formalmente ao tipo correspondente ao furto simples (art. 155, caput, do CP), consista na subtração de bem móvel de valor equivalente a pouco mais de 23% do salário mínimo vigente no tempo do fato.* Nessa situação, ainda que ocorra a perfeita adequação formal da conduta à lei incriminadora e esteja comprovado o dolo do agente, inexiste a tipicidade material, que consiste na relevância penal da conduta e do resultado produzido. Assim, em casos como este, a aplicação da sanção penal configura indevida desproporcionalidade, pois o resultado jurídico – a lesão produzida ao bem jurídico tutelado – há de ser considerado como absolutamente irrelevante. AgRg no HC 254.651-PE, Rel. Min. Jorge Mussi, julgado em 12/3/2013.

Em decisão de 12 de março de 2013, a Quinta Turma do STJ aplicou o princípio da insignificância, afastando a tipicidade material de um furto simples de bem móvel, de valor equivalente a pouco mais de 23% do salário mínimo vigente no tempo do fato. Esse é mais um parâmetro para a aplicação do referido princípio, dando mais previsibilidade a suas hipóteses de aplicação, reduzindo a discricionariedade judicial a partir dos parâmetros judiciais.

4 Os princípios da intervenção mínima, da subsidiariedade, da fragmentariedade e da insignificância em concursos públicos

1. Ainda que seja a nota falsificada de pequeno valor, descabe, em princípio, aplicar ao crime de moeda falsa o princípio da insignificância, pois, tratando-se de delito contra a fé pública, é inviável a afirmação do desinteresse estatal na sua repressão. (CESPE/TRF1/2009)

Gabarito: **Certo**. Informativo nº 622, STF: "(...) o valor nominal derivado da falsificação de moeda não seria critério de análise de relevância da conduta, porque o objeto de proteção da norma seria supra-individual, a englobar a credibilidade do sistema monetário e a expressão da própria soberania nacional".

2. O princípio da insignificância:
   A) só é admissível para crimes de menor potencial ofensivo;
   B) diz respeito a irrelevante lesão do bem jurídico mesmo que o crime seja de médio potencial ofensivo;
   C) orienta-nos a aferir a conduta em relação à importância do bem juridicamente atingido;
   D) diz respeito aos comportamentos aceitos no meio social.
(MPF/2006)

Gabarito: **Letra B**. A letra A está errada, pois o princípio da insignificância não se restringe aos crimes de menor potencial ofensivo, podendo ser aplicado aos demais. Segundo o STF, basta a presença dos seguintes elementos: inexpressividade da lesão ao bem juridicamente tutelado, ausência de periculosidade social da ação, ofensividade mínima da conduta do agente e reduzido grau de reprovabilidade do comportamento do agente. A letra C está errada, porque o seu conteúdo não diz respeito a uma tarefa do princípio da insignificância, mas sim do Direito Penal, que deve incidir apenas nas condutas que se referem aos bens jurídicos mais importantes. A letra D está errada, uma vez que trata do princípio da adequação social.

3. Assinale a alternativa correta:
   A) todos os princípios do chamado Direito Penal Liberal estão explicitamente enunciados na Constituição brasileira;
   B) a Constituição de 1988 tem um compromisso com o princípio da intervenção mínima;
   C) são consequências decorrentes do princípio da culpabilidade a responsabilidade objetiva pelo simples resultado e a culpabilidade como limite da pena;
   D) a doutrina dominante afirma que o escopo imediato e primordial do Direito Penal reside na proteção de bens jurídicos essenciais ao indivíduo e à comunidade.
(MPF/2006)

Gabarito: **Letra D**. A letra A está errada, pois existem princípios implícitos na Constituição brasileira, além daqueles espalhados pelo ordenamento jurídico interno e nos tratados internacionais. A letra B está errada, porque não há esse compromisso expresso na Constituição de 1988. A letra C está errada, pois o princípio da culpabilidade consagra a responsabilidade subjetiva.

4. Nos denominados "crimes de bagatela", ocorre
   A) causa obrigatória de diminuição de pena;
   B) exclusão da antijuridicidade material;
   C) causa supralegal de exclusão da culpabilidade;
   D) inexigibilidade de conduta diversa;
   E) estado de necessidade.
(Fundação Carlos Chagas/DPE-SP/2010)

Gabarito: **Letra B**. Não há opção de exclusão da tipicidade material. A banca examinadora adotou uma corrente minoritária, a qual considera que nos crimes de bagatela há exclusão da antijuridicidade material, que é a contrariedade do fato ao sentimento comum de justiça. É preciso que haja considerável lesão ao bem jurídico penalmente tutelado.

5. O postulado da fragmentariedade em matéria penal relativiza
   A) a função de proteção dos bens jurídicos atribuída à lei penal.
   B) o caráter estritamente pessoal que decorre da norma penal.

C) a proporcionalidade entre o fato praticado e a consequência jurídica.
D) a dignidade humana como limite material à atividade punitiva do Estado.
E) o concurso entre causas de aumento e diminuição de penas.
(Fundação Carlos Chagas/DPE-SP/2010)

Gabarito: **Letra A**. O princípio da fragmentariedade determina que o direito penal abranja tão somente a fração mais importante do universo de bens da humanidade. Assim, não basta a lei penal afirmar um bem jurídico qualquer. Para ser legítima, ela precisa se remeter exclusivamente a essa fração mais importante. Relativiza-se a função de proteção da lei penal, pois o Direito Penal não é meio idôneo nem legítimo para tutelar qualquer bem jurídico, devendo passar pelo crivo da sua natureza fragmentária.

6. Em decorrência de garantias formalizadas ou não na Constituição Federal, o Direito Penal
   A) é regido pelos princípios da fragmentariedade e da subsidiariedade, não se submetendo à regra de taxatividade.
   B) admite responsabilidade que não seja pessoal.
   C) não está submetido ao princípio da intervenção mínima.
   D) constitui instrumento de controle social regido pela característica da fragmentariedade.
   E) deve obedecer ao princípio da proporcionalidade da pena, sem atentar, porém, para a perspectiva da subsidiariedade.
(Fundação Carlos Chagas/MPE-CE/2009)

Gabarito: **Letra D**. Ver item 1, deste capítulo.

CAPÍTULO XI

PRINCÍPIO DA EXCLUSIVA PROTEÇÃO DE BENS JURÍDICOS

1 Apontamentos sobre o princípio da exclusiva proteção de bens jurídicos

O *princípio da exclusiva proteção de bens jurídicos* limita o *jus puniendi* estatal, ao destacar a necessidade de um Direito Penal exclusivamente protetor de bens jurídicos, excluindo quaisquer incriminações de condutas que não atinjam os valores fundamentais para a existência social e o seu equilibrado desenvolvimento. Só há delito se houver lesão ou perigo de lesão ao bem jurídico penalmente tutelado.

O bem jurídico é um valor social. O constituinte e o legislador ordinário emitem juízos valorativos, elegendo os bens protegidos pelo Direito Penal. Na escrita de Luiz Regis Prado, trata-se de "um conceito necessariamente *valorado* e *relativo*, isto é, válido para um determinado sistema social e em um dado momento histórico-cultural".[296]

A Constituição é a referência para a eleição desses bens, pois nela estão as diretrizes políticas, valorativas e sociais do ordenamento jurídico. A missão do Direito Penal deve emanar da Magna Carta. É nela que o sistema penal democrático deve buscar legitimidade.

Os valores protegidos pelo legislador não podem ser estranhos ao espírito constitucional, uma vez que a política criminal deve ser limitada e vinculada à direção política escolhida pelo povo. O Direito Penal não pode servir a uma moral particular ou aos interesses de um

---

[296] PRADO, Luiz Regis. *Curso de direito penal brasileiro*: parte geral: arts. 1º a 120, p. 83.

determinado governo. Os seus valores devem ser democráticos e o seu âmbito de incidência deve ser restringido pelos direitos e garantias fundamentais elencados pelo texto constitucional. O bem jurídico é um valor constitucional. Encontram-se na Magna Carta as linhas primordiais para a escolha do que deve ser criminalizado.[297]

O mestre Juarez Tavares compreende o bem jurídico como tendo um viés garantidor, capaz de delimitar o poder de punir do Estado, traçando limites claros ao que pode ser criminalizado e servindo como proteção aos direitos do ser humano e ao *ius libertatis*. Nas palavras do autor:

> (...) o objetivo do Direito penal, pois, não é simplesmente proteger bens jurídicos, mas sim traçar, nitidamente, os limites e contornos das zonas do lícito e do ilícito, do que está proibido e do que é permitido, no sentido de justificar e legitimar a intervenção do Estado sobre a liberdade da pessoa humana, em casos de extrema e demonstrada necessidade (...).[298]

2 O conceito na doutrina

> Em um *Estado Democrático e social de Direito*, a tutela penal não pode vir dissociada do pressuposto do bem jurídico, sendo considerada legítima, sob a ótica constitucional, quando socialmente necessária. Isso vale dizer: quando imprescindível para assegurar as condições de vida, o desenvolvimento e a paz social, tendo em vista o postulado maior da liberdade – verdadeira presunção de liberdade – e da dignidade da pessoa humana.[299]

> Com isso, só será caracterizado como bem jurídico aquilo que possa ser concretamente lesado ou posto em perigo, mas de tal modo que a afirmação dessa lesão ou desse perigo seja suscetível de um procedimento de contestação. No âmbito dos estreitos limites do injusto penal, para

---

[297] PRADO, Luiz Regis. *Curso de direito penal brasileiro*: parte geral: arts. 1º a 120, p. 83: "Portanto, encontram-se na norma constitucional as linhas substanciais prioritárias para a incriminação ou não de condutas. O fundamento primeiro da ilicitude material deita, pois, suas raízes no texto magno. Só assim a noção de bem jurídico pode desempenhar uma função verdadeiramente restritiva".

[298] TAVARES, Juarez. *Bien jurídico y función en Derecho penal*. Buenos Aires: Hammurabi, 2004, p. 70. Tradução livre.

[299] PRADO, Luiz Regis. *Bem jurídico-penal e constituição*. 4. ed. São Paulo: Revista dos Tribunais, 2009, p. 61. Grifos do autor.

caracterizar, assim, um valor como bem jurídico, não basta que ele possa ser reduzido, direta ou indiretamente, à sua característica de pessoalidade, isto é, que interesse, antes de tudo, à pessoa humana. É preciso que esse valor apresente, ademais, substancialidade, de forma a fundamentar um procedimento de demonstração de que tenha sido lesado ou posto em perigo. Justamente a possibilidade deste procedimento é que assinala um limite normativo (a regra do jogo, para WITTGENSTEIN) à questão da espiritualização do bem jurídico.[300] (Juarez Tavares)

O fundamento nuclear da idéia de que o Direito penal somente deve proteger os bens jurídicos mais relevantes reside, indiscutivelmente, na *dignidade da pessoa humana* (que é o valor máximo do nosso modelo de Estado de Direito).[301] (Aline Bianchini, Luiz Flávio Gomes e Antonio García-Pablos de Molina)

3 O princípio da exclusiva proteção de bens jurídicos na jurisprudência do STF e do STJ

3.1 Crime de dano contra o patrimônio castrense

STF, Segunda Turma, Informativo nº 605

A 2ª Turma deferiu habeas corpus para extinguir a ação penal instaurada contra civil pela suposta prática do crime de dano contra o patrimônio castrense (CPM, art. 259), consistente na colisão de veículo automotor, por ele conduzido, com uma viatura militar. *Aduziu-se que a materialização do delito militar perpetrado por civil, em tempo de paz, seria de caráter excepcional e que a Corte teria firmado entendimento segundo o qual o art. 9º do CPM deve ser interpretado restritivamente, no sentido da necessidade de haver deliberada intenção de ofensa a bens jurídicos tipicamente associados à estruturação militar ou à função de natureza castrense.* Asseverou-se, no caso, que o paciente não teria manifestado tal intento, o que afastaria a competência da justiça especial. Precedente citado: CC 7040/RS (DJU de 22.11.1996). HC 105348/RS, rel. Min. Ayres Britto, 19.10.2010. (HC-105348)

Em julgamento realizado em novembro de 1996, a Segunda Turma do STF decidiu que nos crimes militares praticados por civil, em tempo de paz, como no caso do dano contra o patrimônio castrense, é necessária a deliberada intenção de ofensa a bens jurídicos tipicamente associados à estruturação militar ou à função de natureza castrense.

---
[300] TAVARES, Juarez. *Teoria do Injusto Penal*. Belo Horizonte: Del Rey, 2002, p. 221.
[301] BIANCHINI, Alice; GOMES, Luiz Flávio; MOLINA, Antonio García-Pablos de. *Direito penal*: introdução e princípios fundamentais, p. 231.

Nesse sentido, não basta que tenha havido a colisão do veículo automotor do civil com a viatura militar, sendo indispensável que haja a intenção do agente em causar dano ao patrimônio castrense.

3.2 Concurso aparente de normas

STF, Segunda Turma, Informativo nº 583

A Turma indeferiu habeas corpus em que denunciado pela suposta prática dos crimes previstos nos artigos 2º da Lei 8.176/91 e 55 da Lei 9.605/98 alegava conflito aparente de normas, ao argumento de que o mesmo fato – extrair minério sem a competente autorização ou licença – teria sido tipificado por dois dispositivos. Assentou-se que as assertivas da impetração não mereceriam prosperar, na medida em que *os artigos 2º da Lei 8.176/91 e 55 da Lei 9.605/98 tutelariam bens jurídicos distintos, porquanto o primeiro teria por objetivo resguardar o patrimônio da União e o segundo o meio ambiente* (Lei 8.176/91, art. 2º: "Constitui crime contra o patrimônio, na modalidade de usurpação, produzir bens ou explorar matéria-prima pertencentes à União, sem autorização legal ou em desacordo com as obrigações impostas pelo título autorizativo". Lei 9.605/98, art. 55: "Executar pesquisa, lavra ou extração de recursos minerais sem a competente autorização, permissão, concessão ou licença, ou em desacordo com a obtida:"). HC 89878/SP, rel. Min. Eros Grau, 20.4.2010.

A Segunda Turma do STF, em julgado de abril de 2010, afastou o conflito aparente de normas suscitado pela defesa, por entender serem diversos os bens jurídicos tutelados pelos tipos penais. Considerou-se que o artigo 55 da Lei nº 9.605/98, distingue-se do artigo 2º da Lei nº 8.176/91, pois o primeiro tipo penal tutela o meio ambiente, enquanto o segundo protege o patrimônio da União.

A Quinta Turma do STJ possui julgamento no mesmo sentido. *In verbis*:

> O art. 2º da Lei n. 8.176/1991 trata de delito contra o patrimônio público, a produção de bens ou exploração de matéria-prima pertencente à União, sem que haja autorização legal ou em desacordo com o título autorizativo. Já o art. 55 da Lei n. 9.605/1998 cuida de crime contra o meio ambiente. Desse modo, visto que os referidos dispositivos tutelam bens jurídicos distintos, não há que se falar em derrogação, em conflito de leis penais no tempo.[302]

---

[302] Informativo nº 229. Período: 15 a 19 de novembro de 2004.

3.3 Poluição ambiental

STJ, Sexta Turma, HC nº 81175/SC

PROCESSO PENAL. HABEAS CORPUS. POLUIÇÃO AMBIENTAL: ART. 54, §2º INCISO V E §3º DA LEI DOS CRIMES AMBIENTAIS. (1) JUSTA CAUSA. CARÊNCIA. (A) TIPICIDADE. ELEMENTAR: DESCUMPRIMENTO DE EXIGÊNCIA DE AUTORIDADE COMPETENTE. CONFLUÊNCIA NA MESMA PESSOA DO AGENTE E DO SUJEITO PASSIVO MEDIATO. IMPOSSIBILIDADE.

1. É da índole do Direito Penal moderno o princípio da exclusiva tutela de bens jurídicos, os quais se notabilizam pela alteridade. In casu, recebeu-se a denúncia apontando que o paciente teria funcionado, ao mesmo tempo, como emissor de determinação de controle ambiental e como responsável pelo seu descumprimento, a acoimar a exordial acusatória de carência de justa causa, em razão do não comparecimento da elementar descumprimento de determinação de autoridade competente.
2. Ordem concedida para trancar a ação penal.

O crime de poluição ambiental, na modalidade do §3º do art. 54 da Lei nº 9.605/98,[303] tem como elemento do tipo penal a exigência da autoridade competente para adoção de medidas de precaução em caso de risco de dano ambiental grave ou irreversível.

Ocorre que, no caso concreto, foi a autoridade competente que descumpriu as medidas de precaução que ela mesma estabeleceu. Assim, entendeu a Sexta Turma do STJ não haver justa causa para a denúncia, pois o Direito Penal moderno está edificado sobre a concepção da tutela de bens jurídicos, tendo como indispensável a mácula à alteridade – "intersubjetividade nas relações que venham a merecer relevância penal". Nas palavras do Ministra Relatora Maria Thereza de Assis Moura, não faz sentido punir "alguém por descumprir ordem por ele mesmo proferida".

Constata-se, então, que, para a configuração do crime previsto no art. 54, §3º, da Lei nº 9.605/98, o agente que determinou as medidas de precaução não pode ser o mesmo que as descumpriu.

---

[303] "§3º Incorre nas mesmas penas previstas no parágrafo anterior quem deixar de adotar, quando assim o exigir a autoridade competente, medidas de precaução em caso de risco de dano ambiental grave ou irreversível."

4 O princípio da exclusiva proteção de bens jurídicos em concursos públicos

1. Analisar o art. 183 da Lei nº 9.472, de 16.07.97, na perspectiva dos itens a seguir relacionados, de modo a demonstrar conhecimento sobre as questões que têm sido objeto de discussão na doutrina e na jurisprudência, bem como sobre os argumentos invocados:
a) princípio da intervenção mínima do Direito Penal;
b) bem jurídico tutelado;
(MPF/2006)

Gabarito: **Vide item 3.8, Capítulo X**. TRF5 – Apelação Criminal: ACR 4596 PE 2001.83.00.017016-5: PENAL. PROCESSO PENAL. ATIVIDADE CLANDESTINA DE TELECOMUNICAÇÃO. ART. 183 DA LEI 9.472/97. AUSÊNCIA DE PROVAS SUFICIENTES À CARACTERIZAÇÃO DO CRIME. APLICAÇÃO DO PRINCÍPIO DA INSIGNIFICÂNCIA. OUTROS PRINCÍPIOS. 1. O conjunto probatório acostado aos autos não é suficiente para comprovar que os equipamentos utilizados pelo acusado, que eram de baixa potência, tinham o potencial de causar interferências e danos ao Sistema Brasileiro de Telecomunicações, elemento essencial à configuração do tipo do art. 183 da Lei 9.472 (atividade clandestina de telecomunicação). 2. Não havendo dolo, consubstanciado na intenção de instalar uma rádio clandestina, ou efetivo dano ao sistema de telecomunicações, não há que se falar em crime de atividade clandestina de telecomunicação. 3. Em consideração aos princípios da insignificância, da intervenção penal mínima, da subsidiariedade do Direito Penal e da efetiva lesividade ao bem jurídico tutelado, as ações de menor valor ofensivo não devem ser consideradas crimes, ainda que reúnam os elementos formais do tipo penal, pois a insignificância da conduta, pela inexpressiva ofensa ao bem jurídico tutelado, resulta em causa de exclusão da tipicidade. 4. Apelação Criminal provida. TRF4 – APELAÇÃO CRIMINAL: ACR 1526 RS 2006.71.07.001526-6: PENAL. ATIVIDADE CLANDESTINA DE TELECOMUNICAÇÃO. ART. 183 DA LEI 9.472/97. CRIME FORMAL. INEXISTÊNCIA DE LESÃO AO BEM JURÍDICO TUTELADO. PRINCÍPIO DA INSIGNIFICÂNCIA. APLICABILIDADE. FATO ATÍPICO. ABSOLVIÇÃO. REFORMATIO IN MELLIUS. POSSIBILIDADE. 1. Para a configuração do crime descrito no artigo 183 da Lei nº 9.472/97, não basta a ausência de licença para operar o serviço de telecomunicação, sendo necessária prova acerca da potência do aparelho utilizado, bem assim da altura do sistema irradiante (antena), por imprescindível à verificação da real potencialidade lesiva da conduta. 2. À luz do princípio da insignificância jurídica, o objeto protegido deve ser efetivamente atingido pelo ato do agente, a fim de que reste autorizada a aplicação da reprimenda penal. 3. Na hipótese dos autos, o aparelho apreendido tinha potência aquém daquela prevista no artigo 1º, §1º, da Lei nº 9.612/98, não se verificando, pois, poder lesivo apto a gerar dano ao regular funcionamento das telecomunicações, bem jurídico tutelado pela norma contida no artigo 183 da Lei 9.472/97.

2. Formule, pelo menos, três argumentos constitucionais, incluindo necessariamente argumentos sobre os direitos sexuais e reprodutivos, favoráveis ou contrários à recepção do artigo 124 do Código Penal (Provocar aborto em si mesma ou consentir que outrem lho provoque: Pena – detenção, de um a três anos) pela Constituição de 1988. (MPF/2008) Indicações: Em relação ao bem jurídico penalmente tutelado, o candidato pode discorrer sobre a questão da vida no aborto e o direito à liberdade e ao próprio corpo. Há como afirmar a existência do bem jurídico vida nesse caso? A liberdade sexual e reprodutiva da mulher deve prevalecer em face da vida do nascituro? Deve-se realizar uma ponderação de princípios? É possível afirmar que o art. 124 do CP está criminalizando a autolesão?

3. O princípio da exclusiva proteção de bens jurídicos diz respeito ao escopo do Direito Penal. Sobre referido princípio é incorreto afirmar:
A) Opera na fase de aplicação da pena exclusivamente.
B) Pela orientação do mencionado princípio, não pode haver delito sem que haja lesão ou perigo de lesão a um bem jurídico determinado.
C) Também denominado princípio da ofensividade ou da lesividade, condiciona que a tutela penal somente é legítima quando socialmente necessária, imprescindível para assegurar as condições de vida, levando-se em conta a dignidade e liberdade da pessoa humana.
D) Para tal princípio, o bem jurídico tutelável deve sempre ter em conta as diretrizes contidas na Constituição e os valores nela consagrados, notadamente em virtude do caráter limitativo da tutela penal.
(MPE-GO/2010)

Gabarito: **Letra B**. Vide item 1, deste capítulo. Em relação à letra D, existem doutrinadores que defendem a necessidade de o bem jurídico ter amparo constitucional, porém não há unanimidade sobre essa questão.

CAPÍTULO XII

PRINCÍPIO DA CULPABILIDADE

1 Apontamentos sobre o princípio da culpabilidade

O *princípio da culpabilidade* (*nulla poena sine culpa*) afasta a regra da responsabilidade objetiva do direito penal, determinando que haja conduta culpável para a existência de crime. É necessário um juízo de censura sobre a conduta típica e ilícita do agente, para verificar se ele pode ser pessoalmente responsabilizado pelo fato praticado.[304] Esse princípio não está expresso na constituição brasileira, sendo corolário do princípio da dignidade da pessoa humana.[305] Protege-se o indivíduo de ser responsabilizado criminalmente por condutas impassíveis de reprovabilidade, como na figura do *versari in re illicita*, que atribuía todas as consequências do ato ilícito ao agente, presumindo a sua culpabilidade.

Cezar Roberto Bitencourt atribui à culpabilidade três consequências materiais:[306]

a) *Não há responsabilidade objetiva pelo simples resultado* – Ninguém poderá ser responsabilizado criminalmente tão somente por ter produzido um resultado lesivo. Há que se aferir se há a responsabilidade subjetiva,[307] isto é, se o agente praticou a

---

[304] SANTOS, Juarez Cirino dos. *Direito Penal*: parte geral, p. 24: "O *princípio da culpabilidade*, expresso na fórmula *nulla poena sine culpa*, é o segundo mais importante instrumento de proteção individual no moderno Estado Democrático de Direito porque *proíbe punir pessoas sem os requisitos do juízo de reprovação*, segundo o estágio atual da teoria da culpabilidade (...)." Grifos do autor.
[305] GRECO, Rogério. *Curso de Direito Penal*: parte geral, p. 90.
[306] BITENCOURT, Cezar Roberto. *Tratado de Direito Penal*: parte geral, p. 46-47.
[307] Fernando Capez chega a falar em *princípio da responsabilidade subjetiva*. CAPEZ, Fernando.

ação com dolo ou culpa. Parte da doutrina critica a teoria da *actio libera in causa* (art. 28, II, do CP[308]), enxergando um resquício de responsabilidade objetiva, já que o agente será punido mesmo estando em estado de inimputabilidade ao tempo da ação. Juarez Cirino dos Santos ainda repudia os delitos qualificados pelo resultado, considerando ser expressão do *versari in re illicita*,[309] ou seja, de responsabilidade objetiva.

b) *A responsabilidade penal pelo fato perpetrado* – Além do fato típico e antijurídico, exige-se para a configuração do crime o preenchimento do "conceito dogmático de culpabilidade",[310] que abrange a imputabilidade, a potencial consciência da ilicitude do fato e a exigibilidade da conduta. Uma teoria do crime democrática fecha o cerco às possibilidades de adoção do direito penal do autor, que pune o agente pelo que ele é, e não pelo fato praticado. Como a culpabilidade está inserida no conceito analítico de crime,[311] sendo um limite material ao poder penal do Estado e estabelecendo uma relação intrínseca entre o agente e o fato, queda-se impossível aplicar a pena apenas pelo que o agente é. Atribui-se o desvalor do fato ao autor, mas não o desvalor do autor ao fato. A responsabilidade penal existe em razão do fato perpetrado.

c) *A culpabilidade como medida da pena* – A pena está limitada à culpabilidade. Não há pena desconectada de culpa. Esta, no exercício do seu papel regulador, impede que aquela "seja imposta além da medida prevista pela própria idéia de culpabilidade, aliada, é claro, a outros critérios, como importância do bem jurídico, fins preventivos etc.".[312] O artigo 59 do

---

Curso de Direito Penal: parte geral. v. 1, p. 28: "nenhum resultado objetivamente típico pode ser atribuído a quem não o tenha produzido por dolo ou culpa, afastando-se a responsabilidade objetiva".

[308] "Art. 28 – Não excluem a imputabilidade penal: II – a embriaguez, voluntária ou culposa, pelo álcool ou substância de efeitos análogos."

[309] SANTOS, Juarez Cirino dos. *Direito Penal*: parte geral, p. 25.

[310] BITENCOURT, Cezar Roberto. *Op. cit.*, p. 47.

[311] Luiz Flávio Gomes e Damásio de Jesus não entendem a culpabilidade como parte integrante do conceito analítico de crime. BIANCHINI, Alice; GOMES, Luiz Flávio; MOLINA, Antonio García-Pablos de. *Direito penal*: introdução e princípios fundamentais, p. 377: "De acordo com nosso ponto de vista a culpabilidade não faz parte do conceito de crime nem do fato punível. Ela constitui o vínculo (o liame) entre o delito e a pena. É, assim, um dos fundamentos da pena".

[312] BITENCOURT, Cezar Roberto. *Tratado de Direito Penal*: parte geral, p. 46.

Código Penal[313] prevê expressamente a culpabilidade como uma das circunstâncias judiciais para a fixação da pena. A sanção penal não poderá exceder o limite da culpabilidade, devendo ser consentânea à reprovabilidade do crime. A doutrina penal progressista tem exigido que o magistrado leve em conta a *coculpabilidade* ao efetuar a dosimetria da pena.[314] Trata-se de considerar se houve culpa do Estado e da sociedade, com o objetivo de atenuar a culpabilidade do agente, tornando, desse modo, a responsabilidade criminal uma questão complexa, que envolve diversos agentes e segmentos sociais. Quando a influência do meio social é extremamente relevante para a decisão do agente de praticar o crime, devem o Estado e a sociedade reconhecer as cicatrizes dos seus próprios atos, atirando uma pedra no seu rio de Narciso, abrandando a perigosa pretensão de pureza do poder penal. Diminuir a responsabilidade do agente diante do reconhecimento de uma culpa plural e repartida é prezar pela realidade e a democracia. Nesse sentido, o artigo 66 do Código Penal[315] pode servir como fundamento jurídico para a atenuante genérica da coculpabilidade.

O jurista Fernando Capez traz à baila o *princípio da imputação pessoal*, que nada mais é do que a exigência da imputabilidade para a configuração da culpabilidade. Diz o autor: "o direito penal não pode castigar um fato cometido por quem não reúna capacidade mental suficiente para compreender o que faz ou de se determinar de acordo com esse entendimento".[316]

2 O conceito na doutrina

O *versari in re illicita* é a manifestação, em sede jurídico-penal, da responsabilidade objetiva que, embora deva ser questionada em

---

[313] "Art. 59 – O juiz, atendendo à culpabilidade, aos antecedentes, à conduta social, à personalidade do agente, aos motivos, às circunstâncias e conseqüências do crime, bem como ao comportamento da vítima, estabelecerá, conforme seja necessário e suficiente para reprovação e prevenção do crime: I – as penas aplicáveis dentre as cominadas; II – a quantidade de pena aplicável, dentro dos limites previstos; III – o regime inicial de cumprimento da pena privativa de liberdade; V – a substituição da pena privativa de liberdade aplicada, por outra espécie de pena, se cabível."

[314] BATISTA, Nilo. *Introdução crítica ao Direito Penal brasileiro*, p. 105.

[315] "Art. 66 – A pena poderá ser ainda atenuada em razão de circunstância relevante, anterior ou posterior ao crime, embora não prevista expressamente em lei."

[316] CAPEZ, Fernando. *Curso de Direito Penal*: parte geral. v. 1, p. 27.

qualquer ramo do saber jurídico, com mais razão deve sê-lo no âmbito do direito penal. (...) Em virtude da hierarquia constitucional e internacional do princípio *nullum crimen sine culpa*, cumpre refutar por completo qualquer das manifestações do *versari*.[317] (Eugênio Raúl Zaffaroni, Nilo Batista, Alejandro Alagia e Alejandro Slokar)

Numa antiga legislação da Babilônia, editada pelo rei Hammurabi (1728-1686 a.C.), encontramos que, se um pedreiro construísse uma casa sem fortificá-la e a mesma, desabando, matasse o morador, o pedreiro seria morto; mas se também morresse o filho do morador, também o filho do pedreiro seria morto. Imaginemos um julgamento "modernizado" desse pedreiro: de nada lhe adiantaria ter observado as regras usuais nas construções de uma casa, ou pretender associar o desabamento a um fenômeno sísmico natural (uma acomodação do terreno, por exemplo) fortuito e imprevisível. A casa desabou e matou o morador; segue-se sua responsabilidade penal. Não deixemos de imaginar, igualmente, o julgamento do filho do pedreiro. A casa construída por seu pai desabou e matou o morador e seu filho: segue-se sua responsabilidade penal. A responsabilidade penal, pois, estava associada tão-só a um fato objetivo e não se concentrava sequer em quem houvesse determinado tal fato objetivo. Era, pois, uma responsabilidade *objetiva* e *difusa*.[318] (Nilo Batista)

Por *Direito penal do fato* se entende uma regulação legal, em virtude da qual a punibilidade se vincula a uma ação concreta descrita tipicamente (ou no máximo a várias ações desse tipo) e a sanção representa somente a resposta ao fato individual, e não a toda condução da vida do autor ou aos perigos que no futuro se esperam dele.[319] (Claus Roxin)

3 O princípio da culpabilidade na jurisprudência do STF e do STJ

3.1 Estelionato

STF, Primeira Turma, Informativo nº 561

Considerou-se, na espécie, que houvera a indicação de fatos concretos e, em tese, válidos para a majoração impugnada, especialmente pela culpabilidade da paciente em razão da reprovabilidade de sua conduta e das conseqüências do crime (CP, art. 59), não se mostrando juridicamente desproporcional a fixação

---

[317] ZAFFARONI, E. Raúl *et al*. *Direito Penal brasileiro*. v. 1, p. 247-248.
[318] BATISTA, Nilo. *Introdução crítica ao Direito Penal brasileiro*, p. 102.
[319] ROXIN, Claus. *Derecho Penal:* parte general, t. 1, p. 176. Grifos do autor.

da pena-base em 2 anos de reclusão. Ademais, ressaltou-se orientação da Turma no sentido de que *as circunstâncias e conseqüências do crime permitem mensurar o grau de culpabilidade da conduta*. Por fim, afirmou-se que, para a pena-base ser estabelecida no mínimo legal e ser afastada a circunstância agravante prevista no art. 61, II, g, do CP, nos termos dos pedidos formulados pela impetração, far-se-ia necessário profundo revolvimento de fatos e provas, incabível na sede eleita. Vencido o Min. Carlos Britto que deferia parcialmente a ordem para determinar que o juiz refizesse a pena-base, dela excluindo a motivação do ganho fácil. HC 97677/PR, rel. Min. Cármen Lúcia, 29.9.2009. (HC-97677)

Em julgamento realizado no ano de 2009, a Primeira Turma do STF analisou pedido de *habeas corpus* impetrado pela ré condenada em 4 (quatro) anos e 8 (oito) meses por crime de estelionato. A defesa sustentou que a sentença condenatória não atendeu os alicerces da *culpabilidade*, que exigiria a dosagem da pena em conformidade com a suposta culpa demonstrada pelas circunstâncias do fato.

Entenderam os Ministros que as circunstâncias e as conseqüências do crime permitem mensurar o grau de culpabilidade da conduta, justificando *per si* a exasperação da pena-base.

O Ministro Ricardo Lewandowski afirmou que o juiz deve ser cauteloso ao estipular a dosimetria da pena, principalmente observando os fatos e o grau de culpabilidade do acusado, para atender e determinar uma pena justa, em consonância com os princípios constitucionais penais.

Vencido o Ministro Carlos Britto, o qual concedia parcialmente a ordem, para excluir a motivação do ganho fácil, uma vez que "não há estelionato, senão na perspectiva da obtenção de um ganho que, por não demandar esforço próprio, trabalho próprio, é um ganho fácil", de modo que o juiz não deveria ter acrescido a pena, já que tal entendimento é elementar ao tipo e não integra a culpabilidade.

STF, Sexta Turma, Informativo nº 429

O paciente foi condenado a quatro anos de reclusão e multa por infração ao art. 171, §3º, do CP. Recorreu da decisão e o tribunal *a quo* desclassificou os fatos para o tipo do art. 299 do mesmo código, reduzidas as penas para três anos e seis meses de reclusão. Pleiteia seja suspensa a execução da pena, anulado o acórdão e realizado outro julgamento. O Min. Relator entendeu que, *na aplicação da pena-base, foi considerada a alta culpabilidade do réu, por ser funcionário público e trair a confiança da Administração. O próprio tribunal impetrado reconheceu que o paciente, apesar de responder a vários processos, alguns já sentenciados, não ostenta condenação com trânsito em julgado. Assim, embora admitidas circunstâncias judiciais desfavoráveis a justificar exasperação na pena-base, não poderia ser ela fixada duas vezes acima do mínimo, com base somente na culpabilidade intensa e nas ações penais em curso.* Diante disso, a Turma concedeu a ordem para reduzir a pena-base a um ano e seis meses de reclusão. Pela continuidade delitiva, manteve a exasperação de 1/6 fixada na instância a quo, ficando o paciente condenado a um ano e nove meses de reclusão, mantida a pena pecuniária. Precedentes citados: HC 45.111-DF, DJe 11/12/2009, e HC 83.480-DF, DJe 28/9/2009. HC 137.208-CE, Rel. Min. Celso Limongi (Desembargador convocado do TJ-SP), julgado em 5/4/2010.

O entendimento das Cortes respalda na ideia de que aquele que possui como dever de fidelidade zelar pelo patrimônio público, ao cometer um delito utilizando-se dessa característica, atua de modo a prejudicar a ordem social, quando não o Erário. Enfim, a culpabilidade fica demonstrada pela deslealdade do acusado e, portanto, serve de subsídio na dosimetria da pena.

Outro ponto abordado no acórdão foi elucidado pelo Ministro Celso Limongi, no sentido de que a culpabilidade é fator personalíssimo e não se estende a outros crimes, ainda que cometidos pela mesma pessoa.

3.2 Tráfico de drogas

STJ, Quinta Turma, Informativo nº 408

O paciente foi condenado à pena definitiva de sete anos de reclusão em regime fechado e multa por infração ao art. 33, caput, da Lei n. 11.343/2006. Sustenta a impetração a ausência de fundamentação concreta para manutenção da pena-base acima do mínimo legal, alega que processos em andamento foram considerados como antecedentes criminais e que deve ser aplicada a causa de diminuição prevista no art. 33, §4º, da mencionada lei. Para o Min. Relator, *a elevada quantidade da droga (157,3 kg de maconha) é fundamento suficiente, no caso, para a manutenção da pena-base tal como fixada pela sentença* e confirmada pelo acórdão recorrido. Na hipótese, *a exacerbação da pena-base, ainda que se retire a menção aos maus antecedentes do paciente, porque, segundo a orientação deste Superior Tribunal, ações penais em andamento e inquéritos em curso não podem ser considerados como maus antecedentes para fins de elevação da pena-base, sob pena de violação do princípio constitucional da presunção de inocência,* a sanção penal não deve retroceder ao mínimo legal, uma vez que extremamente elevada a culpabilidade em vista da quantidade de droga apreendida. É inviável a aplicação do redutor do art. 33, §4º, da Lei n. 11.343/2006 no caso; pois, apesar da primariedade do acusado, a expressiva quantidade da droga indica sua participação em organização criminosa. HC 140.221-MS, Rel. Min. Napoleão Nunes Maia Filho, julgado em 22/9/2009.

Em setembro de 2009, a Quinta Turma do STJ analisou pedido de *habeas corpus* em que se discutia a legalidade da majoração da pena-base acima do mínimo legal, aduzindo o impetrante que inexistiriam motivos suficientes para a sua exasperação. Alegou-se a violação do princípio da presunção de inocência, tendo em vista que o juiz teria usado outros processos ainda em curso para agravar a situação do réu.

Destaca-se o seguinte trecho do voto do Ministro Napoleão Nunes: "A culpabilidade do réu está robustamente comprovada nos autos, pois tinha consciência de transportar consigo grande quantidade de substância entorpecente. Os antecedentes são maculadíssimos, demonstrando uma conduta social censurável e personalidade voltada à prática deletéria. Os motivos do crime são desfavoráveis ao réu, não havendo razões para que viesse a perpetrá-lo, porquanto trata-se de pessoa jovem que pode buscar trabalho honesto para sustentar a si e a sua família. As circunstância do crime, igualmente, não lhe favorecem. As consequências do crime, apesar da droga ter sido apreendida, são graves, pois o tráfico traz grandes danos à sociedade, em virtude de que muitas pessoas acabam usando e se viciando nessas substâncias entorpecentes, trazendo prejuízo incomensuráveis à coletividade".

Pelo exposto, o Ministro concluiu que a culpabilidade do réu sustenta a exasperação da pena feita no juízo *a quo*, tendo em conta a elevada quantidade de droga apreendida. No entanto, cabe lembrar que a Quinta Turma do STJ não admite a exacerbação da pena-base com base em ações penais em andamento e inquéritos em curso, em razão do princípio constitucional da presunção da inocência.

3.3 Circunstâncias judiciais e culpabilidade

STJ, Quinta Turma, Informativo nº 366

O paciente foi condenado à pena de um ano e dois meses de reclusão em regime inicial semi-aberto e ao pagamento de 18 dias-multa, fixados no valor mínimo legal, por tentativa de furto qualificado, com destruição ou rompimento de obstáculo e mediante concurso de pessoas (art. 155, §4º, I e IV, c/c o art. 14, II, todos do CP). O Tribunal a quo acolheu parcialmente o recurso de apelação, tão-somente para reconhecer a circunstância atenuante da confissão espontânea, mantendo a pena-base acima do mínimo. A impetração, em síntese, alega que a majoração da pena-base carece de fundamentação idônea, pois a única circunstância considerada negativa foi a culpabilidade. Diz ainda que a circunstância atenuante da confissão espontânea e a agravante da reincidência devem ser compensadas de forma igualitária. *O Min. Relator entendeu que não constitui fundamento para majorar a pena-base acima do mínimo legal a assertiva de* que o réu agiu com culpabilidade, porque possuía pleno conhecimento acerca da ilicitude do fato. Essa consciência sobre a ilicitude diz respeito à culpabilidade que caracteriza o tipo e não às circunstâncias judiciais do art. 59 do CP. A circunstância agravante da reincidência prepondera sobre a atenuante da confissão espontânea, a teor do art. 67 do CP. Diante disso, a Turma concedeu parcialmente a ordem. HC 85.975-DF, Rel. Min. Napoleão Nunes Maia Filho, julgado em 4/9/2008.

A Quinta Turma do STJ entendeu por bem conceder parcialmente o pedido, estabelecendo que a pena não pode ser exasperada unicamente pela culpabilidade do réu, pois esta não se confunde com as circunstâncias judiciais previstas no art. 59 do Código Penal.

Reafirmou ainda o posicionamento consolidado das Cortes de que a circunstância agravante da reincidência prepondera sobre a atenuante da confissão espontânea.

4 O princípio da culpabilidade em concursos públicos

1. Na aplicação da pena-base, o juiz deve considerar
    A) a culpabilidade, os antecedentes, a conduta social, a personalidade do agente, os motivos, as circunstâncias e as consequências do crime, bem como o comportamento da vítima.
    B) a culpabilidade, os antecedentes, a repercussão do crime para o agente, a idade do réu, os motivos, as circunstâncias, a gravidade e as consequências do crime.
    C) os antecedentes da vítima, a conduta social e a personalidade do agente, a natureza, a gravidade e as consequências do crime, bem como a idade da vítima.
    D) o comportamento do agente, a idade e os antecedentes da vítima, a conduta social do agente, a gravidade e as consequências do crime, bem como as circunstâncias atenuantes.
    E) a culpabilidade, os antecedentes, a conduta social, a personalidade do agente, a idade do agente, a gravidade e a natureza do crime, bem como as circunstâncias agravantes.
(Fundação Carlos Chagas/TRF-4/2007)

Gabarito: **Letra A**. A questão aborda a literalidade do artigo 59 do CP, que trata da culpabilidade como medida da pena.

2. No que diz respeito à responsabilidade penal nos crimes contra o sistema financeiro, a legislação de regência prevê sistema próprio de

responsabilização para os agentes controladores, administradores, diretores e gerentes de instituição financeira e, divergindo do sistema do Código Penal, impõe-lhes responsabilidade objetiva.
(CESPE/Analista Processual/MPU/2010)

Gabarito: **Errado**. A responsabilidade dos referidos agentes é subjetiva.

3. Assinale a opção correta em relação às causas de exclusão de culpabilidade, ao concurso de pessoas, às finalidades das penas e às medidas de segurança.
   A) Em relação à embriaguez não acidental, o CP adotou a teoria da *actio libera in causa*, devendo ser considerado o momento da prática delituosa e não o da ingestão da substância, para aferir a culpabilidade do agente.
   B) No erro de proibição indireto, o agente tem perfeita noção da realidade, mas avalia de forma equivocada os limites da norma autorizadora. Tal erro, se escusável, isenta-o de pena; se inescusável, concede-lhe o direito a redução da pena de um sexto a um terço.
   C) No ordenamento jurídico brasileiro, a natureza jurídica do concurso de pessoas é justificada pela adoção da teoria monista, na qual inexistem desvios subjetivos de conduta.
   D) Segundo a teoria finalista, a pena tem a dupla função de punir o criminoso e prevenir a prática do crime pela reeducação e pela intimidação coletiva.
   E) A medida de segurança possui finalidade preventiva e visa ao tratamento dos inimputáveis que demonstrarem, pela prática delitiva, potencialidade para novas ações danosas, razão pela qual não se aplicam os princípios da irretroatividade da lei penal mais grave e da anterioridade a essa espécie de sanção penal.
(CESPE/TRF1/2009)

Gabarito: **Letra B**. A Letra A está errada, pois, segundo a teoria da *actio libera in causa*, a culpabilidade do agente é aferida no momento da ingestão da substância.

4. A combatida responsabilidade penal objetiva
   A) não encontra exemplos concretos em nossa legislação penal.
   B) é doutrinariamente definida como a sujeição de alguém à imposição de pena sem que tenha agido com dolo ou culpa ou sem que

tenha ficado demonstrada sua culpabilidade, com fundamento no nexo de causalidade, todavia, não encontra aplicação prática em casos concretos.

C) pode ser exemplificada em nossa legislação penal na rixa qualificada e na *actio libera in causa* na embriaguez.

D) tem um único exemplo em nossa legislação penal, consistente na responsabilização das pessoas jurídicas por crimes ambientais.

E) deve ser utilizada em *ultima ratio*, uma vez que pode violar direitos e garantias fundamentais da pessoa humana.

(VUNESP/TJ-MT/2009)

Gabarito: **Letra C**. A Letra A e B estão erradas, uma vez que há exemplos concretos em nossa legislação penal, como a responsabilidade penal das pessoas jurídicas por crimes ambientais, que, por não ser o único exemplo no nosso ordenamento jurídico, torna a Letra D errada. A Letra E está errada, pois não há relação entre a responsabilidade objetiva e a intervenção mínima. Recomenda-se que o princípio da culpabilidade seja adotado em sua completude.

CAPÍTULO XIII

PRINCÍPIOS PENAIS CONTEMPORÂNEOS

1 Apontamentos sobre os princípios penais contemporâneos

O desenvolvimento da doutrina penal provocou a elaboração de diversos princípios contemporâneos, com o fim de aperfeiçoar a demarcação dos limites materiais do poder penal do Estado. Neste capítulo serão estudados alguns desses princípios.

1.1 Princípio da proibição da dupla punição

O criminalista argentino Eugenio Raúl Zaffaroni trata do *princípio da proibição da dupla punição*, que, embora esteja vinculado ao princípio *ne bis in idem*, tem alcance distinto e aplicação na seara penal.[320] Esse princípio é aplicado em três hipóteses.

Na primeira, veda-se a dupla punição manifestada pela aplicação de "penas" pela Administração Pública e pelas pessoas jurídicas.[321] Busca-se vedar quaisquer punitividades que teoricamente estejam fora do discurso penal, mas que na realidade são penas, pois são "coações que não têm caráter reparador ou restitutivo nem de coerção direta".[322] São sanções aplicadas para além dos limites do direito penal, como aquelas derivadas do poder punitivo do patrão nas fábricas, que são,

---
[320] ZAFFARONI, E. Raúl *et al*. *Direito Penal brasileiro*. v. 1, p. 234.
[321] *Ibid.*, p. 235.
[322] *Loc. cit.*

em regra, mais discricionárias e devem ser declaradas inconstitucionais, por ser um poder punitivo discricionário que "pode somar-se ao poder punitivo manifesto, que não leva em conta privações punitivas excluídas de seu âmbito discursivo".[323]

Na segunda hipótese, cuida-se de evitar a punição dupla de pessoas que sofreram abusos do Estado durante a investigação ou repressão do crime cometido.[324] Quer-se dizer que as torturas, as lesões físicas abusivas, os maus-tratos e as humilhações praticadas pela polícia civil ou militar, assim como pelos agentes penitenciários, devem ser considerados "penas", embora proibidas pela constituição, se essa definição for feita em favor do ser humano, livrando ou atenuando a sua sanção penal oficial, uma vez que ele já foi lamentavelmente punido pela maldade, incompetência ou omissão de determinados agentes estatais. Segundo o autor:

> A agência judicial deve levá-las em conta para solucionar o conflito, porquanto não pode ignorar que o proibido existiu nem confundir o que devia ter sido com o que realmente foi. Se todas essas conseqüências são penas proscritas, quando, em que pesa a proibição, foram impostas e sofridas, nem pelo fato de proibidas deixaram de ser penas executadas. Trata-se de uma efetiva dor punitiva que deve ser descontada daquela jurisdicionalmente autorizada, para evitar incorrer-se em punição dupla e conseqüente crueldade.[325]

A terceira hipótese versa sobre o respeito ao multiculturalismo. É imprescindível a observância e o respeito às sanções e às soluções de conflitos existentes nos povos indígenas. De acordo com Zaffaroni, não se deve impor a pena estatal – ou pelo menos é necessário que haja a computação da pena comunitária –, quando a pessoa já tiver sido punida de acordo com os preceitos da sua cultura indígena.[326] O fundamento constitucional da vedação dessa dupla punição reside no artigo 231 da CRFB/88,[327] que reconhece os costumes e as tradições indígenas.

---

[323] Loc. cit.

[324] ZAFFARONI, E. Raúl et al. Direito Penal brasileiro. v. 1, p. 235: "Constituem o segundo grupo aqueles casos de pessoas que sofrem lesões, doenças ou prejuízos patrimoniais por ação ou omissão dos agentes do estado durante a investigação ou repressão do delito cometido." Grifos do autor.

[325] Ibid., p. 235-236.

[326] Ibid., p. 236.

[327] "Art. 231. São reconhecidos aos índios sua organização social, costumes, línguas, crenças e tradições, e os direitos originários sobre as terras que tradicionalmente ocupam, competindo à União demarcá-las, proteger e fazer respeitar todos os seus bens."

Assim, "não cabe dúvida de que seu sistema de solução de conflitos é fundado nos costumes e tradições que a Constituição reconheceu e portanto legitimou".[328]

1.2 Princípio da boa-fé e *pro homine*

O princípio da boa-fé e *pro homine*, de acordo com o que foi consagrado no Direito Internacional dos Direitos Humanos, é condensado ao Direito Penal por Eugenio Raúl Zaffaroni.[329] Como o referido doutrinador possui duras críticas à concepção do Direito Penal como protetor de bens jurídicos, vale-se do artigo 31 da Convenção de Viena,[330] que estabelece regras gerais para as interpretações dos tratados internacionais, para defender o princípio da boa-fé na hermenêutica das normas internacionais, quando aplicadas no âmbito de abrangência do direito penal. Lembra ainda ser preciso interpretar os tratados internacionais de direitos humanos em conformidade com a cláusula *pro homine*, a qual "estabelece que, em caso de dúvida, se decida sempre pelo sentido mais garantidor do direito de que se trate".[331]

Nesse sentido, o referido princípio impede que as cláusulas garantidoras de direitos humanos sejam utilizadas pelos juristas para legitimar um Direito Penal sem garantias, com pretenso amparo constitucional e balizado pelos tratados internacionais. Considera-se que tal aplicação seria de má-fé, contrariando o sentido comum atribuível aos termos do tratado em seu contexto e à luz de seu objetivo e finalidade. Diz Zaffaroni:

> O princípio da boa-fé e sua concreta aplicação (*pro homine*) impedem que o discurso penal invoque disposições da Constituição e dos tratados para violar os limites do direito penal de garantias, ou seja, afim de que se faça um uso perverso das próprias cláusulas garantidoras. Exemplo de usos como esse são as invocações a direitos para convertê-los em bens jurídicos e impor penas inusuais ou cruéis sob pretexto de tutela.[332]

---

[328] *Loc. cit.*
[329] ZAFFARONI, E. Raúl *et al*. *Direito Penal brasileiro*. v. 1, p. 237.
[330] "Um tratado deve ser interpretado de boa fé segundo o sentido comum atribuível aos termos do tratado em seu contexto e à luz de seu objetivo e finalidade."
[331] *Ibid.*, p. 237-238.
[332] *Ibid.*, p. 238.

1.3 Princípios de proscrição da grosseira inidoneidade do poder punitivo, de proscrição da grosseira inidoneidade da criminalização e de limitação máxima da resposta contingente

Rául Zaffaroni tem como função das agências judiciais a contenção do avanço de uma criminalização primária desordenada, que solape os direitos e garantias constitucionais do ser humano. Para atingir esse intento, estabelece três enunciados limitadores da expansão do poder punitivo, quais sejam, os princípios de proscrição da grosseira inidoneidade do poder punitivo, de proscrição da grosseira inidoneidade da criminalização e de limitação máxima da resposta contingente.[333]

O *princípio de proscrição da grosseira inidoneidade do poder punitivo* determina a inconstitucionalidade das leis penais sempre que o modelo punitivo não for adequado para solucionar ou abrandar o conflito social que ensejou a elaboração da norma. Dá-se como exemplo a lei seca para resolver o problema da venda de bebidas alcoólicas a menores ou a alcoólatras, considerada irracional e inidônea para atingir qualquer bem-estar social.[334] Repudia-se, por meio desse princípio, a "grosseira falta de idoneidade do modelo punitivo para o tratamento do conflito criminalizado".[335]

Por sua vez, o *princípio de proscrição da grosseira inidoneidade da criminalização* é enunciado que se atenta para o fato de que a criminalização não pode ser utilizada arbitrariamente e de forma desmedida. Faz-se necessária a preferência por modelos de solução diversos da criminalização, tornando esta dispensável quando aqueles existirem. Exemplifica-se a aplicação desse princípio no porte para uso de drogas ilícitas e na omissão do pagamento de um serviço público, que possuem outros meios para a solução do conflito, como tratamento terapêutico e interrupção do serviço, execução e cobrança.[336]

Por último, o *princípio de limitação máxima da resposta contingente* determina extrema atenção e cuidado das agências jurídicas para conter ao máximo as leis editadas "sem amplo debate, consulta e elaboração responsável, sob o impacto emocional de um fato notório ou em conseqüência de reclamos das agências publicitárias do sistema penal".[337]

---

[333] ZAFFARONI, E. Raúl *et al. Direito Penal brasileiro*. v. 1, p. 240-243.
[334] *Ibid.*, p. 241.
[335] *Loc. cit.*
[336] *Ibid.*, p. 242.
[337] ZAFFARONI, E. Raúl *et al. Direito Penal brasileiro*. v. 1, p. 242.

É mandamental a restrição dos efeitos dos excessos políticos diante dessas leis editadas com forte teor emocional.

1.4 Princípio da superioridade ética do Estado

Zaffaroni considera que o estado de direito tem uma aspiração ética, que contrasta com o estado de polícia, o qual apenas possui racionalizações da sua força e pode levar o Estado a assumir o monopólio de algumas formas de criminalidade.[338] A supremacia do estado de polícia pode tornar o estado de direito passivo e sem legitimidade.

O *princípio da superioridade ética do Estado* determina que as agências jurídicas não tolerem que o estado de direito se degrade e deteriore a sua superioridade ética, devendo rechaçar formas de exercício do poder punitivo inquisitoriais e à margem de toda a ética.[339] Dão-se como exemplos as negociações com delinquentes para que delatem os seus cúmplices ou coautores e os agentes estatais que provocam o cometimento de delitos para descobri-los. Essas são "inovações que rebaixam o nível ético do estado ao dos próprios delinquentes".[340]

1.5 Princípio do saneamento genealógico

Raúl Zaffaroni explica que os tipos penais surgem em um determinado contexto e muitas vezes são incorporados em ordenamentos jurídicos diversos por outros legisladores, que não têm conhecimento ou observam o contexto originário em que eles foram criados.[341] Nessa trilha, o *princípio do saneamento genealógico* orienta as agências jurídicas no sentido de afastar os tipos penais cuja genealogia contenha componentes ideológicos antidemocráticos, autoritários, preconceituosos ou racistas.[342]

---

[338] ZAFFARONI, Eugenio Raúl; ALAGIA; Alejandro; SLOKAR. *Manual de Derecho Penal*: parte general. Buenos Aires: Ediar, 2. ed. 2010, p. 119.
[339] *Loc. cit.*
[340] *Loc. cit.* Tradução livre.
[341] *Loc. cit.*
[342] ZAFFARONI, Eugenio Raúl; ALAGIA; Alejandro; SLOKAR. *Manual de Derecho Penal*: parte general, p. 120.

1.6 Princípio do limite de último grau histórico em matéria penal

O Direito não pode ser dissociado da sua história. Suas normas contêm uma parte considerável das conservações e das resistências históricas, que conferem logicidade e razoabilidade ao mundo. Ele se desenvolve temporalmente. As intelecções adequadas dos processos históricos captam as manifestações da natureza humana, as práticas institucionais e os valores sociais que são posteriormente consagrados na lei. O bom jurista empreende um esforço hercúleo para que esses aspectos da vida, plasmados na norma e reflexos das opções políticas da ordem constitucional vigente, sejam respeitados como norte interpretativo nas decisões judiciais. A norma jurídica, independentemente do marco histórico de sua vigência, é iluminada pelos vetores políticos e valorativos do poder constituinte.

Essa diretriz hermenêutica não pretende alçar o método histórico como o mensageiro da interpretação correta, mas sim compreender a história de um país como portadora das virtualidades das interpretações possíveis. Ao invés de defender uma consideração do viés histórico na formação da lei, busco a compreensão do direito na história. A ordem dos acontecimentos que se sucede no decurso do tempo é uma das mais importantes heranças para a organização do presente. O ser humano, como animal político e histórico, busca o aperfeiçoamento a partir das educações, das políticas, dos saberes e dos bens acumulados no passado.

Assim sendo, considerar a historicidade dos seres humanos no direito não é extrair do fenômeno do processo legislativo os anseios das forças políticas do país. Essa abordagem acarretaria um intenso reducionismo e subjetivismo do processo histórico. O que deve ser feito é buscar na história a racionalidade e a afetividade das mutações políticas – ou da racionalidade enquanto afetividade –, levando-se em conta o legado cultural do país, por meio da análise das estruturas constitucionais e dos atores políticos, e não somente dos atores jurídicos, para aferir os campos semânticos possíveis para a interpretação das normas passadas, presentes e futuras.

Nessa perspectiva, proponho um novo princípio do Direito Penal, cuja função primordial será delimitar os espaços de expansão do direito de punir do Estado Democrático de Direito, por meio do resgate das jurisprudências criminais dos regimes totalitários e antidemocráticos, como obstáculo final às expansões contingentes dos julgamentos democráticos. Denomino essa visão do Direito Penal de *princípio do limite de último grau histórico em matéria penal.*[343]

Esse princípio é extraído do artigo 1º, *caput*, da Carta Magna de 1988, que constitui a República Federativa do Brasil em Estado Democrático de Direito. A opção política pela democracia impede que a jurisprudência criminal seja em último grau mais rígida do que aquela produzida no regime totalitário ou ditatorial da história de um determinado país, pois é da essência da democracia a elevação do princípio da liberdade como norte do sistema político, estabelecendo limites mais rígidos aos planos de ação de segurança, pelo respeito aos direitos fundamentais. O mesmo raciocínio principiológico poderá ser utilizado em matéria processual penal.

A democracia potencializa as liberdades dos seres humanos, pela expansão dos direitos civis e políticos, os quais são correntemente denominados de direitos de primeira geração, estabelecendo valores constitucionais que são incorporados aos projetos estatais, como condição *sine quibus non* à própria concepção do que seja segurança. A existência da segurança depende do resguardo desses valores. O Estado que atua repressivamente, sem atentar para o desenvolvimento histórico dos direitos civis e políticos, cauteriza a multiplicidade de poderes inerentes à democracia. Esse processo de cauterização da essência democrática pode ser aferido objetivamente, pela comparação intertemporal das jurisprudências criminais. Ao se constatar que os atores jurídicos democráticos agem com maior recrudescimento penal do que os atores jurídicos ditatórios, tem-se uma situação de insegurança pública provocada pelo próprio Estado, que, na ânsia por ordem, desconectou-se das exigências democráticas. Nesse contexto, pode-se defender com firmeza a inconstitucionalidade da decisão judicial criminal exageradamente repressiva, por afronta ao Estado Democrático de Direito, que, na Constituição brasileira, está expressamente prevista no *caput* do seu artigo 1º.

O sistema penal contemporâneo precisa ter como contraponto de atuação os regimes ditatoriais, para que tenha na jurisprudência deles uma clara vedação histórica de expansão. É claro que um sistema penal democrático deve ter limites mais austeros do que aqueles estabelecidos em sistemas totalitários, porém estes servem como um contraponto em último grau histórico, quando as limitações correntes da dogmática

---

[343] Esse princípio teve publicidade com a edição do Boletim do IBCCRIM nº 219, em fevereiro de 2011.

penal estejam obscurecidas pelos desejos imediatistas das políticas criminais cambiantes. A paixão é um contraponto silencioso à razão. Quando a expansão for inarredável e errante, tem-se como limite de último grau a jurisprudência criminal antidemocrática, uma vez que a democracia perderá toda a sua essência, se for menos libertária do que os punhos de aço das ditaduras. Tal postulado vem ser ainda um meio de controle da substancialidade da democracia, no intento de impedir a existência apenas formal dos direitos fundamentais que anuncia. Na trilha de Sérgio Buarque de Holanda[344]: "Não faltam exemplos de ditadores que realizam atos de autoridade perfeitamente arbitrários e julgam, sem embargo, fazer obra democrática".

São requisitos para a aplicação do princípio do limite de último grau histórico em matéria penal: a) a existência de um regime totalitário ou antidemocrático na história do país; b) a aplicação conjunta ou subsidiária à jurisprudência criminal democrática; c) a relação de semelhança entre o caso concreto e o fato julgado à época do regime totalitário ou antidemocrático; d) a observância dos tipos penais criados posteriormente ao fato julgado, se alterarem substancialmente o espectro criminal do ordenamento jurídico e estiverem em consonância com os princípios do direito penal.

No caso brasileiro, o longo regime militar produziu vasta jurisprudência criminal a ser desvendada. O estudo da produção jurídica desse período antidemocrático é essencial para conhecer as limitações de último grau em matéria penal, impostas aos atores criminalistas pelo processo de redemocratização do país. Não há dúvidas da natureza ditatorial desse regime, embora o teor autoritário desse período tenha sido correntemente negado por seus artífices, que afirmavam serem as restrições apenas temporárias, decorrentes do exercício do poder constituinte, potencializado pela "revolução" de 1964.[345] A história comprovou a falsidade do caráter provisório das medidas, principalmente depois de ser baixado o Ato Institucional nº 5, que fechou o Congresso e não tinha prazo de vigência. As justificações para a sua implementação eram genéricas, demasiadamente genéricas. Em primeiro lugar, extirpar a corrupção foi tão somente uma escusa, pois ela é uma questão endêmica, que só pode ser minimizada por meio de um processo contínuo de aperfeiçoamento das instituições, ao fortalecer os mecanismos de

---

[344] HOLANDA, Sergio Buarque de. *Raízes do Brasil*. 26. ed. São Paulo: Companhia das Letras, 1995, p. 186.
[345] BORIS, Fausto. *História Concisa do Brasil*. 2. ed. São Paulo: Editora da Universidade de São Paulo, 2010, p. 257.

pesos e contrapesos dos poderes; para tanto é necessária a pluralidade de forças políticas, esvanecida na concentração de poder da ditadura. Em segundo lugar, a alegação da ameaça do comunismo, apesar de ter surtido efeito em um período bipolar, levou ao perigoso paradoxo da negação da democracia para a sua "afirmação" – tática recorrente em diversos movimentos políticos do século XX – e desconsiderou o fato de serem extremamente remotas as possibilidades de vitória das forças vermelhas no Brasil.

Ademais, o enfraquecimento gradual do Poder Legislativo foi um dos principais sinais do declínio da democracia, por afastar os atos do Poder Executivo do controle dos representantes do povo. A primeira medida nesse sentido foi realizada logo no AI-1. Ocorreu ainda a extinção de partidos políticos pelo AI-2. A UNE foi incendiada. Os estudantes e professores foram fortemente cerceados. A Universidade de Brasília foi invadida um dia após o golpe.[346] O governo Médici distinguiu a sociedade dos grupos políticos de oposição acirrada, sendo um exemplo claro da aplicação do direito penal do inimigo no Brasil. Enfim, a ditadura militar brasileira teve uma natureza camaleônica, colorindo e recolorindo os discursos em preto e branco, ocultando a sua face autoritária. Esconder o autoritarismo era uma preocupação constante e simétrica à concentração de poder e às restrições aos direitos fundamentais, tendo como um dos seus marcos a tortura e a violência contra os manifestantes da oposição.

Constatada a existência de um regime ditatorial na história do Brasil, abre-se o campo de pesquisa para a investigação da jurisprudência criminal produzida, a fim de ajustar o sistema penal democrático às exigências do artigo 1º, *caput*, da CRFB/88. *Exempli gratia*, não é prudente uma definição muito ampla da fase executória, a ponto de abranger atos entendidos como meramente preparatórios impuníveis à época da ditadura militar, pois a dogmática penal produzida em âmbito democrático não pode ser mais expansionista do que aquela tecida em regimes mais severos. O princípio do limite de último grau histórico em material penal possui a vantagem de estabelecer vedações objetivas à expansão do direito de punir estatal.

Assim, passo a analisar um julgado da Corte Suprema brasileira à época do regime militar, para lá encontrar limitações em último grau ao entendimento do que seja punível no *iter criminis* de um delito. O Supremo Tribunal Federal tratou do tema, em julgamento de 16 de

---

[346] *Ibid.*, p. 258.

fevereiro de 1979, no RC nº 1342/SP, e entendeu que a simples participação em reuniões e palestras sobre o Partido Comunista Brasileiro caracteriza apenas atos preparatórios para a execução do crime de tentativa de reorganização de partido político extinto, conforme previsto no artigo 42 do Decreto-Lei nº 898/69.[347] Tal entendimento pode ser transposto para os casos de crime de quadrilha ou bando, previsto no artigo 288 do Código Penal, para vedar em último grau histórico a configuração dessa figura típica, quando houver a reunião estável de mais de três pessoas para o fim de cometer crimes, sem a existência evidente de perigo à paz pública, com a formação da célula criminosa. Essa limitação de último grau histórico em matéria penal impõe aos atores criminais democráticos que, ao apreciar o crime de quadrilha ou bando, não o entenda configurado com a adesão da quarta pessoa ao grupo criminoso, exigindo um maior desenvolvimento das atividades, para além das simples participações em reuniões com fins criminosos.

Há outra limitação de último grau em matéria penal no HC nº 58611/RJ, julgado em 31 de março de 1981. Essa decisão estabeleceu que a falsificação de documento público e o seu posterior uso pelo próprio autor da falsificação configuram um só crime, qual seja, o de falsificação de documento público, conforme previsto no artigo 297 do Código Penal. Desse modo, quedam-se afastadas quaisquer interpretações das normas penais que queiram, em pleno Estado Democrático de Direito, determinar a configuração de dois crimes nesses casos, infligindo também ao autor o crime de uso de documento falso (art. 304, do CP).

Ao fim, faz-se mister lembrar que o princípio ora proposto é crucial para a concretização do direito à memória, pois o levantamento dos arquivos criminais do regime militar revelará parte da dinâmica do sistema penal autoritário, exibindo o direito para permitir o aparecimento do que há de subterrâneo; lançando obrigações ao sistema penal contemporâneo, como górgonas estrategicamente postas para paralisar os monstros futuros.

1.7 Princípio da confiança

A existência da sociedade depende das relações de confiança estabelecidas entre os indivíduos, de modo que cada um possa ter a

---

[347] "Art. 43. Reorganizar ou tentar reorganizar de fato ou de direito, ainda que sob falso nome ou forma simulada, partido político ou associação, dissolvidos por fôrça de disposição legal ou de decisão judicial, ou que exerça atividades prejudiciais ou perigosas à segurança nacional, ou fazê-lo funcionar, nas mesmas condições, quando legalmente suspenso:"

expectativa de que os outros irão seguir as leis democráticas e agirão com responsabilidade e respeito em prol do bem-estar geral. Seria extremamente difícil estabelecer um convívio social em que cada um tivesse que vigiar o comportamento do outro, para verificar se estão cumprindo os seus deveres de cuidado.[348]

Na lição de Fernando Capez, o *princípio da confiança* é "requisito para a existência do fato típico",[349] livrando do crime aquele que aparentemente cometeu uma conduta típica, mas que foi envolvido em tal situação em razão de um terceiro ter descumprido o seu dever de cuidado.[350] É o caso do cirurgião que aplica no paciente uma injeção letal repassada pela sua enfermeira de confiança. Ela é que teria costumeiramente a responsabilidade de verificar a dosagem da seringa. Assim, foi a enfermeira que violou o dever objetivo de cuidado, quedando-se o médico livre da responsabilidade criminal.[351]

No entanto, o jurista Fernando Capez alerta para a possibilidade de haver abuso da situação de confiança. Nas palavras do autor:

> O princípio da confiança, contudo, não se aplica quando era função do agente compensar eventual comportamento defeituoso de terceiros. Por exemplo: um motorista que passa bem ao lado de um ciclista não tem porque esperar uma súbita guinada do mesmo em sua direção, mas deveria ter se acautelado para que não passasse tão próximo, a ponto de criar uma situação de perigo. Como atuou quebrando uma expectativa social de cuidado, a confiança que depositou na vítima qualifica-se como proibida: é o chamado abuso da situação de confiança.[352]

1.8 Princípio da autorresponsabilidade

A simples motivação a cometer uma ação livre não pode ser fundamento de imputação de um resultado indesejável.[353] Desse modo, não pode ser responsabilizado criminalmente aquele que motiva um terceiro imputável a praticar alpinismo, que por fim é malsucedido, acarretando na morte do alpinista, que tomou uma decisão livre e consciente ao se arriscar na empreitada.

---

[348] CAPEZ, Fernando. *Curso de Direito Penal:* parte geral. v. 1, p. 17.
[349] *Loc. cit.*
[350] *Loc. cit.*
[351] *Loc. cit.*
[352] *Ibid.*, p. 18.
[353] *Ibid.*, p. 27.

1.9 Princípio da autonomia

O princípio da autonomia é mencionado por Claus Roxin, em sua clássica obra *Política Criminal e Sistema do Direito Penal*. O doutrinador limita o âmbito de abrangência desse princípio ao mencionar ser possível auferir, nos termos da legislação alemã sobre vacinação, a permissão de intervenções corporais realizadas para salvaguardar bens de maior valor, se não levarem perigo à pessoa e não deixarem efeitos permanentes.[354]

1.10 Princípio da desculpa

De origem portuguesa, nas linhas de Fernanda Palma, o *princípio da desculpa* surge como enunciado configurador da responsabilidade penal, condicionando "a censura da pessoa pelo campo do indesculpável".[355]

Entendendo a censura da pessoa como o elemento que traça os limites e define os critérios de imputação no Direito Penal, a autora questiona a ideia de "uma culpa automaticamente presumida pela realização do ilícito",[356] refutando a concepção do Direito Penal que por razões sociais imponha uma responsabilidade penal sem amparo ético.

---

[354] ROXIN, Claus. *Política criminal y sistema del derecho penal*, p. 80.
[355] PALMA, Fernanda. *O princípio da desculpa em Direito Penal*. Coimbra: Almedina, 2005, p. 245.
[356] *Loc. cit.*

CAPÍTULO XIV

PRINCÍPIOS DO DEVIDO PROCESSO LEGAL, DO CONTRADITÓRIO E DA AMPLA DEFESA

1   Apontamentos sobre os princípios do devido processo legal, do contraditório e da ampla defesa

O *princípio do devido processo legal* tem suporte constitucional no artigo 5º, inciso LIV, da Magna Carta de 1988.[357] As regras do jogo processual devem ser integralmente respeitadas para que alguém seja privado da sua liberdade ou de seus bens. Há um sistema normativo processual que determina uma gama considerável de trâmites garantidores da liberdade do ser humano. A pena só pode se consolidar após o processo. O poder penal do Estado inexiste sem o estrito cumprimento do processo devido aos cidadãos.

A liberdade aqui tratada não se restringe à de locomoção, abrangendo "toda e qualquer liberdade prevista no ordenamento jurídico".[358] Todos os princípios processuais derivam do mandamento do devido processo legal.[359]

O princípio em tela possui duplo viés: *devido processo legal no sentido processual e no substantivo*. O primeiro abrange as garantias de natureza processual, como o contraditório, a imparcialidade do juiz e a assistência de advogado. O segundo diz respeito à exigência de um processo penal em harmonia com o princípio da razoabilidade ou da

---

[357] "LIV – ninguém será privado da liberdade ou de seus bens sem o devido processo legal;"
[358] RANGEL, Paulo. *Direito Processual Penal.* 15. ed. Rio de Janeiro: Lumen Juris, 2008, p. 4.
[359] Ibid., p. 5.

proporcionalidade. Na assinatura de Luís Roberto Barroso, ao comentar a história do direito constitucional americano:

> A cláusula do devido processo legal, constante das Emendas 5 e 14, surgiu como uma garantia de natureza *processual*, compreendendo direitos à citação, ao contraditório, à assistência do advogado, a um juiz imparcial, dentro outros (...). Com o tempo, todavia, desenvolveu-se a ideia de devido processo legal *substantivo*, critério pelo qual a Suprema Corte passou a exercer um controle sobre a discricionariedade dos atos governamentais – legislativos e administrativos –, admitindo a possibilidade de invalidá-los por falta de racionalidade ou de razoabilidade.[360]

Um exemplo de violação do princípio do devido processo legal no sentido substantivo são as prisões provisórias em casos de furto simples. Como a pena privativa de liberdade em concreto nesses casos será substituída por uma pena restritiva de direitos, tem-se como desarrazoada e desproporcional a manutenção da prisão em flagrante e a decretação da prisão preventiva, pois tais medidas são mais gravosas do que a própria pena cominada ao final do processo.

O desempenho do Poder Judiciário é crucial para o respeito da substancialidade do devido processo legal. O controle judicial permanente e constitucionalmente motivado das prisões processuais impede o uso dessas medidas como antecipação da pena ou a aplicação de sanções não previstas em lei, quando confrontadas com o delito em concreto. Em sentido oposto, a desproporção da prisão provisória arrasta a punição do Estado para além da dosimetria da pena, infligindo à pessoa comum do povo um sacrifício exacerbado imprevisto pela lei, uma vez que a sua prisão processual será mais longa e aflitiva do que aquela regularmente medida por decisão judicial transitada em julgado.

Por sua vez, o *princípio do contraditório* exige a garantia de participação em simétrica paridade.[361] Esse conceito já abrange o *princípio da paridade de armas* (*par conditio*), que não se limita a entender o contraditório como garantia de participação, exigindo que ambas as partes tenham oportunidade de agir no processo com equilibrada intensidade e extensão.[362] Em suma, para garantir o contraditório é necessário o direito à participação, incluindo a adequada informação e reação às

---

[360] BARROSO, Luís Roberto Barroso. *Curso de Direito Constitucional Contemporâneo*: os conceitos fundamentais e a construção do novo modelo. 2. ed. São Paulo: Saraiva, 2010, p. 21.
[361] OLIVEIRA, Eugênio Pacelli de. *Curso de Processual Penal*. 12. ed. Rio de Janeiro: Lumen Juris, 2009, p. 38.
[362] *Loc. cit.*

alegações adversas aos seus pleitos, bem como o cuidado para que essas manifestações se concretizem em paridade simétrica.

O *princípio da ampla defesa* determina a participação efetiva no processo penal, abrangendo a autodefesa, a defesa técnica, a defesa efetiva e a possibilidade de utilização de todos os meios de prova passíveis de demonstrar a inocência do acusado, incluindo as provas obtidas ilicitamente.[363]

Tanto o contraditório quanto a ampla defesa possuem fundamento constitucional no art. 5º, inciso LV, da CRFB/88: "aos litigantes, em processo judicial e administrativo, e aos acusados em geral são assegurados o contraditório e ampla defesa, com meios e recursos a ela inerentes".

2 O conceito na doutrina

Na sua acepção puramente processual (...) o devido processo legal vai impor a obediência estrita das normas processuais de forma que o processo penal traduza iguais oportunidades das partes no plano processual, a ampla defesa, com todos os recursos inerentes, o contraditório, as demais garantias de juiz natural, publicidade e motivação dos atos judiciais. Siqueira Castro aponta, ainda, como consectários da cláusula a presunção de inocência, a suficiência da identificação civil, simetria entre imputação e condenação, a proibição das provas ilícitas, o dever de o defensor dativo recorrer, presença do réu preso aos atos instrutórios e rapidez processual.[364] (L. G. Grandinetti)

Do princípio do contraditório decorre a *igualdade processual*, ou seja, a igualdade de direitos entre as partes acusadora e acusada, que se encontram num mesmo plano, e a *liberdade processual*, que consiste na faculdade que tem o acusado de nomear o advogado que bem entender, de apresentar as provas que lhe convenham etc.[365] (Julio Fabrini Mirabete)

A autodefesa se manifesta ao interrogatório, e no direito à audiência. Por esse direito o acusado tem a prerrogativa e o direito de estar presente à audiência, quando da oitiva das testemunhas de acusação e defesa. É dever do Estado assegurar ao réu preso o direito de comparecer à

---

[363] Ibid., p. 40 e 41.
[364] CARVALHO, L. G. Grandinetti Castanho de. *Processo Penal e Constituição*: princípios constitucionais do processo penal. 5. ed. Rio de Janeiro: Lumen Juris, 2009, p. 142.
[365] MIRABETE, Julio Fabrini. *Processo Penal*. 18. ed. São Paulo: Atlas, 2006, p. 24.

audiência de inquirição de testemunhas, ainda mais quando arroladas pelo Ministério Público.[366] (Ionilton Pereira Dovale)

3 Os princípios do devido processo legal, do contraditório e da ampla defesa na jurisprudência do STF e do STJ

3.1 Indeferimento de oitiva de testemunha

STF, Segunda Turma, Informativo nº 534

A Turma, por maioria, indeferiu *habeas corpus* em que condenado pelos crimes de abuso de poder e extravio, sonegação ou inutilização de livro ou documento alegava violação aos princípios do devido processo legal, da ampla defesa e do contraditório (CF, art. 5º, LV e LIV) em vista do *indeferimento de oitiva de testemunha na fase de instrução processual*, que teria ocasionado cerceamento de sua defesa e conseqüente nulidade do feito. No caso, a impetração teve tal pedido negado ao fundamento de sua total desnecessidade e *irrelevância para a busca da verdade real*, na medida em que *a testemunha arrolada estaria presa há vários anos*, muito antes da ocorrência dos fatos que estavam em apuração, como da *ausência de relação* entre o que a defesa pretendia provar e o objeto daqueles autos. *Assentou-se que a jurisprudência do STF está alinhada no sentido de não constituir cerceamento de defesa o indeferimento de diligências requeridas pela defesa, se forem elas consideradas desnecessárias pelo órgão julgador,* a quem compete à avaliação da necessidade ou conveniência do procedimento então proposto. Asseverou-se, ademais, que a decisão a qual indeferiu a oitiva de testemunha da defesa está amplamente motivada, não cabendo a esta Corte substituir o *juízo de conveniência* da autoridade judiciária *a respeito da necessidade ou não dessa oitiva*. Vencido o Min. Celso de Mello, que concedia o *writ* por entender que a exclusão antecipada, por parte do órgão judiciário competente, do rol de testemunhas, sob a alegação de que o depoimento poderia ser procrastinatório, ou de que, como na espécie, os fatos os quais o réu pretendia provar com a oitiva da aludida testemunha não tinham qualquer relação com aqueles tratados na ação penal, na verdade, acabaria frustrando a perspectiva de o réu produzir, em seu favor, prova, especialmente a partir da possibilidade da inquirição a ser feita em juízo, com a oportunidade de o Ministério Público ou contraditar esta testemunha antes mesmo da tomada de seu depoimento ou então de formular reperguntas com o objetivo de neutralizar as repostas por ela eventualmente dadas. Precedentes citados: HC 76614/RJ (DJU de 12.6.98); AI 723935 AgR/GO (DJE 14.11.2008). HC 94542/SP, rel. Min. Eros Grau, 3.2.2009.

---

[366] DOVALE, Ionilton Pereira. *Princípios Constitucionais do Processo Penal:* na visão do Supremo Tribunal Federal. São Paulo: Método, 2009, p. 277.

Em sessão realizada no ano de 2009, a Segunda Turma do STF decidiu, por maioria, que o indeferimento pelo juiz de provas consideradas protelatórias não ofende o princípio do devido processo legal. É permitida ao magistrado a análise das provas, sendo-lhe possível indeferi-las se consideradas desnecessárias. O julgador exerce nessa tarefa o seu juízo de conveniência, nos termos do artigo 411, §2º, do Código de Processo Penal.[367] Nesse caso, não há cerceamento da defesa.

O Ministro Celso de Mello partiu para outra linha de entendimento, desviando a atenção do direito à defesa e concentrando-a na transgressão do direito à prova, entendido como substancial ao réu, de modo que votou pela concessão do benefício, sendo voto vencido.

3.2 Falta grave: regressão e ampla defesa

STF, Segunda Turma, Informativo nº 572

Por reputar violados os princípios do contraditório e da ampla defesa, a Turma deu provimento a recurso extraordinário para anular decisão do Juízo de Execuções Penais da Comarca de Erechim – RS, que decretara a regressão de regime de cumprimento de pena em desfavor do recorrente, o qual não fora assistido por defensor durante procedimento administrativo disciplinar instaurado para apurar falta grave. *Asseverou-se que, não obstante a aprovação do texto da Súmula Vinculante 5* ("A falta de defesa técnica por advogado no processo administrativo disciplinar não ofende a Constituição".), *tal verbete seria aplicável apenas em procedimentos de natureza cível e não em procedimento administrativo disciplinar promovido para averiguar o cometimento de falta grave, tendo em vista estar em jogo à liberdade de ir e vir*. Assim, neste caso, asseverou-se que o princípio do contraditório deve ser observado amplamente, com a presença de advogado constituído ou defensor público nomeado, impondo ser-lhe apresentada defesa, em obediência às regras específicas contidas na Lei de Execução Penal, no Código de Processo Penal e na Constituição. RE 398269/RS, rel. Min. Gilmar Mendes, 15.12.2009.

Em sessão de dezembro de 2009, a Segunda Turma do STF entendeu que há supressão do princípio do contraditório e da ampla defesa, no caso de inexistência de defesa técnica em procedimento

---

[367] "Art. 411. Na audiência de instrução, proceder-se-á à tomada de declarações do ofendido, se possível, à inquirição das testemunhas arroladas pela acusação e pela defesa, nesta ordem, bem como aos esclarecimentos dos peritos, às acareações e ao reconhecimento de pessoas e coisas, interrogando-se, em seguida, o acusado e procedendo-se ao debate. §2º As provas serão produzidas em uma só audiência, podendo o juiz indeferir as consideradas irrelevantes, impertinentes ou protelatórias."

administrativo disciplinar promovido para averiguar o cometimento de falta grave. A liberdade do apenado será afetada diretamente por uma decisão desfavorável, o que demanda uma defesa qualificada, com a presença de advogado capaz de assisti-lo durante o procedimento.

O Ministro Relator Gilmar Mendes, em seu voto, afirma que o recorrente praticou ato de defesa sem a presença do defensor e isso, por sua vez, é motivo suficiente para que se tenha como violado o devido processo, a ampla defesa e o contraditório.

O Ministro esclareceu ainda que a Súmula Vinculante nº 5 ("A falta de defesa técnica por advogado no processo administrativo disciplinar não ofende a Constituição") se aplica somente em procedimentos de natureza cível, e não como se apresenta *in casu*.

A justificativa pela impossibilidade de aplicação da súmula em hipóteses senão às cíveis vem no trecho que destacamos do voto a seguir: "Em procedimento administrativo disciplinar, instaurado para apurar o cometimento de falta grave por réu condenado, tendo em vista estar em jogo a liberdade de ir e vir, deve ser observado amplamente o princípio do contraditório, com a presença de advogado constituído ou defensor público nomeado, devendo ser-lhe apresentada defesa em observância às regras específicas contidas na LEP [...]".

3.3 Recolhimento compulsório para apelar e devido processo legal

STF, Segunda Turma, Informativo nº 615

A exigência de recolhimento compulsório do condenado para apelar viola os princípios constitucionais da ampla defesa, do contraditório e do duplo grau de jurisdição. Com base nesse entendimento, a 2ª Turma deferiu *habeas corpus* para que seja devolvido o prazo recursal e expedido contramandado de prisão em favor do paciente. No caso, o juiz decretara a prisão preventiva do réu para assegurar a aplicação da lei penal, uma vez que ele não fora localizado e, também, em decorrência da magnitude da lesão causada, consistente em gestão fraudulenta de dois consórcios (Lei 7.492/86: "Art. 30. Sem prejuízo do disposto no art. 312 do Código de Processo Penal, aprovado pelo Decreto – lei nº 3.689, de 3 de outubro de 1941, a prisão preventiva do acusado da prática de crime previsto nesta lei poderá ser decretada em razão da magnitude da lesão causada. Art. 31. Nos crimes previstos nesta lei e punidos com pena de reclusão, o réu não poderá prestar fiança, nem apelar antes de ser recolhido à prisão, ainda que primário e de bons antecedentes, se estiver configurada situação que autoriza a prisão preventiva".). HC 103986/SP, rel. Min. Gilmar Mendes, 8.2.2011.

Em Fevereiro de 2011, a Segunda Turma do STF analisou pedido de *habeas corpus* impetrado em favor de réu acusado pela prática de crime contra o sistema financeiro.

A defesa alegou direta violação aos *princípios do devido processo legal, do contraditório, da ampla defesa, do duplo grau de jurisdição e da presunção de inocência,* uma vez que o magistrado decidiu que ó recolhimento do réu ao cárcere é condição indispensável para apelar.

O Ministro Gilmar Mendes, relator do caso em tela, apontou em seu voto que a Corte já teria se posicionado com relação a esse assunto, e adotou o entendimento da inexigibilidade do recolhimento do réu ao cárcere para fins de apelação. Segundo o Ministro, esse posicionamento se deu após "mutação constitucional" oriunda de intensa discussão doutrinária.

Segue outro ponto que merece destaque no voto do Ministro: "Esse entendimento é conseqüência lógica, do princípio constitucional da presunção de inocência. Dessarte, não se pode conceber como compatível com o princípio constitucional da presunção de não culpabilidade qualquer antecipação de cumprimento de pena". E aqui entendemos como diretamente relacionado com o princípio do devido processo legal à medida que a decisão que motiva o réu a ficar preso é tida como "cerceamento preventivo da liberdade".

O duplo grau de jurisdição é desrespeitado, porque o recolhimento ao cárcere passa a ser condição para a sua existência. Quedando-se logicamente prejudicados o contraditório e a ampla defesa, pois estarão restringidas as possibilidades de defesa e de manifestações no processo.

Por fim, apontando que o réu, para ser preso, deve ter contra si sentença penal condenatória transitada em julgado, no limite do devido processo legal, os Ministros, por unanimidade, seguiram o voto do Relator.

3.4 Morte de advogado e defesa técnica

STF, Segunda Turma, Informativo nº 579

A Turma, por reputar caracterizada ofensa aos postulados do *contraditório e da ampla defesa,* deferiu, por maioria, *habeas corpus* para, *afastando a incidência da coisa julgada, ocorrida prematuramente, devolver ao paciente prazo para a interposição de recurso* cabível contra decisão que denegara, no Superior Tribunal de Justiça – STJ, seguimento a agravo de instrumento, e lhe restituir a liberdade até o trânsito em julgado da condenação, se não houver reforma da sentença. *No caso, o advogado de condenado por homicídio qualificado falecera cinco dias antes da publicação* de decisão que inadmitira recurso de agravo no STJ. Destacou-se, pelo que constaria dos autos, que o paciente atravessara toda a fase da instrução processual e interpusera recursos em liberdade, eis que ausentes razões justificadoras da prisão preventiva, devendo, por conseguinte, ser recolhido à prisão somente por ocasião do trânsito em julgado de sentença penal condenatória. Asseverou-se, no ponto, que a coisa julgada se operara prematuramente, visto que, inadmitido recurso no STJ, a respectiva decisão fora publicada cinco dias após a morte comprovada do advogado da causa. HC 99330/ES, rel. orig. Min. Ellen Gracie, red. p/o acórdão Min. Eros Grau, 16.3.2010.

Em julgamento realizado em março de 2010, os Ministros do STF, da Segunda Turma, depararam-se com *habeas corpus* que acarretou em assídua discussão sobre a concessão ou não do pedido frente ao *princípio do devido processo legal*.

A Ministra Ellen Gracie entendeu que o caso era de denegação, porque o réu não demonstrou que o advogado, tido como morto cinco dias antes da publicação da sentença e, segundo o réu, em indiscutível prejuízo à sua defesa, era o único apto por documento de procuração a defendê-lo.

O Ministro Eros Grau divergiu desse entendimento, apontando: "A coisa julgada se operou prematuramente, porquanto, inadmitido recurso no STJ, a respectiva decisão foi publicada cinco dias após a morte comprovada do advogado da causa. A existência humana, para o direito, cessa com a morte e, destarte, inexistia defesa técnica constituída a atuar pelo paciente quando se aperfeiçoou a coisa julgada".

Nesse sentido, o falecimento do advogado dias antes da publicação da decisão deixa o réu sem defesa técnica, para que possa traçar a estratégia jurídica no deslinde do processo. Situação que, no entendimento do eminente Ministro, denota *per si* ofensa ao contraditório e à ampla defesa. Por maioria de votos, concedeu-se o pedido de *habeas corpus*.

3.5 Defesa preliminar em rito especial

STF, Segunda Turma, Informativo nº 572

A Turma indeferiu *habeas corpus* em que condenados por concussão (CP, art. 316, caput) reiteravam a alegação de nulidade absoluta decorrente de nãointimação para defesa preliminar, nos termos do art. 514 do CPP, com a conseqüente anulação do processo, *ab initio*. Realçou-se que o STF já apreciara o tema, definindo que *a defesa preliminar, no rito especial destinado ao julgamento dos funcionários públicos, se destina a evitar a ritualidade penosa da pendência do processo penal*. Aduziu-se, contudo, que o argumento da inviabilidade da ação penal perderia relevância diante da superveniência de sentença condenatória, como ocorre na situação dos autos. Asseverou-se que, *se a finalidade da defesa preliminar é permitir que o denunciado apresente razões capazes de induzir à conclusão da inviabilidade da ação penal, a ulterior edição de decisão condenatória – fundada no exame da prova produzida com todas as garantias do contraditório –, faz presumido o atendimento daquele requisito inicial.* Concluiu-se que anular todo o processo, para que a defesa tivesse oportunidade de oferecer fundamentos que não foram capazes de evitar a sentença condenatória, não teria sentido, haja vista que esta denotaria não só a viabilidade da ação, mas, sobretudo, a própria procedência desta, e deve, assim, ser impugnada por seus fundamentos. Precedente citado: HC 85779/RJ (DJU de 29.6.2007). HC 89517/RJ, rel. Min. Cezar Peluso, 15.12.2009.

Em dezembro de 2009, a Segunda Turma do STF entendeu que a ausência de defesa preliminar, no rito especial destinado ao julgamento dos funcionários públicos, não acarreta a anulação de todo o processo penal, caso haja decisão condenatória, pois esta já denota a viabilidade da ação penal, quando fundada em arcabouço probatório produzido em respeito ao contraditório.

O Ministro Cezar Peluso defende a necessidade da análise da viabilidade da ação penal nesses casos, por meio da defesa preliminar, todavia acrescenta que a superveniência de sentença condenatória comprova a sua necessidade.

Por fim, o referido Ministro concluiu que "anular todo o processo, para que a defesa tenha oportunidade de oferecer razões que não foram capazes de evitar a decisão condenatória, não tem sentido algum" e, nesses termos, votou pela denegação à ordem, sendo seguido unanimemente pelos demais ministros da Turma.

3.6 Ministério Público e poder investigatório

STF, Segunda Turma, Informativo nº 564

Ponderou-se que a outorga de poderes explícitos, ao Ministério Público (CF, art. 129, I, VI, VII, VIII e IX), supõe que se reconheça, ainda que por implicitude, aos membros dessa instituição, a titularidade de meios destinados a viabilizar a adoção de medidas vocacionadas a conferir real efetividade às suas atribuições, permitindo, assim, que se confira efetividade aos fins constitucionalmente reconhecidos ao Ministério Público (teoria dos poderes implícitos). Não fora assim, e desde que adotada, na espécie, uma indevida perspectiva reducionista, esvaziar-se-iam, por completo, as atribuições constitucionais expressamente concedidas ao Ministério Público em sede de persecução penal, tanto em sua fase judicial quanto em seu momento pré-processual. Afastou-se, de outro lado, qualquer alegação de que o reconhecimento do poder investigatório do Ministério Público poderia frustrar, comprometer ou afetar a garantia do contraditório estabelecida em favor da pessoa investigada. Nesse sentido, salientou-se que, mesmo *quando conduzida, unilateralmente, pelo Ministério Público, a investigação penal não legitimaria qualquer condenação criminal, se os elementos de convicção nela produzidos – porém não reproduzidos em juízo, sob a garantia do contraditório – fossem os únicos dados probatórios existentes contra a pessoa investigada, o que afastaria a objeção de que a investigação penal, quando realizada pelo Ministério Público, poderia comprometer o exercício do direito de defesa.* Advertiu-se, por fim, que à semelhança do que se registra no inquérito policial, o procedimento investigatório instaurado pelo Ministério Público deverá conter todas as peças, termos de declarações ou depoimentos e laudos periciais que tenham sido coligidos e realizados no curso da investigação, não podendo o membro do *parquet* sonegar, selecionar ou deixar de juntar, aos autos, qualquer desses elementos de informação, cujo conteúdo, por se referir ao objeto da apuração penal, deve ser tornado acessível à pessoa sob investigação. HC 89837/DF, rel. Min. Celso de Mello, 20.10.2009.

Em outubro de 2010, a Segunda Turma do STF analisou pedido de *habeas corpus* em favor do réu, delegado de polícia, que, denunciado pela prática do crime de tortura, previsto na Lei nº 9.455/97, apresentava como razão fundamental da rogativa o fato de ser ilegal a prisão decretada, pois a condenação teria se baseado única e tão somente em investigação penal instaurada pelo Ministério Público.

O Ministro Celso de Mello apontou que o crime de tortura praticado por autoridade policial, a qual, em tese, deveria cuidar da incolumidade das pessoas, acabou por tornar impossível e isenta a instauração de inquérito "por seus colegas de carreira".

Argumentou ser possível a investigação do Ministério Público nessa hipótese, por tratar-se de instituição essencial à função jurisdicional do Estado, que atua em defesa dos interesses sociais. Acrescentou não caber a alegação de que a investigação caberia somente à polícia federal, pois a investigação de crimes "é mais ampla que mera atividade da polícia judiciária". A investigação do Ministério Público confere efetividade às suas atribuições constitucionais, sendo um poder que está implícito na Magna Carta.

O referido Ministro recordou contexto histórico nacional, que nos remete à época em que as liberdades públicas eram cerceadas, principalmente em direta afronta ao devido processo legal, exatamente por ter um regime de "dominação castrense".

O cerne da questão é se pode "o Ministério público promover, ou não, por direito próprio, sob sua autoridade e direção, investigações penais destinadas a esclarecer fatos delituosos, a apurar as circunstâncias e a identificar os seus autores". O Ministro Celso de Mello defende que a regra de competência da investigação presidida por delegado não impede a norteada pelo Ministério Público, tendo em conta a sua função de *dominus litis*. Não há ofensa ao princípio do devido processo legal. Conclui no sentido de que "mesmo quando conduzida unilateralmente pelo Ministério Público, a investigação penal não legitimará qualquer condenação criminal, [...] se os elementos de convicção nelas produzidos [...] forem os únicos dados probatórios existentes contra a pessoa investigada". É necessário que haja, então, a reprodução da prova em juízo, em respeito ao devido processo legal e ao contraditório.

Devem ser respeitadas no processo penal as garantias processuais constitucionais, garantindo a presunção da inocência e o exercício da ampla defesa. Motivo pelo qual destacamos o trecho final do voto do Ministro: "[...] a meu ver, a instauração de mera investigação penal, por iniciativa e sob responsabilidade do Ministério Público, nenhum gravame impõe à esfera de direitos e ao '*status libertatis*' do investigado, eis que, a este, assegurar-se-á, sempre, o efetivo respeito às garantias do contraditório, da bilateralidade do juízo e da plenitude da defesa [...]".

3.7 Parecer do Ministério Público e manifestação da defesa

STJ, Quinta Turma, Informativo nº 403

Quando ausente a hipótese de competência originária ou na falta de específica previsão legal em sentido contrário, a função do MP que atua em segundo grau é de custos legis. Dessarte, após sua manifestação, não há contraditório, pois o parecer não possui natureza de ato de parte, não estando sequer vinculado às contrarrazões ofertadas pelo promotor de Justiça, esse sim parte na ação penal. Desse modo, não há ofensa aos princípios do contraditório, da ampla defesa e do devido processo legal se não há intimação da defesa para manifestar-se acerca do parecer elaborado pelo Parquet. Anote-se que o CPP não prevê qualquer intimação da defesa quanto ao parecer ministerial (art. 610 daquele código), o que reforça ainda mais o caráter imparcial da função exercida pela Procuradoria Geral de Justiça nessa hipótese. Ademais, no caso em tela, a Turma Recursal sequer acolheu o parecer, pois deu provimento parcial ao apelo para diminuir a pena, enquanto o prévio parecer escrito sugeria o não provimento do apelo. Daí evidenciada a ausência de prejuízo que justifique a anulação do ato, pois se mostra o julgamento favorável ao réu. Precedentes citados do STF: MC na ADI 758, DJ 8/4/1994; HC 81.436-MG, DJ 22/2/2002; do STJ: HC 57.019-SE, DJe 3/3/2008; HC 58.587-RJ, DJ 20/11/2006; HC 97.217-GO, DJe 29/9/2008, e RHC 12.720-BA, DJ 18/8/2003. HC 134.275-GO, Rel. Min. Felix Fischer, julgado em 18/8/2009.

Em sessão realizada em agosto de 2009, a Quinta Turma do STJ analisou pedido de *habeas corpus* impetrado em favor de réu denunciado pela prática do crime de desacato, conforme previsto no artigo 331 do Código Penal.[368] Como tese de defesa, o paciente pleiteou pela nulidade do julgamento, uma vez que, segundo ele, teria havido direta violação aos *princípios da isonomia, ampla defesa e do contraditório*, pois "após a manifestação do *Parquet* [...] não foi oportunizada à defesa para manifestação".

O Ministro Relator, Felix Fischer, aponta em seu voto que a irresignação não deve prosperar. Segundo o Ministro, após manifestação do Ministério Público, figurando como *custos legis*, "não há contraditório a ser assegurado". Assim, não havendo determinação legal pela manifestação da defesa após o parecer ministerial, não há que se falar em afronta à isonomia. Essa é a inteligência do artigo 610 do Código de Processo Penal.[369]

Segundo o Ministro, a função do Ministério Público no segundo grau é de fiscal da lei, quando não se está "diante da hipótese de competência originária ou não há nenhuma previsão legal em sentido contrário".

Acrescentou ainda que, nessa qualidade, o Ministério Público é imparcial e o seu parecer é opinativo. Ele não está vinculado, inclusive, às contrarrazões oferecidas pelo Promotor de Justiça.

Por fim, o Ministro concluiu que a falta de intimação da defesa, nessas condições, não ofende o princípio do contraditório, pois o Ministério Público não atua como "parte na relação processual, mas sim no desempenho da atividade fiscal da lei".

3.8 Disparidade de armas

STJ, Sexta Turma, Informativo nº 466

A Turma, entre outras questões, consignou *não haver disparidade de armas no fato de o MP ter acessado as provas reunidas durante a investigação e instruído a ação penal*

---

[368] "Art. 331 – Desacatar funcionário público no exercício da função ou em razão dela: Pena – detenção, de 6 (seis) meses a 2 (dois) anos, ou multa"

[369] "Art. 610. Nos recursos em sentido estrito, com exceção do de habeas corpus, e nas apelações interpostas das sentenças em processo de contravenção ou de crime a que a lei comine pena de detenção, os autos irão imediatamente com vista ao procurador-geral pelo prazo de cinco dias, e, em seguida, passarão, por igual prazo, ao relator, que pedirá designação de dia para o julgamento."

com aquelas que entendeu pertinentes à comprovação da conduta delituosa. Segundo o Min. Relator, além de se tratar de exigência legal descrita no art. 156 do CPP, o réu também tomou conhecimento dessas provas no momento oportuno e lhe foi garantido o exercício da ampla defesa. HC 190.917-SP, Rel. Min. Celso Limongi (Desembargador convocado do TJ-SP), julgado em 15/3/2011.

A Sexta Turma, em julgamento realizado em março de 2011, analisou pedido de *habeas corpus* impetrado em favor de paciente acusado de diversas práticas criminosas, entre elas a de lavagem de dinheiro e o estelionato.

Em suas razões, a defesa sustentou que das provas obtidas foram selecionadas apenas aquelas que comprovariam a materialidade do crime. Nesse contexto, não foram juntadas as provas favoráveis ao réu, de modo que o conjunto probatório é díspare daquele reunido na investigação. Isso configuraria nítida afronta ao *princípio do contraditório e da ampla defesa*.

O Ministro Relator, todavia, divergiu da linha sustentada pela defesa e em seu voto expôs que "[...] compete ao Ministério Público coligir e apresentar, ao Juiz, as provas que entender capazes de comprovar a prática criminosa. Esta é uma exigência legal, contida no art. 156 do Cód. de Pr. Penal[370] e, desta norma, não se pode extrair ofensa à garantia paritária, porque à defesa é e, neste caso, foi dado conhecer, em tempo oportuno, das provas coligidas durante a investigação e, a partir delas, oferecer ampla defesa. Afasto, assim, esta arguição, porque improcedente".

Assim, entendeu que compõe a esfera de atribuição do Ministério Público a reunião e eventual apresentação das provas, entre todas as colhidas na investigação. Portanto, a atitude ministerial não ofende o contraditório, porque está prevista em nosso ordenamento jurídico, além de as provas terem sido apresentadas ao acusado, fornecendo-lhe tempo suficiente para a sua defesa. Os ministros, por unanimidade, denegaram a ordem.

---

[370] "Art. 156. A prova da alegação incumbirá a quem a fizer, sendo, porém, facultado ao juiz de ofício: I – ordenar, mesmo antes de iniciada a ação penal, a produção antecipada de provas consideradas urgentes e relevantes, observando a necessidade, adequação e proporcionalidade da medida; II – determinar, no curso da instrução, ou antes de proferir sentença, a realização de diligências para dirimir dúvida sobre ponto relevante."

3.9 Crimes societários e descrição das condutas

STJ, Quinta Turma, Informativo nº 458

Na hipótese, o paciente foi denunciado, juntamente com outras duas pessoas, pela prática dos crimes previstos no art. 1º, I e II, da Lei n. 8.137/1990, arts. 334, §1º, c, e 288 c/c os arts. 29 e 69 do CP, pois em tese teriam, por meio de empresa de fachada, importado mercadorias acabadas para a Zona Franca de Manaus, falsamente declaradas como insumos para industrialização, e realizado a distribuição de tais mercadorias para o resto do país como se tivessem sido produzidas naquela zona franca. *A Turma concedeu a ordem ao entendimento de que, embora não se exija, nas hipóteses de crimes societários, a descrição pormenorizada da conduta de cada agente, isso não significa que o órgão acusatório possa deixar de estabelecer qualquer vínculo entre o denunciado e a empreitada criminosa a ele imputada. Consignou-se que o simples fato de constar como sócio-gerente ou administrador de empresa não autoriza a instauração de processo criminal contra eles por crimes supostamente praticados no âmbito da sociedade, se não ficar comprovado, ainda que com elementos a serem aprofundados no decorrer da ação penal, a mínima relação de causa e efeito entre as imputações e a condição de dirigente da empresa, sob pena de reconhecer a responsabilidade penal objetiva. Observou-se que a inexistência absoluta de elementos hábeis a descrever a relação entre os fatos delituosos e a autoria ofende o princípio constitucional da ampla defesa* e, no caso, não se verificou a imputação particularizada de qualquer ação penalmente relevante ao paciente, o que torna inepta a denúncia. Precedentes citados do STF: HC 93.683-ES, DJe 25/4/2008; HC 84.436-SP, DJe 28/3/2008; RHC 85.658-ES, DJ 12/8/2005; do STJ: HC 69.999-CE, DJe 31/8/2009; HC 108.985-DF, DJe 15/6/2009, e HC 50.804-SP, DJe 1º/12/2008. HC 171.976-PA, Rel. Min. Gilson Dipp, julgado em 2/12/2010.

Em julgamento realizado em dezembro de 2010, a Quinta Turma do STJ analisou pedido de *habeas corpus*, em que a defesa alegou a inépcia da denúncia, por não ter sido demonstrado pelo *parquet* qualquer relação do acusado com o crime em curso.

A defesa alegou que "a presente impetração, por meio da qual aponta constrangimento ilegal caracterizado pelo recebimento da denúncia formalmente inepta contra o paciente, consagrando a responsabilidade objetiva, em violação ao princípio constitucional da responsabilidade penal subjetiva".

A inépcia que a defesa imputa está na ausência de vínculo da conduta do acusado, tido como "mero sócio investidor", com o tipo penal previamente estabelecido em lei. De modo que, segundo esta, a denúncia se perfaz de modo lacunoso e não estabelece a direta relação do réu com o crime em tela.

O Ministro Gilson Dipp esclareceu que "embora não se exija nas hipóteses de crimes societários, a descrição pormenorizada da conduta de cada agente, isso não significa que o órgão acusatório possa deixar de estabelecer qualquer vínculo entre o denunciado e a empreitada criminosa a ele imputada". Devemos lembrar que a exigência que se faz nesse sentido parte da ideia de que o réu se defende dos fatos contra ele alegados. Assim, não sendo possível verificar a correta e minuciosa prática delitiva contra ele atribuída, indubitavelmente haverá de se verificar o prejuízo do *contraditório e da ampla defesa*.

Nas palavras do Ministro relator: "o recebimento da exordial acusatória, no presente caso, da forma como apresentada, acarretaria prejuízo à produção da defesa, diante da impossibilidade do acusado de identificar exatamente do que se defender, exceto da sua condição de sócio da empresa, o que não é razoável". Consagrar-se-á a responsabilidade penal objetiva, caso não seja indicada uma mínima relação entre a conduta do dirigente da empresa e a empreitada criminosa, pois o elemento subjetivo não terá importância alguma na denúncia. Ninguém poderá ser obrigado a enfrentar uma ação penal simplesmente por exercer uma posição de destaque em uma empresa.

3.10 Falta grave: regressão e ampla defesa

STF, Plenário, Informativo nº 673 (AP 470/MG)

O Plenário iniciou julgamento da ação penal acima referida. A princípio, por maioria, rejeitou-se questão de ordem, suscitada da tribuna, em que requerido o desmembramento do feito, para assentar-se a competência da Corte quanto ao processo e julgamento dos denunciados não detentores de mandato parlamentar. Prevaleceu o voto do Min. Joaquim Barbosa, relator. Lembrou que o tema já teria sido objeto de deliberação pelo Pleno em outra ocasião, na qual decidido que o Supremo seria competente para julgar todos os réus envolvidos na presente ação, motivo por que a questão estaria preclusa. Destacou o Enunciado 704 da Súmula do STF ("Não viola as garantias do juiz natural, da ampla defesa e do devido processo legal a atração por continência ou conexão do processo do corréu ao foro por prerrogativa de função de um dos denunciados"), a demonstrar que o debate, sob o prisma constitucional, já teria sido realizado. O Min. Luiz Fux observou que o exame de ações conexas teria por escopo a aplicação de 2 cláusulas constitucionais: devido processo legal e duração razoável do processo. Considerou não haver, nas causas de competência originária da Corte, duplo grau obrigatório de jurisdição. Atentou para a possibilidade de o eventual julgamento isolado de alguns dos réus, em contexto de interdependência fática, levar à prolação de decisões inconciliáveis. Afirmou que, da ponderação entre as regras do Pacto de São José da Costa Rica e da Constituição, prevaleceriam estas, emanadas do Poder Constituinte originário. Nesse sentido, o Min. Dias Toffoli registrou o que decidido pelo Tribunal nos autos do RHC 79785/RJ (DJU de 10.4.2000). Anotou, também, que o tema ganhara relevância no STF com a edição da EC 35/2001, a partir da qual o processamento e julgamento de inquérito ou de ação penal passara a prescindir de licença da casa parlamentar a que vinculado o detentor de foro por prerrogativa de função. AP 470/MG, rel. Min. Joaquim Barbosa, 2 e 3.8.2012. (AP-470) AP 470/MG – 2 O Min. Cezar Peluso salientou o que discutido a esse respeito, ainda, nos autos do Inq 2424/RJ (DJe de 27.11.2008). Ressaltou o risco de o desmembramento provocar decisões contraditórias, à luz de imputações relativas a crimes de quadrilha, bem como de delitos atribuídos a título de coautoria. Advertiu, também, que eventual remessa dos autos a outro juízo provocaria excessiva demora no julgamento, dada a complexidade da causa e a quantidade de informações envolvida. O Min. Gilmar Mendes ressaltou a necessidade de interpretação compreensiva, e não estrita, do texto constitucional, em relação à competência do STF. Citou exemplos não positivados na Constituição, como a análise de mandado de segurança contra ato de CPI e relacionado a pedido de extradição; de habeas corpus contra qualquer decisão proferida pelo STJ, entre outros. Sublinhou que, se o presente caso fosse desmembrado, sua complexidade levaria à prescrição da pretensão punitiva. AP 470/MG, rel. Min. Joaquim Barbosa, 2 e 3.8.2012. (AP-470) AP 470/MG – 3 Vencidos os Ministros Ricardo Lewandowski, revisor, e Marco Aurélio, que assentavam a não preclusão da matéria e decidiam, em decorrência do princípio do juiz natural, pelo desmembramento dos autos relativamente aos réus sem prerrogativa de foro, a permanecer sob a jurisdição do Supremo apenas aqueles que detivessem esse status processual por força da própria Constituição. O revisor, em síntese, aduzia não ser possível admitir-se que a interpretação de normas infraconstitucionais, notadamente, daquelas que integrassem o CPP – instrumento cuja finalidade última seria proteger o jus libertatis do acusado diante do jus puniendi estatal – derrogasse a competência constitucional estrita fixada pela Constituição aos diversos órgãos judicantes. Ademais, essa exegese malferiria o princípio do duplo grau de jurisdição, previsto no Pacto de São José da Costa Rica. Em seguida, indeferiu-se questão de ordem, suscitada da tribuna, no sentido de que fosse reconsiderada a decisão plenária, tomada na assentada anterior, acerca do uso de mídias digitais nas sustentações orais formuladas pelos defensores. Após a leitura do relatório e a sustentação oral realizada pelo Procurador-Geral da República, denegou-se requerimento de um dos advogados de defesa, que postulava a concessão do tempo de 2 horas para sustentação oral. Por fim, deliberou-se suspender o julgamento. AP 470/MG, rel. Min. Joaquim Barbosa, 2 e 3.8.2012. (AP-470) Plenário.

Em sessão de dezembro de 2009, a Segunda Turma do STF entendeu que há supressão do princípio do contraditório e da ampla defesa, no caso de inexistência de defesa técnica em procedimento.

4 Os princípios do devido processo legal, do contraditório e da ampla defesa em concursos públicos

1. Parte da doutrina afirma que a intervenção do Ministério Público pleiteando a condenação, nos recursos de apelação interpostos pelo réu, em segunda instância, já estando o feito contra-arrazoado, ofende os princípios do contraditório e da ampla defesa, por não haver previsão de manifestação da defesa contraditando tal parecer ministerial. (CESPE/DPU/2010)

Gabarito: **Certo**. No entanto, há posicionamento contrário: Informativo nº 403, STJ, Quinta Turma: "Quando ausente a hipótese de competência originária ou na falta de específica previsão legal em sentido contrário, a função do MP que atua em segundo grau é de *custos legis*. Dessarte, após sua manifestação, não há contraditório, pois o parecer não possui natureza de ato de parte, não estando sequer vinculado às contrarrazões ofertadas pelo promotor de Justiça, esse sim parte na ação penal. Desse modo, não há ofensa aos princípios do contraditório, da ampla defesa e do devido processo legal se não há intimação da defesa para manifestar-se acerca do parecer elaborado pelo *Parquet*. Anote-se que o CPP não prevê qualquer intimação da defesa quanto ao parecer ministerial (art. 610 daquele código), o que reforça ainda mais o caráter imparcial da função exercida pela Procuradoria Geral de Justiça nessa hipótese. Ademais, no caso em tela, a Turma Recursal sequer acolheu o parecer, pois deu provimento parcial ao apelo para diminuir a pena, enquanto o prévio parecer escrito sugeria o não provimento do apelo. Daí evidenciada a ausência de prejuízo que justifique a anulação do ato, pois se mostra o julgamento favorável ao réu".

2. Segundo entendimento sumulado do STF, o advogado de defesa não pode pedir, em alegações finais, a qualquer título, a condenação do acusado, sob pena de nulidade absoluta, por violação ao princípio da ampla defesa. (CESPE/DPU/2010)

Gabarito: **Errado**. A questão está errada devido à expressão "a qualquer título". O pedido de condenação pode ser uma estratégia da defesa, para livrar o réu de uma condenação mais gravosa. Súmula nº 523, STF: "No processo penal, a falta de defesa constitui nulidade absoluta, mas a sua deficiência só o anulará se houver prejuízo para o réu".

3. A exigência de defesa técnica, para a observância do devido processo legal, impõe a presença do profissional da advocacia na audiência de interrogatório do acusado, sendo essa uma formalidade de cunho nitidamente constitucional. (Titularidade de Serviços Notariais e de Registro/TJ-DF/2008)

Gabarito: **Certo**. A autodefesa não é suficiente para que seja consolidado o devido processo legal. No âmbito processual penal, faz-se imprescindível a defesa técnica, para perseverar pela liberdade do réu.

CAPÍTULO XV

PRINCÍPIOS DA PRESUNÇÃO DE INOCÊNCIA E DA NÃO AUTOINCRIMINAÇÃO

1 Apontamentos sobre os princípios da presunção de inocência e da não autoincriminação

O *princípio da presunção de inocência* ou *do estado de inocência* garante ao acusado e ao réu a situação de não culpabilidade, enquanto não for condenado por sentença penal transitada em julgado, impedindo, assim, quaisquer medidas que afetem a sua liberdade ou restrinjam os seus direitos. As prisões cautelares são, portanto, exceções no mundo jurídico, apenas existindo em razão da efetividade do processo penal e limitadas pelos princípios da proporcionalidade e da razoabilidade. Assim, é vedada no processo penal a execução antecipada da pena, uma vez que ela apenas antecipa a retribuição, carecendo de natureza cautelar.

A previsão constitucional está no artigo 5º, inciso LVII, da CRFB/88: "ninguém será considerado culpado até o trânsito em julgado da sentença penal condenatória". O artigo 9º, da Declaração dos Direitos do Homem e do Cidadão, do ano de 1789, dispõe: "Todo acusado é considerado inocente até ser declarado culpado e, se se julgar indispensável prendê-lo, todo o rigor desnecessário à guarda de sua pessoa deverá ser severamente reprimido pela lei".

Da não culpabilidade decorre também que o ônus da prova da existência do fato e da sua autoria recai sobre a acusação, cabendo à defesa "apenas demonstrar a eventual presença de fato caracterizados de excludente de ilicitude e culpabilidade, cuja presença fosse por ela alegada".³⁷¹ Portanto, a pessoa possui o *direito ao silêncio* durante a investigação e o processo criminal,³⁷² sem que o seu exercício sirva como justa causa para a denúncia ou como fundamento para a condenação.³⁷³ O artigo 5º, inciso LXIII, da CRFB/88, define a questão: "o preso será informado de seus direitos, entre os quais o de permanecer calado, sendo-lhe assegurada a assistência da família e de advogado". O silêncio do acusado no interrogatório, como meio de defesa, jamais pode ser utilizado para embasar a condenação do réu.

Remete-se o direito ao silêncio ao *princípio da não autoincriminação* (*nemo tenetur se detegere*), dado que ninguém é obrigado a produzir provas contra si, sendo o silêncio um comportamento lícito em prol da defesa. As provas fornecidas pelo réu somente são lícitas caso sejam apresentadas de modo voluntário e consciente. Nenhum ser humano pode ser coagido a se autoincriminar, produzindo declarações ou entregando documentos que o incriminem. Tal postura integra a sua autodefesa e constitui o seu instinto de autopreservação e conservação. Nesse sentido, afirma Luiz Flávio Gomes:

> o direito de não auto-incriminação (que faz parte da autodefesa, como estamos vendo) possui várias dimensões: (1) direito ao silêncio, (2) direito de não colaborar com a investigação ou a instrução criminal; (3) direito de não declarar contra si mesmo, (4) direito de não confessar, (5) direito de declarar o inverídico, sem prejudicar terceiros, (6) direito de não apresentar provas que prejudique sua situação jurídica. A essas seis dimensões temos que agregar uma sétima, que consiste no direito de não produzir ou de não contribuir ativamente para a produção de provas contra si mesmo. Esse genérico direito se triparte no (7) direito de não praticar nenhum comportamento ativo que lhe comprometa, (8) direito de não participar ativamente de procedimentos probatórios incriminatórios e (9) direito de não ceder seu corpo (total ou parcialmente) para a produção de prova incriminatória. (...) O direito ao silêncio (direito de ficar calado), previsto constitucionalmente (art. 5º, inc. LXIII, da CF), constitui somente uma parte do direito de não auto-incriminação. Como emanações naturais diretas desse direito (ao silêncio) temos: (a) o direito de não colaborar com a investigação ou a

---

³⁷¹ OLIVEIRA, Eugênio Pacelli de. *Curso de Processual Penal*, p. 38.
³⁷² "Art. 186, do CPP. Depois de devidamente qualificado e cientificado do inteiro teor da acusação, o acusado será informado pelo juiz, antes de iniciar o interrogatório, do seu direito de permanecer calado e de não responder perguntas que lhe forem formuladas."
³⁷³ "Art. 186, parágrafo único, do CPP. O silêncio, que não importará em confissão, não poderá ser interpretado em prejuízo da defesa."

instrução criminal; (b) o direito de não declarar contra si mesmo; (c) o direito de não confessar e (d) o direito de não falar a verdade.[374]

Entretanto, a Corte Especial do STJ, em julgado de 30 de novembro de 2011, decidiu que o direito de não autoincriminação não abrange uma imunidade total à prova produzida pelo próprio acusado. Caso ele tenha voluntariamente colaborado para a produção da prova, esta valerá para incriminá-lo. Disse nessa trilha a Ministra Eliana Calmon: "o denunciado agiu de forma voluntária, determinando a gravação ambiental de conversa de negociação para a prática do crime contra a Administração Pública. Sendo assim, o princípio da não autoincriminação não se subsume ao caso, pois ele veda que o acusado ou investigado sejam coagidos tanto física ou moralmente a produzir prova contrária aos seus interesses, fato diverso do que ocorreu nesses autos".[375]

Ademais, o exercício do direito ao silêncio não pode ser considerado como recusa em colaborar com as autoridades públicas. Nessa trilha, diz o Ministro Celso de Mello (HC nº 99289/RS): "(...) a invocação do direito ao silêncio é inteiramente oponível a qualquer autoridade ou agente do Estado, e o exercício dessa prerrogativa constitucional não legitima a adoção de medidas que afetem ou restrinjam a esfera jurídica daquele contra quem se instaurou a "persecutio criminis", notadamente a decretação de sua prisão cautelar. Essa é a razão pela qual não tem sentido decretar-se a prisão cautelar de alguém, como sucedeu na espécie em exame, sob o fundamento (absolutamente equivocado) de que o réu não se mostrou disposto a colaborar com o Estado, recusando-se, até mesmo, a expor a sua versão para os fatos que lhe foram imputados". E afirma ainda (HC nº 94082/RS): "O direito ao silêncio – enquanto poder jurídico reconhecido a qualquer pessoa relativamente a perguntas cujas respostas possam incriminá-la (nemo tenetur se detegere) – impede, quando concretamente exercido, que aquele que o invocou venha, por tal específica razão, a ser preso, ou ameaçado de prisão, pelos agentes ou pelas autoridades do Estado. – Ninguém pode ser tratado como culpado, qualquer que seja a natureza do ilícito penal cuja prática lhe tenha sido atribuída, sem que exista, a esse respeito, decisão judicial condenatória transitada em julgado".

---

[374] GOMES, Luiz Flávio. Princípio da não auto-incriminação: significado, conteúdo, base jurídica e âmbito de incidência. Disponível em: http://www.lfg.com.br/public_html/article.php?story=20100126104817603. Acesso em: 26 maio 2011.

[375] Informativo nº 488, do STJ.

2 O conceito na doutrina

O princípio da presunção de inocência tem seu marco inicial no início do século XVIII, em pleno iluminismo, quando, na Europa Continental, surgiu a necessidade de se insurgir contra o sistema processual penal inquisitório, de base romano-canônica, que vigia desde o século XII. Nesse período e sistema o acusado era desprovido de toda e qualquer garantia. Surgiu a necessidade de se proteger o cidadão do arbítrio do Estado que, a qualquer preço, queria sua condenação, presumindo-o, como regra, culpado.[376] (Paulo Rangel)

Na verdade, o chamado princípio da *presunção de inocência*, que decorre do princípio do devido processo legal, deve ser visto como um 'princípio de não-culpabilidade', já que não tem efeitos extremos, como é comum considerarem alguns intérpretes, pois, não se presume a inocência, mas sim apenas prevê a Constituição, no art. 5º, LVII: Que ninguém será considerado culpado até o trânsito em julgado de sentença penal condenatória.[377] (Marcellus Polastri Lima)

Em decorrência do princípio do estado de inocência deve-se concluir que: (a) a restrição à liberdade do acusado antes da sentença definitiva só deve ser admitida a título de medida cautelar, de necessidade ou conveniência, segundo estabelece a lei processual; (b) o réu não tem o dever de provar sua inocência; cabe ao acusador comprovar a sua culpa; (c) para condenar o acusado, o juiz deve ter a convicção de que é ele responsável pelo delito, bastando, para a absolvição, a dúvida a respeito da sua culpa (...).[378] (Julio Fabrini Mirabete)

3 Os princípios da presunção da inocência e da não autoincriminação na jurisprudência do STF e do STJ

3.1 Tráfico de drogas: liberdade provisória e ausência de fundamentação

STF, Primeira Turma, Informativo nº 608

A 1ª Turma concedeu *habeas corpus* a preso em flagrante por tráfico de entorpecentes para que aguarde em liberdade o trânsito em julgado da ação penal.

---

[376] RANGEL, Paulo. *Direito Processual Penal*, p. 24.
[377] LIMA, Marcellus Polastri. *Curso de Processo Penal*. Rio de Janeiro: Lumen Iuris, 2006, p. 41. Grifos do autor.
[378] MIRABETE, Julio Fabrini. *Processo Penal*. 18. ed. São Paulo: Atlas, 2006, p. 23.

Salientou-se que, não obstante a jurisprudência majoritária desta Corte no sentido de não caber liberdade provisória em tal crime, o caso concreto revelaria excepcionalidade a justificar a concessão. Explicou-se que o paciente obtivera a liberdade provisória em liminar deferida no *writ* impetrado no tribunal de justiça estadual. Consignou-se que, no julgamento de mérito daquele *habeas corpus*, a decisão por meio da qual fora determinada sua prisão preventiva ocorrera sem quaisquer dos fundamentos do art. 312 do CPP. Salientou-se, no ponto, a orientação firmada pelo Supremo segundo a qual *a execução provisória da pena, ausente a justificativa da segregação cautelar, fere o princípio da presunção de inocência*. Ressaltou-se, também, que, durante o período em que estivera solto, o paciente comparecera aos atos. Concluiu-se, dessa forma, que, se ele estivera em liberdade durante certo tempo, poderia assim permanecer até o trânsito em julgado. HC 99717/DF, rel. Min. Ricardo Lewandoski, 9.11.2010. (HC-99717)

Em novembro de 2010, a Primeira Turma do STF, ao analisar pedido de *habeas corpus*, deparou-se com um caso em que o paciente pleiteava sua liberdade provisória até o trânsito em julgado de sua sentença, fazendo honrar o *princípio da presunção da inocência*.

O Ministro Relator, Ricardo Lewandowski, aponta que a Turma já se posicionou anteriormente no sentido de que a denegação de liberdade provisória em casos tipificados como os de tráfico de drogas é legítima, pois essa decorre da inafiançabilidade.[379] Todavia, tendo o réu adquirido em caráter excepcional a liminar, "a decisão que restabeleceu sua prisão preventiva deveria estar pautada em um dos fundamentos do artigo 312 do Código de Processo Penal".

O ministro prossegue seu voto e cita decisões anteriores de casos similares, no qual aponta em destaque o voto do Ministro Eros Grau, quando infere ser esse mais um dos exemplos de ofensa ao princípio da presunção da inocência, haja vista o cumprimento de pena privativa de liberdade ser decretada antes do trânsito em julgado da sentença penal condenatória e sem a devida fundamentação. Deve-se lembrar que a motivação consigna como forte instrumento em desfavor de eventuais arbitrariedades por parte do Poder Público e, portanto, em favor da justiça.

Não divergindo desse posicionamento, os demais ministros concordaram em deferir o *writ*, salientando, mais uma vez, a importância dos princípios constitucionais penais nas sentenças.

---

[379] No HC nº 107430, o Ministro Relator Ricardo Lewandoski reafirma esse posicionamento, a saber: "A vedação à liberdade provisória para o delito de tráfico de drogas advém da própria Constituição Federal, a qual prevê a inafiançabilidade (art. 5º, XLIII), e do art. 44 da Lei 11.343/2006".

STF, Segunda Turma, Informativos nº 550 e 572

A Turma iniciou julgamento de *habeas corpus* em que se pleiteia a soltura de denunciado – preso em flagrante – pela suposta prática dos crimes previstos nos artigos 33, caput e §1º, II, e 35, *caput*, ambos combinados com o art. 40, I, todos da Lei 11.343/2006. A impetração reitera as alegações de: a) ausência de fundamentação da decisão que mantivera a custódia cautelar do paciente; b) direito subjetivo do paciente à liberdade provisória e c) primariedade e residência fixa do paciente. *A Min. Ellen Gracie, relatora, adotando orientação segundo a qual há proibição legal para a concessão de liberdade provisória em favor dos sujeitos ativos do crime de tráfico ilícito de entorpecentes, indeferiu o writ*. Mencionou que, à luz do art. 2º, II, da Lei 8.072/90, do art. 44 da Lei 11.343/2006 e do art. 5º, XLIII, da CF, é vedada a concessão de tal benesse. Após, o julgamento foi suspenso em virtude do pedido de vista do Min. Eros Grau. *Aduziu-se que a necessidade de garantia da ordem estaria fundada em conjecturas a respeito da gravidade e das conseqüências dos crimes imputados à paciente, não havendo qualquer dado concreto a justificá-la. Asseverou-se que, no que tange à conveniência da instrução criminal – tendo em conta o temor das testemunhas –, a prisão deixara de fazer sentido a partir da prolação da sentença condenatória*. Considerou-se que a circunstância, aventada na sentença, de que a prisão em flagrante consubstanciaria óbice ao apelo em liberdade não poderia prosperar, dado que *a vedação da concessão de liberdade provisória ao preso em flagrante por tráfico de entorpecentes, veiculada pelo art. 44 da Lei de Drogas, implicaria afronta aos princípios da presunção de inocência, do devido processo legal e da dignidade da pessoa humana* (CF, artigos 1º, III, e 5º, LIV, LVII). Frisou-se, destarte, *a necessidade de adequação da norma veiculada no art. 5º, XLII, da CF* – adotada pelos que entendem que a inafiançabilidade leva à vedação da liberdade provisória – a esses princípios. Enfatizou-se que a *inafiançabilidade, por si só, não poderia e não deveria* – considerados os princípios mencionados – constituir causa impeditiva da liberdade provisória. HC 101505/SC, rel. Min. Eros Grau, 15.12.2009.

A situação *in casu*, analisada em dezembro de 2009 pela Segunda Turma do STF, já narrava as linhas do posicionamento desta Turma com relação aos crimes previstos na Lei de Drogas e a possibilidade ou não de se conceder liberdade provisória, tendo em vista o *princípio da presunção de inocência*.

O Ministro Relator Eros Grau, em seu voto, defende que impedir a concessão de liberdade provisória àquele que incorre na prática de tráfico de entorpecentes é dar margem e força ao não cumprimento dos princípios da presunção da inocência, do devido processo legal e da dignidade da pessoa humana. Isso porque a própria Constituição já institui a liberdade como regra e, portanto, a prisão deve conter suficientes elementos que a sustentem, caso contrário pode figurar como de caráter ilegal, arbitrário e em afronta ao princípio da presunção da inocência.

Aponta ainda que não se pode esquecer da ordem hierárquica à qual as normas se sujeitam, tendo a Constituição como ponto máximo e primeiro a ser observado. Nesse molde, faz-se também necessária a adequação dos preceitos dos artigos 1º, inciso III,[380] e 5º, incisos LIV e LVII,[381] todos da Magna Carta, com o inciso XLIII[382] do mesmo artigo, e com as demais normas infraconstitucionais, ou seja, deve-se interpretar a inafiançabilidade do tráfico ilícito de drogas em harmonia com o princípio da presunção da inocência.

Um dos trechos em que mais se evidencia tal posicionamento é destacado a seguir: "A inafiançabilidade não pode e não deve – considerados os princípios da presunção de inocência, da dignidade da pessoa humana e do devido processo legal – constituir causa impeditiva de liberdade provisória. Inexistem antinomias na Constituição do Brasil. A regra nela estabelecida, bem assim na legislação infraconstitucional, é a liberdade. A prisão faz exceção a essa regra, de modo que, a admitir-se que o artigo 5º, inciso XLIII estabelece, além das restrições nele contidas, vedação à liberdade provisória, o conflito entre normas estaria instalado. Nessa hipótese, o confronto com os princípios da dignidade da pessoa humana, da presunção de inocência, da ampla defesa e do devido processo legal seria flagrante".

Nesse sentido, a Turma unanimemente seguiu o voto do Ministro relator e tem mantido esse posicionamento.

3.2 Tribunal do Júri

STF, Primeira Turma, Informativo nº 598

(...) Asseverou-se que a análise da conduta social do réu não poderia ter sido utilizada para sua exasperação, uma vez que considerado, para esse fim, o fato de o acusado responder a outro processo criminal. Reputou-se, nesse sentido, que houvera violação ao

---

[380] "Art. 1º A República Federativa do Brasil, formada pela união indissolúvel dos Estados e Municípios e do Distrito Federal, constitui-se em Estado Democrático de Direito e tem como fundamentos: III – a dignidade da pessoa humana;"

[381] "Art. 5º – Todos são iguais perante a lei, sem distinção de qualquer natureza, garantindo-se aos brasileiros e aos estrangeiros residentes no País a inviolabilidade do direito à vida, à liberdade, à igualdade, à segurança e à propriedade, nos termos seguintes: LIV – ninguém será privado da liberdade ou de seus bens sem o devido processo legal; LVII – ninguém será considerado culpado até o trânsito em julgado de sentença penal condenatória;"

[382] "Art. 5º, XLIII – a lei considerará crimes inafiançáveis e insuscetíveis de graça ou anistia a prática da tortura, o tráfico ilícito de entorpecentes e drogas afins, o terrorismo e os definidos como crimes hediondos, por eles respondendo os mandantes, os executores e os que, podendo evitá-los, se omitirem;"

princípio da presunção de inocência. Além disso, enfatizou-se que o motivo do crime, por ter sido considerado pelo júri como qualificadora, não poderia exasperar a pena e a sentença, incorrendo, assim, em bis in idem. Dessa forma, consignou-se que, retiradas essas 2 circunstâncias judiciais, a pena-base deveria ser reduzida em 1 ano – haja vista que o juízo de 1º grau aplicara o aumento de 6 meses para cada circunstância. Ademais, incidente a redução da pena-base ante o reconhecimento de atenuantes, a pena definitiva do paciente deveria ser fixada em 12 anos e 6 meses de reclusão. Por derradeiro, assinalou-se que o pleito de arbitramento de honorários advocatícios em favor de defensor dativo competiria ao juízo nomeante que, na espécie, seria o juízo de 1ª instância. RHC99293/PR, rel. Min. Cármen Lúcia, 31.8.2010. (RHC-99293)

A Primeira Turma do STF, em julgado do ano de 2010, ao analisar pedido de *habeas corpus* impetrado em favor de paciente denunciado pela prática do crime de homicídio, estudou, entre outros pontos, como o *princípio da presunção de inocência* pode influenciar na dosimetria da pena do acusado.

Uma das queixas suscitadas no *writ* seria que a quantificação da pena não estaria legalmente respaldada, isso porque o juiz teria aumentado a sanção para além do mínimo legal estabelecido.

A Ministra Relatora, Cármen Lúcia, afirmou que o magistrado, para poder realizar a dosimetria da pena, valeu-se de "outra ação penal em trâmite", conforme expôs na sentença, mas não se atentou que: "O princípio constitucional de não culpabilidade penal não permite que eventuais inquéritos ou ações ainda em andamento possam prejudicar o réu, vez que a certeza da culpa somente ocorrerá após o transito em julgado da sentença penal".

Desse modo, na análise do artigo 59 do Código Penal, tem-se como descabida a alegação de que o réu possui uma conduta social voltada para o crime, por figurar como réu em outra ação penal em curso. Protege-se, desse modo, o princípio da presunção de inocência.

3.3 Regressão de regime

STF, Segunda Turma, Informativo nº 546

A Turma indeferiu *habeas corpus* impetrado contra acórdão do STJ, que assentara a desnecessidade de nova sentença com trânsito em julgado para a regressão de regime, bastando a instauração de ação penal relativamente à prática de outro crime. Na espécie, durante a execução da pena por roubo qualificado, o paciente evadira-se do presídio, sendo posteriormente acusado pela prática de novos delitos de roubo qualificado e de quadrilha. O juiz da execução, contudo, não reconhecera a ocorrência de falta grave, o que ensejara recurso do Ministério Público estadual, denegado. Contra essa decisão, o *parquet* interpusera recurso especial, o qual fora provido para determinar a realização de audiência de justificação (LEP, art. 118, §2º), para fins de regressão de regime. Pleiteava-se, sob o argumento de ofensa ao princípio constitucional da presunção de inocência, a cassação do referido acórdão do STJ. Asseverou-se que a tese adotada pelo Tribunal *a quo* estaria em consonância com a jurisprudência firmada pelo Supremo e que, ademais, *a LEP não exige o trânsito em julgado de sentença condenatória para a regressão de regime, sendo suficiente, para tanto, que o condenado tenha praticado fato definido como crime doloso* (art. 118, I). Precedentes citados: HC 93782/RS (DJE de 17.10.2008) e HC 96366/RS (DJE de 27.2.2009). HC 97218/RS, rel. Min. Ellen Gracie, 12.5.2009.

No início de 2009, a Segunda Turma do STF analisou pedido de *habeas corpus* em que a impetrante alegara que há necessidade de sentença penal transitada em julgado para haver a regressão de regime, no caso de o réu ter praticado outro crime no curso da execução penal.

A Ministra Relatora Ellen Gracie discorreu que a Lei de Execução Penal não exige o trânsito em julgado para que se dê a regressão de regime e acrescenta: "bastando, para tanto, que o condenado tenha praticado fato definido como crime doloso". Assim, não houve na espécie violação ao princípio da presunção de inocência. A Ministra votou pelo indeferimento da ordem, tendo sido acompanhada em unanimidade pela Turma.

STF, Primeira Turma, Informativo nº 621

A existência de ação penal em curso não pode ser considerada para afastar a progressão de regime de cumprimento da pena. Esse o entendimento da 1ª Turma ao conceder, em parte, *habeas corpus* para determinar que o juízo de 1º grau analise se o paciente preenche os requisitos legais para progredir ao regime semi-aberto, nos termos do art. 112 da Lei de Execução Penal – LEP ("A pena privativa de liberdade será executada em forma progressiva com a transferência para regime menos rigoroso, a ser determinada pelo juiz, quando o preso tiver cumprido ao menos um sexto da pena no regime anterior e ostentar bom comportamento carcerário, comprovado pelo diretor do estabelecimento, respeitadas as normas que vedam a progressão"). Asseverou-se que tais requisitos seriam cumulativos, razão pela qual, atestado o seu preenchimento pelo juiz da execução, não se revelaria lícita a sua negativa com fundamento apenas na situação processual indefinida do réu, porquanto a isso corresponderia antecipar o juízo condenatório. *Consignou-se que o ordenamento jurídico pátrio vedaria a possibilidade de alguém ser considerado culpado com respaldo em meras suspeitas, tendo em vista o princípio da presunção de inocência* (CF, art. 5º, LXII). HC 99141/SP, rel. Min. Luiz Fux, 29.3.2011.

A Primeira Turma do STF, em março de 2011, analisou um caso em que o impetrante requeria a progressão do regime, outrora denegada por ele ter "situação processual indefinida", uma vez que não houve o trânsito em julgado da sentença penal condenatória.

Seguindo a linha do doutrinador Mirabete, o Ministro entende que: "Negar a progressão de regime com fundamento apenas na 'situação processual indefinida' do réu implica antecipação de juízo condenatório. É certo, todavia, que o ordenamento jurídico pátrio veda a possibilidade de alguém ser considerado culpado com respaldo em simples presunção ou meras suspeitas, consagrando o princípio da presunção da inocência, insculpido no artigo 5º, inciso LVII, da Constituição Federal (...)".

O voto do Ministro como um todo é uma lição histórica da real importância e devido respeito ao princípio. Destacamos alguns trechos: "A origem desse princípio remonta ao art. 9º da Declaração dos Direitos do Homem e do Cidadão proclamada em Paris em 26-8-1789 e que, por sua vez, deita raízes no movimento filosófico-humanitário chamado 'Iluminismo', ou Século das Luzes, que teve à frente, dentre outros, o Marquês de Beccaria, Voltaire, Montesquieu, Rousseau. (...) Há mais de duzentos anos, (...) os franceses, inspirados naquele movimento, dispuseram na referida declaração que: (...) Todo homem sendo presumidamente inocente até que seja declarado culpado, se for indispensável prendê-lo, todo rigor que não seja necessário para assegurar sua pessoa deve ser severamente reprimido pela lei".

Conclui: "Logo, a circunstância de o ora paciente estar respondendo a outra ação penal pela suposta prática do crime de roubo não tem, por si só, o condão de obstaculizar por simples conjecturas ou meras suspeitas a concessão na progressão do regime de cumprimento de pena".

3.4 Direito de recorrer em liberdade

STF, Plenário, Informativo nº 537

O conhecimento de apelação da defesa independe do recolhimento do réu à prisão. Com base nesse entendimento, o Tribunal proveu recurso ordinário em *habeas corpus* interposto pelo Ministério Público Federal no qual se discutia, em face do *princípio da presunção da não-culpabilidade,* ser possível, ou não, o conhecimento do recurso de apelação interposto em favor de condenado foragido (CPP, art. 594: "O réu não poderá apelar sem recolher-se à prisão, ou prestar fiança, salvo se for primário e de bons antecedentes, assim reconhecido na sentença condenatória, ou condenado por crime de que se livre solto") – v. Informativo 334.

Considerou-se que o princípio constitucional da presunção de inocência impõe, como regra, que o acusado recorra em liberdade, podendo-se determinar o seu recolhimento, se preenchidos os requisitos para a prisão cautelar. Salientou-se, ainda, que o não-conhecimento da apelação pelo fato de o réu ter sido revel durante a instrução ofende o princípio que assegura a ampla defesa, bem como a regra do duplo grau de jurisdição prevista em pactos internacionais, como o de São José da Costa Rica, assinados pelo Brasil posteriormente à edição do Código de Processo Penal. Enfatizou-se, ademais, que a Lei 11.719/2008 revogou expressamente o aludido art. 594 do CPP e introduziu o parágrafo único ao art. 387 desse mesmo código ("O juiz decidirá, fundamentadamente, sobre a manutenção ou, se for o caso, imposição de prisão preventiva ou de outra medida cautelar, sem prejuízo do conhecimento da apelação que vier a ser interposta".). A Min. Ellen Gracie aduziu que o princípio do duplo grau de jurisdição não tem estatura constitucional, por isso não existiria a obrigatoriedade da existência de dois graus de jurisdição para todos os casos. RHC provido, a fim de que o tribunal local profira novo juízo de admissibilidade da apelação. RHC 83810/RJ, rel. Min. Joaquim Barbosa, 5.3.2009.

O STF, em recurso ordinário de *habeas corpus* analisado em março de 2009, deparou-se com a questão da necessidade de recolhimento à prisão para o conhecimento da apelação.

O Ministro Joaquim Barbosa afirmou entender que "à luz dos princípios constitucionais da não-culpabilidade, da ampla defesa, e do duplo grau de jurisdição, deve prevalecer o inverso, ou seja: a regra é o acusado ter o direito de recorrer em liberdade, podendo, independentemente disto, o juiz decretar sua prisão, caso estejam presentes os requisitos do artigo 312 do Código de Processo Penal. O conhecimento do recurso, contudo, não pode estar veiculado ao recolhimento do réu à prisão".

Hoje o posicionamento prevalece sob essa ótica, ou seja, não é necessário o recolhimento à prisão para o conhecimento do recurso, sob pena de se antecipar a pena do réu e, consequentemente, violar diretamente o princípio da presunção da inocência.

Deve-se atentar que a Lei nº 11719/08 revogou o artigo 594 do CPP, que previa a necessidade da prisão para o conhecimento da apelação.

3.5 Execução provisória da pena

STF, Primeira Turma, Informativo nº 455

A Turma, por maioria, indeferiu *habeas corpus* em que condenados por homicídio duplamente qualificado, em concurso de pessoas (CP, art. 121, §2º, I e IV), pleiteavam o direito de permanecer em liberdade até o definitivo julgamento da ação penal, sob o argumento de que a prisão antes do trânsito em julgado, pois ainda pendente recurso especial, violaria o princípio da presunção de inocência, consistindo em antecipação da pena. *Entendeu-se que a prisão estaria adequadamente fundamentada, encontrando apoio no art. 312 do CPP, que permite a custódia cautelar para a garantia da ordem pública, aplicável, ao caso, em face da elevada periculosidade dos pacientes, que cometeram o delito motivados por disputa de terras*. Asseverou-se, ademais, que a ordem pública visaria acautelar, também, a credibilidade da justiça, bem como a confiabilidade de outros órgãos governamentais que atuam na localidade, como o IBAMA e a polícia, junto aos quais a vítima procurara proteção. *Vencidos os Ministros Marco Aurélio e Sepúlveda Pertence que deferiam o writ por considerar, respectivamente, que, em razão de os pacientes terem respondido ao processo em liberdade, o cumprimento da pena dar-se-ia sem a existência de culpa formada, em ofensa ao princípio da não-culpabilidade;* e que a gravidade do fato imputado e a intuição da periculosidade a partir dele inferida não se adequariam aos fundamentos estritos da prisão preventiva para a garantia da ordem pública. HC 89175/PA, rel. Min. Ricardo Lewandowski, 6.2.2007. (HC-89175)

Em fevereiro de 2007, a Primeira Turma do STF analisou pedido de *habeas corpus* em que o impetrante alegou que a prisão antes do trânsito em julgado é antecipação da pena, violando o princípio da presunção da inocência.

O Ministro Lewandowski afirmou não haver óbice à segregação, desde que presentes os requisitos do artigo 312 do CPP. Entendeu ser correta a custódia cautelar no caso, para a garantia da ordem pública, que também visa preservar a credibilidade da justiça.

Divergindo desse entendimento temos o Ministro Sepúlveda Pertence, o qual infere que: "O STJ tem, realmente, verbete integrando a súmula da jurisprudência predominante, a revelar que, (...) se o recurso interposto tem eficácia apenas devolutiva, é possível a execução da pena. Isso contraria, a meu ver, o princípio da não-culpabilidade", sendo seguido pelo Ministro Marco Aurélio.

STJ, Sexta Turma, Informativo nº 460

In casu, a paciente foi condenada, como incursa no art. 33, caput, da Lei n. 11.343/2006, à pena de um ano e oito meses de reclusão em regime inicial fechado, sendo-lhe assegurado o direito de recorrer em liberdade. O tribunal a quo, contudo, ao negar a apelação interposta pela defesa, expediu mandado de prisão, o que, segundo o impetrante, causou inegável constrangimento ilegal à paciente. A Turma concedeu a ordem de *habeas corpus* ao entendimento de que *a execução provisória da pena privativa de liberdade, em princípio, é vedada sob pena de pôr em xeque a presunção de inocência*. Assim, na hipótese, se o processo ainda não alcançou termo, pois foi interposto agravo de instrumento contra a decisão que inadmitiu o recurso especial, não havendo qualquer alteração processual a revelar necessidade de encarceramento cautelar, reconheceu-se que não se afigura plausível a privação da liberdade da paciente. Precedentes citados do STF: HC 79.812-SP, DJ 16/2/2001; HC 84.078-MG, DJe 26/2/2010; do STJ: HC 125.294-SP, DJe 26/10/2009, e AgRg no HC 105.084-SP, DJe 30/3/2009. HC 170.945-SP, Rel. Min. Maria Thereza de Assis Moura, julgado em 14/12/2010.

Em dezembro de 2010, a Sexta Turma do STJ analisou pedido de *habeas corpus* impetrado em favor da paciente condenada pela prática de tráfico de drogas.

A Ministra Relatora, Maria Thereza, alegou em seu voto que a chamada "execução provisória da pena privativa de liberdade" deve ser vedada, sob o risco de afrontar o princípio constitucional da presunção da inocência. Acrescenta, citando decisão anterior relatada pelo Ministro Celso de Mello,[383] entendendo que não se deve pautar uma decisão de tal natureza em elementos soberanos e que soem ao final como arbitrários, tais como as "condições pessoais, profissionais ou econômico- financeiras". O cárcere não pode prevalecer em desfavor da proteção às liberdades constitucionais.

Após apresentar um rol de decisões outras, todas voltadas ao mesmo posicionamento adotado pela Turma, a Ministra apresentou o seu entendimento no sentido de que, considerando o princípio da presunção da inocência, votava a favor da concessão do pedido de *habeas corpus*; assim também entenderam os demais ministros, concedendo por unanimidade o benefício à paciente.

STJ, Quinta Turma Informativo nº 445

Trata-se de *habeas corpus* contra decisão proferida pelo tribunal *a quo* que proveu o recurso do MP, revogando o relaxamento da prisão cautelar por entender que a ausência de advogado na lavratura do auto de prisão em flagrante não enseja nulidade do ato. Alegam os impetrantes não haver justificativa para a mantença do paciente sob custódia, uma vez que, após efetuada a prisão, foi-lhe negado o direito de comunicar-se com seu advogado, o que geraria sim nulidade na lavratura do auto de prisão. Além disso, sustentam inexistirem os pressupostos autorizadores da prisão preventiva. A Turma, ao prosseguir o julgamento, concedeu parcialmente a ordem pelos fundamentos, entre outros, de que *a jurisprudência do STF, bem como a do STJ, é reiterada no sentido de que, sem que se caracterize situação de real necessidade, não se legitima a privação cautelar da liberdade individual do indiciado ou do réu.* Ausentes razões de necessidade,

---

[383] HC 79.812-SP, Rel. Min. CELSO DE MELLO, Pleno.

revela-se incabível, ante a sua excepcionalidade, a decretação ou a subsistência da prisão cautelar. Ressaltou-se que a privação cautelar da liberdade individual reveste-se de caráter excepcional, sendo, portanto, inadmissível que a finalidade da custódia provisória, independentemente de qual a sua modalidade, seja deturpada a ponto de configurar antecipação do cumprimento da pena. *Com efeito, o princípio constitucional da presunção de inocência se, por um lado, não foi violado diante da previsão no nosso ordenamento jurídico das prisões cautelares, por outro não permite que o Estado trate como culpado aquele que não sofreu condenação penal transitada em julgado.* Dessa forma, a privação cautelar do direito de locomoção deve-se basear em *fundamento concreto* que justifique sua *real necessidade.* Desse modo, não obstante o tribunal de origem ter agido com acerto ao declarar a legalidade da prisão em flagrante, assim não procedeu ao manter a custódia do paciente sem apresentar qualquer motivação sobre a presença dos requisitos ensejadores da prisão preventiva, mormente quando suas condições pessoais o favorecem, pois é primário e possui ocupação lícita. Precedentes citados do STF: HC 98.821-CE, DJe 16/4/2010; do STJ: HC 22.626-SP, DJ 3/2/2003. HC 155.665-TO, Rel. Min. Laurita Vaz, julgado em 2/9/2010.

Não restam dúvidas acerca da necessidade de concreta fundamentação para a decretação de eventual prisão cautelar.

Assim, diante de prisão preventiva, que tem natureza cautelar, não há que se falar em cumprimento antecipado da pena, de modo que uma das vias impeditivas para evitar a arbitrariedade e abusos é a exigência de fundamentação da medida cautelar em dados concretos, amparado na realidade e na real necessidade de sua decretação.

3.6 Testemunha, direito ao silêncio e *nemo tenetur se detegere*

STF, Pleno, Informativo nº 334

Deferido mandado de segurança impetrado contra ato da Comissão Parlamentar Mista de Inquérito – CPI do Banestado, pelo qual os impetrantes foram convocados a depor, na qualidade de testemunhas, apesar de já deferido, quanto a eles, requerimento de quebra de sigilo bancário, fiscal, telefônico e telemático. O Tribunal, embora salientando que *a garantia contra a autoincriminação é assegurada a todos os cidadãos*, considerou que, *ante o fato de os impetrantes estarem sendo objeto da própria investigação, não seria possível a sua oitiva como testemunhas, mas sim como investigados, devendo ser-lhes assegurado o direito de permanecerem calados, na hipótese de eventual autoincriminação*, além de obstaculizada a expedição de mandado de condução coercitiva. HC 83703/SP, rel. Min. Marco Aurélio, 17 e 18.12.2003. (HC-83703)

STF, Pleno, Informativo nº 184

A condição de testemunha não afasta a garantia constitucional do direito ao silêncio (CF, art. 5º, LXIII: "o preso será informado de seus direitos, entre os quais o de permanecer calado, sendo-lhe assegurada a assistência da família e de advogado"). Com esse entendimento, o Tribunal, confirmando a liminar concedida, deferiu *habeas corpus* para assegurar ao paciente – inicialmente convocado à CPI do Narcotráfico como indiciado –, na eventualidade de retornar à CPI para prestar depoimento, ainda que na condição de testemunha, *o direito de recusar--se a responder perguntas quando impliquem a possibilidade de autoincriminação*. HC 79.589-DF, rel. Min. Octavio Gallotti, 5.4.2000.

Em julgamento realizado pelo Plenário em dezembro de 2003, os Ministros ponderaram sobre pedido de *habeas corpus* proposto em favor de pacientes que se viram convocados a prestar depoimento na qualidade de testemunhas, portanto, sujeitos à prestação do compromisso de dizer a verdade, ainda que outrora tidos como investigados. Consideraram haver direto prejuízo ao disposto no artigo 5º, LXIII, da Magna Carta,[384] o qual garante, além do *direito ao silêncio*, a segurança que *nemo tenetur se detegere*.

O Ministro Relator Marco Aurélio aponta em suas razões que o compromisso da verdade está limitado à testemunha, pois caso esse se estendesse ao acusado seria "incompatível com a ordem jurídica em vigor".

Assim, prevalecendo o entendimento que os impetrantes figuravam como investigados, já tendo sido tomadas atitudes como quebra de sigilos, julgaram não ser possível que figurem como testemunhas, pondo em risco o cumprimento do direito ao silêncio e da não autoincriminação, e, nesse sentido, por unanimidade, concederam a ordem.

No Informativo nº 184, o Pleno do STF afirmou categoricamente que a condição de testemunha não afasta a garantia constitucional do direito ao silêncio, sendo possível que ela se recuse a responder as perguntas que possam incriminá-la.

STJ, Sexta Turma. Informativo nº 282

O desembargador relator da ação penal determinou a expedição de carta de ordem para inquirição de testemunhas, e o juiz da comarca designou dia para

---

[384] "Art. 5º – Todos são iguais perante a lei, sem distinção de qualquer natureza, garantindo-se aos brasileiros e aos estrangeiros residentes no País a inviolabilidade do direito à vida, à liberdade, à igualdade, à segurança e à propriedade, nos termos seguintes: (...) LXIII – o preso será informado de seus direitos, entre os quais o de permanecer calado, sendo-lhe assegurada a assistência da família e de advogado;"

audiência da oitiva. O impetrante sustenta, em HC, que o ordenamento jurídico brasileiro garante às testemunhas a prerrogativa contra a autoincriminação (CF, art. 5º, LXIII). Nesta instância, o Min. Relator entendeu que não se há de negar o direito das testemunhas de permanecer em silêncio relativamente à pergunta cuja resposta importe em autoincriminação. Com esse entendimento, *a Turma concedeu a ordem para declarar o direito do paciente de manter silêncio relativamente às perguntas cujas respostas importem em autoincriminação*, bem assim de se ver assistido por advogado. HC 57.419-BA, Rel. Min. Hamilton Carvalhido, julgado em 25/4/2006.

Havendo a possibilidade de a declaração da testemunha comprometer a sua defesa, de modo que a autoincrimine, o direito ao silêncio não lhe será negado, ou seja, se ao testemunhar o depoente se dê conta de que suas declarações poderão comprometê-lo, poderá fazer uso do direito ao silêncio sem que lhe traga prejuízo quanto ao compromisso de dizer a verdade.

Cumpre alertar, apenas, que *esse direito se restringe às respostas cujo conteúdo reflita na possível autoincriminação da testemunha*.

3.7 Exame pericial

STF, Segunda Turma, Informativo nº 330

Com base no princípio que concede ao réu o privilégio contra a autoincriminação, a Turma deferiu, em parte, *habeas corpus* para, mantendo medida liminar, assegurar a acusado da suposta prática do crime previsto no art. 14 da Lei 6.368/76 – cuja denúncia fora oferecida com base em provas obtidas por meio de escuta telefônica realizada pela Polícia Federal – *o direito de permanecer em silêncio em exame de perícia de confronto de voz*. No caso concreto, a citada perícia fora solicitada pela própria defesa, tendo sido requerida, no entanto, a reconsideração da decisão que determinara a submissão do paciente ao exame, após a exibição das fitas em rede de televisão, o que fora negado. *Considerou-se que, desde que assegurado ao paciente o exercício do direito ao silêncio, do qual deve ser formal e expressamente advertido, inexiste constrangimento ilegal na realização da perícia, uma vez que o juiz, entendendo necessária a produção da prova, pode, inclusive, ordená-la de ofício*. HC 83096/RJ, rel. Ellen Gracie, 18.11.2003.

Em sessão realizada em novembro de 2003, a Segunda Turma do STF analisou pedido de *habeas corpus* de réu acusado da prática de crime previsto no artigo 14 da Lei nº 6.368/76.

Consta que o réu seria submetido a exame pericial para que sua voz fosse analisada juntamente ao Instituto de Criminalística, afim de que se confrontasse com as gravações obtidas em inquérito policial.

Todavia, o impetrante alega que o extravio das informações, vindo inclusive a público em famosa emissora de televisão, teria feito com que perdesse a "confiança" em se submeter à analise e requereu a reconsideração para poder fazer uso do *direito ao silêncio* e, portanto, não realizar o exame.

A Ministra Ellen Gracie em seu voto aponta que: "O privilégio contra a autoincriminação, garantia constitucional, permite ao paciente o exercício do direito ao silêncio, não estando, por esta razão, obrigado a fornecer os padrões vocais necessários a subsidiar a prova pericial que entende lhe ser desfavorável".

Assim, apesar de entender que a reconsideração do pedido não poderia ser feita, haja vista o poder do juiz em requerer provas inclusive de ofício, com o fim de formar o seu livre convencimento, a Ministra entendeu que esse tipo específico de análise pericial estaria prejudicado, haja vista o direito ao silêncio clamado pelo réu, votando, assim, pela concessão em parcial do pedido, sendo seguida unanimemente pelos demais ministros.

3.8 Impossibilidade de regresso ao silêncio

STF, Segunda Turma, Informativo nº 613

A 2ª Turma indeferiu *habeas corpus* em que se alegava a ilicitude da prova juntada aos autos consistente na não advertência ao acusado de seu direito de permanecer calado. No caso, *o paciente concedera entrevista a jornal, na qual narrara o modus operandi de 2 homicídios a ele imputados*. Reputou-se que a Constituição teria conferido dignidade constitucional ao direito ao silêncio, dispondo expressamente que o preso deve ser informado pela autoridade policial ou judicial da faculdade de manter-se calado. *Consignou-se que o dever de advertir os presos e os acusados em geral de seu direito de permanecerem calados consubstanciar-se-ia em uma garantia processual penal que teria como destinatário precípuo o Poder Público.* Concluiu-se, entretanto, não haver qualquer nulidade na juntada da prova, entrevista concedida espontaneamente a veículo de imprensa. HC 99558/ES, rel. Min. Gilmar Mendes, 14.12.10.

Em sessão realizada no final de 2010, para julgamento de pedido de *habeas corpus* analisado pela Segunda Turma do STF, foi analisado o argumento da defesa de que o paciente não fora advertido de seu direito de permanecer em silêncio e, depois de conceder entrevista a veículo da mídia, teve a mesma juntada aos autos, tendo sido utilizada contra ele.

Assim, alegou que a sua falta de informação quanto ao direito ao silêncio lhe teria prejudicando, fazendo com que se autoincriminasse.

Isso teria atribuindo à prova o caráter ilícito. Requereu o desentranhamento da prova dos autos do processo.

O Ministro Gilmar Mendes defendeu em suas alegações de voto que, de fato, o direito ao silêncio é uma garantia constitucional que deve ser zelada, acrescentando que a Constituição "dispõe expressamente que o preso deve ser informado pela autoridade policial ou judicial da faculdade de manter-se calado".

O ministro ainda aduz outro ponto importante e decisivo de caráter complementar: "Dado doutrinal pacífico sobre o direito ao silêncio indica, igualmente, que ao acusado é facultado escolher entre uma intervenção ativa e o direito ao silêncio, mas tendo optado pela postura ativa o eventual regresso para uma opção em favor do direito ao silêncio não mais poderá ser considerada".

Após uma detalhada explanação, o Ministro expõe que o preso *deve ter o direito à informação de permanecer calado*, resguardado e, apontando decisões anteriores, acrescenta que muito se discutiu sobre qual momento seria o ideal para que se informasse ao preso do direito. Apontou que a Corte já se posicionara no sentido de que o réu deve ser informado pela autoridade policial ou judicial, tão logo ela cobre informações dele, e que a ausência da devida ciência ao preso atribui à prova o caráter de ilícita, que é inadmissível, devendo, portanto, ser desentranhada.

No entanto, o Ministro aponta que não entende ser o caso em tela, isso porque o réu teria *abdicado do direito ao silêncio, fazendo com que o regresso se tornasse impossível*. Sobrepôs que o convencimento do juiz não se faz por uma prova única e que cabe a ele a valoração do material colhido, quando "analisará sua idoneidade, e se houve mácula ou não em sua produção, bem como a pertinência de mantê-la ou removê-la do processo".

Com essa manifestação, o Ministro Gilmar Mendes apontou que o réu, ao abrir mão do direito de permanecer em silêncio, deve ter ciência de que o regresso de tal ato se faz inviável. Assim, após analisada as particularidade do caso, denegou a ordem, sendo acompanhado, sem embargos, pelos demais ministros.

STF, Primeira Turma, Informativo nº 141

Embora considerando a relevância constitucional do princípio que concede ao réu o direito ao silêncio, inscrito no art. 5º, LXIII, da CF (" O preso será informado de seus direitos, entre os quais o de permanecer calado, sendo-lhe assegurada a assistência da família e do advogado".), a Turma indeferiu pedido de *habeas corpus* impetrado em favor de acusado que, *abdicando do direito de permanecer calado, escolhera o caminho da intervenção ativa que não admite a volta à escolha do silêncio e nem às prerrogativas iniciais dela.* Precedentes citados: HC 75.616-SP (DJU de 14.11.97); HC 77.135-SP (DJU de 6.11.98 e Informativo 122); HC 75.257-RJ (DJU de 20.8.97). HC 78.708-SP, rel. Min. Sepúlveda Pertence. 9.3.99.

Como abordado acima, vemos neste julgado mais remoto, datado de 1999 e analisado pela Primeira Turma do STF, que *o regresso ou abdicação ao direito de permanecer em silêncio não se perfaz possível.*

Sob a mesma ótica, a Turma, ao examinar o *habeas corpus* em questão, votou pela não concessão da benesse, haja vista que o réu optou deliberadamente em atuar de forma ativa, rompendo com a faculdade constitucional que lhe fora garantida, isto é, o direito ao silêncio. Não sendo possível o direito de regresso dos atos nesse caso, a Turma por unanimidade indeferiu o pedido.

3.9 Produção deliberada de informações inverídicas em juízo

STJ, Quinta Turma, Informativo nº 395

A perícia constatou que o primeiro denunciado, com a conivência do segundo, falsificou parte de carta, assinando-a dois anos após a data declarada no documento, com o fim de ela ser utilizada como prova em ação de cobrança de honorários de intermediação de imóvel e outra avença proposta contra espólio, na pessoa de seus herdeiros. O primeiro denunciado, subscritor da carta, ao ser arrolado como testemunha pelo comparsa na ação de cobrança, declarou expressa e falsamente que assinou o documento logo em seguida à elaboração do contrato. Diante disso, destaca o Min. Relator que, nessa hipótese, o falso testemunho não foi utilizado para evitar a autoincriminação, mas constitui conduta típica de testemunha com intuito deliberado de produzir prova falsa em conluio com o autor da ação originária. Assim, *ainda que acidentalmente, essas afirmações possam acarretar-lhe eventual autoincriminação, o princípio constitucional nemo tenetur se detegere, disposto no art. 5º, LXIII, da CF/1988, não alcança aqueles que comparecem em juízo com o propósito deliberado de produzir provas falsas contra terceiros.* Com esse entendimento, a Turma denegou a ordem. HC 98.629-SC, Rel. Min. Felix Fischer, julgado em 21/5/2009.

Em sessão realizada em maio de 2009, a Quinta Turma do STJ decidiu sobre pedido de *habeas corpus* em que o impetrante alegava que produziu informações inverídicas em juízo, figurando como testemunha, para evitar a sua autoincriminação, pois estava envolvido na prática delitiva.

Referente ao *habeas corpus* impetrado, o Ministro Felix, juntamente com a Quinta Turma, apontou que: "(...) o princípio constitucional *nemo tenetur se detegere*, insculpido no art. 5º, LXIII, da *Lex Fundamentalis*, não alcança aqueles que comparecem em juízo com o propósito deliberado de produzir, falsamente, prova contra terceiros, ainda que, neste propósito, possam, acidentalmente, auto-incriminarem-se".

No entendimento dos Ministros, a testemunha teria comparecido em juízo *com a finalidade explícita de prejudicar terceiros*, assim, denegou-se, por unanimidade, a ordem.

3.10 Raios X

STJ, Sexta Turma, Informativo nº 468

Uma das questões suscitadas pela defesa no *writ* afirma a ilegalidade da prova produzida, sob o fundamento de que a submissão dos pacientes ao exame de raios x, a fim de constatar a ingestão de cápsulas de cocaína, ofende o princípio segundo o qual ninguém pode ser compelido a produzir prova contra si (*nemo tenetur se detegere*). *A Turma entendeu que não houve violação do referido princípio, uma vez que não ficou comprovada qualquer recusa na sujeição à radiografia abdominal; ao contrário, os pacientes teriam assumido a ingestão da droga, narrando, inclusive, detalhes da ação que culminaria no tráfico internacional do entorpecente. Ressaltou que os exames de raios x não exigiram qualquer agir ou fazer por parte dos pacientes, tampouco constituíram procedimentos invasivos ou até mesmo degradantes que pudessem violar seus direitos fundamentais, acrescentando, ainda, que a postura adotada pelos policiais não apenas acelerou a colheita da prova, como também visou à salvaguarda do bem jurídico vida, já que o transporte de droga de tamanha nocividade no organismo pode ocasionar a morte.* Assim, a Turma, entre outras questões, denegou a ordem. HC 149.146-SP, Rel. Min. Og Fernandes, julgado em 5/4/2011.

A Sexta Turma do STJ, em julgamento realizado em abril de 2011, analisou *habeas corpus* mediante o qual se alegava violação ao princípio da não autoincriminação, em razão de os pacientes terem sido submetidos a exames de raios X, a fim de comprovar a ingestão de cápsulas de cocaína, produzindo provas contra si mesmos.

O Ministro relator, Og Fernandes, apontou que os exames de raios X *não são procedimentos invasivos ou degradantes*. Entendeu não haver afronta aos direitos fundamentais, uma vez que o zelo maior é o bem-estar social, e que a intervenção estatal demonstra verdadeiro cuidado *em resguardar a vida dos pacientes*, haja vista o risco que se submeteram em transportar elevado grau de drogas nos abdomens.

Mencionou ainda trecho da decisão do juízo de primeiro grau que diz: "O princípio que veda seja alguém compelido a produzir prova contra si próprio consubstanciado no brocado latino *nemo tenetur se detegere*, diz respeito à impossibilidade de coagir alguém a performar atitude positiva em seu desfavor. É evidente que ninguém pode ser obrigado a fazer algo que o incrimine, mas isso não quer dizer, em absoluto, que não possa suportar investigação contra si, caso contrário não seriam possíveis revistas pessoais, buscas e apreensões, ou mesmo máquinas de raio-x em aeroporto". Ademais, não ficou comprovada qualquer recusa à sujeição aos exames de raios X. Nesse sentido, a Turma unanimemente denegou a ordem.

3.11 Falsa identidade

STJ, Sexta Turma, Informativo nº 462

A paciente foi presa em flagrante pela suposta prática de delitos previstos nas Leis ns. 11.343/2006 e 10.826/2003, mas o MP somente a denunciou pelo pretenso cometimento do crime previsto no art. 307 do CP, visto que ela, na delegacia de polícia, declarou chamar-se por nome que, em realidade, não era o seu, mas sim de sua prima, tudo a demonstrar que almejava encobrir seus antecedentes criminais. Contudo, *este Superior Tribunal já firmou que a conduta de declarar nome falso à autoridade policial é atípica, por inserir-se no exercício do direito de autodefesa consagrado na CF, o que levou a Turma a absolvê-la da imputação.* Precedentes citados: HC 153.264-SP, DJe 6/9/2010, e HC 81.926-SP, DJe 8/2/2010. HC 145.261-MG, Rel. Min. Celso Limongi (Desembargador convocado do TJ-SP), julgado em 8/2/2011.

STJ, Sexta Turma, Informativo nº 487

A Turma, *após recente modificação de seu entendimento, reiterou que a apresentação de documento de identidade falso no momento da prisão em flagrante caracteriza a conduta descrita no art. 304 do CP* (uso de documento falso) e não constitui um mero exercício do direito de autodefesa. Precedentes citados STF: HC 103.314-MS, DJe 8/6/2011; HC 92.763-MS, DJe 25/4/2008; do STJ: HC 205.666-SP, DJe 8/9/2011. REsp 1.091.510-RS, Rel. Min. Maria Thereza de Assis Moura, julgado em 8/11/2011.

STJ, Quinta Turma, Informativo nº 488

(...) Conclui-se, assim, inexistir qualquer constrangimento ilegal suportado pelo paciente uma vez que *é típica a conduta daquele que à autoridade policial apresenta documentos falsos no intuito de ocultar antecedentes criminais negativos e preservar sua liberdade.* HC 151.866-RJ, Rel. Min. Jorge Mussi, julgado em 1º/12/2011.

Em fevereiro de 2011, a Sexta Turma do STJ analisou pedido de *habeas corpus* proposto em favor da paciente acusada de ter fornecido nome falso à polícia, quando presa em flagrante. Vinha sendo reiterado o posicionamento dessa Corte de que o fornecimento de nome falso à autoridade policial responderia como forma de *autodefesa*, figurando aqui o *princípio da não autoincriminação*, como bem observou o ministro Celso Limongi: "O clima dos autos está a demonstrar que ela, ao fornecer nome falso à autoridade policial, o fez para esconder os antecedentes criminais. Em outras palavras, agira em exercício do direito de autodefesa, previsto no artigo 5º, inciso LXII, da Constituição Federal". A Turma, de modo unânime, concedeu a ordem, absolvendo a paciente do crime imputado.

À época, e de acordo com a Segunda Turma do STF, diferenciava-se o crime de falsa identidade (art. 307 do CP[385]) do uso de documento falso (art. 304, do CP[386]), para fins de configuração do exercício da autodefesa. No Informativo nº 628, a decisão do STF foi no sentido da impossibilidade de se alegar a autodefesa, como causa de exclusão da antijuridicidade da conduta no crime de uso de documento falso. A Segunda Turma do STF assim decidiu: "Na espécie, a defesa alegava que o paciente apresentara Registro Geral falsificado a policial a fim de ocultar sua condição de foragido, o que descaracterizaria o referido crime. Inicialmente, reconheceu-se que o princípio da autodefesa tem sido aplicado em casos de delito de falsa identidade (CP, art. 307). Ressaltou-se, entretanto, que *não se confundiria o crime de uso de documento falso com o de falsa identidade*, porquanto neste último não haveria apresentação de qualquer documento, mas tão-somente a alegação falsa quanto à identidade".

Ocorre que esse posicionamento mudou nas Cortes Superiores, quando o STF conferiu *status* da repercussão geral ao tema, no RE nº 640.139 RG/DF. *In verbis:* "O princípio constitucional da autodefesa (art. 5º, inciso LXIII, da CF/88) não alcança aquele que atribui falsa identidade perante autoridade policial com o intento de ocultar maus antecedentes, sendo, portanto, típica a conduta praticada pelo agente (art. 307 do CP)". Portanto, *atualmente a jurisprudência do STF não aplica o princípio nos crimes de falsa identidade e de uso de documento falso.*

---

[385] "Art. 307 – Atribuir-se ou atribuir a terceiro falsa identidade para obter vantagem, em proveito próprio ou alheio, ou para causar dano a outrem: Pena – detenção, de três meses a um ano, ou multa, se o fato não constitui elemento de crime mais grave."
[386] "Art. 304 – Fazer uso de qualquer dos papéis falsificados ou alterados, a que se referem os arts. 297 a 302: Pena – a cominada à falsificação ou à alteração."

Para uniformizar os julgados, e aderindo à novel posição do STF, as Turmas do STJ hodiernamente entendem que a apresentação de documento de identidade falso no momento da prisão em flagrante não é exercício do direito à autodefesa, configurando a hipótese do artigo 304 do CP. A tendência é que a atribuição de identidade falsa (art. 307 do CP) também siga as mesmas regras, caso observado o teor do que foi decidido pelo STF em repercussão geral.

4 Os princípios da presunção de inocência e da não autoincriminação em concursos públicos

1. Parte da doutrina manifesta-se contrariamente à expressa previsão legal de cabimento da condução coercitiva determinada para simples interrogatório do acusado, como corolário do direito ao silêncio. (CESPE/DPU/2010)

Gabarito: **Certo**. Considerou-se que há posicionamento doutrinário nesse sentido, uma vez que o interrogatório como meio de defesa faculta ao réu o silêncio. A possibilidade de não comparecer ao interrogatório é o corolário desse direito, sendo uma estratégia correlata de defesa. Se o réu não tem o dever de falar, então não terá o de comparecer, pois não há sentido em obrigar alguém à presença, quando nada irá dizer. Vide art. 5, LXIII, da CRFB/88: "o preso será informado de seus direitos, entre os quais o de *permanecer calado*, sendo-lhe assegurada a assistência da família e de advogado".

2. Em homenagem ao princípio da presunção da inocência, constitucionalmente previsto, para que ocorra regressão, isto é, passagem de regime menos severo ao mais rigoroso, fundada na prática de novo crime, exige a Lei de Execuções Penais a condenação com trânsito em julgado. (CESPE/TRF5/2007)

Gabarito: **Errado**. Art. 118 da LEP: "A execução da pena privativa de liberdade ficará sujeita à forma regressiva, com a transferência para qualquer dos regimes mais rigorosos, quando o condenado: I – praticar fato definido como crime doloso ou falta grave;" Informativo nº 546, STF: "A Turma indeferiu habeas corpus impetrado contra acórdão do STJ, que assentara a desnecessidade de nova sentença com trânsito em julgado para a regressão de regime, bastando a instauração de ação penal relativamente à prática de outro crime. Na espécie, durante a execução da pena por roubo qualificado, o paciente evadira-se do presídio, sendo posteriormente acusado pela prática de novos delitos de roubo qualificado e de quadrilha. O juiz da execução, contudo, não reconhecera a ocorrência de falta grave, o que ensejara recurso do Ministério Público estadual, denegado. Contra essa decisão, o parquet interpusera recurso especial, o qual fora provido para determinar a realização de audiência de justificação (LEP, art. 118, §2º), para fins de regressão de regime. Pleiteava-se, sob o argumento de ofensa ao princípio constitucional da presunção de inocência, a cassação do referido acórdão do STJ. Asseverou-se que a tese adotada pelo Tribunal a quo estaria em consonância com a jurisprudência firmada pelo Supremo e que, ademais, a LEP não exige o trânsito em julgado de sentença condenatória para a regressão de regime, sendo suficiente, para tanto, que o condenado tenha praticado fato definido como crime doloso".

3. Réu primário e com bons antecedentes foi preso em flagrante e depois denunciado por infração ao artigo 157, §2, I e II do Código Penal. Durante o transcurso do processo foi deferido o pedido de liberdade provisória. A sentença condenatória impôs a pena de seis anos de reclusão e 15 (quinze) dias, multa no valor mínimo legal e determinou a imediata expedição de mandado de prisão, isto é, não permitindo que ele recorresse em liberdade.
Faça uma análise crítica da posição do Juiz sentenciante, que determinou a pronta prisão do condenado. (TJ-RJ/2006)

Indicações: Considerando o tema deste capítulo, o candidato deverá discorrer sobre o princípio da presunção da inocência e acerca da vedação à execução antecipada da pena. O deferimento do pedido de liberdade provisória indica que não estavam presentes os requisitos da prisão preventiva. A questão não indica nenhum fato novo a tornar necessária a prisão cautelar.

CAPÍTULO XVI

PRINCÍPIOS DO JUIZ NATURAL E DO PROMOTOR NATURAL

1 Apontamentos sobre os princípios do juiz natural e do promotor natural

O *princípio do juiz natural* proíbe que julgamentos sejam realizados em tribunais de exceção, que são aqueles criados para apreciar fatos pretéritos. Exige também que o juiz tenha a sua competência definida antes do fato.[387] No direito brasileiro, portanto, os órgãos do Poder Judiciário devem julgar apenas fatos futuros e de acordo com as regras de competência constitucionalmente estipuladas. Essa regra será observada mesmo diante da criação superveniente de justiça especializada, cuja competência não poderá retroagir para abarcar fatos pretéritos.[388]

Há respeito ao juiz natural quando é possível prever o âmbito de atuação de cada órgão do Poder Judiciário, de modo que a organização fixa dos tribunais impeça a existência de um juízo *ex post factum*. O juiz natural é aquele competente para julgar determinado fato. Nesse sentido, diz Grandinetti Castanho de Carvalho: "Daí se destacam dois elementos indispensáveis: a anterioridade e a legalidade da criação do órgão judicial, dos quais decorrem a vedação da avocação de causas".[389]

---

[387] OLIVEIRA, Eugênio Pacelli de. *Curso de Processual Penal*, p. 33.
[388] CARVALHO, L. G. Grandinetti Castanho de. *Processo Penal e Constituição*: princípios constitucionais do processo penal, p. 117.
[389] *Ibid.*, p. 116.

É possível, por meio desse princípio, conferir a todas as pessoas o mesmo tratamento jurisdicional, ao estabelecer as regras de atuação dos juízes. Vincula-se assim o juiz natural com o *princípio da isonomia*.[390] Alguns autores defendem a existência do *princípio do promotor natural*, que determina o estabelecimento prévio das atribuições dos membros do *parquet*, as quais devem ser definidas em lei, sendo necessária prévia correspondência do promotor de justiça ou do procurador da república com o órgão de atuação do Ministério Público, nos termos dos artigos 175 da Lei Complementar Estadual nº 106/03, e 48 da Lei Complementar nº 28/93.[391]

A modificação da atribuição de um promotor só é permitida com a sua concordância.[392] Essa assertiva decorre da independência funcional do cargo, conforme previsto no artigo 127, §1º, da CRFB/88,[393] que, junto com a garantia constitucional da inamovibilidade (art. 128, §5º, I, "b", da CRFB/88), é o corolário lógico do princípio do promotor natural.[394] Resguardam-se, desse modo, as atribuições dos membros do Ministério Público de mudanças oportunistas ou políticas,[395] permitindo ampla liberdade para a defesa da sociedade. Evita-se, com essa medida, que promotores de exceção ou de encomenda sejam designados para adotarem uma postura institucional subserviente à cúpula ministerial.[396]

---

[390] *Loc. cit.*

[391] "Art. 48 – Junto a cada órgão judiciário perante o qual atue o Ministério Público, haverá um ou mais órgãos deste último. Parágrafo único – Poderá haver um mesmo órgão do Ministério Público para corresponder a mais de um órgão judiciário cível. Art. 175 – Os artigos da Lei Complementar n.º 28, de 21 de maio de 1982, que cuidam das atribuições dos órgãos de execução do Ministério Público, permanecerão em vigor até a edição das Resoluções que dispuserem sobre as novas atribuições."

[392] "Art. 24, da Lei 8.625/93. O Procurador-Geral de Justiça poderá, com a concordância do Promotor de Justiça titular, designar outro Promotor para funcionar em feito determinado, de atribuição daquele."

[393] "§1º – São princípios institucionais do Ministério Público a unidade, a indivisibilidade e a independência funcional."

[394] RANGEL, Paulo. *Direito Processual Penal*, p. 35-36: "A inamovibilidade não pode ser vista apenas sob o enfoque geográfico, territorial, do membro do Ministério Público, ou seja, o poder do Procurador Geral (ou de qualquer outra autoridade) de retirá-lo desse ou daquele órgão de execução, mas sim, e, principalmente, sob o ponto de vista de respeito às suas atribuições legais."

[395] LIMA, Marcellus Polastri. *Curso de Processo Penal*, p. 47.

[396] CARVALHO, L. G. Grandinetti Castanho de. *Processo Penal e Constituição*: princípios constitucionais do processo penal, p. 120.

2 O conceito na doutrina

As regras do *juiz natural* dizem respeito às determinações constitucionais acerca da jurisdição brasileira, no âmbito da competência *em razão da matéria e em razão da prerrogativa de função*, bem como da proibição do *juiz ou tribunal de exceção*, conseqüência óbvia do princípio da *impessoalidade* que subordina as relações Estado/administrado, e, assim, também, Estado/jurisdicionado.[397] (Eugênio Pacelli de Oliveira)

Dentro da Jurisdição competente, pode o legislador ordinário estabelecer normas destinadas a regular a distribuição do poder jurisdicional entre os órgãos que componham cada uma dessas justiças, mas não lhe é lícito atribuir a uma outra a competência para o processo e julgamento de infrações penais desrespeitando a prévia demarcação constitucional que separa as funções das justiças especiais e da justiça comum. Além disso, não pode a lei criar órgãos jurisdicionais nem designar magistrados especiais para o julgamento de pessoas ou fatos determinados.[398] (Julio Fabrini Mirabete)

(...) o STJ já decidiu que a designação de promotor em fase anterior à ação penal, não viola o princípio. Tampouco a sua atuação concomitante com o promotor da vara para a qual o inquérito ou a ação penal foram distribuídos. O mesmo assentou quanto à atuação conjunta de dois promotores, em auxílio. O promotor natural é aquele ou são aqueles designados legitimamente para atuação nos processos que lhes competirem.[399] (L. G. Grandinetti Castanho de Carvalho)

3 Os princípios do juiz natural e do promotor natural na jurisprudência do STF e do STJ

3.1 Juízes convocados

STF, Pleno, Informativo nº 609

São válidos os julgamentos realizados pelos tribunais com juízes convocados, ainda que estes sejam maioria na sua composição. Ao reafirmar esse entendimento, o Plenário desproveu, em votação majoritária, recurso extraordinário no qual alegada a ofensa aos princípios do juiz natural e do duplo grau de jurisdição

---

[397] OLIVEIRA, Eugênio Pacelli de. *Curso de Processual Penal*, p. 36. Grifos do autor.
[398] MIRABETE, Julio Fabrini. *Processo Penal*, p. 29.
[399] CARVALHO, L. G. Grandinetti Castanho de. *Processo Penal e Constituição*: princípios constitucionais do processo penal, p. 120.

na convocação de juízes federais para integrarem colegiado do Tribunal Regional Federal respectivo. Inicialmente, enfatizou-se que *a Constituição passou a prever, como um dos direitos e garantias fundamentais inscritos no seu art. 5º, a duração razoável do processo* (LXXVIII). Em seqüência, consignou-se que, no caso especifico dos Tribunais Regionais Federais, *haveria norma a permitir essa convocação de juízes federais ou de juízes federais substitutos, em caráter excepcional, quando o acúmulo de serviço o exigisse (Lei 9.788/99, art. 4º). Afastou-se, desse modo, o argumento de transgressão ao princípio do juiz natural, por não se tratar de um juízo ad hoc.* Verificou-se, por fim, a obediência aos princípios do contraditório, da ampla defesa, do duplo grau de jurisdição e do devido processo legal. Vencido o Min. Marco Aurélio que provia o recurso por reputar ter havido verdadeira clonagem, haja vista que a convocação somente seria cabível na hipótese de substituição. RE 597133/RS, rel. Min. Ricardo Lewandowski, 17.11.2010.

Em novembro de 2010, o Pleno do Supremo Tribunal Federal decidiu que o julgamento de apelação por órgão composto *majoritariamente* por juízes convocados não viola o *princípio do juiz natural*.[400] Seguem os fundamentos utilizados pela Corte:
a) a composição dos tribunais com juízes convocados confere celeridade aos julgamentos, sendo necessários em razão da excessiva quantidade de processos. Portanto, essa medida torna eficaz a previsão constitucional da *duração razoável do processo*, conforme disposto no artigo 5º, inciso LXXVIII, da CRFB/88;[401]
b) há previsão legal para essa convocação dos juízes federais no artigo 4º da Lei nº 9.788/99.[402] Não há juízo *ad hoc*, pois essas convocações foram realizadas após a existência dessa norma. Ademais, a distribuição dos processos é feita aleatoriamente.

Segundo o Ministro Relator Ricardo Lewandowski, "o âmago teleológico do princípio do juiz natural consiste na estrita prevalência de um julgamento imparcial e isonômico para as partes, levado a cabo por magistrados togados, independentes e regularmente investidos em seus cargos". O seu sentido é respeitado nas convocações dos juízes

---

[400] Atualmente, o STJ também já está seguindo esse posicionamento do STF, como é possível verificar no seu Informativo, de junho de 2011.
[401] "Art. 5º, LXXVIII – a todos, no âmbito judicial e administrativo, são assegurados a razoável duração do processo e os meios que garantam a celeridade de sua tramitação."
[402] "Art. 4º. Os Tribunais Regionais Federais poderão, em caráter excepcional e quando o acúmulo de serviço o exigir, convocar Juízes Federais ou Juízes Federais Substitutos, em número equivalente ao de Juízes de cada Tribunal, para auxiliar em Segundo Grau, nos termos de resolução a ser editada pelo Conselho da Justiça Federal."

federais, pois há previsão legal. Ademais, essa medida consagra o valor constitucional da razoável duração do processo. Ao se referir a esse princípio, afirma que "os direitos e garantias fundamentais, segundo dispõe o §1º, do art. 5º da Magna Carta, tem 'aplicação imediata'. (...) Esse novo direito fundamental guarda íntima relação com outros princípios abrigados na Lei Maior, a exemplo do postulado da dignidade humana e da eficiência da administração pública, cujo cumprimento não pode ser postergado a nenhum pretexto". Afirmou que ainda há previsão legal na Lei Orgânica da Magistratura, em seu artigo 118.[403]

O Ministro Marco Aurélio foi voto vencido, admitindo apenas a convocação em substituição, mas não a de sobreposição, isto é, aquela que aumenta o número de juízes na composição do tribunal (ex.: tribunal composto de quarenta juízes integrantes e mais quarenta juízes convocados).

3.2 Especialização de vara

STF, Segunda Turma, Informativo nº 565

O Ministério Público de primeira instância é parte legítima para impetrar, perante o STF, habeas corpus no interesse da acusação. Com base nesse entendimento, a Turma, preliminarmente, conheceu de habeas corpus em que o Ministério Público do Estado do Rio Grande Norte questionava a especialização, por meio de resolução, de vara do tribunal local. Quanto ao mérito, indeferiu-se o writ, reportando-se ao que decidido no HC 85060/PR (DJE de 13.2.2009) – no qual se assentara que a mencionada especialização *não afronta o princípio do juiz natural, porquanto a distribuição de competência por natureza de feitos não é matéria alcançada pela reserva da lei em sentido estrito, mas apenas pelo princípio da legalidade afirmado no art. 5º, II, da CF.* HC 91509/RN, rel. Min. Eros Grau, 27.10.2009.

Em julgamento do ano de 2009, a Segunda Turma do Supremo Tribunal Federal entendeu que a *especialização de varas e a atribuição de competência por natureza de feitos* pode ser fixada por *resolução do Poder Judiciário*, sem violar o princípio do juiz natural, pois essa matéria não está regida pela reserva de lei em sentido estrito, mas sim pelo princípio da legalidade, ou seja, o Poder Judiciário, no exercício do seu

---

[403] "Art. 118. Em caso de vaga ou afastamento, por prazo superior a 30 (trinta) dias, de membro dos Tribunais Superiores, dos Tribunais Regionais, dos Tribunais de Justiça e dos Tribunais de Alçada, (Vetado) poderão ser convocados Juízes, em Substituição (Vetado) escolhidos (Vetado) por decisão da maioria absoluta do Tribunal respectivo, ou, se houver, de seu Órgão Especial:"

poder normativo, estabelece o juiz natural. É matéria que diz respeito à organização judiciária dos tribunais. Tema esse que não está restrito ao campo da incidência da lei em sentido estrito. Há, assim, previsão normativa suficiente para o afastamento do juízo *ad hoc*.

3.3 Ministério Público, *habeas corpus* e incompetência absoluta

STF, Primeira Turma, Informativo nº 528

Em conclusão de julgamento, a Turma, por maioria, não conheceu de habeas corpus impetrado pelo Ministério Público do Estado do Rio Grande do Norte em que requerida, ante disposição da Constituição Estadual e da lei de organização judiciária, a declaração de incompetência absoluta de vara criminal para julgamento dos pacientes. A impetração sustentava a inconstitucionalidade formal da resolução do tribunal de justiça que fixou a competência da vara, haja vista a contrariedade com a Constituição potiguar (art. 72, IV, a) e com o princípio da reserva legal – v. Informativo 495. Assentou-se *a ilegitimidade do Ministério Público para postular o reconhecimento de incompetência de juízo, por intermédio de habeas corpus, quando não manifesto o interesse da defesa*. Ressaltou-se que, apesar de a resolução questionada haver sido revogada, os novos diplomas normativos não prejudicariam o mérito do writ, uma vez que somente atribuíram idêntica competência a outras varas, além daquela em que julgado o paciente. Considerou-se que *a alegação de ilegalidade na resolução que conferiu competência a determinado juízo constituiria iniciativa exclusiva da defesa, pois somente caberia a ela argüi-la em benefício do réu*. Ademais, entendeu-se que se admitir a possibilidade de o parquet, que atua como parte no processo penal, impetrar habeas corpus em hipóteses como estas violaria o princípio do devido processo legal, com prejuízo para o exercício da ampla defesa. Vencido o Min. Marco Aurélio, que reputava o Ministério Público parte legítima para esta impetração, porquanto estaria em jogo o princípio do juiz natural relativamente a processo-crime que poderia desaguar no cerceio à liberdade de ir e vir dos pacientes. HC 91510/RN, rel. Min. Ricardo Lewandowski, 11.11.2008.

A Primeira Turma do STF, por maioria, decidiu que o Ministério Público *não possui legitimidade* para impetrar *habeas corpus* com pretensão que favoreça a acusação. Somente poderá utilizar dessa ação impugnativa autônoma quando for manifestamente defender a liberdade do paciente. Assim, o *princípio do juiz natural* deve ser defendido pela acusação em via processual adequada, sob pena de restar maculado o devido processo legal e a ampla defesa.

3.4 Turmas recursais e competência em matéria criminal

STF, Primeira Turma, Informativo nº 528

A Turma negou provimento a recurso extraordinário em que se discutia se as Turmas Recursais do Tribunal de Justiça do Estado de Santa Catarina seriam competentes para processar e julgar recursos em matéria criminal, inclusive habeas corpus, em decorrência da edição de resolução daquela Corte. O recorrente alegava ofensa ao princípio do juiz natural e a configuração de juízo de exceção, haja vista a inexistência de legislação estabelecendo competência criminal àquelas turmas recursais. (...) *Entendeu-se que a citada resolução do tribunal local apenas regulamentara a atuação das turmas recursais dos juizados especiais cíveis que já existiam anteriormente à Lei 9.099/95, por força da Lei Complementar estadual 77/93. Enfatizou-se que, considerando a necessidade de as causas criminais envolvendo delitos de menor potencial ofensivo ser processadas de acordo com o rito da Lei 9.099/95 e tendo em vista que não sobreviera nova lei estadual no prazo definido no art. 95 dessa mesma lei, o tribunal de justiça, observando os princípios constitucionais e legais que determinaram a criação dos juizados de pequenas causas, declarara que os juizados especiais e as turmas recursais julgariam também causas criminais, e não apenas cíveis.* Dessa forma, asseverou-se que *não faria sentido* exigir daquele Estado-membro outra lei para dispor sobre o que previsto na Lei 9.099/95. Concluiu-se que seria legítima, portanto, *a resolução do tribunal que, pautada nos objetivos da Lei 9.099/95 e com base nos já existentes juizados especiais, regulamentou o julgamento das causas criminais por aqueles órgãos*. RE 463560/SC, rel. Min. Joaquim Barbosa, 29.4.2008.

Os Juizados Especiais e as Turmas Recursais foram criados em Santa Catarina por lei complementar anterior à edição da Lei nº 9.099/95. Quando esta lei passou a viger, a exigência da criação dos referidos órgãos *já estava atendida* por esse Estado. Ocorre que a lei complementar estadual *previu apenas a competência cível para as Turmas Recursais*. Ultrapassado o prazo de seis meses, previsto pelo artigo 95, da Lei nº 9.099/95,[404] sem a superveniência de lei estadual prevendo a competência criminal das Turmas, o Tribunal de Justiça do Estado de Santa Catarina editou resolução declarando a competência criminal delas.

Nessa trilha, a Segunda Turma do STF, em julgamento do ano de 2008, decidiu que essa resolução do Tribunal de Justiça não fere o *princípio do juiz natural*, pois a Turma Recursal foi criada por meio de lei complementar. O que a resolução fez foi apenas regulamentar a atuação das Turmas Recursais dos Juizados Especiais Cíveis, declarando também a sua competência criminal.

---

[404] "Art. 95. Os Estados, Distrito Federal e Territórios criarão e instalarão os Juizados Especiais no prazo de seis meses, a contar da vigência desta Lei."

3.5 Princípio do promotor natural

STF, Segunda Turma, Informativo nº 511

A Turma indeferiu habeas corpus em que denunciado – a partir de investigações procedidas na denominada "Operação Anaconda" – pela suposta prática do crime de corrupção ativa (CP, art. 333) pleiteava a nulidade de procedimento que tramitara perante o TRF da 3ª Região, sob o argumento de ofensa ao princípio do promotor natural (CF, artigos 5º, LIII; 127, §1º e 128, §5º, b), bem como de violação a regras contidas no Código de Processo Penal e em portarias da Procuradoria Regional da República da respectiva região. Inicialmente, asseverou-se que, *conforme a doutrina, o princípio do promotor natural representa a impossibilidade de alguém ser processado senão pelo órgão de atuação do Ministério Público dotado de amplas garantias pessoais e institucionais, de absoluta independência e liberdade de convicção, com atribuições previamente fixadas e conhecidas*. Entretanto, *enfatizou-se que o STF, por maioria de votos, refutara a tese de sua existência* (HC 67759/RJ, DJU de 1º.7.93) *no ordenamento jurídico brasileiro*, orientação essa confirmada, posteriormente, na apreciação do HC 84468/ES (DJU de 20.2.2006). Considerou-se que, mesmo que eventualmente acolhido o mencionado princípio, no presente caso não teria ocorrido sua transgressão. HC 90277/DF, rel. Min. Ellen Gracie, 17.6.2008. (HC-90277). Entendeu-se *que todo o procedimento, desde sua origem até a instauração da ação penal perante o STJ observara os critérios previamente impostos de distribuição de processos na Procuradoria Regional da República da 3ª Região, sem que houvesse designação casuística ou criação de "acusador de exceção"*. (...) concluiu-se que as portarias em vigor na ocasião em que o inquérito passara a transitar perante o TRF da 3ª Região respaldaram a estrita transparência e respeito às normas existentes quanto aos critérios objetivos de atribuição dos procedimentos aos órgãos de atuação do Ministério Público Federal perante aquela Corte. HC 90277/DF, rel. Min. Ellen Gracie, 17.6.2008.

Para compreender a evolução do pensamento do STF acerca do princípio do promotor natural, faz-se indispensável a análise desse informativo. Nele, a Corte menciona, por maioria, *a inexistência desse princípio* no ordenamento jurídico brasileiro.

No entanto, considerou-se que no caso "todo o procedimento, desde a sua origem até a instauração da ação penal perante o STJ observara os critérios previamente impostos de distribuição de processos na Procuradoria Regional da República da 3ª Região, sem que houvesse designação casuística ou criação de 'acusador de exceção'". Logo, a Segunda Turma do STF, neste julgado, apesar de salientar que a sua jurisprudência não reconhece o princípio, decidiu que *o procedimento do caso foi realizado sem o estabelecimento do acusador de exceção*. Portanto, não haveria ofensa ao *princípio do promotor natural*, se ele fosse admitido pela Suprema Corte.

Vejamos então qual o raciocínio explanado sobre esse princípio. Salientou-se, primeiramente, que parte da doutrina o extrai do sistema constitucional, especificamente dos artigos 5º, LIII,[405] 127, §1º,[406] e 128, §5º, "b",[407] da Magna Carta de 1988. A garantia do promotor natural, portanto, reside na proteção do indivíduo diante da atuação de uma *autoridade incompetente* – apesar de o promotor possuir atribuição, e não competência –, interpretada de modo amplo na *independência funcional* e na *inamovibilidade* dos integrantes do *parquet*.

Nesse sentido e com base na doutrina de Fernando Capez, a Corte adotou o seguinte conceito: "o princípio do promotor natural representa a impossibilidade de alguém ser processado senão pelo órgão de atuação do Ministério Público dotado de amplas garantias pessoais e institucionais, de absoluta independência e liberdade de convicção, com atribuições previamente fixadas e conhecidas".

Ocorre que no Informativo nº 613 do STF (HC nº 102147/GO) foi veiculada decisão monocrática do Ministro Celso de Mello, que disse ser *o promotor natural imanente ao sistema constitucional brasileiro*.

STF, Decisão Monocrática, Informativo nº 613

Promotor Natural – Opiniões Colidentes (Transcrições) HC 102147/GO* RELATOR: Min. Celso de Mello EMENTA: *PROMOTOR NATURAL. POSTULADO QUE SE REVELA IMANENTE AO SISTEMA CONSTITUCIONAL BRASILEIRO. A DUPLA VOCAÇÃO DESSE PRINCÍPIO: ASSEGURAR, AO MEMBRO DO MINISTÉRIO PÚBLICO, O EXERCÍCIO PLENO E INDEPENDENTE DE SEU OFÍCIO E PROTEGER O RÉU CONTRA O ACUSADOR DE EXCEÇÃO* (RTJ 150/123-124). (...) Sustenta-se, na presente impetração, que teria ocorrido, na espécie, violação ao postulado do Promotor Natural. Tal alegação apóia-se no fato de o representante do Ministério Público que oficiou na sessão de julgamento do recurso em sentido estrito deduzido pelo ora paciente haver se pronunciado contrariamente à pretensão recursal do réu, além de haver distribuído memoriais pleiteando o improvimento desse mesmo recurso, em comportamento processual que contrariou anterior manifestação, favorável ao acusado em referência, emanada de outro membro do "Parquet". O E. Superior Tribunal de

---

[405] "LIII – ninguém será processado nem sentenciado senão pela autoridade competente;"
[406] "Art. 127, §1º – São princípios institucionais do Ministério Público a unidade, a indivisibilidade e a independência funcional."
[407] "Art. 128. O Ministério Público abrange: §5º – Leis complementares da União e dos Estados, cuja iniciativa é facultada aos respectivos Procuradores-Gerais, estabelecerão a organização, as atribuições e o estatuto de cada Ministério Público, observadas, relativamente a seus membros: b) inamovibilidade, salvo por motivo de interesse público, mediante decisão do órgão colegiado competente do Ministério Público, pelo voto da maioria absoluta de seus membros, assegurada ampla defesa;"

Justiça, ao rejeitar essa alegação, assinalou a ausência de qualquer transgressão ao princípio do Promotor Natural (...). Tenho por incensurável essa decisão, pois também não vislumbro desrespeitado, no caso, esse princípio institucional que rege a atuação do Ministério Público. O Supremo Tribunal Federal, ao julgar o HC 67.759/RJ, Rel. Min. CELSO DE MELLO, reconheceu a existência do princípio do Promotor Natural em nosso ordenamento constitucional, em decisão que, proferida pelo Plenário desta Corte, está assim ementada: "*O postulado do Promotor Natural, que se revela imanente ao sistema constitucional brasileiro, repele, a partir da vedação de designações casuísticas efetuadas pela Chefia da Instituição, a figura do acusador de exceção. Esse princípio consagra uma garantia de ordem jurídica destinada tanto a proteger o membro do Ministério Público, na medida em que lhe assegura o exercício pleno e independente do seu ofício, quanto a tutelar a própria coletividade, a quem se reconhece o direito de ver atuando, em quaisquer causas, apenas o Promotor cuja intervenção se justifique a partir de critérios abstratos e pré-determinados estabelecidos em lei. A matriz constitucional desse princípio assenta-se nas cláusulas da independência funcional e da inamovibilidade dos membros da Instituição. O postulado do Promotor Natural limita, por isso mesmo, o poder do Procurador-Geral que, embora expressão visível da unidade institucional, não deve exercer a Chefia do Ministério Público de modo hegemônico e incontrastável.* (...)". A consagração constitucional do princípio do Promotor Natural significou o banimento de "manipulações casuísticas ou designações seletivas efetuadas pela Chefia da Instituição" (HC 71.429/SC, Rel. Min. CELSO DE MELLO), em ordem a fazer suprimir, de vez, a figura esdrúxula do "acusador de exceção" (HC 67.759/RJ, Rel. Min. CELSO DE MELLO). *O legislador constituinte, ao proceder ao fortalecimento institucional do Ministério Público, buscou alcançar duplo objetivo: (a) instituir, em favor de qualquer pessoa, a garantia de não sofrer arbitrária persecução penal instaurada por membro do Ministério Público designado "ad hoc" e (b) tornar mais intensas as prerrogativas de independência funcional e de inamovibilidade dos integrantes do "Parquet".* A garantia da independência funcional, viabilizada, dentre outras, pela prerrogativa da inamovibilidade, reveste-se de caráter tutelar. É de ordem institucional (CF, art. 127, §1º) e, nesse plano, acentua a posição autônoma do Ministério Público em face dos Poderes da República, com os quais não mantém vínculo qualquer de subordinação hierárquico-administrativa. Daí a precisa observação, quanto a tal aspecto, de JOSÉ FREDERICO MARQUES ("A Reforma do Poder Judiciário", vol. I/175, 1979, Saraiva): "O Ministério Público é funcionalmente independente, porquanto, apesar de órgão da administração pública, não é ele instrumento à mercê do governo e do Poder Executivo. (...). Independente é, também, o Ministério Público, da magistratura judiciária, que, sobre ele, nenhum poder disciplinar exerce. Entre o juiz e o promotor de justiça, existem relações de ordem processual tão-somente. Não cabe ao magistrado judicial dar ordens ao Ministério Público, no plano disciplinar e da jurisdição censória (...)". (grifei) *A existência, em um mesmo processo, de opiniões ou pronunciamentos eventualmente conflitantes emanados de membros do Ministério Público que hajam oficiado, na causa, em momentos sucessivos, não traduz, só por si, ofensa ao postulado do Promotor Natural, pois a possibilidade desse dissídio opinativo há de ser analisada e compreendida em face dos princípios, igualmente constitucionais (CF, art. 127, §1º), da unidade* e da indivisibilidade do Ministério Público. (...) não basta a mera alegação de designação "ad hoc" do membro do "Parquet", como deduzida na presente impetração. *Impõe-se, a quem sustente ofensa ao postulado do Promotor Natural, que demonstre a concreta ocorrência de "manipulações casuísticas ou designações seletivas efetuadas pela Chefia da Instituição* (...) Em suma: o que se mostra relevante acentuar, analisada a questão sob a perspectiva do postulado em causa, é que *o princípio do Promotor Natural impede que o membro do Ministério Público venha a ser arbitrariamente afastado do desempenho de suas atribuições nos procedimentos em que ordinariamente oficie (ou em que deva oficiar), exceto por relevante motivo de interesse público, por impedimento ou suspeição ou, ainda, por razões decorrentes de férias ou de licença.* O fato é que, tal como precedentemente assinalado, *inexistiu, na espécie, transgressão ao postulado do Promotor Natural, pois não se registrou qualquer situação que pudesse configurar inobservância dessa garantia imanente em nosso ordenamento constitucional.* Sendo assim, tendo em consideração as razões expostas e acolhendo, ainda, o parecer da douta Procuradoria Geral da República, conheço, parcialmente, da presente impetração e, nessa parte, indefiro o pedido de "habeas corpus". Arquivem-se os presentes autos. Publique-se. Brasília, 16 de dezembro de 2010. Ministro CELSO DE MELLO Relator.

O Ministro Celso de Mello, em decisão monocrática de dezembro de 2010, parece ter reconhecido o princípio do promotor natural no ordenamento jurídico brasileiro. Assim, percebe-se que a questão ainda não está pacificada no Supremo Tribunal Federal.

Na espécie, o Ministro considerou que a existência de posicionamentos dissonantes entre os membros do *parquet*, em um mesmo processo, não ofende o referido princípio, pois eles possuem *independência funcional*. Um não está vinculado à *opinio juris* do outro. Ademais, a sustentação da existência de manipulações casuísticas ou designações seletivas, efetuadas pela Chefia do Ministério Público, deve ser comprovada, o que não ocorreu no caso concreto.[408]

3.6 Lei Maria da Penha

STJ, Sexta Turma, Informativo nº 439

Na espécie, em 2007, a vítima (ex-esposa do paciente) ajuizou ação penal privada em face do paciente, distribuída a juizado especial criminal, acusando-o da prática de violência doméstica consistente nos delitos de injúria e difamação.

---

[408] No mesmo sentido, o Informativo nº 384, da Quinta Turma, do STJ: "Quanto ao princípio do promotor natural, somente ocorre violação mediante demonstração, com ônus probatório da defesa, de inequívoca lesão ao exercício pleno e independente das atribuições do parquet, manipulação casuística ou designação seletiva por parte do procurador-geral de Justiça, a ponto de deixar entrever a figura do acusador de exceção".

No entanto, alega-se, na impetração, a incompetência do juizado especial, visto que a legislação estadual criou, em 2006, juizado de violência doméstica e familiar contra a mulher com competência específica para conhecer e julgar processos referentes a esses delitos e, por isso, houve violação do art. 41 da Lei n. 11.340/2006 (Lei Maria da Penha). No entanto, o Min. Relator ressaltou que, indubitavelmente, *a Lei Maria da Penha, que contém disposições de direito penal e de direito processual penal, é mais gravosa do que a Lei n. 9.099/1995 (Lei dos Juizados Especiais Cíveis e Criminais), porque, como cediço, seu art. 41 veda, expressamente, a aplicação da Lei dos Juizados Especiais às infrações penais cometidas com violência doméstica e familiar contra a mulher, não admitindo a concessão de benefícios peculiares aos crimes de menor potencial ofensivo, razão pela qual não pode retroagir.* Destarte, o art. 5º, XL, da CF/1988 veda a retroatividade de lei penal mais gravosa. Além disso, *não se trata de competência superveniente, visto que os fatos criminosos foram consumados antes da edição da Lei Maria da Penha, portanto antes da instalação do juizado de violência doméstica e familiar contra a mulher.* Por isso tudo, a ordem não pode ser concedida, pois violaria o princípio do juiz natural, ex vi do art. 5º, LIII, da CF/1988. HC 152.465-PE, Rel. Min. Celso Limongi (Desembargador convocado do TJ-SP), julgado em 15/6/2010.

A Sexta Turma do STJ, em julgado de junho de 2010, refutou a alegação de ofensa ao princípio do juiz natural, por desrespeito à regra de competência do juizado de violência doméstica e familiar contra a mulher.

No caso, os Senhores Ministros entenderam que a competência era do juizado especial criminal, pois o crime foi perpetrado *antes da edição da Lei Maria da Penha*, ou seja, antes da instalação dos juizados de violência doméstica e familiar contra a mulher. A supracitada lei possui disposições de direito penal e de direito processual penal, portanto ela não pode retroagir, por força da irretroatividade da *lex gravior*. Por esse motivo, o artigo 41 da Lei Maria da Penha[409] não é aplicado na espécie. Não há competência superveniente.

4   Os princípios do juiz natural e do promotor natural em concursos públicos

1. Julgue os itens seguintes, relativos ao processo penal.
I. No processo penal, não há prazo convencional, não podendo o prazo legal ou judicial ser ajustado ou sequer prorrogado por vontade das partes.

---

[409] "Art. 41. Aos crimes praticados com violência doméstica e familiar contra a mulher, independentemente da pena prevista, não se aplica a Lei no 9.099, de 26 de setembro de 1995."

II. A citação, no processo penal, completa a instância, ou seja, a relação jurídica processual; todavia não tem como efeito a interrupção do prazo prescricional, o que ocorre com o recebimento da denúncia ou da queixa e, depois disso, com a pronúncia ou com a sentença condenatória recorrível.
III. Com a edição da Lei dos Juizados Especiais Cíveis e Criminais, os crimes de lesões corporais leves e lesões culposas passaram a ser de ação penal privada, sendo a sua propositura de iniciativa exclusiva do ofendido.
IV. O estabelecimento da competência funcional originária dos tribunais, para o processo e o julgamento de determinadas pessoas, em razão da denominada prerrogativa de função, consubstancia exceção ao princípio do juiz natural.
V. A doutrina e a jurisprudência dominantes no direito pátrio preconizam a admissibilidade processual das provas colhidas com infração a normas do direito material, quando constituírem o único elemento probatório capaz de sustentar a condenação do réu.

Estão certos apenas os itens
A) I e II.
B) I e III.
C) II e V.
D) III e IV.
E) IV e V.
(CESPE/Analista Judiciário/TRE-MA/2005)

Gabarito: **Letra A**. O item IV está errado, pois o estabelecimento da competência funcional originária dos tribunais, para o processo e o julgamento de determinadas pessoas, em razão da denominada prerrogativa de função, não consubstancia exceção ao princípio do juiz natural, uma vez que essas regras são estabelecidas previamente pela Constituição.

2. Com base no entendimento sumulado do Supremo Tribunal Federal, assinale a opção incorreta.
 A) Viola as garantias do juiz natural, da ampla defesa e do devido processo legal a atração por continência ou conexão do processo do corréu ao foro por prerrogativa de função de um dos denunciados.
 B) Não cabe *habeas corpus* contra decisão condenatória a pena de multa, ou relativo a processo em curso por infração penal a que a pena pecuniária seja a única cominada.

C) No processo penal, contam-se os prazos da data da intimação, e não da juntada aos autos do mandato ou da carta precatória ou de ordem.
D) Constitui nulidade a falta de intimação do denunciado para oferecer contrarrazões ao recurso interposto da rejeição da denúncia, não a suprindo a nomeação de defensor dativo.
(Analista Judiciário/TJ-PA/2006)

Gabarito: **Letra A**. Vide o Enunciado nº 704, da súmula do STF: "Não viola as garantias do juiz natural, da ampla defesa e do devido processo legal a atração por continência ou conexão do processo do co-réu ao foro por prerrogativa de função de um dos denunciados".

3. Segundo De Plácido e Silva, os "princípios jurídicos, sem dúvida, significam os pontos básicos, que servem de ponto de partida ou de elementos vitais do próprio Direito. Indicam o alicerce do Direito". (*Vocabulário Jurídico*. 28 ed. Rio de Janeiro: Forense, 2009. p. 1091) Tendo em mira o trecho acima transcrito, mormente os seus conhecimentos sobre a matéria, julgue as proposições a seguir:
I. Decorre do princípio da presunção de inocência a imputação do ônus da prova à acusação.
II. Em razão do princípio da soberania dos veredictos, não pode o Tribunal reformar a decisão, apenas designar um novo júri.
III. O Juiz deve ser designado previamente, por lei, sendo vedado o Tribunal de Exceção, conforme preleciona o princípio do Juiz Natural.
IV. De toda alegação fática ou de direito e das provas apresentadas tem o adverso o direito de se manifestar, tendo em vista o que preleciona o princípio do contraditório.
A) Todas as proposições estão corretas.
B) Todas as proposições estão incorretas.
C) As proposições II, III e IV estão corretas.
D) As proposições I, II e III estão corretas.
E) As proposições I, III e IV estão corretas.
(Analista Jurídico/TJ-SC/2009)

Gabarito: **Letra D**. O item IV está errado, pois nem toda alegação acarretará no direito de manifestação da parte adversa. Vide o Informativo nº 465, do STJ, Quinta Turma: "A Turma denegou a ordem de habeas corpus por entender que o MP, quando oferta parecer em segundo grau de jurisdição, atua como custos legis, e não como parte, razão pela qual a ausência de oportunidade à defesa para se manifestar sobre essa opinião não consubstancia violação dos princípios do contraditório, da ampla defesa e da paridade de armas".

4. Assinale a alternativa correta:
I. A lei processual penal aplicar-se-á desde logo, sem prejuízo da validade dos atos realizados sob a vigência da lei anterior, vigendo, em regra, o princípio da irretroatividade, salvo quando a norma processual penal material tiver conteúdo de direito penal, retroagindo em benefício do acusado.
II. A lei processual penal não admitirá interpretação extensiva e aplicação analógica, bem como o suplemento dos princípios gerais de direito.
III. O princípio do devido processo legal consiste no direito de não ser privado da liberdade e de seus bens, sem a garantia que supõe a tramitação de um processo desenvolvido na forma que estabelece a lei.
IV. O princípio do juiz natural pressupõe a existência de um órgão julgador técnico e isento, com competência estabelecida na própria Constituição e nas leis de organização judiciária de modo a impedir que ocorra julgamento arbitrário ou de exceção.
V. As provas obtidas em violação a normas constitucionais ou legais são inadmissíveis; também o são as provas derivadas das ilícitas, salvo quando não evidenciado o nexo de causalidade entre umas e outras, ou quando as derivadas puderem ser obtidas por uma fonte independente das primeiras ilícitas.
A) Todas as proposições estão corretas.
B) Somente as proposições II, III, IV e V estão corretas.
C) Somente as proposições I, II e IV estão corretas.
D) Somente as proposições I, III, IV e V estão corretas.
E) Somente as proposições I, III e V estão corretas.
(TJ-SC/2009)

Gabarito: **Letra D**. Vide os apontamentos dos Capítulos I, XVI e XVII.

5. Relativamente aos princípios de direito processual penal, analise as afirmativas a seguir:
I. O juiz poderá aumentar a pena do réu condenado que tiver, durante o processo, fornecido padrões gráficos deliberadamente falsos, de modo a impedir que os peritos policiais descobrissem que a falsificação era proveniente do punho do réu.

II. A prova ilícita não é admissível, devendo ser descartada pelo juiz, salvo quando constitui a única fonte de prova, caso em que poderá ser considerada para efeito de condenação de um criminoso.
III. O Supremo Tribunal Federal já firmou posição no sentido de que os princípios do contraditório e da ampla defesa se aplicam a todos os procedimentos administrativos, inclusive no inquérito policial.
IV. O princípio do juiz natural é uma garantia constitucional que somente poderá ser excepcionada mediante decisão da maioria dos integrantes do tribunal ao qual estiver submetido o juiz.

Assinale:
A) se apenas as afirmativas I e II estiverem corretas.
B) se apenas as afirmativas II e III estiverem corretas.
C) se apenas as afirmativas I e IV estiverem corretas.
D) se nenhuma afirmativa estiver correta.
E) se todas as afirmativas estiverem corretas.
(FGV/Senado Federal/2008)

Gabarito: **Letra E**. Vide os apontamentos dos Capítulos XIV, XVI e XVII.

CAPÍTULO XVII

PRINCÍPIO DA INADMISSIBILIDADE DE PRODUÇÃO DE PROVAS ILÍCITAS

1   Apontamentos sobre o princípio da inadmissibilidade de produção de provas ilícitas

Circunscrever as provas às "regras do jogo" do direito é um dos meios de delimitar a persecução penal do Estado em torno de limites da ética e da razoabilidade. A atividade probatória dos órgãos estatais do sistema penal deve observar os ditames da constituição e da lei, para que a segurança não se confunda com o arbítrio e a tirania. Aceitar as provas ilícitas é sacrificar a liberdade e eleger como fim uma "segurança pública" que tem como meio uma persecução penal ilimitada, que pode realizar algo além da lei para atingir a condenação do ser humano. Que fique claro, no entanto, que a vedação às provas ilícitas é direcionada ao Estado. O réu poderá utilizá-las para a sua defesa.

O artigo 5º, LVI, da CRFB/88, define a vedação constitucional às provas ilícitas.[410] O artigo 157 do Código de Processo Penal explica que provas ilícitas são aquelas obtidas em desacordo com as normas constitucionais e legais.[411] A doutrina diferencia-as de prova ilegítima. A priori, prova ilícita é gênero, que compreende a prova ilegítima e a prova ilícita em sentido estrito. A primeira é aquela obtida em contrariedade às normas processuais. Por exemplo, a carta particular utilizada

---

[410] "LVI – são inadmissíveis, no processo, as provas obtidas por meios ilícitos;"
[411] "Art. 157. São inadmissíveis, devendo ser desentranhadas do processo, as provas ilícitas, assim entendidas as obtidas em violação a normas constitucionais ou legais."

no processo contra o réu, que foi anteriormente interceptada ou obtida por meio criminoso (art. 233, do CPP⁴¹²). Por sua vez, a segunda é aquela produzida com desrespeito às normas de direito material. *Verbi gratia*, a arma do crime descoberta em operação policial ilícita, maculando a inviolabilidade domiciliar (art. 5, XI, da CRFB/88⁴¹³). Ambas as espécies são vedadas no processo penal, por força do artigo 157, que diz ser inadmissível a prova obtida ilegalmente, o que, obviamente, abrange as normas processuais. Paulo Rangel discorre sobre o assunto, incrementando a problemática com a inserção da prova irregular, como espécie de prova ilegal:

> A prova ilícita é violadora do direito material. Seja porque a norma proíbe aquele tipo de prova (tortura, por exemplo), seja porque permite, mas desde que cumpra o que a norma exige (mandado de busca e apreensão para ingressar no domicílio). A prova ilegítima é aquela que é proibida pelo direito processual (depoimento do padre contra sua vontade). A prova irregular é aquela que é colhida com desrespeito às formalidades legais existentes, não obstante ser permitida por lei (expedição de mandado sem o fim de diligência): depoimento de testemunha-parente sem a advertência de que não está compromissada a dizer a verdade.⁴¹⁴

A teoria dos frutos da árvore envenenada está prevista no §1º do mesmo artigo e veda a utilização de provas derivadas das ilícitas. Assim, não é possível se valer da prova ilícita para produzir outra, pois, do contrário, a ilicitude seria premiada no fim. Estaríamos chancelando a ilicitude, caso essa prova fosse permitida. A prova derivada da ilícita nada mais é do que o aprofundamento da conduta contrária ao direito. É uma arbitrariedade aprofundada. A regra desse §1º somente deixará de ser aplicada caso não se evidencie o nexo de causalidade entre a prova analisada e a ilícita ou quando a derivada puder ser obtida por uma fonte independente.

Embora haja vedação constitucional às provas ilícitas, existem correntes doutrinárias em defesa de sua admissibilidade no processo. O professor Grandinetti Castanho de Carvalho explica minuciosamente o problema, merecendo a citação integral:

---

⁴¹² "Art. 233. As cartas particulares, interceptadas ou obtidas por meios criminosos, não serão admitidas em juízo."

⁴¹³ "XI – a casa é asilo inviolável do indivíduo, ninguém nela podendo penetrar sem consentimento do morador, salvo em caso de flagrante delito ou desastre, ou para prestar socorro, ou, durante o dia, por determinação judicial;"

⁴¹⁴ RANGEL, Paulo. *Direito Processual Penal*, p. 432.

A primeira corrente se fundamenta basicamente na expressão *male captum bene retentum* para justificar a admissibilidade processual de prova obtida ilicitamente, sem prejuízo das sanções penais, civis, ou administrativas que acaso tenha incorrido aquele que a obtém de forma ilícita, já que existe total independência entre o direito processual e o direito material. Para essa corrente o ato anterior da captação da prova, embora ilícito, não tem o condão de nulificar ou contaminar os atos posteriores, principalmente o da produção da prova, que é lícito em si. A segunda corrente tende a não admitir a produção da prova ilícita com fundamento na unidade do ordenamento. Se a obtenção da prova viola uma norma, não importa se processual ou material, o fato é que o ordenamento jurídico foi violado, e este não pode aproveitar o que lhe foi contrário. A terceira corrente busca no Direito Constitucional o ponto de equilíbrio do sistema, sustentando que a prova ilícita só não deve ser admitida se violar norma constitucional ou um princípio geral da Constituição. Dentro dessa corrente, surgiu uma variação que vai ganhando força cada vez mais, e que consiste em admitir a prova, mesmo ilícita, se for a única forma de proteger outro valor fundamental. (...) É o chamado critério da proporcionalidade (Alemanha) ou da razoabilidade (Estados Unidos).[415]

2 O conceito na doutrina

O legislador constituinte, ao estatuir como direito e garantia fundamental a inadmissibilidade das provas obtidas por meios ilícitos, estabelece uma limitação ao princípio da liberdade da prova, ou seja, o juiz é livre na apreciação dos fatos imputados na peça exordial pelo titular da ação penal pública – princípio da verdade processual –, porém, esta investigação encontra limites dentro de um processo ético movido por princípios políticos e sociais que visam a manutenção de um Estado Democrático de Direito.[416] (Paulo Rangel)

Deu o legislador razão à corrente doutrinária que sustentava não ser possível ao juiz colocar, como fundamento da sentença, prova obtida ilicitamente. A partir da vigência da nova Carta Magna, pode-se afirmar que são totalmente inadmissíveis no processo civil e penal tanto as provas ilegítimas, proibidas pelas normas de direito processual, quanto as ilícitas, obtidas com violação das normas de direito material.[417] (Julio Fabbrini Mirabete)

---

[415] CARVALHO, L. G. Grandinetti Castanho de. *Processo Penal e Constituição*: princípios constitucionais do processo penal, p. 96-97.
[416] RANGEL, Paulo. *Direito Processual Penal*, p. 428-429.
[417] MIRABETE, Julio Fabrini. *Processo Penal*, p. 253-254.

A teoria dos *fruits of the poisonous tree*, ou teoria dos frutos da árvore envenenada, cuja origem é atribuída à jurisprudência norte-americana, nada mais é que a simples conseqüência lógica da aplicação do princípio da inadmissibilidade das provas ilícitas. Se os agentes produtores da prova ilícita pudessem dela se valer para a obtenção de novas provas, a cuja existência somente se teria chegado a partir daquela (ilícita), a ilicitude da conduta seria facilmente contornável. Bastaria a observância da forma prevista em lei, na segunda operação, isto é, na busca das provas obtidas por meio das informações extraídas pela via da ilicitude, para que se *legalizasse* a ilicitude da primeira (operação).[418] (Eugênio Pacelli de Oliveira)

3 O princípio da inadmissibilidade da produção de provas ilícitas na jurisprudência do STF e do STJ

3.1 Denúncia embasada em provas lícitas e ilícitas

STF, Segunda Turma, Informativo nº 606

Em conclusão de julgamento, a 2ª Turma, por maioria, indeferiu *habeas corpus* em que se pretendia o trancamento de ação penal instaurada contra o paciente. Alegava-se que o STJ não poderia receber denúncia oferecida com esteio em provas que antes declarara ilícitas, obtidas por meio de interceptações telefônicas realizadas em outra investigação criminal, cuja ação penal correspondente fora trancada com fundamento na ilicitude da prova em julgamento, naquela Corte, do HC 57624/RJ Salientou-se, inicialmente, que as transcrições que os impetrantes diziam terem sido declaradas ilícitas no julgamento do citado *writ* objetivavam a apuração do crime de sonegação fiscal e que, como as escutas telefônicas haviam sido autorizadas antes da constituição definitiva do crédito tributário, condição de procedibilidade da ação penal, o STJ as anulara. Asseverou-se que *a denúncia que resultara na ação penal instaurada contra o ora paciente não se valeria exclusivamente das escutas invalidadas, mas, principalmente, de documentos extraídos de inquérito, não se podendo afirmar que esses documentos seriam derivados da prova obtida ilicitamente*. Ressaltou-se que o trancamento de ação penal em *habeas corpus* seria medida excepcionalíssima e que o cenário de incerteza que haveria no caso impediria que assim se procedesse. Extraiu-se do voto do relator no HC 57624/RJ que as interceptações telefônicas realizadas tinham a finalidade de servir à investigação da suposta prática do crime de sonegação fiscal. Assim, reputou-se haver dúvida a respeito da exclusividade, ou não, da escuta telefônica como prova dos fatos imputados na peça acusatória, referentes aos crimes de estelionato, formação de quadrilha, falsidade ideológica e uso de documento falso. *Concluiu-se que a certeza da exclusividade*

---

[418] OLIVEIRA, Eugênio Pacelli de. *Curso de Processual Penal*, p. 348-349. Grifos do autor.

da prova e da contaminação de outras a partir dela demandaria aprofundado reexame do acervo fático-probatório coligido nas investigações, o que seria inviável em habeas corpus. Vencido o Min. Celso de Mello que concedia a ordem, por considerar que se mostraria indivisível a questão da ilicitude da prova penal resultante de interceptação telefônica tal como qualificada no anterior julgamento do HC 57624/RJ pelo STJ. HC 92467/ES, rel. orig. Min. Eros Grau, red. p/o acórdão Min. Gilmar Mendes, 26.10.2010.

A Segunda Turma do STF, em outubro de 2010, analisou pedido de *habeas corpus*, mediante o qual o paciente alegava que a ação penal à qual estava submetido estaria coberta de ilicitude, pois se valia de prova ilícita emprestada de outra ação.

O Ministro Eros Grau, acompanhado pelo Ministro Gilmar Mendes e pela Ministra Ellen Gracie, julgou pela não concessão da ordem. Entendeu que a ação penal instaurada contra o paciente não se valeu unicamente da prova tida como ilícita, mas principalmente de elementos de um inquérito policial tido como legal. De modo que *não haveria como afirmar que os documentos contidos no inquérito eram derivados da prova ilícita*, sendo por ela afetados.

Por fim, por maioria de votos, a Turma entendeu que o trancamento da ação via *habeas corpus* é meio excepcional. Assim, não havia elementos suficientes a comprovar a contaminação das outras provas por aquela outrora declarada ilícita. Não se comprovou a existência de *fruits of the poisonous tree*.

3.2 Teoria dos frutos da árvore envenenada

STF, Segunda Turma, Informativo nº 558

Não há justa causa para a ação penal quando a demonstração da autoria ou da materialidade do crime decorrer apenas de prova ilícita. Tendo em conta essa orientação, a Turma deferiu *habeas corpus* para, nos termos do art. 386, II, do CPP, absolver condenada nas penas do art. 251, caput, do CPM, por haver efetuado saques na conta de pensionista falecida, nos 5 meses posteriores ao óbito. Tratava-se de *writ* impetrado contra acórdão do STM que, embora reconhecendo a ilicitude da quebra de sigilo bancário sem autorização judicial, assentara que a confissão posterior da paciente seria suficiente para manter a condenação, aplicando à espécie o princípio da proporcionalidade. Esclareceu-se, ainda, que *a mencionada confissão surgira como efeito da prova ilicitamente obtida, sendo razoável supor que não teria sido feita sem a quebra prévia do sigilo*. Dessa forma, concluiu que *a palavra da acusada, como meio de prova, também padeceria de ilicitude, agora por derivação*. Por conseguinte, seriam imprestáveis as provas que fundamentaram a condenação imposta à paciente. HC 90298/RS, rel. Min. Cezar Peluso, 8.9.2009. (HC-90298)

A única prova que sustentava a materialidade do fato fora reconhecida como ilícita. Isso, por si só, já enseja o trancamento da ação, pois majoritariamente se entende pela impossibilidade de condenação penal com base em provas ilícitas. Aqui o entendimento é unânime, a ação penal não pode se basear tão somente em provas ilícitas. Nesse caso, a confissão da ré foi derivada de prova ilícita, sendo contaminada por ela. Aplica-se a teoria dos frutos da árvore envenenada.

O Ministro Cezar Peluso ilustra muito bem esse posicionamento no destaque que se segue: "A garantia constitucional da proibição da prova ilícita dá ao réu o direito de não ser denunciado, processado nem condenado com base em elementos probatórios obtidos ou produzidos em incompatibilidade com os limites éticos e jurídicos que circunscrevem a atuação estatal no tocante à persecução penal".

3.3 Interceptação telefônica

STF, Pleno, Informativo nº 528

Em seguida, também por votação majoritária, o Tribunal afastou as alegações de ilicitude da prova de interceptação telefônica por falta de fundamentação, inviabilidade da prorrogação e violação da regra da subsidiariedade da prova. *Afirmou-se que as decisões estariam devidamente fundamentadas nos termos do art. 93, IX, da CF c/c os artigos 4º e 5º da Lei 9.296/96, e que as interceptações telefônicas foram medidas necessárias e absolutamente imprescindíveis às investigações. Registrou-se que, a cada 15 dias, o relator analisava novamente a conveniência de se mantê-las, tendo, por diversas vezes, excluído linhas, incluído terminais, alterado o foco da investigação, no sentido de corresponder às sugestões e aos requerimentos da autoridade policial e do Procurador-Geral da República, o qual se reportava, a cada novo pedido, aos relatórios da inteligência policial. Considerou-se, também, a orientação fixada pelo Supremo* no julgamento o HC 83515/RS (DJU de 4.3.2005), *no sentido de ser lícita a prorrogação do prazo para interceptação telefônica, ainda que de modo sucessivo, quando o fato seja complexo e o imponha a sua investigação, o que sucedera na espécie. Frisou-se que o prazo máximo de 30 dias para a manutenção da interceptação da comunicação não pode ser injustificadamente alargado, mas pode o magistrado, com outro motivo, e diversa motivação, determinar nova interceptação do mesmo telefone.* (...) Não se vislumbrou, ademais, na determinação das interceptações, ofensa ao art. 2º, II, da Lei 9.296/96, ao fundamento de que *todas as medidas tomadas para apuração dos fatos narrados na denúncia foram sancionadas pela subsidiariedade desse meio para obtenção de prova,* sendo óbvio que o envolvimento de magistrados, membros de tribunais, um deles, de Tribunal Superior, implicava a necessidade de se apurar os fatos com rigor perceptivo, de modo que *a singularidade e a especificidade da situação demandava um meio excepcional de prova.* Enfatizou-se que, sem essas provas, sem indícios mais consistentes, sempre se poderia argüir que se imputava aos ora acusados a mera prática do chamado crime de hermenêutica. *Vencido o Min. Marco Aurélio que acolhia a preliminar por entender estar-se diante de prova ilícita,porque extrapolado o prazo de 15 dias, prorrogável por igual prazo, previsto no art. 5º da Lei 9.296/96.* Inq 2424/RJ, rel. Min. Cezar Peluso, 19 e 20.11.2008.

Em decisão tomada em Plenário, em novembro de 2008, entendeu-se que não havia fundamentos suficientes para considerar a interceptação telefônica perpetrada como prova ilícita.

No caso, a interceptação telefônica foi feita sob o devido cumprimento legal e, apesar de ter seu prazo prorrogado, ainda assim permaneceu dentro do limite temporal previsto na legislação, e suas dilações foram constantemente analisadas pelo juízo competente. As prorrogações foram legais, sustentadas pela complexidade do caso.

Portanto, a interceptação telefônica respeitou o prazo legal de 15 dias (art. 5º da Lei nº 9.296/96[419]), tendo sido prorrogado com amparo legal. Transcorrido o limite de 30 dias, o juiz competente determinou nova interceptação do mesmo telefone, com motivação diversa e atento acompanhamento dos fatos. Ademais, esse meio de prova foi utilizado de forma subsidiária, como determina o artigo 2º, inciso II, da Lei nº 9.296/96,[420] justificando-se pela especificidade, singularidade e complexidade do caso e da investigação.

STJ, Quinta Turma, Informativo nº 444

A Turma denegou a ordem de *habeas corpus* a paciente denunciado pela suposta prática dos delitos de tráfico internacional de entorpecentes, associação e lavagem de dinheiro, por entender concretamente justificada a decisão que decretou sua prisão preventiva. (...) *no tocante à alegação de que o decreto prisional estaria embasado em prova ilícita, ante as sucessivas prorrogações das interceptações telefônicas efetuadas, salientou-se não haver, a priori, ilegalidade no procedimento, que deve perdurar pelo prazo necessário à completa investigação dos fatos.* No entanto, asseverou o Min. Relator que o conteúdo das decisões que deferiram a quebra do sigilo não foi analisado pelo tribunal *a quo*, o que impossibilita o exame por esta Corte Superior, sob pena de supressão de instância. Precedentes citados: HC 99.259-RS, DJe 19/12/2008; HC 86.242-SP, DJe 19/5/2008; HC 85.485-RS,

---

[419] "Art. 5º A decisão será fundamentada, sob pena de nulidade, indicando também a forma de execução da diligência, que não poderá exceder o prazo de quinze dias, renovável por igual tempo uma vez comprovada a indispensabilidade do meio de prova."

[420] "Art. 2º Não será admitida a interceptação de comunicações telefônicas quando ocorrer qualquer das seguintes hipóteses: II – a prova puder ser feita por outros meios disponíveis;"

DJ 17/12/2007; HC 89.300-CE, DJe 10/3/2008; HC 90.577-SP, DJe 10/3/2008; HC 133.037-GO, DJe 17/5/2010, e HC 116.374-DF, DJe 1º/2/2010. HC 162.498-MT, Rel. Min. Felix Fischer, julgado em 24/8/2010.

Nesse mesmo sentido, a Quinta Turma do STJ, analisando pedido de *habeas corpus*, proposto em agosto de 2010, decidiu que não há ilegalidade consubstanciada na interceptação telefônica que se colhe depois de prorrogado o prazo estabelecido *a priori*.

Segundo o Ministro Felix Fischer, a constância da interceptação perdura de modo legítimo, enquanto devidamente fundamentada e motivada, devendo ser constantemente analisada pelo Juízo competente, motivo pelo qual votou pelo indeferimento do pedido, em acordo com todos os demais Ministros.

3.4 Inviolabilidade do domicílio e ilicitude da prova

STF, Segunda Turma, Informativo nº 462

O conceito de "casa", para os fins da proteção constitucional a que se refere o art. 5º, XI, da CF ("XI – a casa é asilo inviolável do indivíduo, ninguém nela podendo penetrar sem consentimento do morador, salvo em caso de flagrante delito ou desastre, ou para prestar socorro, ou, durante o dia, por determinação judicial;"), *reveste-se de caráter amplo e, por estender-se a qualquer aposento ocupado de habitação coletiva, compreende o quarto de hotel ocupado por hóspede*. Com base nesse entendimento, a Turma deu provimento a recurso ordinário em *habeas corpus* para restabelecer a sentença penal absolutória proferida nos autos de processo-crime instaurado contra acusado pela suposta prática dos delitos de estelionato e de falsificação de documento particular. (...) Inicialmente, salientou-se que *os órgãos e agentes da polícia judiciária têm o dever de observar, para efeito do correto desempenho de suas prerrogativas, os limites impostos pela Constituição e pelo ordenamento jurídico*. Assim, entendeu-se que, *tais sujeitos, ao ingressarem no compartimento sem a devida autorização judicial, transgrediram a garantia individual pertinente à inviolabilidade domiciliar* (CF, art. 5º, XI), *que representa limitação ao poder do Estado e é oponível aos próprios órgãos da Administração Pública*. Asseverou-se que, em conseqüência dessa violação, ter-se-ia *ilicitude material das provas obtidas* com a questionada diligência (CF, art. 5º, LVI). (...) RHC 90376/RJ, rel. Min. Celso de Mello, 3.4.2007.

Em abril de 2007, a Segunda Turma do STF examinou pedido de *habeas corpus* no qual o paciente alegava que a ação em curso tramitava ilegalmente, pois policiais teriam invadido o quarto de hotel ocupado pelo acusado sem mandado judicial e dali retirado elementos que posteriormente serviriam como base para o início da ação penal em questão.

O impetrante apontou em suas razões que o STF já se pronunciou outrora no sentido de que *a interpretação do conceito "casa" deve ser feito de forma extensiva, de modo a compreender qualquer aposento ocupado de habitação coletiva, aplicando-se inclusive a quartos de hotéis*. Motivo pelo qual apontou que, tendo esses requisitos preenchidos, a ausência do devido instrumento judicial, no caso o mandado de busca e apreensão, revestiu a atitude e coleta de provas de ilicitude, afrontando, portanto, o princípio da *proibição da prova ilícita*.

Nessa trilha, o magistrado de primeira instância entendeu, e em sua sentença apontou, que os materiais adquiridos pelos policiais seriam ilícitos e, por derivação, as provas oriundas desde então.

O Tribunal de Justiça, porém, passando a analisar a questão sobre outro foco, reformou a sentença, declarando a legalidade das provas, pois "o apartamento ou quarto do hotel (...) não era casa do apelado, como conceituado no artigo 5º, XI, da Constituição", colocando em xeque novamente a questão suscitada.

O ponto crucial em análise nesse caso é bem definido nas linhas que seguem, extraídas do voto do Ministro relator Celso de Mello: "a questão a ser enfrentada, nesse processo, consiste em saber se agentes policiais podem, ou não, sem autorização judicial, ingressar, de modo legítimo, em aposento ocupado de hotel, contra a vontade de seu ocupante, com o objetivo de proceder a buscar e apreensão, em tal aposento, de materiais supostamente utilizados para práticas criminosas", acrescenta que "cabe indagar, ainda, se se reveste, ou não de legitimidade jurídica, (...) o material probatório resultante de diligência policial, executada, sem mandado judicial, no interior do quarto do hotel (...)".

O Ministro afirmou ser estritamente necessário que o Poder Público respeite os direitos individuais e os limites ao poder penal impostos pela Constituição da República. De modo que dá razão ao impetrante no sentido de que vê como ilícita a atividade desenvolvida então pelos policiais, ou qualquer outro agente que atue em nome do Poder Público. Não é possível ingressar em quarto de hotel ocupado sem a devida ordem judicial. Concluiu pela ilicitude das provas colhidas.

Outro ponto importante abordado pelo Ministro vem a ser a possível escusa da utilização da prova ilícita, quando analisada frente ao princípio da proporcionalidade. Segundo ele, "o Estado não pode (...), valer-se das provas ilícitas contra o acusado, mesmo sobre a invocação do princípio da proporcionalidade". Trata-se de cumprir integralmente o disposto nos incisos XI e LVI da CRFB/88.

O Ministro Celso de Mello aduziu ainda que, dada essa interpretação, isto é, entendida como indubitavelmente ilícita a prova colhida pelos policiais, as demais, dela derivativas, também se nutrem de ilegalidade; concedendo a ordem e sendo acompanhado, em unanimidade, pelos demais Ministros.

4 O princípio da inadmissibilidade da produção de provas ilícitas em concursos públicos

1. Entende o STJ que é lícita a prova consistente em gravação de conversa telefônica realizada pela amásia de réu que for um dos interlocutores, sem a ciência do outro interlocutor, para fins de responsabilizar este pelo homicídio da vítima. (CESPE/TRF5/2007)

Gabarito: **Errado**. Informativo nº 324, STJ, Quinta Turma: "É certo que o STF entende que a licitude da gravação de conversa telefônica realizada por um dos interlocutores sem a ciência do outro deve ser examinada caso a caso. Na hipótese, a gravação deu-se pela amásia do réu tão-somente para responsabilizá-lo pelo homicídio perpetrado contra a vítima, com quem ela mantinha envolvimento amoroso. Tal gravação deveu-se à escuta perpetrada por sugestão da autoridade policial. Dessarte, a prova aqui é ilícita, colhida que foi com indevida violação de privacidade (art. 5º, X, da CF/1988), porque não foi colhida como meio de defesa ou em razão de uma investida criminosa".

2. Entende o STF, com base na ponderação dos valores em conflito e no princípio da proporcionalidade, que é possível a interceptação das comunicações telefônicas da esposa de extraditando, contra quem tenha sido expedido mandado de prisão cautelar, que ainda não tiver sido capturado, encontrando-se em local incerto e não sabido. (CESPE/TRF5/2007)

Gabarito: **Errado**. Informativo nº 458, STF: "(...) o que se deseja, no presente caso, é a interceptação telefônica dirigida a quem sequer está sendo investigado – a esposa do extraditando. Deve-se atentar para o fato de que a Lei nº 9.296/96 não só regulamentou, mas também restringiu bastante a aplicação do referido instituto, não se podendo admitir que ele seja ampliado de forma a contrariar direito fundamental assegurado pela Constituição da República Federativa do Brasil, qual seja, a inviolabilidade do sigilo de comunicação como regra e, apenas excepcionalmente, a interceptação para fins de investigação criminal e instrução processual penal. (...) Nem se diga, de outro lado, que o estrangeiro, por sofrer processo de extradição, estaria reduzido, por tal motivo, a uma (inaceitável) situação de absoluta e completa sujeição ao poder do Estado brasileiro, com a conseqüente (e inadmissível) privação de seus direitos e garantias fundamentais. A circunstância de o súdito estrangeiro assumir a condição de extraditando não lhe subtrai, no processo extradicional, em face das autoridades e agentes do poder, a condição indisponível de sujeito de direitos e de titular de garantias fundamentais, cuja intangibilidade há de ser preservada pelo Estado a que foi dirigido o pedido de extradição: o Brasil, no caso, como tem sido reiteradamente proclamado pela jurisprudência constitucional desta Suprema Corte".

3. A interceptação telefônica, para fins de investigação criminal, somente pode ser determinada pela autoridade judiciária, de ofício e a requerimento da autoridade policial ou do Ministério Público, após a instauração formal de inquérito policial, sob pena de tornar-se prova ilícita. (CESPE/AGU/2006)

Gabarito: **Errado**. Art. 3º, Lei nº 9296/96: "A interceptação das comunicações telefônicas poderá ser determinada pelo juiz, de ofício **ou** a requerimento: I – da autoridade policial, **na investigação criminal**; II – do representante do Ministério Público, **na investigação criminal** e na instrução processual penal". art. 5º, XII, CRFB/88: "é inviolável o sigilo da correspondência e das comunicações telegráficas, de dados e das comunicações telefônicas, salvo, no último caso, por ordem judicial, nas hipóteses e na forma que a lei estabelecer **para fins de investigação criminal ou instrução processual penal**". (grifos nossos).

4. São inadmissíveis no processo as provas obtidas por meios ilícitos. Adicionalmente, segundo entendimento majoritário do STF, decreta-se a nulidade das provas subsequentes obtidas com fundamento na ilícita (prova ilícita por derivação). (CESPE/DPF/2001)

Gabarito: **Certo**. Atualmente basta consultar o artigo 157, §1º, do CPP.

5. A respeito da prova no processo penal, analise as proposições seguintes.
I. O juiz formará sua convicção pela livre apreciação da prova produzida em juízo, mas também pode fundamentar sua decisão exclusivamente nos elementos informativos colhidos na investigação.

II. As provas cautelares antecipadas podem ser consideradas pelo juiz na formação da sua convicção, ainda que não reproduzidas perante o contraditório.
III. O ônus da prova cabe a quem fizer a alegação, sendo vedado ao juiz determinar a produção de provas de ofício, diante do princípio da inércia da jurisdição.
IV. As provas ilícitas e as delas derivadas são inadmissíveis, devendo ser desentranhadas do processo, salvo quando as derivadas puderem ser obtidas por uma fonte independente das primeiras.
V. Quando a infração deixar vestígios, será indispensável o exame de corpo de delito, direto ou indireto, não podendo supri-lo a confissão do acusado.

Estão corretas somente as proposições
A) I, III e IV.
B) II, IV e V.
C) III, IV e V.
D) I, II e III.
(VUNESP/TJ-SP/2011)

Gabarito: **Letra B**. Vide artigo 157, §1º, do CPP.

6. Pedro Fuscão, policial civil, foi denunciado por ter exigido pagamento de Rutibum Dornozela para não cumprir mandado de prisão contra a sua pessoa. Rutibum gravou o diálogo telefônico que teve com Pedro Fuscão, sem que este tivesse conhecimento. No diálogo, ficou clara a exigência do pagamento para que não fosse executada a prisão. Diante do enunciado supra, conclui-se que a prova é

A) nula, uma vez que produzida com violação da garantia constitucional da inviolabilidade da intimidade.
B) válida, por ter sido gravada pela vítima e em estado de legítima defesa de seu patrimônio.
C) nula, por se tratar de "gravação clandestina", por isso contaminada por vício de ilicitude.
D) válida, desde que não existam outras no processo, a fim de que o infrator não fique impune.
E) válida, desde que o acusado confirme em juízo o teor da conversa gravada.
(Instituto Cidades/DPE/GO/2010)

Gabarito: **Letra B**. STJ, HC nº 28467/SP: "Não há confundir interceptação telefônica, para a qual se faz imprescindível a autorização judicial, com gravação não consentida, admitida na jurisprudência, independentemente da tutela do magistrado, quando o interlocutor é a própria vítima da atividade criminosa".

APÊNDICE

A DESCONSTRUÇÃO DO PRINCÍPIO DA LEGALIDADE NO TRIBUNAL DE NUREMBERG

1 Noções introdutórias

O Tribunal de Nuremberg foi paradigmático na ordem internacional, por ser a resposta "pretensamente" jurídica ao nazismo. Os Aliados, que no pós-guerra proferiam as palavras do mundo ocidental, imbuídos pelas emoções tão díspares dos combates recentes e pelo desejo de resgate do humano da desumanidade dos campos de concentração, decidiram processar e julgar a cúpula viva do nacional-socialismo, de acordo com as regras da tradição penal democrática.

Só que essa tradição penal democrática tem em seu núcleo o mandamento *nullum crimen nulla poena sine lege*. Para processar e julgar os "criminosos de guerra" era necessário enfrentar e ultrapassar o princípio da legalidade, justificando ainda assim o direito. A inexistência de prévio tratado ou convenção, estabelecendo tipos penais internacionais que dessem conta dos fatos odiosos praticados pelos alemães nazistas, colocava em xeque a justiça do julgamento. Afinal, como atribuir responsabilidade penal aos autores dos horrores da segunda guerra, se os fatos não eram definidos como crimes na ordem internacional?

Este escrito problematizará essa "questão" do Tribunal de Nuremberg. Tal evento histórico suscitou múltiplos questionamentos jurídicos, políticos e filosóficos, entretanto, há uma pergunta que se separa de todas as outras, tendo destaques que se refletem no julgamento e para além dele. Ela nos põe a refletir acerca da moralidade de nossa própria resposta às lutas prévias e nos coloca desconfiados de como agir em nossas lutas futuras. Tem o condão de infligir feridas à vitória da guerra, mesclando a boa nova do fim do nazismo com a letalidade da nossa resposta. Mais ainda, ela é capaz de confundir o "nós" com o "eles", fermentando um pouco "deles" em "nós". Possui aptidão para revelar alguma inautenticidade naquela atividade judicante, pois a honestidade de nossos preceitos e de nossos agires dependem da aceitação de certo mea-culpa, mesmo diante da atividade de julgar o que consideramos ser e ter do pior. Assim, evita-se desconsiderar que o horror que julgamos haver no outro faz parte do nosso humano. Desvia-se da tentação de "monstrualizar" a destruição, pois ela é uma herança nossa. E é como herança nossa, do humano, para o humano e apesar do humano, que toda destruição deve ser percebida, para que não nos autorize a destruir o outro à desculpa e a reboque. Ela, para ser "a questão", precisa abranger o que talvez se tenha de mais utópico no direito: a pretensão de justiça.

Quer-se com ela levar justiça ao Tribunal por meio do seu próprio questionamento, desconstruindo o processo, para tê-lo como minimamente justo ou pelo menos aceitável. Se não há mais como desconstruir Nuremberg na nervura de suas transformações, então que se faça *a posteriori* para servir de subsídio para os futuros julgamentos penais internacionais. Aqui está a pergunta que nos coloca em transe ao se pensar na problemática do julgamento "oficial" do nazismo: é possível haver justiça em tribunais de exceção?

Para pensar e jogar essa questão, sem a pretensão de derradeiramente respondê-la, optei pelo pensamento da desconstrução, sob o marco teórico do filósofo franco-argelino Jacques Derrida. Sua abordagem inédita, do direito e da justiça, pode nos ajudar a sair do lugar (in)comum em que a Justiça Criminal se encontra. Aposto no drible dos enfatismos do pensamento jurídico-penal e criminológico, para verificar se há aberturas para além das ideologias. O enfatismo está *vis-à-vis* com o perigo de se deixar de ouvir novas vozes. E parece ser esse o ponto que se deseja evitar após a Segunda Guerra Mundial: o de se fechar ao outro. É por meio das constantes aberturas a um estranho singular, que se revelam as trilhas que nos levam cada vez mais longe das ideologias de extermínio.

Antes, entretanto, faz-se mister demonstrar a importância da legalidade para o Direito Penal. Como que esse princípio é tão crucial para a justificação ou não da violência do Direito. Como que a doutrina jurídico-penal, dando aqui um enfoque maior na brasileira, toma consciência desse princípio. Assim, demonstrar-se-á como se queda impossível o cálculo do Direito sem a lei prévia, escrita, estrita e certa. Mas será que a justiça inexiste sem o direito?

2 A crucialidade da legalidade para o Direito Penal

O princípio da legalidade, da forma como o conhecemos, tem suas origens nas Constituições dos Estados de Maryland e de Virgínia (1776), na Constituição Americana (1787) e na Declaração Universal dos Direitos do Homem e do Cidadão (1789), da Revolução Francesa, quando foi formulado em termos mais precisos. O Código Penal da Bavária (1813) foi a primeira legislação penal a adotar o princípio.[421] Claus Roxin, todavia, chama atenção para a presença do princípio no Código Penal austríaco de José II, de 1787, porém o governo à época era absolutista, sendo assim muitos autores consideraram que seu objetivo não era proteger o cidadão, mas sim eliminar o livre arbítrio judicial.[422] Segundo Nilo Batista, a Magna Carta da Inglaterra, de 1215, não contém o princípio da legalidade no seu sentido moderno, pois há também na declaração a possibilidade da invocação dos costumes.[423] No entanto, Anibal Bruno[424] entende que a referida Magna Carta é um dos documentos originários do princípio da legalidade. Os pensadores iluministas, tais como Montesquieu, Rousseau e Beccaria, foram os principais responsáveis pela sua elaboração intelectual.

Esse célebre princípio é de suma importância para o Direito Penal, pois delimita o direito de punir (*ius puniendi*) do Estado, garantindo a liberdade do ser humano e os valores democráticos, tendo sido considerado a verdadeira pedra angular do Estado de Direito.[425] A pena é uma sanção extremamente rigorosa, devendo apenas ser aplicada como consequência da prática de crimes. E só existirá crime se houver uma lei penal prevendo taxativamente que uma determinada conduta é criminosa. Não basta a existência do crime, para que alguém sofra as consequências da responsabilidade criminal, porque é preciso ainda que a lei preveja uma sanção penal. Não há crime sem pena (*Kein Verbrechen*

---

[421] SANTOS, Juarez Cirino dos. *Direito Penal*: parte geral. 4. ed. Florianópolis: Conceito Editorial, 2010, p. 20.
[422] ROXIN, Claus. *Derecho Penal*: parte general, t. 1. 2. ed. Madrid: Civitas, 2008, p. 142.
[423] BATISTA, Nilo. *Introdução crítica ao Direito Penal brasileiro*. 11. ed. Rio de Janeiro: Revan, 2007, p. 66.
[424] BRUNO, Anibal. *Direito Penal*: parte geral. 3. ed. Rio de Janeiro: Forense, 1967, p. 193-194.
[425] PRADO, Luiz Regis. *Curso de direito penal brasileiro*: parte geral: arts. 1º a 120. 8. ed. São Paulo: Revista dos Tribunais, , 2008, p. 130.

ohne Strafe). Esse é o raciocínio extraído do brocardo jurídico *nullum crimen, nulla poena sine lege*, cuja formulação latina foi cunhada por Feuerbach,[426] estando previsto, no Brasil, nos artigos 5º, inciso XXXIX, da Constituição, e 1º, do Código Penal.[427]

Nelson Hungria destacou ser a norma penal a fonte única do Direito Penal. Nas palavras do mestre: "Não há direito penal vagando fora da lei escrita".[428] Essa assertiva demonstra a enorme importância do princípio da legalidade para a definição do próprio Direito Penal. Sendo assim, leis penais não podem ser supridas ou complementadas pela analogia, pelos costumes e pelos princípios gerais do direito, caso se dirijam contra os cidadãos. A liberdade é um direito fundamental, que tem o princípio da legalidade como um dos seus protetores. Nas palavras de Claus Roxin:

> [...] um Estado de Direito deve proteger o indivíduo não somente *por meio* do Direito Penal, mas também *do* Direito Penal. Quer-se dizer que o ordenamento jurídico não deve dispor somente de métodos e meios adequados para a prevenção do delito, mas também precisa impor limites ao emprego do poder punitivo, para que o cidadão não fique desprotegido e a mercê de uma intervenção arbitrária ou excessiva do 'Estado' Leviatã.[429]

O jurista alemão demonstrou nesse trecho a relação aporética do Direito Penal com o Estado de Direito. As violências inscritas neles atuam a favor e contra o indivíduo. Teoricamente elas previnem e reprimem os delitos, mas também os produzem. Por isso são necessários mecanismos bloqueadores do exercício abusivo do poder punitivo, para atuar como instâncias reguladoras da dinâmica interna da violência do

---

[426] HUNGRIA, Nelson. *Comentários ao Código Penal*. v. 1, t. 1. 4. ed. Rio de Janeiro: Forense, 1958, p. 37-38. Não há em Feuerbach a fórmula completa do enunciado latino, que é famoso entre nós, mas sim a articulação das fórmulas, tais como *"nulla poena sine lege"* e *"nullum crimen sine poena legali"*. Para mais informações, remetemos o leitor para a obra de BATISTA, Nilo. *Introdução crítica ao Direito Penal brasileiro*, p. 66.

[427] Art. 5º, XXXIX, da CRFB/88: "não há crime sem lei anterior que o defina, nem pena sem prévia cominação legal". Art. 1º, do Código Penal: "Não há crime sem lei anterior que o defina. Não há pena sem prévia cominação legal".

[428] HUNGRIA, Nelson. *Op. cit.*, p. 13.

[429] ROXIN, Claus. *Derecho Penal*: parte general, t. 1, p. 137, grifos do autor: "[...] un Estado de Derecho debe proteger al individuo no sólo mediante el Derecho penal, sino también del Derecho penal. Es decir, que el ordenamiento jurídico no solo ha de disponer de métodos y medios adecuados para la prevención del delito, sino que también ha de imponer límites al empleo de la potestad punitiva, para que el ciudadano no quede desprotegido y a merced de una intervención arbitraria o excesiva del 'Estado Leviatán'."

Estado. Há uma constante tensão entre a violência legítima e a ilegítima no interior do próprio Direito. Um sistema criminal que se quer minimamente racional precisa viver em incessante batalha contra os vícios gerados pela sua própria atividade institucional. A legalidade é a gênese intermitente da violência que se quer legítima. É gênese, pois é a partir dela que se tem crime e sanção estatais. É intermitente, pois antes da legalidade já havia violência e após ela ainda subsistem intensas fricções e interrupções descontínuas de uma violência ilegítima, posto que o seu atuar passa ao largo da racionalidade do sistema. O seu agir se explica pela norma, mas não se justifica por ela. O agente possui uma função no sistema criminal conferida pela norma, porém ao atuar ultrapassa os limites de suas atribuições, pois é uma tendência natural do poder tentar derrubar os limites impostos a ele.

Tudo isso para dizer que as limitações ao Direito Penal são imprescindíveis para a sua própria compreensão como direito. Ele só pode se tornar um instrumento de proteção de direitos fundamentais, por meio de limites rígidos. A legalidade nos permite ter minimamente o conhecimento e o controle do poder que legitimamos no Estado. A sua importância se circunscreve em deixar o direito vir. Em deixá-lo aparecer para os indivíduos, sob a ótica da vedação, tornando um fato antes permitido em proibido.

É a partir da legalidade que o Direito pode ser calculado pelos cidadãos. Há nela a tarefa de permitir os cálculos dos delitos e das penas. Segundo Roxin, "o princípio da legalidade [...] serve para evitar uma punição arbitrária e não calculável sem lei ou embasada em uma lei imprecisa, ou retroativa".[430] Entendo haver aferições criminais além da legalidade, pois o Direito Penal não apenas proíbe, mas também permite. E um dos seus modos principais de permissão está na ausência da norma. Naquilo que não foi escrito. Onde não há escrito penal, há liberdade. Sem legalidade só pode haver liberdade. A observação de caráter criminal que se pode empreender diante da ausência de normas penais é que, diante de fatos meramente imorais, danosos ou até limítrofes a tipos penais, só pode haver liberdade, tendo como consequência lógica a vedação da incidência do sistema criminal. O Direito Penal liberta quando se cala. É nesse sentido que Roxin reafirma a antiga assertiva de Franz v. Liszt, denominando o Código Penal como "a carta magna do delinquente". Diz Roxin:

---

[430] ROXIN, Claus. *Derecho Pena*: parte general, t. 1, p. 137.

[...] o Código Penal põe a salvo o cidadão (tanto o honrado como o desonrado) de todo castigo por uma conduta que não haja sido claramente declarada punível *antes* do fato. Que com ele em alguma ocasião pode ficar impune uma conduta especialmente refinada, socialmente nociva e merecedora de pena, esse é o preço que há de pagar o legislador pela falta de arbitrariedade e pela segurança jurídica.[431]

A extrema mitigação do princípio da legalidade foi levada a cabo pelo nazismo, para atingir com mais facilidade os seus objetivos autoritários e eliminatórios. Em 1935, o legislador nacional-socialista modificou o §2 do Código Penal Alemão inserindo a ideia de que era lícito castigar, "segundo a idéia básica de uma lei penal e segundo o são sentimento do povo".[432] A partir daí, o Direito Penal abriu escancaradamente as portas para a política criminal nazista, nulificando a importância da lei ao colocá-la em conjunto com o conceito de "são sentimento do povo", que nada mais foi do que uma cláusula aberta para o morticínio. Se o princípio da legalidade nos permite trabalhar com a ideia de que sem legalidade só pode haver liberdade, a sua diluição na abstração do sentimento do povo nos leva à intelecção de que, na Alemanha Nazista, sem legalidade, só há liberdade, caso o indivíduo estivesse em conformidade com o desejo do partido nacional-socialista. Hungria identificou bem o mote das ideologias autoritárias: "a necessidade não tem lei"[433] (*Not kennt kein Gebot*). O próprio absurdo do nazismo é um exemplo contundente da importância da legalidade para a liberdade de cada ser humano. Tanto que, após a Segunda Guerra Mundial, o §2 do Código Penal Alemão foi declarado inaplicável e derrogado expressamente pelos aliados, tendo sido substituído por uma versão nova do princípio da legalidade,[434] o que nos remete à ligação intrínseca entre o liberalismo e a legalidade.

Roxin identificou quatro fundamentos para o princípio da legalidade.[435] O primeiro deles é a necessidade da vinculação do Poder Executivo e do Poder Judiciário às leis abstratas, sendo esse o postulado

---

[431] *Ibid.*, p. 138, grifos do autor: "[...] el Código Penal pone a cubierto al ciudadano (tanto al honrado como al no honrado) de todo castigo por una conducta que no haya sido claramente declarada punible antes del hecho. Que con ello en alguna ocasión pueda quedar impune una conducta especialmente refinada, socialmente nociva y por ello merecedora de pena, es el precio que ha de pagar el legislador por la falta de arbitrariedad y la seguridad jurídica [...]".
[432] ROXIN, Claus. *Derecho Penal*: parte general, t. 1, p. 143.
[433] HUNGRIA, Nelson. *Comentários ao Código Penal*. v. 1, t. 1, p. 30.
[434] ROXIN, Claus. *Op. cit.*, p. 143.
[435] *Ibid.*, p. 144-147.

central do liberalismo político. Assim, os poderes do Estado estão limitados a atuar conforme o que está prescrito na lei, garantindo aos indivíduos a existência de freios à atividade persecutória e judicativa estatal. O segundo fundamento advém do princípio da separação dos poderes, concedendo aos indivíduos a garantia de que só haverá delitos e penas, segundo a vontade do Parlamento, o qual é a instância que representa o povo mais diretamente. Conforme explana Roxin:

> Mediante a divisão de poderes, que se expressa no princípio da legalidade, libera-se o juiz da função de criação do Direito, reduzindo-o à função de aplicar o Direito, enquanto que ao executivo se exclui totalmente a possibilidade de cooperar na punição e desse modo se impede qualquer abuso de poder do mesmo neste campo.[436]

Já o terceiro fundamento do princípio da legalidade está na teoria da coação psicológica, conforme elaborada por Feuerbach. Roxin lembra que essa tese é considerada ultrapassada por boa parte da doutrina contemporânea, mas realça que essa fundamentação poderá ser mais atual do que nunca, caso complementada com a ideia da prevenção geral positiva.[437] A consecução da prevenção geral só será possível se for dada a cada indivíduo a possibilidade de saber previamente que um determinado fato foi definido como crime, sendo a sua prática então vedada pelo Direito. Caso contrário será impossível exigir de qualquer pessoa que aja em conformidade com uma norma inexistente. Não há intimidação sem a ameaça da pena. Se não há fato punível e sanção estabelecida, então não há como demover alguém da ideia de cometer um crime, pela coação psicológica engendrada pelo Direito Penal, ou ainda fortalecer a consciência de cada um em agir conforme a norma, posto que não há lei em que se espelhar. Diz Hungria: "Se a norma penal é uma norma de conduta, rematado despropósito será exigir-se que os indivíduos se ajustem a uma norma penal... inexistente".[438]

De acordo com Roxin, o princípio da culpabilidade é o quarto fundamento do princípio da legalidade, pois só se poderá falar que

---

[436] ROXIN, Claus. *Derecho Penal*: parte general, t. 1, p. 145: "Mediante la división de poderes, que se expresa en el principio de legalidad, se libera al juez de la función de creación del Derecho y se le reduce a la función de aplicar el Derecho, mientras que al ejecutivo se le excluye totalmente de la posibilidad de cooperar en la punición y de ese modo se impide cualquier abuso de poder del mismo en este campo."
[437] *Ibid.*, p. 146.
[438] HUNGRIA, Nelson. *Comentários ao Código Penal*. v. 1, t. 1, p. 25.

uma determinada conduta era culpável se o autor sabia ou poderia ao menos verificar que ela estava proibida.[439] Não há como considerar um ser humano culpável por qualquer fato, caso não lhe seja dada a possibilidade de conhecer o teor da proibição. Sua responsabilidade só se constituirá em culpa se ele violar as determinações legais. Se ele agir em contrariedade com o seu dever-ser. Segundo a lição de Jorge de Figueiredo Dias, a culpa é "*a própria autoria ou participação do existir (e do ser-livre) em uma contradição com as exigências do dever-ser que lhe são dirigidas logo a partir do seu característico modo-de-ser (do ser-livre)*".[440]

Além de proteger o indivíduo de sofrer a incidência do poder de punir do Estado sem previsão legal, o princípio da legalidade também o protege da mudança na interpretação judicial da lei penal e da própria execução da pena. Sendo assim, é proibida a retroatividade de critérios mais severos de interpretação da lei penal, bem como é vedado à administração pública a aplicação de falta ou sanção disciplinar sem expressa previsão legal ou regulamentar, de acordo com o determinado pelo artigo 45 da Lei de Execução Penal Brasileira. Diz Nilo Batista: "A abrangência do princípio inclui a pena *cominada* pelo legislador, a pena *aplicada* pelo juiz e a pena *executada* pela administração".[441]

O princípio da legalidade possui quatro funções:[442]

a) *Nullum crimen nulla poena sine lege praevia* – A primeira função do princípio da legalidade é vedar a retroatividade da lei penal mais gravosa, que deve ser anterior ao fato praticado pelo agente. São proibidas as leis *ex post facto*. Está aí inscrito o princípio da irretroatividade da lei penal mais gravosa (*lex gravior*). A lei penal retroagirá para beneficiar o réu, a qualquer tempo, salvo nos casos de leis excepcionais ou temporárias, na forma do artigo 3º do Código Penal. Juarez Cirino dos Santos, todavia, defende que a lei penal retroagirá mesmo nos casos de leis penais temporárias ou excepcionais, pois o artigo 3º do Código Penal não foi recepcionado pela Constituição da República de 1988, tendo em vista que o artigo 5º, inciso XL, não dispôs sobre nenhuma exceção à irretroatividade da lei penal mais gravosa.[443]

---

[439] ROXIN, Claus. *Op. cit.*, p. 146.
[440] DIAS, Jorge de Figueiredo. *Liberdade, Culpa, Direito Penal*. 3. ed. Coimbra: Coimbra Editora, 1995, p. 152, grifos do autor.
[441] BATISTA, Nilo. *Introdução crítica ao Direito Penal brasileiro*, p. 68, grifos do autor.
[442] *Ibid.*, p. 68.
[443] SANTOS, Juarez Cirino dos. *Direito Penal*: parte geral, p. 52.

b) *Nullum crimen nulla poena sine lege scripta* – É proibida a criação de crimes e penas pelo costume, em razão do princípio da legalidade. Só que o costume não foi completamente abolido do Direito Penal. Ele ainda possui uma função integrativa para a cognição de elementos do tipo penal, como, por exemplo, a definição do que é o "ato obsceno" (art. 233, do CP) ou qual o significado da violação do dever objetivo de cuidado nos crimes culposos, quando a atividade que acarretou o acidente não está exaustivamente regulamentada.[444] Entretanto em hipótese alguma poderá haver o emprego de normas consuetudinárias para criar delitos e penas. A lei penal deve ser escrita, observando o processo legislativo previsto na Constituição. No Brasil, compete privativamente a União legislar sobre Direito Penal (art. 22, inciso I, da CRFB/88), sendo o Congresso Nacional a sua fonte de produção (art. 48, da CRFB/88). É preciso haver lei em sentido formal para a cominação de crimes e penas, por força da exigência da reserva absoluta de lei. Nesse sentido, há divergência doutrinária sobre a constitucionalidade das leis penais em branco heterogêneas ou próprias, que possuem pena determinada, mas preceito penal indeterminado, dependendo de atos normativos inferiores para definir o exato alcance do tipo penal, como, por exemplo, o tipo de omissão de notificação de doença, previsto no artigo 269, do Código Penal. No Brasil, a doutrina majoritária entende que as leis penais heterogêneas ou próprias respeitam o princípio da legalidade, quando o núcleo essencial da conduta está previsto na lei em sentido formal,[445] restando aos atos normativos inferiores apenas especificar o alcance dos elementos já contidos no próprio tipo legal. Juarez Cirino dos Santos diverge desse posicionamento, entendendo que as leis penais em branco heterogêneas ou próprias transferem a competência legislativa ao Poder Executivo ou a atos inferiores do próprio poder legislativo, sendo assim desrespeitada a reserva absoluta de lei.[446]

---

[444] BATISTA, Nilo. *Op. cit.*, p. 70-71.
[445] GRECO, Rogério. *Curso de Direito Penal*: parte geral. 12. ed. Rio de Janeiro: Impetus, , 2010, p. 24.
[446] SANTOS, Juarez Cirino dos. *Direito Penal*: parte geral, p. 50.

c) *Nullum crimen nulla poena sine lege stricta* – A terceira função do princípio da legalidade é vedar a utilização da analogia (*in malam partem*) para criar crimes, agravar ou fundamentar penas. A analogia é um procedimento lógico, que consiste na aplicação da norma jurídica de um caso previsto a um caso não previsto, em razão da semelhança entre ambos. Ela supre uma lacuna na lei. Está prevista no artigo 4º da Lei de Introdução do Código Civil, sendo proibida no Direito Penal para agravar a situação do réu, todavia esse procedimento lógico é permitido se beneficiar a defesa. A analogia *in bonam partem* é aceita pela doutrina amplamente majoritária,[447] sob o argumento que o princípio da legalidade existe para salvaguardar o ser humano em face do Estado, e não para agravar a sua situação, pondo-se como um obstáculo à liberdade. Nelson Hungria isoladamente defende a impossibilidade do emprego da analogia *in bonam partem*, pois a lei penal seria um sistema fechado, que enfrentaria um grave perigo de subversão, caso se permita ao magistrado a criação arbitrária de causas de excepcional licitude, de impunibilidade ou não culpabilidade penal.[448] Por fim, a analogia não se confunde com a interpretação analógica ou ainda com a interpretação extensiva. A primeira decorre de determinação expressa da própria lei penal, já a segunda tem como fim interpretar o sentido da norma, ampliando a sua abrangência. Ambas são permitidas pelo direito penal, em determinadas situações.

d) *Nullum crimen nulla poena sine lege certa* – O princípio da legalidade proíbe incriminações vagas e indeterminadas. A lei penal deve ser certa. É necessário que o tipo contenha elementos claros, que definam precisamente o que se está proibindo. Evita-se, assim, ambiguidades, incertezas, indeterminações e elementos genéricos, que deixariam em aberto o conteúdo da lei, para ser preenchido pelo intérprete ao sabor das intempéries dos sentimentos humanos e da política criminal vigente. A doutrina costuma expor a Lei de Segurança Nacional (Lei nº 7.110/83), como a grande violadora da referida função do

---

[447] Por todos, BITENCOURT, Cezar Roberto. *Tratado de Direito Penal*: parte geral. 14. ed. São Paulo: Saraiva, 2009, p. 166.
[448] HUNGRIA, Nelson. *Comentários ao Código Penal*. v. 1, t. 1. p. 91-93.

princípio da legalidade no Brasil.⁴⁴⁹ A lei penal deve ser taxativa. É nessa função que se dá ensejo ao princípio da taxatividade, como uma especificação do próprio princípio da legalidade, revelando a exigência de precisão e clareza da lei penal, para que ela seja de fácil compreensão, proporcionando segurança aos seus destinatários, cumprindo, assim, a sua missão constitucional de servir de baluarte do Estado Democrático de Direito. O criminalista Nilo Batista enfatiza que há "um *direito* subjetivo público de conhecer o crime, correlacionando- -o a um dever do Congresso Nacional de legislar em matéria criminal sem contornos semânticos difusos".⁴⁵⁰

A intelectual Judith Shklar realça a intrínseca ligação da Justiça Criminal com o princípio da legalidade, como se ambos fossem um amálgama, que limitaria os crimes e as punições, protegendo o indivíduo da ação governamental. Em suas palavras: "O princípio da legalidade [...] *é* a justiça criminal".⁴⁵¹ O verbo ser é empregado enfaticamente, para que fique claro como na perspectiva do legalismo a justiça se condensa na lei. Sem legalidade a justiça criminal não existe. Torna-se um processo diferente com signos parecidos, quebrando o sistema de proteção da liberdade.

Nessa linha de raciocínio, há toda uma teia simbólica que nos faz crer em uma Justiça Criminal, mas na verdade estamos diante de uma decisão puramente política. Esse modo de julgar com signos tão limítrofes ao que se entende por justiça criminal é o que caracteriza os julgamentos políticos. Há nesses julgamentos a aparência de direito penal e de direito processual penal, entretanto a sua condição *sine qua non* não existe, porque há crimes e punições definidos. Neles o princípio da legalidade está ausente, sem que seja suprida a sua demanda específica da existência prévia de uma lei identificadora do direito, cuja força normativa tornará as condutas consideradas inadequadas em

---

⁴⁴⁹ GRECO, Rogério. *Curso de Direito Penal*: parte geral, p. 93; BATISTA, Nilo. *Introdução crítica ao Direito Penal brasileiro*, p. 78-79.
⁴⁵⁰ BATISTA, Nilo. *Introdução crítica ao Direito Penal brasileiro*, p. 80.
⁴⁵¹ SHKLAR, Judith N. *Legalism – Law, Morals and Political Trials*. London: Harvard University Press, 1986, p. 152, grifo da autora: "The principle of legaity – that there shall be no crime without law, and no punishment without a crime – is criminal justice. In limiting both crime and punishment by a system of rules, this policy aims at protecting individuals against arbitrary governmental action."

criminosas, posto que esse efeito é produzido unicamente por ela.[452] Judith Shklar lembra ainda que, na ideologia do legalismo, defende-se o apartamento do direito e da política, para prevenir a arbitrariedade. "A política é considerada não somente como algo apartado da lei, mas inferior a lei."[453] Em relação ao Tribunal de Nuremberg, Nelson Hungria identificou com clareza os problemas advindos desse julgamento político:

> O Tribunal de Nuremberg há de ficar como uma nódoa da civilização contemporânea: fez *tabula rasa* do *nullum crimen nulla poena sine lege* (com um improvisado *Plano de Julgamento*, de efeito retroativo, incriminou fatos pretéritos e impôs aos seus autores o "enforcamento" e penas puramente arbitrárias); desatendeu ao princípio da "territorialidade da lei penal"; estabeleceu a responsabilidade penal de indivíduos participantes de tais ou quais associações, ainda que alheios aos fatos a elas imputados; funcionou em nome dos vencedores, que haviam cometido os mesmíssimos fatos atribuídos aos réus; suas sentenças eram inapeláveis, ainda quando decretavam a pena de morte.[454]

Essa breve análise do princípio da legalidade foi necessária para realçar a sua extrema importância para o Direito Penal. Só por meio do realce do caráter nuclear desse princípio que será possível trabalhar com a existência do seu contraponto para a justiça. Mostrou-se nestas últimas páginas como a legalidade é importante para fundamentar, funcionalizar e compreender o Direito Penal tal como ele é. Abre-se, a partir daí, o desafio de pensar as possibilidades da justiça sem ela. Será legítimo instituir um Direito futuro para julgar fatos pretéritos? Ou esse julgamento não seria nada mais do que uma vingança institucionalizada?

Nessa trilha, passo a analisar a questão da justiça no Tribunal de Nuremberg, que foi de modo contumaz questionada, em razão da ausência do princípio da legalidade. Busco esclarecer em que medida se pode falar em justiça nos tribunais de exceção e, tomando por parâmetro Nuremberg, tentarei desconstruir o seu processo para tentar captar, mesmo de modo fugaz, qual foi o princípio do direito que mais sofreu com a sua existência.

---

[452] Ibid., p. 152: "O que o princípio da legalidade demanda é a lei e ainda que o fato tenha se tornado criminoso pela lei. Em causas políticas, um ou outro, ou ambos estão faltando [...]."
[453] Ibid., p. 111.
[454] HUNGRIA, Nelson. *Comentários ao Código Penal*. v. 1, t. 1. p. 31, grifos do autor.

3 A legalidade no Tribunal de Nuremberg

No outono de 1941, tornou-se pública a execução continuada de reféns inocentes na França, levada a cabo pelos alemães nazistas. O presidente norte-americano Franklin Delano Roosevelt contestou veementemente essa prática, anunciando que os responsáveis iriam responder futuramente pelos seus atos. Sua declaração foi depois fortificada pelo primeiro-ministro do Reino Unido Winston Churchill e pelo governo soviético, cuja população sofreu intensas baixas pela força do punho alemão, que protestou diplomaticamente pelos seus prisioneiros de guerra e civis exterminados, atribuindo a responsabilidade ao governo de Hitler. Pelas palavras do General de Gaulle, líder das Forças Francesas Livres, a França também manifestou a sua intenção de punir os nazistas responsáveis pelos excessos nas batalhas e pelas guerras de agressão. Entretanto, o modo como a responsabilização dos nazistas iria ocorrer ainda não estava certa, na mente dos aliados. Churchill inicialmente "havia pensado em caçar os nazistas e executá-los".[455]

A partir daí, seguiram-se diversas discussões e declarações entre as potências aliadas, com o intuito de responsabilizar os alemães pelas atrocidades da Guerra, como a "Declaração de Moscou", assinada por Stalin, Roosevelt e Churchill, que delineou o estilo de julgamento a ser empreendido, estabelecendo inclusive a divisão dos criminosos de guerra em dois grupos: "grandes" e "pequenos". Em 1943, iniciaram-se os trabalhos da "Comissão das Nações Unidas para Crimes de Guerra" (CNUCG), cuja missão era descobrir os responsáveis pelos crimes, concentrar e apreciar as provas. As cartas estavam lançadas para um futuro acerto de contas com as práticas de guerra alemãs. Nas assinaturas de Cretin e Bazelaire:

> (...) nas conferências de Moscou e de Teerã em 1943, de Yalta e de Postdam em 1945, as três grandes potências, Estados Unidos, União das Repúblicas Socialistas Soviéticas e Grã-Bretanha, fazem um acordo para que sejam julgados e punidos os responsáveis pelos crimes de guerra. Em seguida, o tribunal militar internacional é criado pelos acordos de Londres em 8 de agosto de 1945 ocorridos entre as quatro grandes potências. Nesse meio tempo, a França juntou-se às três outras.[456]

---

[455] BAZELAIRE, Jean-Paul; CRETIN, Thierry. *A justiça penal internacional*: sua evolução, seu futuro: de Nuremberg a Haia. Barueri: Manole, 2004, p. 20.
[456] BAZELAIRE, Jean-Paul; CRETIN, Thierry. *A justiça penal internacional*: sua evolução, seu futuro: de Nuremberg a Haia, p. 20-21.

A certeza mundial acerca da "Solução Final da Questão Judaica" foi decisiva para a potencialização do clamor irrefreável pela responsabilização de Hitler e seus subordinados. O professor Carlos Eduardo Adriano Japiassú, precursor nos estudos de Direito Penal Internacional no Brasil, explica que "a chamada questão judaica teve três soluções: inicialmente, a expulsão; após, a deportação para campos de concentração; e, no final, o extermínio".[457] O insigne mestre da UERJ afirma ainda ter sido a "revelação da realidade cruel da Segunda Guerra Mundial" que provocou, por fim, a criação do Tribunal de Nuremberg, para julgar os "responsáveis pelo desencadeamento de toda a sorte de atrocidades cometidas sob a égide do nazismo".[458]

A palavra holocausto, oriunda do grego antigo, significa "sacrifício pelo fogo".[459] Ao exterminar judeus, ciganos, homossexuais, testemunhas de Jeová, comunistas e socialistas, as autoridades alemães julgavam fortalecer a sua raça, considerada superior, limpando do mundo, e principalmente da Alemanha, as raças consideradas inferiores. Nesse sentido, sacrificar pelo fogo é purificar o seu mundo de elementos destrutivos, ignóbeis ou pelo menos inconvenientes. É provocar o desaparecimento da "indignidade do mundo", em razão da sua inferioridade. Para os nazistas, a indignidade estava na face do outro. A diferença devia ser exterminada para dar vazão à supremacia de sua unicidade. Os seus aspectos culturais deveriam se expandir, em uma constante defesa de si-mesmo. E o outro era humano. O holocausto nazista buscou consolidar a "limpeza do mundo" dos humanos em diferença cultural. Por isso a resposta a esses atos pareciam ser irrefratáveis. Era preciso atribuir responsabilidade ao ser humano, quando tenta se livrar de si-mesmo. Não eram homicídios que retiravam do mundo dois ou mais homens, mas sim extermínios de aspectos cruciais do desenvolvimento e da existência da humanidade. O pleito era fazer morrer uma parte da própria humanidade. Extinguir aspectos não considerados de si-mesmo no outro. Parece ser a partir dessa constatação

---

[457] JAPIASSÚ, Carlos Eduardo Adriano. *O Direito Penal Internacional*. Belo Horizonte: Del Rey, 2009, p. 70. Realçando ainda o ódio dos alemães pelos judeus, explana o autor: "Em 1935, após uma grande jornada do Partido Nazista em Nuremberg, são proclamadas as leis raciais e, em 1938, ocorre a '*Kirstallnacht* ou Noite dos Cristais, em que 7.500 vitrinas de lojas judaicas foram quebradas, todas as sinagogas foram incendiadas e 20 mil judeus foram levados para campos de concentração'. Este incidente deu a exata noção da capacidade de destruição e perseguição dos nazistas em relação ao povo judeu." (Grifo do autor).

[458] *Ibid.*, p. 69.

[459] United States Holocaust Memorial Museum. *Enciclopédia do Holocausto*. Apresenta informações sobre o Holocausto. Disponível em: http://www.ushmm.org/museum/exhibit/focus/portuguese/. Acesso em: 28 ago. 2010.

de supressão do outro que se deve entender o holocausto nazista e talvez também o Tribunal que o julgou. Focar-se justamente nesse ponto pode ser uma boa estratégia para uma perspectiva desconstrutivista da legalidade em Nuremberg.

Afinal, em 1945, os alemães já tinham assassinado dois entre três judeus europeus (os números são incertos, todavia se costuma falar no extermínio de 6.000.000 de judeus). Foram 200.000 ciganos assassinados. Em torno de outros 200.000 doentes incuráveis, idosos senis, deficientes físicos e mentais, destruídos pelo "Programa Eutanásia". Entre dois e três milhões de soviéticos prisioneiros de guerra foram assassinados ou deixados à cruel espera da morte.[460] Ousaria falar em uma programação letal do sentido do mundo, produzindo a morte para deixar apenas uma vida uníssona aos desejos do partido nacional-socialista. Sem falar nos sobreviventes, que vivenciaram situações subumanas nos campos de concentração. A "solução final judaica", um eufemismo para a morte, foi a medida tomada pelo nazismo para desconsiderar a humanidade e a vida. É nesse sentido que interpreto o holocausto, como uma tentativa do ser humano de exterminar aspectos não considerados de si-mesmo. O nazismo atacou parte da história cultural do homem, pertencente de certa monta também ao próprio povo alemão. O Tribunal de Nuremberg vinha como uma resposta a essa atitude. Foram julgamentos para punir essas desumanidades. Foi também uma pretensa alternativa a uma vingança internacional que seria irrefreável, tendo em vista as paixões reativas ao nazismo, principalmente as soviéticas. Diz Japiassú:

> Certamente foi uma corte de vencedores que julgavam vencidos. Mas, apesar disso e apesar da opinião pública mundial ter desenvolvido imensa repulsa pelos atos praticados pelo Estado nazista, tentou-se, na medida do possível, fazer de Nuremberg um julgamento e não um exercício de vingança internacional. E parece que, com todas as dificuldades, alcançou-se relativo êxito.[461]

Apesar dos pesares das violências, o julgamento aconteceu e, em 8 de agosto de 1945, em Londres, foi assinado pelos Aliados (França, URSS, Grã-Bretanha e EUA) o acordo constitutivo do Tribunal Internacional Militar dos Grandes Criminosos de Guerra, ente competente para

---

[460] Dados obtidos em: United States Holocaust Memorial Museum. *Enciclopédia do Holocausto*. Disponível em: http://www.ushmm.org/wlc/ptbr/article.php?ModuleId=10005143&refere r=focus. Acesso em: 29 ago. 2010.

[461] JAPIASSÚ, Carlos Eduardo Adriano. *O Direito Penal Internacional*, p. 76.

processar e julgar os atos praticados pelos nazistas e quem estivesse a eles relacionados. O julgamento aconteceria em Nuremberg. Em toda a medida, a "Noite dos Cristais" (*Kristallnacht*) iria se voltar contra os nazistas. A cidade, já sem muitos vidros restantes para serem quebrados, seria o local de despedida daqueles que empreenderam o ato do século XX que nos fez ter vergonha de sermos humanos.

O processo ocorreu entre 20 de novembro de 1945 e 1º de outubro de 1946, tendo como presidente o juiz britânico Geoffrey Lawrence. 24 nazistas e seis organizações[462] estavam envolvidas. As sentenças foram proferidas em 30 de setembro e 1º de outubro de 1946. Robert Ley não foi julgado, pois cometeu suicídio na prisão de Nuremberg. Gustav Krupp Von Bohlen und Halback foi beneficiado por uma "classificação sem continuidade das acusações das quais ele era objeto em função de um acidente de trânsito sofrido em 1944".[463] Não obstante ter sido condenado à morte, Herman Göring suicidou-se com cianureto às vésperas de sua execução. Foram 19 condenações, sendo 12 sanções de pena de morte, e 3 absolvições.[464] O NSDAP, a Gestapo e as SS são declaradas organizações criminosas. Nas palavras de Bazelaire e Cretin:

> Em 16 de outubro, os condenados à morte são enforcados no ginásio da prisão de Nuremberg. Seus corpos são em seguida incinerados em um crematório de Munique e suas cinzas jogadas em um afluente do rio Isar. A partir de 18 de julho de 1947, os condenados à prisão são transferidos para a prisão dos Aliados em Berlim-Spandau reservada aos criminosos de guerra.[465]

A banalização da morte foi um dos motivos principais para os Aliados estarem diante do julgamento ou da vingança. Era preciso reagir de alguma forma. As emoções impeliam em direção a isso. Falar em um julgamento de acordo com os valores ocidentais poderia vir a significar uma tentativa de inserir alguns aspectos racionais relevantes,

---

[462] BAZELAIRE, Jean-Paul; CRETIN, Thierry. *A justiça penal internacional: sua evolução, seu futuro: de Nuremberg a Haia*, p. 24.

[463] *Ibid.*, p. 25.

[464] GONÇALVES, Joanisval Brito. *Tribunal de Nuremberg 1945-1946*: a gênese de uma nova ordem no direito internacional. Rio de Janeiro: Renovar, 2001, p. 192-193: "(...) 12 foram condenados à forca – Bormann, julgado *in absentia*, Frank, Frick, Goering, Jodl, Kaltenbrunner, Keitel, Ribbentrop, Rosenberg, Sauckel, Seyss-Inquart e Streicher –, 3 receberam prisão perpétua – Funk, Hess e Raeder –, 2 foram condenados a 20 anos de reclusão – Schirach e Speer –, Von Neurath foi sentenciado a 15 anos de prisão, Doenitz a 10 anos; 3 foram absolvidos – Fritzsche, Von Papen e Schacht."

[465] *Ibid.*, p. 27.

entre os desejos de vingança e de resposta às atrocidades. Era preciso inserir na história alguma decisão contra os morticínios, para que futuramente as consciências humanas vindouras não percebessem todos aqueles tremores como consequências naturais de uma guerra. Entretanto, o enfrentamento da legalidade para estabelecer um julgamento não acarretou um resultado menos violento. Aí está a perspectiva desconstrutivista deste tópico. Desconsideramos completamente o outro em Nuremberg por nos parecer monstruoso, tal como fez o nazismo. Era preciso que o "direito" se desse na nervura dos acontecimentos, para travar um poder punitivo incontrolável. Um "direito" que, após o fato, viria para garantir um mínimo de dignidade, vedando a pena de morte e quiçá a prisão perpétua. Faltou um esforço hercúleo para evitar assassinar os nazistas. Assim, na trilha de Rafael Haddock-Lobo:

> Conseqüentemente, para além de uma filosofia pragmática, o pensamento deve edificar sua estrutura sistêmica a partir dessa contaminação pela alteridade; deve, na assunção de sua culpa, como modelo de pensamento que por séculos esmagou, calou e tentou aniquilar as diferenças, nessa culpa, em suas mãos sujas de sangue, encontrar a razão para estendê-las a quem pede; e deve, para aquém e além da culpa, destampar seus ouvidos para que se possa ouvir a voz daqueles que chamam e abrir seus olhos para que se veja o rosto do outro.[466]

Não há como negar que o Tribunal de Nuremberg foi uma corte de exceção. Ele foi criado justamente em função dos atos pretéritos dos nazistas, considerados criminosos pelos Aliados, e foi extinto logo após as sentenças terem sido proferidas. O seu caráter *ad hoc* é evidente. Joanisval Brito Gonçalves chegou a dizer que "Nuremberg revelava-se uma Corte em moldes semelhantes aos Tribunais do III Reich, onde as regras procedimentais eram confusas para a Defesa, e a dúvida não beneficiava o réu".[467] A Corte teve diversos outros problemas, como o procedimento misto, com prevalência do modelo anglo-saxão – estranho aos nazistas –, as dúvidas que pairavam sobre a imparcialidade dos juízes, a ausência de recursos, mesmo diante da pena de morte, e a impossibilidade de os acusados levantarem tópicos

---

[466] HADDOCK-LOBO, Rafael. "As muitas faces do outro em Levinas". *In:* DUQUE-ESTRADA, Paulo Cesar (Org.). *Desconstrução e ética:* ecos de Jacques Derrida. Rio de Janeiro: ed. Puc-Rio, 2004, p. 192.

[467] GONÇALVES, Joanisval Brito. *Tribunal de Nuremberg 1945-1946*: a gênese de uma nova ordem no direito internacional, p. 151.

de política internacional.[468] Entretanto, este artigo se concentra apenas na tarefa de avaliar o problema da ausência do princípio da legalidade. Se houvesse alguma forma de realizar um julgamento respeitando os seus preceitos, boa parte das contendas supracitadas estariam resolvidas por arrastamento. Só que respeitá-los era impossível. Na época, a única forma de respeitá-los seria deixar de julgar. Uma omissão também impossível. Esteve-se, então, diante de duas "impossibilidades". Fazer o Direito Penal atuar sem lei prévia, escrita, estrita e certa. Assim sendo, calcular sem cálculo. E ultrapassar o princípio da legalidade para se fazer justiça, pois respeitá-lo seria aceitar a vingança pública e coletiva. As declarações de Robert Jackson, promotor-chefe de Nuremberg, são importantes para revelar o dilema histórico:

> Na primeira audiência do processo de Nuremberg, Robert Jackson faz uma declaração preliminar: 'O privilégio de abrir o primeiro processo na história dos crimes contra a paz do mundo é uma grande responsabilidade'. 'As quatro grandes nações vitoriosas [...] detêm o braço da vingança e submetem voluntariamente os seus inimigos prisioneiros ao julgamento da lei'. 'Os crimes pelos quais buscamos condenar e punir não pode tolerar que sejam ignorados, pois não poderíamos sobreviver se eles fossem reiterados.'[469]

Ana Luiza Almeida Ferro afirma ter sido a falta da legalidade um dos maiores argumentos da defesa, que assim foram demarcados:

> a) O castigo *ex post facto* é repudiado pelo Direito das nações civilizadas;
> b) nenhum poder soberano atribuíra à guerra de agressão a tipificação de crime antes da prática dos atos incriminados;
> c) nenhum estatuto a definira, nenhum documento internacional previra pena para a sua prática, assim como nenhum tribunal fora instituído para julgar e punir os infratores.[470]

Os argumentos da acusação eram muito frágeis diante das demarcações estritas exigidas pelo princípio da legalidade. Não havia previsão de pena para o crime de guerra ilícita, então, não haveria a

---

[468] Para mais informações, recomenda-se a leitura de FERRO, Ana Luiza Almeida. *O Tribunal de Nuremberg*: dos precedentes à confirmação de seus princípios. Belo Horizonte: Mandamentos, 2002, p. 103.
[469] BAZELAIRE, Jean-Paul; CRETIN, Thierry. *A justiça penal internacional*: sua evolução, seu futuro: de Nuremberg a Haia, p. 42.
[470] FERRO, Ana Luiza Almeida. *Op. cit.*, p. 103.

possibilidade de aplicar qualquer sanção. Prevenir politicamente os nazistas de que seus atos não restariam impunes não é capaz de criar Direito, apenas reforça o caráter político do julgamento. Por fim, a alegação de que os atos praticados vão de encontro à consciência universal é incapaz de fraquejar a legalidade estrita, que exige lei prévia e escrita. O melhor argumento parece ter sido aquele que afirma o caráter costumeiro do Direito Penal Internacional, diferenciando-se do direito interno. A acusação ainda considerou o fato de que "tal princípio não se encontra na base de todas as legislações dos povos anglo-saxões, tendo sido ainda estranho ao Direito romano e repudiado pela própria legislação penal do nazismo alemão".[471] Parece que esse argumento é inábil para afastar a importância dos tratados para fixar responsabilidades penais na ordem internacional, além de reforçar a ausência do princípio da legalidade, ao defender sua desimportância. Há ainda a afirmação de que, por existirem pactos internacionais prevendo a proibição de determinados atos internacionais, tal como o Pacto Briand-Kellog, o princípio *nullum crimen nulla poena sine lege* somente foi amenizado em Nuremberg, e não propriamente desrespeitado.[472] Ora, princípios penais não podem ser "amenizados" contra os seres humanos. Eles não podem ser relativizados para autorizar o direito de matar. A atividade de "amenizar" o princípio é desrespeitá-lo com sutileza. O princípio da legalidade não aceita tapas de luvas de pelica.

4 A desconstrução da legalidade no Tribunal de Nuremberg

Concordo, por tudo o que até agora foi dito, com os dizeres de Kelsen, ao refutar a possibilidade de as decisões de Nuremberg serem consideradas um precedente judicial. O jurista austríaco, com elegante tom irônico, argumentou que, se tal julgamento for considerado um precedente – legislativo –, então se deve esperar das guerras vindouras o julgamento dos perdedores pelos Estados vencedores, pelo cometimento

---

[471] FERRO, Ana Luiza Almeida. *O Tribunal de Nuremberg*: dos precedentes à confirmação de seus princípios, p. 105. Faz-se mister lembrar que o Pacto Briand-Kellog não firmou nenhuma responsabilidade criminal individual. O próprio Hans Kelsen proferiu essa assertiva em: KELSEN, Hans. Will the judgment in Nuremberg Trial constitute a precedent in International Law?. *The International Law Quarterly*. v. 1, n. 2, p. 153-171, 1947, p. 155.

[472] FERRO, Ana Luiza Almeida. *O Tribunal de Nuremberg*: dos precedentes à confirmação de seus princípios, p. 108.

de crimes determinados unilateralmente e com força retroativa.[473] Um precedente desse tipo não deve ser reconhecido ou querido. Kelsen quis dizer que o ocorrido em Nuremberg não é um ideal a ser seguido. Entretanto, isso não significa que a criação de um Direito Penal Internacional seja indesejável. Pelo contrário, talvez esse fenômeno histórico tenha nos alertado da importância e do risco de se engendrar um sistema internacional de responsabilidade criminal individual, de acordo com os princípios penais e processuais penais historicamente consagrados. Esteve-se, em Nuremberg, diante de processos e sentenças políticas, cujas forças não constituíram um Direito Penal e um Direito Processual Penal. Firmou-se uma "racionalidade" aparente de Direito, para dar uma resposta de exceção aos atos praticados pelos nazistas.

Por outro lado, o fato de não se poder falar nesse caso em um Direito Penal Internacional não implica necessariamente o afastamento da justiça criminal. Quiçá seja possível uma justiça criminal sem legalidade, quando as pulsões punitivas sejam irrefreáveis, em razão da magnitude histórica dos fenômenos, a urgir alguma atribuição de responsabilidade a indivíduos que colocaram em risco o mundo da vida. Uma "justiça jurídica" com cálculo posterior não deve ser jamais preferida, entretanto nada impede a existência de casos em que seja necessário ultrapassar a legalidade para evitar violências maiores. Vamos, então, buscar a justiça do caso na desconstrução, pois os princípios jurídicos liberais por si só não são capazes de travar a potência de momentos históricos de exceção. Em certa medida, parece ser possível dizer que Nuremberg delineou um ponto crítico de uma ordem internacional de exceção, em que o fato político e o jurídico se misturaram. Nesse plano crítico e aporético, circunscreve-se a consagrada frase do decisionismo de Carl Schmitt: "Soberano é aquele que decide sobre o estado de exceção".[474] Ironicamente, os poderes dos Aliados na ordem jurídica internacional configuraram uma soberania fática, incumbida de decidir sobre o destino dos nazistas. As teorias do decisionismo, da exceção e da soberania, elaboradas por Schmitt, voltaram-se contra os próprios alemães, circunscrevendo uma instância de poder, que suspendeu a ordem jurídica internacional para efetivar o desastre-milagre da exceção.

Entendendo essa situação como inescapável, tem-se como possível a percepção de que a ausência do olhar desconstrutivista

---

[473] KELSEN, Hans. Will the judgment in Nuremberg Trial constitute a precedent in International Law?. *The International Law Quarterly*, p. 171.

[474] SCHMITT, Carl. *Teología política*: cuatro ensayos sobre la soberanía. Buenos Aires: Struhart & Cia, 2005, p. 23.

em Nuremberg foi um dos motivos principais para a violência do seu resultado, pois não foi dada a devida atenção aos processos de transformações, no intento de radicalizá-los para buscar uma quebra à violência nazista. E desconstruir não é destruir. Desconstrói-se ao abrir novas possibilidades nos processos de transformação, renunciando a tranquilidade ao tratar do Tribunal de Nuremberg, aceitando o desafio de pensá-lo como uma aporia, onde reside a resposta à violência e a própria violência. Desconstruir é fazer e deixar que se faça justiça nos processos históricos. Para se fazer "justeza" ao tema é preciso verificar o que lá não foi percebido ou dito. A desconstrução acontece ao pensarmos que a Corte não abriu espaço para serem renunciados determinados aspectos da violência ao julgá-la. O "direito" veio *a posteriori* e, para que o cálculo produzido por ele fosse querido ao ultrapassar o princípio da legalidade, era necessário renunciar à morte, pois ao aplicá-la como pena, o "direito" foi vingança. Em nada se diferenciou dela, apenas deu a todos nós as ilusões de uma razão escamoteadora do quanto nos espelhamos "neles" ao matá-los. Parafraseando Dostoievski, ao não darmos sombra de esperança aos nazistas, sabíamos que íamos falhar.

Assumimos com as execuções em Nuremberg um derramamento de sangue não previsto. Se a efusão de sangue já é um processo que deve ser evitado e, na esmagadora maioria das vezes, severamente combatido, o *cruor* dos nazistas resultou no desastre da glorificação do que justamente queríamos anular: a violência exacerbada, a programação do futuro com sangue e os genocídios. Derrida possui um bom trecho sobre o assunto, merecendo a citação integral:

> Nem toda crueldade é sangrenta ou sanguinária, visível e exterior, decerto; pode ser, provavelmente é, essencialmente psíquica (prazer obtido em sofrer ou em fazer sofrer, ver sofrer; *grausam*, em alemão, não nomeia o sangue). Mas *cruor* designa de fato o sangue derramado, a efusão e portanto uma certa exterioridade, uma visibilidade do vermelho, sua *expressão* do lado de fora, essa cor que inunda todos os textos de Victor Hugo contra a pena de morte, desde o vermelho que a guilhotina faz correr, 'a velha bebedora de sangue', 'a horrível máquina escarlate', até os andaimes de madeira vermelha que sustentavam sua lâmina ('duas vigas compridas pintadas de vermelho, uma escada pintada de vermelho, um cesto pintado de vermelho, uma escada pintada de vermelho em que se parece encaixar por um dos lados uma lâmina grossa e enorme triangular... eis a civilização que chegava à Argélia sob a forma da guilhotina').[475]

---

[475] DERRIDA, Jacques; ROUDINESCO; Elizabeth. *De que amanhã: diálogo*. Rio de Janeiro: Jorge Zahar ed., 2004, p. 170-171.

O choque causado pelos atos perpetrados pelos nazistas se deu justamente pela visibilidade do vermelho, todavia decidimos dar uma resposta com ainda mais derramamento de sangue, que se efetivou no suplício da execução pela forca. Método de matar humilhante, agonizante e sufocante. Essa não parece ter sido uma alternativa razoável para ultrapassar o princípio da legalidade, pois o desfecho do julgamento foi muito parecido ao de uma execução sumária.

Uma análise do discurso de abertura de Robert H. Jackson, o principal promotor norte-americano em Nuremberg, ajudará a melhor compreender o dilema. Jackson disse:

> O privilégio de abrir o primeiro julgamento na história de crimes contra a paz mundial impõe uma grave responsabilidade. As injustiças que pretendemos condenar e punir foram tão calculadas, tão malignas e tão devastadoras, que a civilização não pode admitir que sejam ignoradas, porque não poderá sobreviver caso se repitam.[476]

Uma responsabilidade que é grave por ser o primeiro julgamento após atos devastadores, calculados e malignos, tendo como fim a condenação dessas injustiças, consideradas crimes contra a paz mundial. É grave também em razão da magnitude do julgamento. Assim, continuou Jackson: "Nunca antes na história jurídica foi feito um esforço para trazer, no âmbito de um processo único, os empreendimentos de uma década, cobrindo todo um continente (...)".[477] Dada a pretensão de se estabelecer como o Tribunal a julgar os empreendimentos de uma década, o mais importante, todavia, é que a responsabilidade é grave, pois, ao assumir o poder de decidir, os julgadores podem ser cruéis, como os nazistas foram. O privilégio de abrir o julgamento pode ser entendido como o poder do ineditismo de julgar os nazistas, para poder depois, finalmente, começar a falar em paz, sendo assim uma colaboração para a sua restauração na ordem internacional. Para isso era preciso condenar o cálculo maligno e devastador.

---

[476] O texto em inglês é: "The privilege of opening the first trial in history for crimes against the peace of the world imposes a grave responsibility. The wrongs which we seek to condemn and punish have been so calculated, so malignant, and so devastating, that civilization cannot tolerate their being ignored, because it cannot survive their being repeated". Justice Jackson's Opening Statements for the Prosecution. *University of Missouri-Kansas City School of Law*. Apresenta registros do Tribunal de Nuremberg. Disponível em: http://www.law.umkc.edu/faculty/projects/ftrials/nuremberg/jackson.html. Acesso em: 14 set. 2010.

[477] No idioma original: "Never before in legal history has an effort been made to bring within the scope of a single litigation the developments of a decade, covering a whole continent, and involving a score of nations, countless individuals, and innumerable events". *Loc. cit.*

Ocorre que o Tribunal de Nuremberg foi um cálculo *a posteriori* – primeiro sinal de devastação –, apresentando-se como "direito". Só que não se apresentou puramente como "direito", mas sim como "direito de matar" – segundo sinal de devastação. A atividade de matar é muitas vezes consequência do que é maligno. Por certo, não se admitiu a ignorância dos atos perpetrados pelos nazistas, contudo, eles se repetiram, a partir do momento em que nós os matamos, quando eram meramente réus, e não mais combatentes. Assim repetimos. E ao repetir deixamos de sobreviver ao nazismo. Fomos condenados a conviver com esse rastro na história, sem ter tido força para buscar civilidade suficiente para dar uma resposta contrária ao nacional-socialismo. Ao matar, absolvemos o nazismo. As "sinistras influências"[478] dos nazistas, outrora temidas pelo próprio Jackson, concretizaram-se.

O pensador Jacques Derrida chamou a atenção para o fundamento teológico-político da pena de morte, que é na verdade "uma aliança entre uma mensagem religiosa e a soberania de um Estado".[479] Essa abertura às questões morais transcendentais se reflete inclusive nos tipos abertos imputados aos nazistas, que possuíam certo caráter transcendental, como o conceito de "guerra de agressão" ou o conteúdo do que seria um "ato desumano cometido contra populações civis", conforme disposto no artigo 6º do Estatuto de Nuremberg.[480] A pena de morte pode ser historicamente lida como um rito sacrificial para que o criminoso expiasse os seus pecados, para assim ser salvo em um mundo transcendental (o além da vida). Essa não é uma concepção de punição que pode ser aceita em uma ordem laica, pois condiciona a punição à aceitação de postulados religiosos, que são de ordem privada. Obliterando esse viés religioso, dependente de uma realidade transcendental, sobra a retribuição à pena de morte como justificação derradeira, cuja lógica kantiana se desenvolve ao ousar calcular o retorno a cada um do mal cometido. Quando, diante do cálculo, a pena de prisão extrapola o tempo de vida do réu, o que resta é a pena de morte, a ser aplicada às piores violações do direito, que é por si só o desmoronamento do cálculo, pois as maiores violações são temporalmente incalculáveis.

---

[478] Nuremberg Trials – Opening Statement of Robert Jackson. *Transitional Justice – reconstructing self and society*. Apresenta registros do Tribunal de Nuremberg. Disponível em: http://tj.facinghistory.org/nuremberg-trials-opening-statement-robert-jackson. Acesso em: 14 set. 2010.
[479] DERRIDA, Jacques; ROUDINESCO, Elizabeth. *De que amanhã:* diálogo, p. 173.
[480] FERRO, Ana Luiza Almeida. *O Tribunal de Nuremberg*: dos precedentes à confirmação de seus princípios, p. 95-98.

A leitura do filósofo francês coaduna a essência religiosa do castigo supremo com a sua natureza intrínseca de exceção. É interessante como Derrida, ao citar Carl Schmitt, liga o poder de vida e morte sobre os súditos com a questão da exceção. O próprio assassinato legal já seria por si só uma suspensão do direito, por meio da prerrogativa do "direito de suspender o direito".[481] Por essa ótica, a pena de morte foi um elemento do julgamento que retirou a racionalidade laica do Tribunal de Nuremberg. A legalidade foi um problema menor, se comparado à ausência da humanidade dessa sanção. Em uma ordem laica, a pena de morte não deveria ser legítima, em razão do seu fundamento teológico-político na salvação da alma pelo sacrifício. Ela não tem o objetivo de salvar materialmente a sociedade, mas de purificar a alma do culpado.[482] Não pretendo aqui afirmar que a pena de morte não seja possível de ser adaptada à lógica de um estado laico, mas sim que a laicidade abre uma série de opções racionais que dispensam a pena de morte, assim, a mera retributividade ou a defesa do estado podem ser postos de lado, no que se refere à existência da pena de morte. Os Aliados fundamentariam com mais apurada razão a suspensão do Direito Internacional, para atribuir responsabilidades aos nazistas, se o processo e o resultado tivessem sido mais brandos do que a execução sumária. Ao matá-los, eles suspenderam uma melhor justificativa afetiva e racional para a exceção, que poderia ter nos deixado uma herança de lutas mais aprazível.

Após revelar o caráter teológico-político da pena de morte, Derrida elabora uma afirmação polêmica: "(...) ousaria dizer que a pena de morte sempre correspondeu a pleitos profundamente 'humanistas'".[483] Ele quis dizer com essa assertiva que é a concepção da dignidade do ser humano como fim que o autoriza a "arriscar a sua vida" no sacrifício, para atingir uma vida melhor (mais digna) após a morte. O sacrifício se dá em razão da dignidade do próprio homem. Em suas palavras: "(...) é a *dignidade* (*Würde*) incomparável da pessoa humana que, fim em si e não meio, segundo Kant, transcende sua condição de vivente e para a qual é uma *honra* inscrever a pena de morte em seu direito".[484] Essa crítica que Derrida faz ao humanismo não é uma aposta naquilo que é inumano ou uma apologia à hostilidade ao homem. Pelo contrário, o

---

[481] DERRIDA, Jacques; ROUDINESCO; Elizabeth. *Op. cit.*, p. 174.
[482] DERRIDA, Jacques; ROUDINESCO; Elizabeth. *Op. cit.*, p. 176.
[483] *Ibid.*, p. 178.
[484] *Ibid.*, p. 178, grifos do autor.

que se leva a cabo é uma desconfiança à imperatividade da apropriação de um discurso dos valores do homem, o qual acaba se fechando em si mesmo e privilegiando o "nós" em detrimento do outro. O filósofo Paulo Cesar Duque-Estrada desconstrói a questão:

> (...) tal como o conceito de "signo", que existe para se apagar na sua referência ao significado, também o homem deve se apagar na sua referência àquilo que lhe confere dignidade enquanto ser-humano. Portanto, insistir no homem significa insistir na clausura de um certo "algo" – que é também e já um fim dele mesmo – que reúne a todos em um "nós", "nós" homens, "nós" seres humanos. Isso traz uma série de complicações que, de imediato, não se percebe nas manifestações "em defesa" ou "em prol" do homem ou do "nós" homens; afinal, nunca se interroga ali de que "nós" se trata: que ou quem é esse "nós", quem afirma esse "nós", com base em quê, com vistas a quê, em que condições esse "nós" é afirmado, etc.[485]

A crítica ao humanismo é um movimento de descentralização do sujeito único e delineado de valores na ordem das coisas. Ela vem para permitir o acolhimento do absolutamente outro. Configurando-se em uma abertura à alteridade. Uma lei que agora se dirige ao imprevisível de quem não é nem presença nem ausência. Pela escrita de Duque-Estrada: "Lei da hospitalidade, que é também aquela da *différance*, do rastro, da pura afirmatividade de um sim à inesperada vinda do outro".[486] É nesse sentido que reafirmo que os empreendedores do projeto genocida do século XX jamais deveriam ter sido eliminados, pois a resposta contra a destruição exige a permanência e o movimento de todos os outros, inclusive os julgados em Nuremberg, para permitir a potencialização da negação à supressão das vidas. A pena privativa de liberdade seria então uma boa alternativa ao resultado desse processo histórico, impedindo a eliminação dos outros, desconstituindo a figura do inimigo e respeitando as vítimas, já que responsabilizaria os nazistas, atribuindo consequências aos seus atos.

O anseio dos Aliados em fundamentar e justificar o "direito" apenas serviu para inserir, reinserir e reforçar o cálculo; a contabilidade acerca dos crimes praticados pelos nazistas em relação às penas que

---

[485] DUQUE-ESTRADA, Paulo Cesar. Derrida e a crítica heideggeriana do humanismo. *In*: NASCIMENTO, Evando (Org.). *Jacques Derrida: pensar a desconstrução*. São Paulo: Estação Liberdade, 2005, p. 254.
[486] DUQUE-ESTRADA, Paulo Cesar. Derrida e a crítica heideggeriana do humanismo. *In*: NASCIMENTO, Evando (Org.). *Jacques Derrida: pensar a desconstrução*, p. 255.

deveriam receber. A pena de morte também integra o cálculo da pena. Ela é um dos resultados da conta que busca a equivalência entre a gravidade do crime e a pena. Diz Derrida: "(...) A questão da pena de morte não é apenas a da onto-teologia política da soberania; é também – em torno desse cálculo de uma impossível equivalência entre crime e castigo, de sua incomensurabilidade (...)".[487] Quando o crime praticado é considerado extremamente grave, a ponto de não encontrar equivalência em qualquer cominação de pena privativa de liberdade, então se aplica a pena de morte. A lógica kantiana se desmoronou diante dos crimes dos nazistas, pois a própria morte de seus artífices não foi suficiente como equivalência às destruições perpetradas. Assim, a "lógica" da pena de morte também esteve em xeque, quiçá desmoronou-se também.

Enfim, o problema do Tribunal de Nuremberg não foi a sua existência. Ele foi um processo histórico derradeiro. O triste no julgamento foi a ausência de crise dos princípios nazistas. A carência de desapego da vingança em seu cerne. As certezas, as oposições e as afirmações inflamadas não deram espaço para uma crise mais profunda; para um desmonte maior. Nos caminhos derridainos, "*a desconstrução é a justiça*".[488]

5 Conclusão

Embora o perdão não esteja intrinsecamente relacionado ao direito e às instituições, podendo existir mesmo após as condenações mais rígidas, é inegável que o caráter extremamente aflitivo e eliminatório da pena de morte dificulta a sua manifestação. Rejeitar o castigo supremo seria estabelecer um ponto de virada em relação aos acontecimentos da Segunda Guerra Mundial. No entanto, não houve surpresas.

Caminhamos previsíveis e diretos em direção às respostas com mais morticínios, destruições e choques. Perdoar o imperdoável era uma tarefa impossível naquele momento, mas a busca do impossível leva tempo. Tempo esse retirado dos nazistas, dos aliados e do mundo. Os nós de virada foram desatados. Restaram muitas dúvidas eliminadas e as respostas dadas foram vermelhas. Será possível um dia perdoar toda essa história? Será possível ainda se ter estima pela humanidade?

---

[487] DERRIDA, Jacques; ROUDINESCO, Elizabeth. *De que amanhã*: diálogo, p. 183.
[488] DERRIDA, Jacques. *Força de lei*: o fundamento místico da autoridade. 1. ed. São Paulo: WMF Martins Fontes. 2007, p. 27, grifos do autor.

Questões demasiadamente imensas para serem respondidas neste escrito tão simples. Ouso, porém, sofrer para responder o questionamento por vir.

É possível haver justiça em tribunais de exceção? Sim e não. Sim, caso eles sejam menos violentos que a vingança coletiva, desconfigurando-se a justiça no processo de desmonte, de quebra, de desconstrução; jamais na própria condenação ou absolvição irrefratáveis, no direito posto, no bater do martelo dos pragmatismos. Não, se rejeitarem um mínimo de abertura aos que estão sendo julgados, tornando-se eles mesmos uma vingança institucionalizada. Ultrapassar o princípio da legalidade não foi a maior falha do Tribunal de Nuremberg, pois em determinadas conjunturas históricas a ultrapassagem simplesmente se dará, independente do que estiver positivado. O pior disso tudo foi a impossibilidade de diferenciar substancialmente o "direito" que mata da guerra que mata. Por fim, o *kairós* do perdão esteve e ainda está ausente.

REFERÊNCIAS

BARROSO, Luís Roberto. *Curso de Direito Constitucional contemporâneo:* os conceitos fundamentais e a construção do novo modelo. 2. ed. São Paulo: Saraiva, 2010.

BATISTA, Nilo. *Introdução crítica ao Direito Penal brasileiro.* 11. ed. Rio de Janeiro: Revan, 2007.

BAZELAIRE, Jean-Paul; CRETIN, Thierry. *A justiça penal internacional:* sua evolução, seu futuro: de Nuremberg a Haia. Barueri: Manole, 2004.

BIANCHINI, Alice; GOMES, Luiz Flávio; MOLINA, Antonio García-Pablos de. *Direito penal:* introdução e princípios fundamentais. 2. ed. São Paulo: Revista dos Tribunais, 2009.

BITENCOURT, Cezar Roberto. *Tratado de Direito Penal:* parte geral. 14. ed. São Paulo: Saraiva, 2009.

BORIS, Fausto. *História concisa do Brasil.* 2. ed. São Paulo: Editora da Universidade de São Paulo, 2010.

BRANCO, Paulo Gustavo Gonet; COELHO, Inocêncio Mártires; MENDES, Gilmar Ferreira. *Curso de Direito Constitucional.* 4. ed. São Paulo: Saraiva, 2009.

BRUNO, Anibal. *Direito Penal:* parte geral. 3. ed. Rio de Janeiro: Forense, 1967.

CAPEZ, Fernando. *Curso de Direito Penal:* parte geral. 8. ed. São Paulo: Saraiva, 2005. v. 1.

CARVALHO, L. G. Grandinetti Castanho de. *Processo Penal e Constituição*: princípios constitucionais do processo penal. 5. ed. Rio de Janeiro: Lumen Juris, 2009.

DERRIDA, Jacques; ROUDINESCO; Elizabeth. *De que amanhã:* diálogo. Rio de Janeiro: Jorge Zahar Ed. 2004.

DERRIDA, Jacques. *Força de lei:* o fundamento místico da autoridade. São Paulo: WMF Martins Fontes. 2007.

DIAS, Jorge de Figueiredo. *Liberdade, culpa, Direito Penal.* 3. ed. Coimbra: Coimbra Editora, 1995.

DOVALE, Ionilton Pereira. *Princípios constitucionais do processo penal:* na visão do Supremo Tribunal Federal. São Paulo: Método, 2009.

DUQUE-ESTRADA, Paulo Cesar. Derrida e a crítica heideggeriana do humanismo. *In:* NASCIMENTO, Evando (Org.). *Jacques Derrida:* pensar a desconstrução. São Paulo: Estação Liberdade, 2005.

FERRAJOLI, Luigi. *Derecho y razón.* 9. ed. Madrid: Trotta, 2009.

FERRO, Ana Luiza Almeida. *O Tribunal de Nuremberg:* dos precedentes à confirmação de seus princípios. Belo Horizonte: Mandamentos, 2002.

FRAGOSO, Heleno Cláudio. *Lições de Direito Penal:* parte geral. 16. ed. Rio de Janeiro: Forense, 2004.

FREITAS, André Guilherme Tavares de; MARINHO, Alexandre Araripe. *Manual de direito penal*: parte geral. Rio de Janeiro: Lumen Juris, 2009.

GARCIA, Basileu. *Instituições de Direito Penal*. 4. ed. São Paulo: Max Limonad, 1972. v. 1, t. 1.

GOMES, Luiz Flávio. *Princípio da não auto-incriminação*: significado, conteúdo, base jurídica e âmbito de incidência. Disponível em: http://www.lfg.com.br/public_html/article.php?story=20100126104817603. Acesso em: 26 maio 2011.

GONÇALVES, Joanisval Brito. *Tribunal de Nuremberg 1945-1946*: a gênese de uma nova ordem no direito internacional. Rio de Janeiro: Renovar, 2001.

GRECO, Luís. *Um panorama da teoria da imputação objetiva*. 2. ed. Rio de Janeiro: Lumen Juris, 2007.

GRECO, Rogério. *Curso de Direito Penal*: parte geral. 12. ed. Rio de Janeiro: Impetus, 2010.

GUYAU, Jean-Marie. *Crítica da idéia de sanção*. São Paulo: Martins, 2007.

HADDOCK-LOBO, Rafael. As muitas faces do outro em Levinas. *In*: DUQUE-ESTRADA, Paulo Cesar (Org.). *Desconstrução e ética*: ecos de Jacques Derrida. 4. ed. Rio de Janeiro: Ed. Puc-Rio, 2004. v. 1, t. 1.

HASSEMER, Winfried. *Por qué no debe suprimirse el Derecho Penal*. México D. F.: Instituto Nacional de Ciencias Penales.

HOLANDA, Sergio Buarque de. *Raízes do Brasil*. 26. ed. São Paulo: Companhia das Letras, 1995. p. 186.

HUNGRIA, Nelson. *Comentários ao Código Penal*. 4. ed. Rio de Janeiro: Forense, 1958. v. 1, t. 1.

JAPIASSÚ, Carlos Eduardo Adriano. *O Direito Penal internacional*. Belo Horizonte: Del Rey, 2009.

JUSTICE Jackson's Opening Statements for the Prosecution. *University of Missouri-Kansas City School of Law*. Apresenta registros do Tribunal de Nuremberg. Disponível em: http://www.law.umkc.edu/faculty/projects/ftrials/nuremberg/jackson.html.

KELSEN, Hans. Will the judgment in Nuremberg Trial constitute a precedent in International Law? *The International Law Quarterly*, v. 1, n. 2, p. 153-171, 1947.

LIMA, Marcellus Polastri. *Curso de Processo Penal*. Rio de Janeiro: Lumen Iuris, 2006.

LUISI, Luiz. *Os princípios constitucionais penais*. 2. ed. Porto Alegre: Fabris Editor, 2003.

MASSON, Cleber. *Direito penal esquematizado*: parte geral. Rio de Janeiro: Forense; São Paulo: Método, 2008.

MAYRINK, Álvaro. *Direito Penal*: parte geral. 7. ed. Rio de Janeiro: Forense, 2007. v. 3.

MIRABETE, Julio Fabrini. *Processo Penal*. 18. ed. São Paulo: Atlas, 2006.

MORAES, Alexandre de. *Direito Constitucional*. 17. ed. São Paulo: Atlas, 2005.

MUÑOZ CONDE, Francisco. *Introducción al Derecho Penal*. Buenos Aires: B de F, 2001.

NUREMBERG Trials – Opening Statement of Robert Jackson. *Transitional Justice – reconstructing self and society*. Apresenta registros do Tribunal de Nuremberg. Disponível em: http://tj.facinghistory.org/nuremberg-trials-opening-statement-robert-jackson.

OLIVEIRA, Eugênio Pacelli de. *Curso de Processual Penal*. 12. ed. Rio de Janeiro: Lumen Juris, 2009.

PALMA, Fernanda. *O princípio da desculpa em Direito Penal*. Coimbra: Almedina. 2005.

PRADO, Luiz Regis. *Curso de Direito Penal brasileiro*: parte geral: arts. 1º a 120. 8. ed. São Paulo: Revista dos Tribunais, 2008.

QUEIROZ, Paulo. *Direito Penal*: parte geral. 6. ed. Rio de Janeiro: Lumen Juris, 2010.

RANGEL, Paulo. *Direito Processual Penal*. 15. ed. Rio de Janeiro: Lumen Juris, 2008.

ROXIN, Claus. *Derecho Penal:* parte general. 2. ed. Madrid: Civitas, 2008. t. 1.

ROXIN, Claus. *Política criminal y sistema del derecho penal*. 2. ed. Buenos Aires: Hammurabi, 2006.

SANTOS, Juarez Cirino dos. *Direito Penal*: parte geral. 4. ed. Florianópolis: Conceito Editorial, 2010.

SARLET, Ingo Wolfgang. *Constituição e proporcionalidade*: o direito penal e os direitos fundamentais entre a proibição de excesso e da insuficiência. Disponível em: http://www.mundojuridico.adv.br. Acesso em: 26 jan. 2011.

SCHMITT, Carl. *Teología política*: cuatro ensayos sobre la soberanía. Buenos Aires: Struhart & Cia, 2005.

SHKLAR, Judith N. *Legalism*: Law, Morals and Political Trials. London: Harvard University Press, 1986.

SILVA, José Afonso da. *Curso de Direito Constitucional Positivo*. 23. ed. São Paulo: Malheiros, 2004.

TAVARES, Juarez. *Bien jurídico y función en Derecho penal*. Buenos Aires: Hammurabi, 2004.

TAVARES, Juarez. *Teoria do Injusto Penal*. Belo Horizonte: Del Rey, 2002.

UNITED States Holocaust Memorial Museum. *Enciclopédia do Holocausto*. Apresenta informações sobre o Holocausto. Disponível em: http://www.ushmm.org/museum/exhibit/focus/portuguese/.

VIDAL, Hélvio Simões. Princípios do Direito Penal. *In*: MEDINA, Rafael de Castro Alves (Org.). *Direito Penal Acadêmico*: parte geral. Rio de Janeiro: De Andréa Ferreira & Morgado, 2008.

WELZEL, Hans. *O novo sistema jurídico-penal*: uma introdução à doutrina da ação finalista. 2. ed. São Paulo: Revista dos Tribunais, 2009.

WESSELS, Johannes. *Direito Penal*: parte geral. Porto Alegre: Sergio Antonio Fabris Editor, 1976.

ZAFFARONI, E. Raúl et al. *Direito Penal brasileiro*. 3. ed. Rio de Janeiro: Revan, 2006. v. 1.

Esta obra foi composta em fonte Palatino Linotype, corpo 10
e impressa em papel Offset 75g (miolo) e Supremo 250g (capa)
pela Gráfica Laser Plus.